Dieses Buch
widme ich meiner
langjährigen Mitarbeiterin
Ursula Hustedt

Hans A. Baensch
als Herausgeber

Umschlagfotos:
Titel und Rücken: Die Seescheide *Clavelina caerulea* - Otto Gremblewski-Strate
Rückseite: o. l. Seestern *Fromia monilis* - Nobert Wu
o. r. Seeigel *Astropyga magnifica* - Hans A. Baensch
u. l. Röhrenwurm *Bispira brunnea* - Hans A. Baensch
u.r. Mördermuschel *Tridacna maxima* - Hans A. Baensch

CIP-Kurztitelaufnahme der Deutschen Bibliothek

Erhardt, Harry; Moosleitner, Horst
MEERWASSER ATLAS Band 3: Wirbellose Tiere von H. Erhardt;
H. Moosleitner. - 2. Auflage 1997 -
Melle: Mergus, 1997.
ISBN 3-88244-022-8

NE: Patzner, Robert A.: [Mitverf.]

Satz: MERGUS®-Verlag GmbH, Melle
Lithos: Mergus Lithoart, Singapur
Druck: MERGUS PRESS, Singapur
Redaktion: Dr. Harry Erhardt
Herausgeber: Hans A. Baensch

Printed in Singapore

Dr. Harry Erhardt   Dr. Horst Moosleitner

MEERWASSER ATLAS

Band 3
Wirbellose Tiere

unter Mitarbeit von:
Dr. Robert A. Patzner

MERGUS ®
Verlag GmbH für Natur- und Heimtierkunde
Hans A. Baensch - Melle - Germany

Vorwort

Willkommen im MEERWASSER ATLAS Band 3!
Er beginnt auf Seite 737, was darauf hinweist, daß es noch einen MEERWASSER ATLAS Band 2 geben muß. Beide Bände sind eine Einheit und von Seite 1 bis Seite 1322 durchnumeriert. Nur der vorliegende Band 3 enthält neben den Bildnachweisen, dem Glossar und dem Literaturverzeichnis auch den Index beider Bände.
Der MERGUS VERLAG hatte ursprünglich geplant, nur einen Band über die Wirbellosen herauszubringen, der im Umfang annähernd dem MEERWASSER ATLAS Band 1 entsprechen sollte. Im Verlaufe der Layoutarbeiten zeichnete sich aber ab, daß das zusammengetragene Bildmaterial den Umfang eines einzigen Bandes bei weitem sprengen würde. Technisch und buchbinderisch wäre es unmöglich gewesen, die Vielzahl der Text- und Bildseiten zusammenzufügen. Aus diesem Grunde hat der Verlag beschlossen, zwei Bände über die Wirbellosen im Meer zu publizieren, die dem Leser nun vorliegen.
Der Verlag und die Autoren sind stolz auf das, was sie an Informationen weitergeben können, in der Hoffnung, daß der interessierte Leser sie nutzt, um seine Tiere artgerecht in einem Meerwasserbecken zu pflegen. Zu beachten ist auch hier stets das Artenschutzgesetz, das die Einfuhr und den Vertrieb weltweit geschützter Arten verbietet.
Diejenigen Leser aber, die die vorliegenden MEERWASSER ATLAS-Bände anderweitig nutzen, können ihr Wissen ergänzen und vertiefen. Die Unterwasserfotografen sind nun endlich in der Lage, vielen Tieren auf ihren Diapositiven einen Namen zu geben.
Letztlich haben wir die Hoffnung, ein breites und interessiertes Publikum zu erreichen, das sich aus Meerwasseraquarianern, Biologen, Tauchern, Schnorchlern, Strandwanderern, Studenten und Wissenschaftlern zusammensetzt. Sie alle können konstruktiv mit beiden Bänden arbeiten, wobei wir hoffen, daß Ergänzungen uns erreichen, die kritisch geprüft und später eingearbeitet werden.

Fritzlar, im Herbst 1997

Dr. Harry Erhardt

Inhaltsverzeichnis

Inhaltsverzeichnis

Spondylus varius, Malediven

Klasse: Bivalvia

Über die Klasse Bivalvia, Muscheln

Muscheln sind im Meer oder Süßwasser lebende Weichtiere, die zweiseitig symmetrisch aufgebaut sind. Sie haben zwei Schalenklappen, die mit einem Schloß verbunden sind. Diese Zähne und Leisten sind unterschiedlich gebaut und werden in der Taxonomie verwendet. Die Schalen werden mit einem oder zwei Schließmuskeln zusammengehalten. Der Gegenspieler dazu ist das Ligament (zugelastisch) oder das Resilium (druckelastisch). Stirbt das Tier, erschlafft der Muskel und die Schalen werden aufgezogen bzw. aufgedrückt. Außen ist die Schale von einer organischen Schicht, dem Periostracum, überzogen; im Inneren ist sie oft mit Perlmutt ausgekleidet. Viele Muscheln sind zur Perlenbildung fähig, für eine Schmuckverwertung reicht es allerdings nur bei ganz wenigen Arten. Die Kiemen sind bei den meisten Muscheln groß und blattförmig. Sie dienen nicht nur der Atmung, sondern auch der Nahrungsaufnahme. Durch sie wird mit Hilfe von Wimpern ein Wasserstrom geleitet (bis zu 50 l/Stunde) und die brauchbaren Nahrungspartikel werden ausgefiltert. Die Ein- und Ausströmöffnung liegt am Hinterende des Tieres. Oft können beide durch sogenannte Siphonen verlängert werden. Dies ermöglicht ihnen, sich tief in das Sediment einzugraben. Der Fuß der Muscheln ist bei grabenden Arten kräftig ausgebildet, bei festgewachsenen (z.B. Austern) nur rudimentär vorhanden. In vielen Fällen besitzen sie eine Byssusdrüse, die ein fädiges Sekret, die Byssusfäden, absondert, mit denen sich die Tiere am Substrat festheften können. Die Sinnesorgane der Muscheln sind reduziert. Da ihnen ein eigentlicher Kopf fehlt, haben sie auch keine Kopfsinnesorgane wie die anderen Weichtiere. Auf Seite 768 werden die Sinnesorgane der Muscheln beschrieben.

Bei vielen Muschelarten ist die Frage der Geschlechterverteilung noch nicht geklärt. Einige sind Zwitter, einige wechseln das Geschlecht im Laufe ihres Lebens, und andere sind getrenntgeschlechtlich. Bei der Gattung *Chlamys* kommen bei verschiedenen Arten sogar alle drei Variationen vor. Die Auster wechselt zum Beispiel während des Wachstums mehrmals ihr Geschlecht. Bei den marinen Muscheln läuft die Entwicklung über eine Hüllglocken- oder Trochophoralarve und eine Veligerlarve, die beide planktontisch sind. Die Schale ist zuerst einheitlich angelegt und teilt sich erst später.

Klasse: BIVALVIA	Muscheln
Ordnung: FILIBRANCHIA	Fadenkiemer
Familie: Arcidae	Archenmuscheln
Gattungen: *Arca*	
Barbatia	
Familie: Mytilidae	Miesmuscheln
Gattung: *Mytilus*	
Familie: Pteriidae	Flügelmuscheln
Gattungen: *Pinctada*	
Pteria	
Familie: Pinnidae	Steckmuscheln
Gattungen: *Atrina*	
Pinna	
Familie: Pectinidae	Kammuscheln
Gattungen: *Aequipecten*	
Chlamys	
Pecten	
Pedum	
Familie: Spondylidae	Stachelaustern
Gattung: *Spondylus*	
Familie: Limidae	Feilenmuscheln
Gattung: *Limaria*	
Familie: Ostreidae	Austern
Gattungen: *Crassostrea*	
Lopha	
Ostrea	
Ordnung: EULAMELLIBRANCHIA	Lamellenkiemer
Familie: Tridacnidae	Mördermuscheln
Gattungen: *Hippopus*	
Tridacna	
Familie: Veneridae	Venusmuscheln
Gattung: *Callista*	

Muscheln im Aquarium

Hier werden nur Arten vorgestellt, die sich nicht oder nur zum Teil eingraben. Wie bereits beschrieben, sind Muscheln Filtrierer. Fast alle Arten nehmen nur feinstes Plankton bis zu einer Größe von 15 µm auf. Es handelt sich fast ausschließlich um Phytoplankton, da Zooplankton wesentlich größer ist. Im Aquarium kann man die meisten Arten mit "Ersatzplankton" füttern. Dies wird von einigen Firmen angeboten (z.B. Microplan, Liquizell). Zusätzlich kann man mit fein gesiebter Muschelmilch (Saft aus zerriebenen Muscheln) und aufgeschlämmter Hefe füttern. In einem Mörser zerstoßenes Trockenfutter oder Brennesselpulver wird in ein Stück Leinentuch eingedreht und im Wasser ausgepreßt. Sind nur wenige Filtrierer in einem Becken, bringt man das Futter gezielt mit einer Pipette vor die Einströmöffnung. Es ist wohl selbstverständlich, daß bei dieser Fütterung der Filter einige Minuten lang (nicht länger als 15 Min.) abgeschaltet werden muß. Relativ pflegeleicht sind die *Tridacna*-Arten, sie benötigen jedoch beste Wasserqualität.

Bei Jungmuscheln sind die Schalen durchsichtig. Man erkennt die Niere (dunkel), den Darm (bräunlich), den Fuß (weiß) und rechts oben die Ausström- und rechts unten die Einströmöffnung.

Arca noae mit Schwamm überwachsen, Mittelmeer

Arca noae LINNAEUS, 1758
Arche Noah, Mittelmeer-Archenmuschel

Vork.: Die Art kommt im gesamten Mittelmeer und in den angrenzenden atlantischen Küsten vor. Sie lebt im Bereich von Felsküsten vom Flachwasser bis in mittlere Tiefen.
Soz. Verh./Vgs.: Die Schalen sind immer mit Algen oder auch mit Schwämmen (Foto) so stark bewachsen, daß man sie kaum erkennen kann.
Hält. B.: Im Felsaquarium benötigen sie einen festen Untergrund, um sich mit ihren Byssusfäden festzusetzen, siehe *A. ventricosa*. Sind die Schalen mit einem Schwamm bewachsen, ist dieser vor dem Einsetzen gründlich zu entfernen. Er überlebt kaum im Aquarium und verdirbt das Wasser.
Licht: Mittellicht- und Sonnenlichtzone.
ZU/Verm.: Eier und Spermien werden in das freie Wasser abgegeben, wo die Befruchtung stattfindet.
FU: Filtrierer, die nur kleinste Partikel aufnehmen. Mit einer Pipette spritzt man ihnen kleine Mengen von durchgesiebter Muschelmilch oder feinen Planktonersatz vor die Einströmöffnung.
Bes.: Diese Art ist häufig auf Fischmärkten der Mittelmeerländer zu finden. Von einem Genuß roher Tiere ist jedoch dringend abzuraten. Entfernt man das Periostracum (äußere organische Schalenhaut), ist ein rötliches Zickzackmuster zu erkennen.

T: 15 - 22° C, L: 6 cm, BL: ab 100 cm, WB: m, WR: m, BS: 2, SG: 1

Ordnung: Filibranchia
Fam.: Arcidae

Arca ventricosa, Malediven

Arca ventricosa SPIX, 1827
Zebra-Arche

Vork.: Die Art kommt im Roten Meer und im ganzen indopazifischen Bereich in Korallenriffen vor.
Soz. Verh./Vgs.: Sie sind oft in lebende *Porites*-Korallen eingewachsen (siehe Foto). Im Aquarium sind sie mit allen Wirbellosen und den meisten Fischen gut zu vergesellschaften.
Hält. B.: Fels- oder Korallenaquarium. Sie benötigen einen festen Untergrund, um sich mit ihren Byssusfäden festzusetzen. Die Fäden bilden einen Komplex, der äußerst fest am Untergrund haftet. Er sollte keinesfalls aus dem Fuß der Muschel gerissen werden. Um sie umzusetzen, muß man die Fäden mit einer Rasierklinge oder einem Skalpell durchtrennen. Besser ist es jedoch, sie gleich mitsamt dem Untergrund zu versetzen.
Licht: Mittellichtzone.
ZU/Verm.: Sie vermehren sich über freischwimmende Veligerlarven, die sich später auf festem Substrat niederlassen.
FU: Filtrierer, die nur feinstes Plankton aufnehmen. In einem gut eingefahrenen Becken müssen sie meist nicht speziell gefüttert werden.
Bes.: Alle Archenmuscheln haben eine dicke, haarige Periostracumschicht und ein Schloß zum Verschließen der Schale mit vielen kleinen, gleichartig gebauten Zähnen. Diese Art hat ein zebraartiges Muster an der Schale.

T: 22 - 28° C, **L**: 5 cm, **BL**: ab 100 cm, **WB**: m, **WR**: u, m, **BS**: 2, **SG**: 1

Barbatia barbata, Mittelmeer

Barbatia barbata (LINNAEUS, 1758)
Bärtige Archenmuschel

Vork.: Diese Art kommt im ganzen Mittelmeer und im anschließenden Atlantik an Felsküsten vor. Sie ist jedoch nicht so häufig wie *Arca noae*.
Soz. Verh./Vgs.: Sie läßt sich gut mit anderen Wirbellosen und Fischen im Aquarium halten.
Hält. B.: Diese Muscheln benötigen Felsen, um ihre Byssusfäden anzuheften. Wichtig ist, daß die Wassertemperatur nicht über 20° C steigt und im Winter möglichst unter 18° C abgesenkt wird.
Licht: Mittellichtzone.
ZU/Verm.: Mit ihren im Plankton freischwimmenden Veligerlarven können sie sich weit verbreiten. Eine Nachzucht im Aquarium ist nicht bekannt geworden.
FU: Filtrierer. Wie die meisten Muscheln nehmen auch sie nur feinste Partikel auf. Mit Muschelmilch und/oder Ersatzplankton, mit einer Pipette gereicht, lassen sie sich gut ernähren.
Bes.: Die äußerste Schalenschicht, das Periostracum, ist bei dieser Art besonders gut ausgebildet und zu langen, bartartigen (Name) Fäden ausgezogen. Sie ist etwas kleiner und hat eine mehr rundliche Form als die im gleichen Lebensraum vorkommende *Arca noae*. Beide Arten sind mit einem Byssuskomplex äußerst fest an den Untergrund angeheftet. Beim Abnehmen vom Untergrund wird dieser fast immer aus dem Fuß der Muschel gerissen.

T: 15 - 22° C, **L**: 5 cm, **BL**: ab 100 cm, **WB**: m, **WR**: m, **BS**: 2, **SG**: 1 - 2

Ordnung: Filibranchia
Fam.: Mytilidae

Mytilus galloprovincialis, Mittelmeer

Mytilus galloprovincialis LAMARCK, 1819
Mittelmeer-Miesmuschel

Vork.: Diese Miesmuschelart kommt im ganzen Mittelmeer an Felsküsten vor. Sie sitzt meist dicht an dicht im Gezeitenbereich und knapp darunter ("Miesmuschelbänke").
Soz. Verh./Vgs.: Sie sind mit allen Wirbellosen und Fischen gut zu vergesellschaften. Für räuberische Seesterne, wie z.B. für den Eisseestern *Marthasterias glacialis,* sind sie ein ausgezeichnetes Futter. Zwischen den einzelnen Muscheln hält sich eine Vielzahl verschiedener Tiere (z.B. Scherenasseln, Nematoden) auf.
Hält. B.: Felsaquarium. Man löst am besten eine ganze Gruppe vorsichtig vom Untergrund ab, in dem man mit einem Messer die Byssusfäden durchtrennt. Die Gruppe wird eventuell mit einem Nylonfaden an einen Stein geheftet, bis sich (sehr rasch) neue Byssusfäden gebildet haben. Sie benötigen eine kräftige Strömung.
Licht: Starklichtzone.
ZU/Verm.: Über eine Nachzucht im Aquarium ist noch nichts bekannt geworden.
FU: Filtrierer; sie haben einen relativ großen Nahrungsbedarf und müssen regelmäßig gefüttert werden, um sie länger am Leben zu halten. Gefüttert wird mit Ersatzplankton, Hefebrei, Muschelmilch, feinstgeriebenem Trockenfutter und eventuell mit ausgepreßtem Brennesselsaft.
Bes.: Da die Miesmuscheln besonders nährstoffreiches Wasser bevorzugen, sind sie Anzeiger für verschmutztes Wasser. In vielen Gegenden des Mittelmeeres werden sie im Meer gezüchtet und gegessen. Zur Aufzucht werden sie in speziellen, röhrenförmigen Netzen in nährstoffreichen Buchten gehalten.

T: 15 - 25° C, L: 6 cm, BL: ab 100 cm, WB: s, WR: o, BS: 1, SG: 1

Mytilus edulis, Irland

Mytilus edulis, Irland

Ordnung: Filibranchia
Fam.: Pteriidae

Über die Perlenzucht

In vielen ostasiatischen Ländern, besonders in Japan, werden Perlen in großem Umfang gezüchtet. Voraussetzungen dafür sind, daß die Wassertemperatur nie unter 10° C fällt sowie eine ruhige Wasseroberfläche und nährstoffreiches Wasser. In der Jahreszeit, in der sich die Austernlarven festsetzen, werden im Bereich bestehender Kolonien gebündelte Zweige in das Wasser eingehängt, an denen sich die Larven ansiedeln. Die kleinen Jungmuscheln werden danach in Netze oder Käfige gebracht, in denen sie 2 Jahre bis zum Erreichen der richtigen Größe verbleiben. Dann wird die Muschel aus dem Wasser genommen und ein "Nukleus" in die Gonade oder in den Fuß eingepflanzt. Dieser besteht aus einem rundgeschliffenen Schalenstück einer Flußperlmuschel und mißt 2 bis 10 mm im Durchmesser. Zusammen mit dem Nukleus wird ein Teil eines "Mantels" einer anderen Auster eingepflanzt. Beide regen die Perlenbildung an. Die Muscheln werden dann in Körben in das Meer gehängt, wo der implantierte "Störfaktor" mit Perlmutt überzogen wird. Im letzten Jahr verbleiben die Austern in der Nähe einer Flußmündung; der Süßwasseranteil ergibt einen besonderen Perlenglanz. Nach dem Öffnen der Muschel werden die Perlen entnommen und zuerst maschinell der Größe nach sortiert. Die Auswahl nach Farbe und Qualität erfolgt von Hand. Eine Zuchtperle ist äußerlich nicht von einer Naturperle zu unterscheiden. Erst im Schliff erkennt man den Nukleus.

Perlenzucht, Japan, Haltungskäfige

Pinctada margaritifera, Malaysia

Pinctada margaritifera (LINNAEUS, 1758)
Schwarzlippige Perlmuschel, Echte Perlmuschel

Vork.: Diese Art kommt im gesamten Indowestpazifik vor. Die Tiere heften sich an felsigen Untergrund an.
Soz. Verh./Vgs.: Sie kommen einzeln vor, können aber auch Kolonien bilden. Im Aquarium kann man sie mit fast allen Wirbellosen und Fischen zusammen halten.
Hält. B.: Im Felsaquarium bevorzugen sie Bereiche, die gut beströmt sind.
Licht: Mittellichtzone.
ZU/Verm.: Sie vermehren sich über Larven, die nur eine relativ kurze Zeit im Plankton verbringen.
FU: Filtrierer; im Aquarium gibt man ihnen mit einer Pipette gesiebte Muschelmilch oder Ersatzplankton.
Bes.: Diese Art und einige andere *Pinctada*-Arten werden zur Perlenzucht verwendet (siehe unten).

T: 20 - 27° C, L: 25 cm, BL: ab 100 cm, WB: m - s, WR: m, BS: 2, SG: 1 - 2

Ordnung: FILIBRANCHIA
Fam.: Pteriidae

Pinctada imbricata (RÖDING, 1798)
Strahlenperlmuschel

Vork.: Diese Art ist weit verbreitet. Man findet sie im indopazifischen Bereich und im südöstlichen Mittelmeer an Felsküsten, schon knapp unter der Wasserlinie.
Soz. Verh./Vgs.: Sie ist gut mit anderen Wirbellosen und Fischen zu halten.
Hält. B.: Man setzt die Tiere in einen Spalt zwischen Steinen oder Korallenblöcken, wo sie sich dann mit ihren Byssusfäden verankern. Es wird empfohlen, sie möglicht knapp über dem Boden anzusiedeln, da sie so durch aufgewirbeltes Sediment Futter erhalten. Man darf sie nicht grob vom Substrat abreißen, weil dadurch die Byssusfäden aus der Byssusdrüse gerissen werden. Diese Verletzung führt meist zum Tod. Mit einer scharfen Klinge (Rasierklinge, Skalpell) werden die Fäden sorgsam durchtrennt.
Licht: Mittellichtzone.
ZU/Verm.: Eine Nachzucht im Aquarium ist kaum möglich.
FU: Filtrierer; in gut eingefahrenen Becken müssen sie meist nicht speziell gefüttert werden.
Bes.: Sie gehören zur selben Gattung wie die Echte Perlmuschel oder Schwarzlippige Perlmuschel *Pinctada margaritifera*, wird jedoch viel seltener zur Perlenzucht verwendet.

T: 18 - 27° C, **L**: 6 cm, **BL**: ab 100 cm, **WB**: m, **WR**: u, **BS**: 1 - 2, **SG**: 1 - 2

Pteria aegyptica (CHEMNITZ, 1782)
Ägyptische Vogelmuschel

Vork.: Die Art lebt im Roten Meer, im Indischen Ozean und im Indopazifik und setzt sich bevorzugt auf den Fächern von großen Gorgonien fest. Gelegentlich ist sie aber auch auf Weichkorallen, Feuerkorallen und anderen Hydroiden zu finden.
Soz. Verh./Vgs.: Wie oben beschrieben, sitzen sie fast ausschließlich auf Gorgonien oder anderen hochgewachsenen Nesseltieren. Ihre Schale ist oft von sessilen Wirbellosen überwachsen. Das auf dem Foto gezeigte Exemplar ist vollkommen von einer Synascidie besetzt.
Hält. B.: Das Becken sollte gut beströmt sein. Die Muscheln werden mit einer Nylonschnur so lange an hochragende Elemente, z.B. Gorgonienskelett o.ä., befestigt, bis sie sich mit ihren Byssusfäden selbst verankert haben. Siehe auch *P. colymbus* und *P. penguin*.
Licht: Mittellichtzone.
ZU/Verm.: Eine Nachzucht im Aquarium ist nicht bekannt.
FU: Filtrierer; sie nehmen nur feinste Partikel (bis 15 µm) auf. Während der Fütterung soll man die Filter abschalten.
Bes.: Die Muschel besitzt flache, seitlich zusammengedrückte Schalenklappen, deren hintere Fortsätze lang ausgezogen sind. Die Innenflächen der Schalen sind mit Perlmutt ausgekleidet. Gelegentlich findet man Perlenbildungen, die durch die Einlagerung von Fremdpartikeln entstanden sind.

T: 22-28C, **L**: 8 cm, **BL**: ab 100 cm, **WB**: s, **WR**: m, **BS**: 2, **SG**: 2

Pinctada imbricata, Thailand

Pteria aegyptica, Rotes Meer

Ordnung: Filibranchia
Fam.: Pteriidae

Pteria colymbus (RÖDING, 1798)
Atlantische Flügelmuschel

Vork.: Die Art lebt in der Karibik, in Florida, Texas und Westindien, überwiegend an Gorgonien.
Soz. Verh./Vgs.: Mit ihren Byssusfäden sind sie an lebenden und toten Gorgonien befestigt. Sie sind gut im tropischen Meeresaquarium, auch zusammen mit Fischen, haltbar.
Hält. B.: Die Muscheln bevorzugen gut durchströmte Abschnitte des Beckens. Ein Skelett einer Gorgonie wird mit Silikon oder Zweikomponentenkleber (UHU-Plus) in senkrechter Haltung auf einem größeren Stein oder Korallenblock befestigt (wässern nicht vergessen). Dann wird die Muschel mit einem Nylonfaden so befestigt, daß der spitze Fortsatz nach oben zeigt. Nach Ausbildung der Byssusfäden kann die Schnur entfernt werden. Siehe auch *P. penguin*.
Licht: Mittellichtzone.
ZU/Verm.: Im Aquarium sind die Tiere nicht gezüchtet worden.
FU: Filtrierer; wie fast alle Muschelarten nehmen sie nur feinstes Plankton an. Über die Fütterung im Aquarium siehe bei *P. aegyptica*.
Bes.: Die Larven suchen gezielt solche Standorte auf, an denen bewegtes Wasser genügend Nahrung und Sauerstoff heranträgt. Die Schalenklappen sind außen rauh und faltig und meist von anderen wirbellosen Tieren oder von Algen bewachsen. Die Innenseite ist mit Perlmutt ausgekleidet.

T: 20 - 25° C, **L**: 6 cm, **BL**: ab 100 cm, **WB**: s, **WR**: m, **BS**: 3, **SG**: 2

Pteria penguin (RÖDING, 1798)
Pinguin- Flügelmuschel

Vork.: Diese Flügelmuschel lebt im Roten Meer, im Indischen Ozean und im Indopazifik an Gorgonien, Schwarzen Korallen und Ähnlichem in tieferen Abschnitten strömungsreicher Riffhänge.
Soz. Verh./Vgs.: Sie besiedeln zwar Gorgonien und andere Nesseltiere, sind jedoch nicht an diese gebunden. Wichtigstes Kriterium ist die Beströmung.
Hält. B.: Wie die anderen Flügelmuscheln (siehe oben). Wichtig ist auch hier, daß beim Fang beziehungsweise beim Umsetzen (Händler) nicht die Byssusfäden aus der Byssusdrüse gerissen werden. Diese Verletzung überstehen die meisten Exemplare nicht. Mit einem scharfen Messer (Skalpell, Rasierklinge) werden vorsichtig die Byssusfäden durchtrennt.
Licht: Mittellichtzone.
ZU/Verm.: Nach der Befruchtung werden die Eier ausgestoßen. Die freischwimmenden Larven (Veligerlarven) halten sich zuerst im Plankton auf, später setzen sie sich an einer gut beströmten Stelle fest.
FU: Filtrierer.
Bes.: Beide Schalenklappen sind meist stark bewachsen, ganz besonders von Schwämmen. Sie hängen oft wie Trauben von ihren Standorten herunter in das freie, gut beströmte Wasser. Sie sind nahe verwandt mit der echten Perlmuschel und können ebenso Perlen ausbilden. Allerdings sind diese wesentlich kleiner und haben daher keine Bedeutung in der Schmuckindustrie.

T: 22 - 28° C, **L**: 7 cm, **BL**: ab 100 cm, **WB**: s, **WR**: m, **BS**: 3, **SG**: 2

Pteria colymbus, Kolumbien

Pteria penguin, Malediven

Pteria penguin, Malediven

Pteria penguin, Malediven

Pteria penguin, Malediven

Pteria penguin, Malediven

Ordnung: Filibranchia
Fam.: Pinnidae

Atrina vexillum, Thailand

Atrina vexillum (BORN, 1778)
Schwarze Steckmuschel

Vork.: Die Art kommt im indopazifischen Bereich um Sri Lanka und Thailand ab dem Flachwasser vor. Sie steckt bis etwa zur Hälfte im Sandboden oder im Korallenbruch.
Soz. Verh./Vgs.: Im Meer sind diese Muscheln Einzelgänger. Im Aquarium soll man sie nicht mit grabenden oder massiven Tieren vergesellschaften. Vor allem größere Krebstiere stoßen durch ihre Bewegungen die Muschel immer wieder um.
Hält. B.: Sie benötigen einen Bodengrund aus Sand mit Korallenstücken, der zumindest an einer Stelle etwa 10 cm hoch ist.
Licht: Mittellichtzone.
ZU/Verm.: Eine Auf- oder Nachzucht ist im Aquarium noch nicht gelungen.
FU: Filtrierer. Im Aquarium können sie mit Ersatzplankton gefüttert werden.
Bes.: Sie haben eine wesentlich kürzere und gedrungenere Form als die Steckmuscheln der Gattung *Pinna*. Ihre Schale ist relativ dünn und zerbrechlich. Im Boden verankern sie sich mit Byssusfäden, die sie in ihrem Fuß produzieren.

T: 22 - 28° C, **L:** 20 cm, **BL:** ab 120 cm, **WB:** m, **WR:** u, **BS:** 3, **SG:** 2

Pinna carnea, Karibik

Pinna carnea GMELIN, 1791
Sandsteckmuschel

Vork.: Die Sandsteckmuschel lebt in der Karibik, eingegraben im Sand, im Korallenschutt oder, wie hier auf dem Foto, in Korallen. Meist ist nur das obere Drittel der Schale zu sehen.
Soz. Verh./Vgs.: Sie ist mit den meisten Fischen und Wirbellosen zu vergesellschaften. Nur mit großen Krebstieren soll man sie nicht zusammen halten.
Hält. B.: Sie benötigen einen Bodengrund aus Sand mit Korallenstücken, der zumindest an einer Stelle etwa 10 cm hoch ist. Es ist unbedingt darauf zu achten, daß die Schalen der Tiere nicht beschädigt sind oder Sprünge haben.
Licht: Mittellichtzone.
ZU/Verm.: Über eine Nachzucht im Aquarium ist nichts bekannt.
FU: Filtrierer, die nur feinstes Plankton annehmen. Im Aquarium kann man sie mit kleinen Mengen von Ersatzplankton füttern.
Bes.: Die relativ großen, fächerförmigen und dünnen Schalenklappen sind fast durchsichtig, pergamentähnlich und sehr zerbrechlich. Sie haben 8 bis 10 Radiärrippen, die mit einer Vielzahl von schuppigen Dornen besetzt sind. Die meist geöffneten Schalen lassen im Schaleninneren den orangefarbenen Schalenbelag und die Lamellen der Kiemen erkennen.

T: 22 - 28° C, **L:** 20 cm, **BL:** ab 120 cm, **WB:** m, **WR:** u, **BS:** 3, **SG:** 2

Ordnung: Filibranchia
Fam.: Pinnidae

Pinna nobilis LINNAEUS, 1758
Mittelmeer-Steckmuschel

Vork.: Im gesamten Mittelmeer ist diese Art auf Weichböden ab einer Tiefe von 3 m zu finden. In und bei Seegraswiesen, wo sie durch Taucher oder Schnorchler noch nicht dezimiert oder ausgerottet wurden, können sie recht häufig sein.
Soz. Verh./Vgs.: Sie eignen sich vor allem als Partner für kleine Fische und sessile Wirbellose. Sind sie fest verankert, stören auch größere Tiere nicht.
Hält. B.: Wichtig ist ein Bodengrund aus Sand oder feinem Kies, in dem die Tiere zumindest zu einem Drittel eingegraben werden. Tiere, deren Schalen man nur zwischen Steinen einklemmt, leben meist nicht lange. Notfalls kann man die Muscheln auch in einen Blumentopf setzen, der mit Sand gefüllt ist. Auf eine senkrechte Haltung oder eine leichte Schräglage ist zu achten. Nur junge Tiere sollen in das Aquarium eingesetzt werden.
Licht: Mittellichtzone.
ZU/Verm.: Eine Nachzucht im Aquarium ist noch nicht gelungen.
FU: Filtrierer, die nur sehr feines Plankton aufnehmen. Im Aquarium kann man sie mit Ersatzplankton und Hefebrei füttern. Sind sonst keine weiteren Filtrierer im Becken, verabreicht man das Futter mit einer Pipette. Dabei ist darauf zu achten, daß die Tiere nicht ihre Schalen verschließen.
Bes.: Die Schalen junger Muscheln sind außen stark mit schuppenartigen Bildungen besetzt. Bei größeren Exemplaren - sie können fast 1 m lang werden - gehen die Schuppen mehr und mehr verloren. Leider wurden die ansonst häufigen Steckmuscheln durch Schnorchler und Taucher im gesamten Mittelmeergebiet stark reduziert. In größeren Exemplaren findet man immer wieder Perlen, die sich jedoch aufgrund ihres hohen Wassergehaltes nicht für die Schmuckherstellung eignen. Regelmäßig findet man sogenannte Muschelwächter zwischen den Schalen der Steckmuscheln. Im westlichen Mittelmeer handelt es sich dabei um die Erbsenkrabben oder Muschelwächterkrabben *Pinnotheres pinnotheres* und *P. pisum* (siehe MEERWASSER ATLAS Band 1, Seite 658), im östlichen Mittelmeer um die Steckmuschelgarnele *Pontonia pinnophylax*. Bei diesen Partnerschaften handelt es sich um eine Karpose, das heißt, nur der Krebs genießt einen Vorteil, nämlich einen Unterschlupf. Berichte, nach denen die Krebse die Muscheln bei Annäherung einer Gefahr warnen sollen, stimmen nicht. Wie alle Steckmuscheln produziert auch diese Art sogenannte Byssusfäden, mit denen sie sich im Boden verankert. Diese Fäden sind aus einem sehr widerstandsfähigen, zähen Material, das in der Byssusdrüse produziert wird, die in dem rudimentären Fuß der Muschel gelegen ist. Früher wurden die Fäden z.B. zur Herstellung von Handschuhen verwendet.

T: 15 - 22° C, **L**: 50 cm, **BL**: ab 150 cm, **WB**: m, **WR**: u, **BS**: 2, **SG**: 2

Pinna rudis LINNAEUS, 1758
Stachel-Steckmuschel

Vork.: Im westlichen Mittelmeer findet man diese Art im Hartbodenbereich und in Seegraswiesen ab 10 m Tiefe.
Soz. Verh./Vgs.: Wie *P. nobilis*
Hält. B.: Wie *P. nobilis* **Licht**: Mittellichtzone.
ZU/Verm.: Über die Fortpflanzung dieser Art ist nichts bekannt.
FU: Filtrierer.
Bes.: Durch die Ausbildung von wenigen, aber sehr kräftigen Stacheln ist diese Art leicht von *P. nobilis* zu unterscheiden. Man weiß nicht, ob auch sie Muschelwächter beherbergt.

T: 15 - 20° C, **L**: 15 cm, **BL**: ab 120 cm, **WB**: m, **WR**: , **BS**: 3, **SG**: 2

Pinna nobilis, Mittelmeer

Pinna rudis, westliches Mittelmeer

Ordnung: Filibranchia
Fam.: Pectinidae

Aequipecten opercularis (LINNAEUS, 1758)
Gefelderte Kammuschel

Vork.: Im westlichen Atlantik ist diese Art auf Sand- und Geröllgrund in mittleren bis großen Tiefen, häufig in großer Individuendichte, zu finden.
Soz. Verh./Vgs.: Gut mit Fischen und Wirbellosen zu halten, die nicht graben. Vorsicht mit Seesternen!
Hält. B.: Kühles Wasser und ein Bodengrund aus grobem Sand oder Muschelgrus genügen ihren Ansprüchen.
Licht: Mittellicht- bis Dämmerlichtzone.
ZU/Verm.: Diese Muscheln sind im Aquarium noch nicht nachgezüchtet worden. Mit der Methode von *Pecten maximus* (Seite 770) müßte jedoch auch diese Art nachzüchtbar sein.
FU: Filtrierer, wie fast alle Muscheln.
Bes.: Die Schalenklappen der Tiere sind gerippt. Die freiliegende Oberseite ist meist bewachsen. Die "Ohren" der Schalenklappen sind fast gleich groß. Am Mantelrand tragen sie chemische und optische Sinnesorgane (siehe folgende Seite). Sie sind aktive Schwimmer, die einen Standortwechsel - meist auf der Flucht vor einem Seestern - nach dem Rückstoßprinzip vornehmen. Im Gegensatz zu den *Lima*-Arten schwimmen sie dabei in Richtung ihres Schalenschlosses. Sie sind oft lebend auf Fischmärkten in Nordeuropa erhältlich. Ihr Fleisch gilt als Delikatesse.

T: 10 - 20°C, **L**: 7 cm, **BL**: ab 100 cm, **WB**: m, **WR**: u, **BS**: 2, **SG**: 2

Chlamys glabra (LINNAEUS, 1758)
Kammuschel

Vork.: Sie kommt sowohl auf Sandboden, als auch auf sekundärem Hartboden im ganzen Mittelmeergebiet vor.
Soz. Verh./Vgs.: Sie ist gut mit anderen Wirbellosen und Fischen zu vergesellschaften.
Hält. B.: Im Mittelmeeraquarium setzt man sie an der Übergangszone zwischen Sandboden und Felsen in eine waagerechte Spalte.
Licht: Mittellichtzone.
ZU/Verm.: Sie vermehren sich über Larven; über eine Nachzucht im Aquarium ist noch nichts bekannt geworden. Die Laichzeit im Mittelmeer ist dann, wenn die Wassertemperaturen am tiefsten sind, nämlich zwischen Januar und März.
FU: Filtrierer; sitzen sie in einem Becken zusammen mit benthischen Fischen, bekommen sie durch das laufend aufgewirbelte Sediment meist genügend Futter. Gelegentlich gibt man ihnen aus einer Pipette Ersatzplankton oder Muschelmilch.
Bes.: Bei dieser Art ist die linke Klappe etwas mehr gewölbt als die rechte und hat 10 bis 11 gewölbte Radiärfalten. Die Jungtiere haben Byssusfäden, die den erwachsenen Tieren fehlen. Wie alle Arten dieser Familie haben auch sie nur einen Schließmuskel (zum Verschließen der Schalenklappen) ausgebildet. In der Mitte des recht einfach gebauten Schlosses findet man das sogenannte Resilium, das als Antagonist zum Schließmuskel wirkt und die Schalen auseinanderdrückt. Der Mantelrand ist mit zahlreichen Sinnesorganen besetzt (siehe auch nächste Seite). Die Fäden, die man auf dem Foto erkennen kann, tragen Tastsinnzellen.

T: 15 - 25°C, **L**: 5 cm, **BL**: ab 100 cm, **WB**: m ,**WR**: u, m, **BS**: 2, **SG**: 1

Aequipecten opercularis, französische Atlantikküste

Chlamys glabra, Adria

Ordnung: Filibranchia
Fam.: Pectinidae

Chlamys varia (LINNAEUS, 1758)
Bunte Kammuschel

Vork.: Diese Kammuschelart ist im Mittelmeer häufig auf allen Hart- und Sedimentböden, vom Flachwasser bis in größere Tiefen zu finden.
Soz. Verh./Vgs.: Sie ist gut mit Fischen und anderen Wirbellosen im Mittelmeerbecken zu halten. Die Schalen sind außen oft von Schwämmen oder Rotalgen überwachsen.
Hält. B.: Felsaquarium mit Spalten, in denen sich die Muscheln gerne festsetzen. Vor dem Einsetzen müssen aufgewachsene Schwämme entfernt werden.
Licht: Mittellichtzone.
ZU/Verm.: Sie vermehren sich über Larven, über eine Nachzucht im Aquarium ist noch nichts bekannt geworden.
FU: Filtrierer; sie nehmen nur feinste Partikel auf. In einem gut besetzten Aquarium müssen sie meist nicht speziell gefüttert werden. Sie filtrieren z.B. aufgewirbeltes Sediment.
Bes.: Die Jungtiere befestigen ihre Schale mit Byssusfäden, die erwachsenen Tiere leben frei. Die Färbung der unbewachsenen Schalenklappen ist sehr unterschiedlich; beige, rötlich, rot oder braun, unifarben oder gefleckt. Daher kommt der Artname *varia*. Beide Schalenhälften sind gewölbt, die fingerförmigen Fortsätze der Schale, die "Ohren", sind ungleich groß. Ein wichtiges Unterscheidungsmerkmal gegenüber anderen Arten der Gattung ist die Anzahl der Längsrippen.

T: 15 - 25° C, **L**: 5 cm, **BL**: ab 100 cm, **WB**: m ,**WR**: u, m, **BS**: 2, **SG**: 1

Über die Sinnesorgane der Muscheln

Da den Muscheln der Kopf fehlt, sind auch die entsprechenden Kopfsinnesorgane nicht vorhanden. Sie fehlen entweder ganz oder sind an den Mantelrand oder in den Fuß verlagert. Die Nervenversorgung erfolgt vom Cerebralganglion aus, das man als "Gehirn" der Muschel ansehen kann. Fast alle Arten (ausgenommen die Austern) haben Statocysten, das sind Schwere- und Lagesinnesorgane, die zusätzlich noch Erschütterungen wahrnehmen können. Der Mantelrand und, so vorhanden, die Siphonen sind oft dicht mit Sinneszellen besetzt. Die Aufnahme von Tastreizen geschieht bei einigen Arten über fädige Anhänge des Mantelrandsaums (Foto). Viele Muscheln verfügen auch über optische Sinnesorgane. Bei eingegrabenen Formen sind es einfache lichtempfindliche Zellen, die am oberen Ende des Atemsiphos gelegen sind; bei anderen liegen sie am Mantelrand. Bei Vertretern der Familie Pectinidae sind spezielle Linsenaugen ausgebildet, die sogar eine doppelte Retina haben. Die meist blau gefärbten Augen liegen in großer Anzahl am Mantelrand (siehe Foto). Mit ihnen können die Muscheln nicht nur zwischen hell und dunkel unterscheiden, sondern auch Formen erkennen.

Chlamys varia, Adria

Geöffnete *Chlamys*. Augen, Tentakel, unten Kiemen

Ordnung: Filibranchia
Fam.: Pectinidae

Pecten maximus (LINNAEUS, 1758)
Große Pilgermuschel, Große Kammuschel

Vork.: Die Art lebt auf Weichböden im Atlantik, von den Kanarischen Inseln bis Norwegen.
Soz. Verh./Vgs.: Man darf sie nicht mit räuberischen Seesternen vergesellschaften. Gegenüber Fischen und Wirbellosen sind sie gut verträglich.
Hält. B.: Sie benötigen einen Sandboden, der zumindest so tief ist, daß sie sich mit der unteren, runden Schalenhälfte komplett eingraben können.
Licht: Mittellichtzone.
ZU/Verm.: DELAUNAY et al. (J.Exp.Mar.Biol.Ecol. 163 (1992), S. 209 - 219) geben eine Anleitung zur Vermehrung dieser Muschelart. Durch eine thermale Stimulation (2 auf 8° C) laichen die Tiere ab. Die Befruchtung erfolgt durch das Mischen der Eier mit den Spermien. Zwei Tage danach werden die Larven in einen 400 l - Behälter in einer Dichte von 12.000 pro Liter überführt. Das Meerwasser wird durch eine Maschenweite von 1 µm gefiltert, durch Belüftung in Bewegung gehalten und jeden zweiten oder dritten Tag erneuert. Die Aufzuchttemperatur beträgt 18° C. Die Larven werden täglich mit einer Mischung aus drei Algenarten (*Pavlova lutheri, Isochrys galbana, Chaetoceros calcitrans*) gefüttert.
FU: Filtrierer. Ersatzplankton, Muschelmilch.
Bes.: Sie wird oft mit *Pecten jacobaeus* aus dem Mittelmeer verwechselt. Sie wird gerne gegessen, der Schließmuskel gilt als Delikatesse. Die untere, runde Schalenhälfte wird oft als Ragoutschale verwendet.

T: 2 - 20°C, **L**: 13 cm, **BL**: ab 100 cm, **WB**: m, **WR**: u, **BS**: 2, **SG**: 2

Pedum spondyloideum (GMELIN, 1791)
Irisierende Kammuschel

Vork.: Die Art lebt im Roten Meer, im Indischen Ozean und im Indopazifik im Bereich von Korallenriffen.
Soz. Verh./Vgs.: *Pedum spondyloideum* lebt in Gruppen eingebettet in verschiedenen Arten von lebenden Korallen. Meist sind es *Porites*-Arten. Sie bohren nicht in den Korallen, sondern verhindern das Wachstum an der Stelle, wo sie sitzen.
Hält. B.: Sie können nur zusammen mit einem Korallenblock in das Becken gebracht werden.
Licht: Mittellicht- bis Starklichtzone.
ZU/Verm.: Sie vermehren sich über Larven, die sich an den Korallenstöcken festsetzen.
FU: Filtrierer.
Bes.: Die beiden Schalenhälften sind unterschiedlich geformt. Die rechte Schale ist konkav und hat eine Vertiefung für die Byssusfäden. Die linke Schale ist fast flach. Bei geöffneten Schalenklappen wird der blauschwarze Mantelrand sichtbar, der kleine rote Punkte hat (kleines Foto). Es sind Lichtsinnesorgane, die die Muscheln veranlassen, sich bei Schatteneinfall zu schließen.

T: 22 - 27° C, **L**: 3 cm, **BL**: ab 100cm, **WB**: m, **WR**: m, **BS**: 3, **SG**: 2

Pedum spondyloideum

Pecten maximus, Nordsee

Pedum spondyloideum, Thailand

Ordnung: FILIBRANCHIA
Fam.: Spondylidae

Spondylus americanus, Kolumbien

Spondylus americanus HERMANN, 1781
Amerikanische Stachelauster

Vork.: Diese Art lebt an felsigen Riffhängen und an schattigen, gut durchströmten Riffabschnitten im Karibischen Meer.
Soz. Verh./Vgs.: Bis auf räuberische Seesterne kann man sie mit fast allen Fischen und Wirbellosen zusammen halten. Die obere Schalenhälfte ist oft mit einem Aufwuchs von Schwämmen, Hydroiden, Moostierchen und Algen besetzt.
Hält. B.: Sie sollten nur mit dem Stein, an dem sie festgewachsen sind, eingesetzt werden. Sind Schwämme auf der oberen Schale, sollten sie entfernt werden. Sie gehen sonst meist ein und verderben das Wasser.
Licht: Dämmerlichtzone.
ZU/Verm.: Die freischwimmenden Veligerlarven setzen sich an einem harten Untergrund fest und die daraus entstehenden Jungtiere beginnen mit dem Festkitten der unteren Schalenhälfte.
FU: Filtrierer; mit Ersatzplankton können sie gut ernährt werden.
Bes.: Die Jungtiere tragen auf ihrer oberen Schalenklappe eine Vielzahl sehr dünner, spitzer Stacheln. Durch mechanische Einwirkung gehen diese aber mehr und mehr verloren, so daß bei den großen Tieren nur noch die kräftigen Stacheln verbleiben (siehe Foto). Wie bei allen Stachelaustern ist auch bei ihnen die untere Schalenhälfte fest mit dem Untergrund verkittet. Es ist der Muschel nicht möglich, diese Verbindung zu lösen. Bei Lichteinfall oder anderen Störungen schließen sich die sonst stets geöffneten Schalen blitzartig.Verantwortlich für die Wahrnehmung der optischen Reize sind viele kleine lichtempfindliche Ocellen, die an den Mantelrändern sitzen. Von der Gattung *Spondylus* gibt es viele Vertreter in fast allen Meeresgebieten.

T: 20 - 26° C, L: 10 cm, BL: ab 100 cm, WB: s, WR: m, BS: 2, SG: 2

Spondylus varius, Malediven

Spondylus varius, Großes Barrierriff

Spondylus princeps, Aquarienaufnahme

Spondylus princeps BRODERIP, 1833
Pazifische Stachelauster

Vork.: Diese Stachelauster kommt an Felsküsten des tropischen Pazifiks vor. Sie ist mit ihrer unteren Schalenhälfte fest an hartes Sustrat angekittet und lebt besonders an gut beströmten Steilwänden und Überhängen.
Soz. Verh./Vgs.: Man kann sie gut mit vielen Fischen und den meisten Wirbellosen vergesellschaften.
Hält. B.: Von ihrer Unterlage entfernte Tiere halten sich meist nicht gut im Becken. Wesenlich besser ist es, sie mit dem Stein oder dem Korallenblock, an den sie angewachsen sind, in das Aquarium einzubringen. Vor dem Einsetzen muß man Schwämme entfernen, die sich gerne an der (oberen) Schalenhälfte ansiedeln.
Licht: Dämmerlichtzone.
ZU/Verm.: Nach der Befruchtung schwimmen die Larven einige Zeit lang im Plankton und setzen sich später an einer geeigneten Stelle fest.
FU: Filtrierer. Im Aquarium füttert man sie mit Muschelmilch oder mit Ersatzplankton. Sie nehmen nur sehr feine Partikel auf.
Bes.: Wie alle Stachelaustern haben sie ein relativ einfaches Schalenschloß (isodont) und ein kräftiges Resilium, das als Gegenspieler zu den Schließmuskeln wirkt und die Schale aufspreizt. Die mittlere Falte ihres Mantelrandes trägt lichtempfindliche Organe, ähnlich wie bei den Kammuscheln (*Pectinidae*).

T: 20 - 26° C, **L**: 8 cm, **BL**: ab 100 cm, **WB**: s, **WR**: m, **BS**: 2 - 3, **SG**: 2

Limaria fragilis, Australien

Limaria fragilis GMELIN, 1791
Zerbrechliche Feilenmuschel

Vork.: Die Art lebt in Korallenriffen um Australien, in geringer Tiefe zwischen Steinen und Korallen.
Soz. Verh./Vgs.: Man soll sie nicht mit Räubern (Fische, Krebse) vergesellschaften. Besonders empfindlich sind sie gegenüber Fischen, die ihre Tentakel abbeißen.
Hält. B.: Sie benötigen ein Felsenaquarium mit Unterschlupfmöglichkeiten, um ein Nest zu bauen.
Licht: Mittellichtzone.
ZU/Verm.: Eine Fortpflanzung im Aquarium ist nicht möglich.
FU: Filtrierer; siehe *L. scabra*. Wichtig ist eine regelmäßige Fütterung.
Bes.: Diese Art hat eine besonders dünne Schale. Wie alle Arten der Gattung baut auch sie ein Nest, um sich vor Feinden zu schützen. Dazu werden Steine, Schalenbruchstücke und ähnliches mit einem von der Muschel produzierten Sekret miteinander verkittet. Sie haben Lichtsinnesorgane, mit denen sie zwar keine Formen, aber z.B. Schatten wahrnehmen können.

T: 22 - 25° C, **L**: 5 cm, **BL**: ab 100 cm, **WB**: m, **WR**: u, **BS**: 3, **SG**: 3

Limaria scabra, Aquarienaufnahme

Limaria scabra (BORN, 1778)
Rauhe Feilenmuschel

Vork.: Sie lebt im Flachwasser des Karibischen Meeres, meist eingebettet zwischen Steinen und Korallenblöcken.
Soz. Verh./Vgs.: In der freien Natur schützt sich diese Gattung mit dem Bau eines Nestes aus Steinen, Korallenbrocken und Schalenstücken, im Aquarium sollte man sie jedoch nicht mit räuberischen Fischen oder größeren Krebsen vergesellschaften.
Hält. B.: Aquarium mit Steinen oder Korallenblöcken, zwischen denen die Muscheln sich zurückziehen und Nester bauen können. Die *Limaria*-Arten sind zwar sehr attraktiv, aber eher schwierig zu halten. Meist werden sie im Aquarium nicht älter als ein Jahr.
Licht: Mittellicht- bis Dämmerlichtzone.
ZU/Verm.: Eine Nachzucht im Aquarium ist noch nicht gelungen.
FU: Filtrierer. Die Tiere können mit geringen Mengen von Ersatzplankton, Hefebrei und Muschelmilch ernährt werden. Zooplanktonorganismen, wie z. B. *Artemia,* sind zu groß und können nicht aufgenommen werden. Erfolgt keine spezielle Fütterung, gehen die Tiere bald ein.
Bes.: Alle Arten der Gattung können mit Hilfe des Rückstoßprinzips schwimmen. Durch Auf- und Zuklappen der Schalen erzeugen sie einen Wasserstrom, der beidseitig des Schlosses ausgepreßt wird. Zusätzlich schlagen die seitlichen Tentakel. Im Gegensatz zu *Pecten* schwimmt diese Gattung in Richtung Ventralseite (zur Muschelöffnung). Sie benutzt diese Fähigkeit allerdings nur bei Gefahr, z.B. wenn man Steine umdreht, um vor Feinden zu flüchten.

T: 21 - 25° C, **L**: 6 cm, **BL**: ab 100 cm, **WB**: m, **WR**: u, **BS**: 2, **SG**: 3

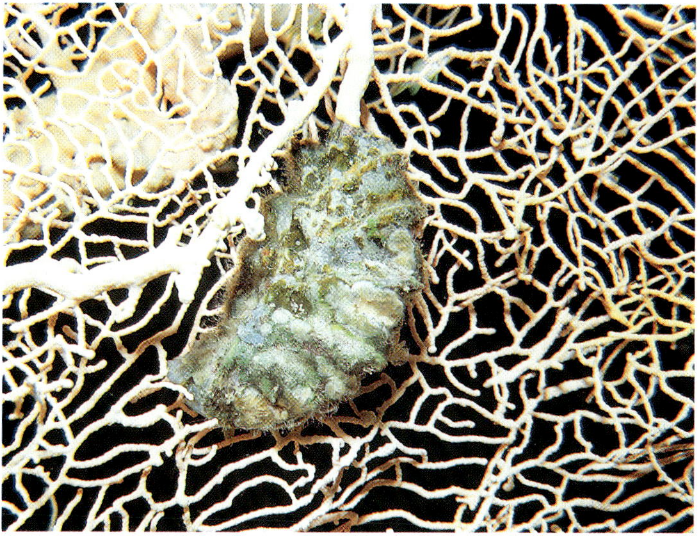

Crassostrea sp., Rotes Meer

Crassostrea sp.
Blattauster

Vork.: Das auf dem Foto dargestellte Tier stammt aus dem Roten Meer. Andere *Crassostrea*-Arten sind weltweit in tropischen und gemäßigten Meeren verbreitet. Vielfach wurden sie eingeschleppt oder aus wirtschaftlichen Gründen in Farmen ausgesetzt, wie z.B. die Japanische Auster *Crassostrea gigas* an der Atlantikküste von Frankreich.
Soz. Verh./Vgs.: Alle Arten können mit den meisten Fischen und Wirbellosen vergesellschaftet werden.
Hält. B.: Felsaquarium. Da sich die Blattaustern festkitten, sollten sie mitsamt dem Untergrund in das Aquarium eingesetzt werden. Sie bevorzugen starke Strömungen.
Licht: Mittellichtzone.
ZU/Verm.: Eine Zucht wird zwar im Meer in großem Maßstab betrieben, im Aquarium besteht jedoch keine Möglichkeit dazu.
FU: Filtrierer; im Aquarium müssen sie regelmäßig mit Ersatzplankton, Muschelmilch oder Hefebrei gefüttert werden.
Bes.: Wie die Echte Auster *Ostrea edulis* und alle anderen Austern- und Stachelausternarten sind sie mit der unteren (= linken) Schalenklappe fest mit dem Untergrund verkittet. Ein Loslösen ist nicht mehr möglich. Die Schalenoberfläche ist teilweise von aufsitzender *Epifauna* bedeckt oder komplett von Kalkrotalgen, Moostierchen, Schwämme und anderen Wirbellosen überwuchert. Viele *Crassostrea*-Arten werden gezüchtet und genauso verzehrt wie die Echte Auster.

T: 20 - 28°C, **L:** 8 cm, **BL:** ab 100 cm, **WB:** s, **WR:** m, **BS:** 2, **SG:** 2

Ordnung: Filibranchia
Fam.: Ostreidae

Lopha cristagalli, Malaysia

Lopha cristagalli (LINNAEUS, 1758)
Hahnenkammauster

Vork.: Die Art kommt im Indowestpazifik vom Flachwasser bis in Tiefen von 40 m auf Hartböden und in Korallenriffen vor.
Soz. Verh./Vgs.: Sie sind mit fast allen Wirbellosen, ausgenommen räuberischen Seesternen, und nicht zu großen Fischen, gut zusammen zu halten.
Hält. B.: Häufig sind die Tiere mit Schwämmen besetzt. Da diese nur eine geringe Überlebenschance haben, sollten sie vor dem Einsetzen ins Aquarium abgebürstet werden. Ein Kolonie befestigt man am besten mit einem durchsichtigen Nylonfaden an einem gut beströmten Stein.
Licht: Mittellicht- bis Dämmerlichtzone.
ZU/Verm.: Nach der Befruchtung werden die Eier ausgestoßen. Die freischwimmenden Veligerlarven halten sich zuerst im Plankton auf, später setzen sie sich an einer gut beströmten Stelle fest.
FU: Filtrierer; sie nehmen nur feinstes Plankton, beziehungsweise Planktonersatz als Nahrung. Bei der Fütterung ist der Filter abzuschalten
Bes.: Die untere Schalenhälfte ist stets festgewachsen. Die Schalenränder sind zickzackartig gestaltet, wobei beide Klappen im Muster exakt ineinandergreifen. Die relativ dünnen, blattförmigen Schalen haben eine feinkörnige Textur, die stets von anderen Organismen besiedelt ist. Im Inneren ist diese Art perlmuttrig irisierend, die Klappenränder sind violett.

T: 22 - 28° C, **L**: 8 cm, **BL**: ab 100 cm, **WB**: s, **WR**: m, **BS**: 2, **SG**: 2

Ostrea edulis, Mittelmeer

Ostrea edulis LINNAEUS, 1758
Echte Auster, Eßbare Auster, Europäische Auster

Vork.: Diese Muschelart kommt im europäischen Atlantik, in der Nordsee und im Mittelmer vor. Sie lebt von der Küste bis in etwa 80 m Tiefe auf Hartböden oder auf Steinen, die auf festem Schlamm oder auf schlammigen Sandböden liegen.
Soz. Verh./Vgs.: Stellenweise bildet sie dichte Kolonien. In der Mantelhöhle findet man gelegentlich die Muschelwächter-Krabbe *Pinnotheres pisum* (siehe MEERWASSER ATLAS, Band 1, Seite 658)
Hält. B.: Mittelmeeraquarium. Man bringt sie zusammen mit dem Untergrund, an dem sie angewachsen ist, in das Aquarium ein.
Licht: Mittellichtzone.
ZU/Verm.: Die Tiere sind Zwitter, die auch im Aquarium ablaichen. In Zuchtanstalten werden sie in großen Mengen aufgezogen. Spezielle Ansiedlungsflächen (Ziegel, Muschelschalen, Reisig) werden in der Nähe bestehender Kolonien ausgebracht. Die daran fesgesetzten Jungaustern werden in große Aufzuchtbecken überführt, die durch Kanäle mit dem Meer in Verbindung stehen. Nach 3 bis 4 Jahren kommen sie in ein Reinigungsbecken, in welchem sie keine Nahrung mehr erhalten, und sind dann versandreif.
FU: Filtrierer, die kleinste Planktonorganismen und Detritus fressen.
Bes.: Die Tiere können ein Alter von 20 Jahren erreichen. Besonders große Zuchtanstalten findet man in Frankreich, Belgien, Holland und England.

T: 15 - 20° C, **L**: 8 cm, **BL**: ab 100 cm, **WB**: m, **WR**: m, **BS**: 1, **SG**: 1 - 2

Ordnung: Eulamellibranchia
Fam.: Tridacnidae

Hippopus hippopus, Großes Barriereriff

Hippopus hippopus (LINNAEUS, 1758)
Pferdehufmuschel

Vork.: Diese Art ist im gesamten Westpazifik im Bereich von Korallenrifflagunen häufig im Koralllenschutt oder auf Sand anzutreffen. Die Hauptverbreitungsgebiete sind der Indopazifik und die Inselwelt Mikronesiens.
Soz. Verh./Vgs.: Da sich die Muscheln am Boden befinden, sollten sie nicht mit umherwandernden Tieren (Einsiedlerkrebsen, Krabben etc.) gehalten werden. Gut sind sie mit sessilen Wirbellosen und kleinen freischwimmenden Fischen zusammen zu pflegen.
Hält. B.: Der Boden besteht aus Korallenschutt oder grobem Sand, in den die Tiere zu etwa einem Drittel der Schale eingesenkt werden.
Licht: Mittellichtzone.
ZU/Verm.: Eine Nachzucht im Aquarium ist kaum möglich.
FU: Filtrierer; im Aquarium können sie mit Ersatzplankton gefüttert werden.
Bes.: Am vorderen Schalenrand haben sie eine hufeisenförmige Fläche (Name) mit einem Byssusschlitz. Nur die Jungtiere bilden einen Byssusfaden, die älteren Tiere sind lose in den Untergrund eingegraben.

T: 22 - 28° C, L: 20 cm, BL: ab 120 cm, WB: m, WR: u, BS: 2, SG: 2

Tridacna crocea, Großes Barriereriff

Tridacna crocea LAMARCK, 1819
Eingegrabene Mördermuschel

Vork.: Diese Art lebt im Indopazifik bis Mikronesien auf Riffplattformen und in Lagunen von Korallenriffen.
Soz. Verh./Vgs.: Sie eignet sich gut für den Besatz eines Korallenaquariums, gemeinsam mit Arten, die ebenfalls viel Licht benötigen.
Hält. B.: Korallenaquarium mit leichter bis mittlerer Strömung.
Licht: Starklichtzone. Alle *Tridacna*-Arten haben in ihrem Mantel Zooxanthellen (einzellige Grünalgen), die für den Stoffwechsel der Muschel notwendig sind. Diese benötigen jedoch zum Assimilieren einen Lichtwert von mindestens 6.000 Lux (gemessen am Beckenboden). Empfohlen werden HQI-Strahler. Zu dunkel gehaltene Exemplare bekommen eine bräunliche Färbung. Sie sind dann auch mit starker Beleuchtung nicht mehr zu retten.
ZU/Verm.: Über die Zucht von *Tridacna* siehe Seite 788.
FU: Filtrierer; sie ernähren sich jedoch hauptsächlich von den Stoffwechselabfallprodukten der Zooxanthellen und benötigen kein zusätzliches Futter.
Bes.: Sie unterliegt wie alle *Tridacna*- Arten dem Washingtoner Artenschutzabkommen! Diese Art gräbt sich durch Schalenbewegungen mit ihrem Wirbel voran in den Untergrund. Sie lebt zwischen und sogar in Korallenstöcken und in sogenannten Mikroatollen von Riffen. Die Schalen sind etwas bauchig und mit flachen Außenrippen besetzt.

T: 22 - 28° C, **L:** 12 cm, **BL:** ab 120 cm, **WB:** m, **WR:** u, **BS:** 4, **SG:** 2

Ordnung: EULAMELLIBRANCHIA
Fam.: Tridacnidae

Tridacna gigas (LINNAEUS, 1758)
Riesenmördermuschel

Vork.: Sie lebt im Indopazifik und im Pazifik in Korallenriffen.
Soz. Verh./Vgs.: Jungtiere bis etwa 20 cm Schalenlänge sind gute Partner für das Korallenbecken. Da sie nicht oder kaum gefüttert werden müssen, bleibt das Aquarienwasser sauber.
Hält. B.: Außer an die Beleuchtung und die Wasserqualität stellen sie keine besonderen Ansprüche. Die Strömung sollte nicht zu stark sein, da die Tiere sonst zu wandern beginnen, um sich eine ruhigere Stelle zu suchen.
Licht: Starklichtzone. Eine ausreichend starke Beleuchtung ist unbedingt notwendig (siehe *T. crocea*).
ZU/Verm.: Über die Zucht von *Tridacna* siehe Seite 788.
FU: Filtrierer; im Zoo-Aquarium von Berlin werden *Tridacna* mit Feinstplankton, Liquizell und Microplan gefüttert. LANGE & KAISER (1991) vermuten allerdings, daß bei ausreichender Beleuchtung und Funktion der Zooxanthellen eine solche Zufütterung nicht unbedingt erforderlich ist.
Bes.: Sie unterliegt wie alle *Tridacna*-Arten dem Washingtoner Artenschutzabkommen! Diese Art ist die größte Muschel unserer Meere. Sie kann über 1,3 m lang und 300 kg schwer werden. Die Schalenränder sind vom Mantel überdeckt, der durch die Zooxanthellen gefärbt ist. In diesem Bereich sitzen auch lichtempfindliche Zellen, die veranlassen, daß die Muschel bei Schatteneinfall den Mantel zurückzieht und die Schalen schließt.

T: 22-28°C, **L**: bis 130 cm, **BL**: ab 150 cm, **WB**: m, **WR**: u, **BS**: 4, **SG**: 2

Tridacna maxima (RÖDING, 1798)
Große Mördermuschel

Vork.: Die Art kommt vom Roten Meer über Ostafrika bis Polynesien, ausschließlich Hawaii, in Korallenriffen vor.
Soz. Verh./Vgs.: Wie die anderen *Tridacna*-Arten.
Hält. B.: Siehe *T. gigas*
Licht: Starklichtzone, siehe *T. crocea.*
ZU/Verm.: Über die Zucht von *Tridacna* siehe Seite 788.
FU: Siehe *T. gigas*
Bes.: Sie unterliegt wie alle *Tridacna*-Arten dem Washingtoner Artenschutzabkommen! Sie lebt im Flachwasser, wo sie sogar gelegentlich trocken fallen kann.

T: 22 - 28°C, **L**: 35 cm, **BL**: ab 150 cm, **WB**: m, **WR**: u, **BS**: 4, **SG**: 2

Tridacna maxima

Tridacna gigas, Großes Barrierriff

Einjährige *Tridacna gigas*

Tridacna maxima, Malaysia

Tridacna maxima, Malediven

Tridacna maxima, Thailand

Tridacna maxima, Thailand

Tridacna gigas, Australien

Tridacna gigas, Australien

Tridacna gigas, Australien

Tridacna gigas, Australien

Über die Zucht der Gattung *Tridacna*

In Deutschland sind alle *Tridacna*-Arten durch das Bundesnaturschutzgesetz, das seit dem 1. Januar 1987 in Kraft ist, geschützt. Das heißt, ihr Import ist verboten. Eine verständliche Lösung, wenn gefährdete Arten dadurch nicht der Überfischung preisgegeben werden. Weniger verständlich wird es allerdings, wenn man hört, daß in Asien etwa 500 Tonnen (!) dieser Tiere pro Jahr verzehrt werden. Ein Großteil dieser Tiere wird allerdings in australischen Meeresfarmen gezüchtet. KIPPER (Aquarium heute, 1/93, 234-236) und TISDELL et al. (Aquaculture, 1993, 110: 13-26) beschreiben die Aufzucht in der Marikultur. Allerdings werden hier nicht nur Tiere für den Verzehr herangezogen, sondern auch für den Export zu Aquarienzwecken. Es handelt sich dabei hauptsächlich um *Tridacna gigas*, aber auch die beiden anderen hier vorgestellten Arten, *T. crocea* und *T. maxima,* sollen dort gezüchtet werden.
Großanlagen mit einem täglichen Wasserdurchfluß von etwa 500.000 Litern sauberen Meerwassers sind die Grundvoraussetzungen für eine erfolgreiche Zucht. Erwachsene Tiere werden aus dem Meer entnommen und in große Becken gesetzt. Nach einem halben Jahr sind sie dann laichbereit. Nach Verabreichung eines Medikamentes werden zuerst große Mengen von Spermien und nach etwa 30 Minuten Eier aus der Mantelhöhle ausgestoßen. Beide werden jeweils mit Plastikbeuteln abgesammelt, sorgfältig vermischt und die befruchteten Eier in 4.000 Liter-Becken eingebracht. Nach einer kurzen freischwimmenden Phase lassen sich die millimetergroßen Muscheln am Boden nieder. Von dort werden sie in andere Behälter gesetzt, wo sie in vier Jahren bis zu einer Größe von 5 bis 6 cm heranwachsen. In diesem Stadium sollen sie dann für die Aquarienhaltung exportiert werden. Für den menschlichen Genuß müssen sie noch weitere 3 Jahre bis zu einer Schalenlänge von etwa 16 cm gehältert werden. Verständlich, daß sich diese lange Periode auf den Preis niederschlägt. Eine Muschel kostet dann 50 Australische Dollar.
Bruce Stevens von der Clam-Shell-Farm auf Fitzroy Island bei Cairns (Nordostaustralien) will Muscheln für den aquaristischen Bereich produzieren. Verhandlungen mit der australischen Regierung haben begonnen, und es ist damit zu rechnen, daß auch bald Exporte nach Deutschland möglich sein werden.

Callista chione, Mittelmeer

Callista chione (LINNAEUS, 1758)
Braune Venusmuschel

Vork.: Diese Art kommt regelmäßig und häufig im gesamten Mittelmeer und im Atlantik bis Irland vor. Sie lebt eingegraben im Sandboden.
Soz. Verh./Vgs.: Diese Muscheln sind Einzelgänger. Im Aquarium darf man sie nicht mit räuberischen Seesternen oder Raubschnecken zusammen halten.
Hält. B.: Sie benötigen eine Schicht aus mittelfeinem Sand, die etwa doppelt so hoch wie das Tier lang ist.
Licht: Mittellichtzone.
ZU/Verm.: Die Laichzeit im Mittelmeer ist im April.
FU: Filtrierer; sie ernähren sich von winzigen Planktonorganismen und feinem Detritus. Mit einer Pipette bringt man ihnen Muschelmilch, die durch ein feines Sieb (0,1 mm) geseiht wurde, oder flüssiges Ersatzplankton vor die Einströmöffnung.
Bes.: Das Periostracum, die äußerste (organische) Schichte der Schale, glänzt lackartig. Man findet sie oft lebend auf Fischmärkten.

T: 15 - 22° C, **L:** 7 cm, **BL:** ab 100 cm, **WB:** m, **WR:** u, **BS:** 2, **SG:** 2

Diese Art ist stellvertretend für viele Muscheln angeführt, die ständig im Sand eingegraben leben. Aufgrund ihrer verborgenen Lebensweise werden sie nur selten in Aquarien gehalten.

Klasse: CEPHALOPODA

Über die Klasse CEPHALOPODA, Kopffüßer

Die Kopffüßer, zu denen die größten Wirbellosen Tiere gehören (Riesenkalmar, *Architheutis princeps*), sind ausschließlich Meeresbewohner. Nur die Nautiloiden, mit der einzigen rezenten Gattung *Nautilus,* haben eine äußere, gekammerte Schale, die als hydrostatisches Organ dient. Die Tintenschnecken oder Tintenfische (z.B. Gattung *Sepia*) haben eine innere, kalkige "Schale", den Schulp, die Kalmare (z.B. Gattung *Loligo*) haben nur einen hornigen, funktionslosen Schalenrest, und den Kraken (z.B. Gattung *Octopus*) fehlt eine Schale gänzlich. Der Fuß der Kopffüßer ist umgewandelt, einerseits zu den Fangarmen, andererseits zum sogenannten Trichter, durch den der Wasserstrom aus der Mantelhöhle geleitet wird. Bis auf die Nautiloiden tragen die Fangarme Saugnäpfe, die gestielt und mit einem Hornring versehen sein können (Tintenschnecken, Kalmare) oder flach aufsitzen (Kraken). Die Tintenschnecken und Kalmare haben 8 kurze Fangarme und 2 Tentakelkeulen, die zum Beutefang lang ausgezogen werden; die Kraken besitzen 8 gleich lange Arme. Die Fortbewegung geschieht bei allen Arten mittels Rückstoßprinzips, indem das Wasser aus der Mantelhöhle durch den Trichter gepreßt wird. Diese Schwimmart ist ein "Fluchtschwimmen", das nach rückwärts ausgeführt wird. Nur die Kalmare, in der Hochsee lebende Jäger, können damit auch nach vorne schwimmen und so ihre Beute fangen. Zusätzlich haben die Kalmare und Tintenschnecken noch seitliche Flossen, mit deren Hilfe sie sich vor- und rückwärts bewegen können. Die benthisch (am Substrat) lebenden Kraken kriechen mit ihren Armen am Boden. Die Kopffüßer haben Chromatophoren in ihrer Haut, die muskulös gesteuert werden und dadurch einen sehr raschen Farbwechsel ermöglichen. Die Tiere können sich einerseits farblich an den Untergrund anpassen, andererseits werden damit Signale abgegeben (Balz, Drohen). So ist z. B. das Balzkleid von *Sepia officinalis* ein kräftiges Zebramuster. Viele Arten sind Einzelgänger, die nur zur Laichzeit Paare bilden. Eine Ausnahme dazu sind die meisten Kalmare, die oft in großen Schulen auf Jagd gehen.

Die Cephalopoden ernähren sich räuberisch, ihre Nahrung besteht hauptsächlich aus verschiedenen Krebstieren, Fischen und Weichtieren. Bei den Kraken dringt die Verdauungsflüssigkeit in das Beutetier ein und die verflüssigte Nahrung wird aufgenommen. Diese Flüssigkeit kann Gift enthalten, das beim Blaugeringelten Kraken sogar für den Menschen tödlich sein kann. Bei den anderen Kopffüßern wird die Beute mit den papageienschnabelartigen Kiefern zerbissen und mit der Radula in den Schlund transportiert.

Bei Gefahr und bei Reizung wird "Tinte" aus dem Tintenbeutel durch den Trichter ausgestoßen. Diese hat eine mehrfache Funktion: der Gegner wird erschreckt, eine Wolke bei der Flucht wirkt als Attrappe, auf die sich der Feind stürzt, und schließlich besitzt die Tinte vermutlich auch eine chemische Funktion, indem sie die Geschmackssinne des Feindes beeinträchtigt. Fast alle Kopffüßer sind vorwiegend nachts aktiv. Tagsüber ziehen sie sich oft in ihre Höhlen zurück oder graben sich in den Sand ein.

Die Sinnesorgane der Cephalopoden sind sehr gut entwickelt. Besonders sind die Augen zu erwähnen, die analog (funktionsgleich, entwicklungsgeschichtlich verschieden) den Wirbeltieraugen sind. Sie haben eine Linse und eine Retina, mit der sie Farben wahrnehmen können. Die Pupille ist bei Tintenschnecken w-förmig, bei Kraken rechteckig und bei Kalmaren rund (siehe Fotos). Aber auch die anderen Sinne und das Gehirn sind vor allem bei den Kraken so gut entwickelt, daß man sie als höchstentwickelte Wirbellose Tiere bezeichnen kann.

Die Kopffüßer sind ein- oder mehrjährig. Ein *Octopus* wird meist nicht älter als drei Jahre. Sie sind getrenntgeschlechtlich, wobei sich die Geschlechter nur dadurch unterscheiden, daß die Männchen einen Fangarm zum "Hektokotylus" umgebildet haben. Bei diesem sind die Saugnäpfe reduziert, und er besitzt rinnenartige Bildungen, mit denen Spermatophoren (Samenbehälter) bei der Kopulation auf das Weibchen übertragen werden. Beim Papierboot (*Argonauta*) löst sich dieser Arm sogar vom Männchen los. Die Anzahl der abgelegten Eier ist unterschiedlich und variiert von einigen 100 bis über 100.000. Die Eier werden einzeln, in Ballen oder in Schnüren an das Substrat (Steine, Felsenhöhlen, Algen, Korallenstöcke) angeheftet. Die Kraken betreiben Brutpflege, indem die Weibchen die Eier in Höhlen ablegen und sie bis zum Schlüpfen betreuen und ständig mit frischem Wasser versorgen.

Systematik

Klasse: CEPHALOPODA	Kopffüßer
Ordnung: NAUTILOIDEA	Perlboote
Familie: Nautilidae	Perlboote i.e.S.
Gattung: *Nautilus*	
Unterklasse: COLEOIDEA	
Ordnung: SEPIOIDEA	Tintenschnecken
Familie: Spirulidae	Posthörnchen
Gattung: *Spirula*	
Familie: Sepiidae	Tintenschnecken i.e.S.
Gattung: *Sepia*	
Familie: Sepiolidae	Flügel-Tintenschnecken
Gattungen: *Sepiola*	
Sepioloidea	
Ordnung: TEUTHOIDEA	Kalmare
Familie: Loliginidae	Kalmare i.e.S.
Gattungen: *Loligo*	
Sepioteuthis	
Familie: Ommastrephidae	Flug-Kalmare
Gattung: *Dosidiscus*	
Ordnung: OCTOPODA	Achtarmige Kopffüßer
Familie: Argonautidae	Papierboote
Gattung: *Argonauta*	
Familie: Octopodidae	Kraken
Gattungen: *Eledone*	
Hapalochlaena	
Octopus	

Auge von *Sepia officinalis*

Auge von *Octopus vulgaris*

Nautilus pompilius, Aquarienaufnahme

Nautilus pompilius LINNAEUS, 1758
Perlboot

Vork.: Diese Art kommt im westlichen Indopazifik, bei den Andamanen, den Philippinen, Indonesien, Neuguinea und im nördlichen Australien vor. Sie leben im freien Wasser von etwa 60 bis 550 m Tiefe.
GU: Die Tiere sind getrenntgeschlechtlich.
Soz. Verh./Vgs.: Im Aquarium werden sie am besten einzeln gehalten.
Hält. B.: Das Becken sollte möglichst hoch sein, mindestens 1 m, besser 2 m. Die Tiere reagieren empfindlich auf hohe Nitratwerte. Eine Kühlung (ca. 16°), gute Filterung, ein Eiweißabschäumer und immer wieder ein teilweiser Wasserwechsel sind unbedingt notwendig. Die Strömung sollte möglichst gering gehalten werden. Besonders ist darauf zu achten, daß die Tiere in gutem Zustand geliefert werden. Beim Umsetzen müssen sie im Wasser verbleiben. Man sollte möglichst nur Jungtiere einsetzen.
Licht: Dämmerlichtzone, am besten Blaulicht.
ZU/Verm.: *Nautilus* hat birnenförmige Eier, die einzeln oder zu mehreren am Boden festgeheftet werden. Erst kürzlich ist es gelungen, Embryonen im Aquarium zu halten.
FU: K; sie sind Räuber und Aasfresser. Im Aquarium werden sie mäßig, aber regelmäßig mit aufgetautem Gefrierfutter gefüttert. Wichtig sind vor allem Krebse (Garnelen).
Bes.: Diese Art ist die bekannteste und am weitesten verbreitete von 5 *Nautilus*-Arten, die alle im westlichen Indopazifik vorkommen. Die Schale ist gekammert und dient als Auftriebsorgan. Ihre etwa 90 Fangarme sind klebrig und haben keine Saugnäpfe.

T: 16° C (!), **L:** 20 cm, **BL:** ab 200 cm, **WB:** I, **WR:** m, **BS:** 3 - 4, **SG:** 3

Innere Schalen von *Spirula spirula*

Spirula spirula (LINNAEUS, 1758)
Posthörnchen

Vork.: Sie kommen weltweit in tropischen und subtropischen Gewässern in größeren Tiefen vor. Diese Art ist die einzige echt pelagische Art der Tintenschnecken (Sepioidea).
GU: Bei männlichen Tieren sind 2 Arme hektokotylisiert (Übertragung der Spermien bei der Kopulation).
Soz. Verh./Vgs.: Sie leben wahrscheinlich in kleinen Gruppen.
Hält. B.: Sie sind bisher nicht in Aquarien gehalten worden.
Licht: Dämmerlichtzone.
ZU/Verm.: Die Eigröße ist nur 1,5 bis 1,7 mm. Die frisch geschlüpften Jungtiere haben 2 oder 3 Schalenkammern.
FU: K; sie ernähren sich räuberisch von Krebstieren und benthischen Fischen.
Bes.: Die Schale ist bei den lebenden Tieren fast gänzlich vom Weichkörper verdeckt. Sie ist rund, aufgewunden und gekammert. Die Art lebt in Küstennähe und macht täglich vertikale Wanderungen durch. Tagsüber sind sie in 500 bis 700 m zu finden, nachts steigen sie auf 100 bis 300 m Wassertiefe auf. Zwischen den Flossen liegt ein Terminalorgan, welches ein blaßgrünes Licht abgibt.

T: 18 - 22° C, L: 4 cm, BS: 4

Ordnung: Sepioidea
Fam.: Sepiidae

Sepia apama, Großes Barriereriff

Sepia apama GRAY, 1849
Australische Riesentintenschnecke

Vork.: Soweit bisher bekannt ist, lebt diese Art nur rund um Australien, mit Ausnahme des nördlichen Bereiches, und um Tasmanien. Sie hält sich in Bodennähe von Riffen, aber auch über Seegraswiesen bis zu einer Tiefe von über 30 m auf.
GU: Die Geschlechter unterscheiden sich äußerlich durch den "Hektokotylus" der ♂♂ voneinander. Dieser Fangarm trägt leistenartige Bildungen und nur wenige Saugnäpfe, er dient zur Übertragung der Spermatophoren (Spermienbehälter) bei der Kopulation.
Soz. Verh./Vgs.: Die Tiere sind Einzelgänger, die nur zur Fortpflanzungszeit Paare bilden.
Hält. B.: Aufgrund ihrer Größe (50 cm Länge, 5 kg Gewicht) kommen sie kaum für eine Aquarienhaltung in Frage.
Licht: Mittellichtzone.
ZU/Verm.: Die Laichzeit erstreck sich von Oktober bis Dezember.
FU: K; sie ernähren sich räuberisch von verschiedenen Krebsen und Fischen.
Bes.: Diese Art ist eine der größten Tintenschnecken. Sie wird an der Südküste Australiens oft auf Fischmärkten angeboten.

T: 15 - 25° C, **L**: 50 cm, **BS**: 4, **SG**: 4

Sepia latimanus, Aquarienaufnahme

Sepia latimanus QUOY & GAIMARD, 1832
Breitkeulen- Tintenschnecke

Vork.: Die Art ist weit verbreitet: Sie lebt im Roten Meer, im Indopazifik, in Südjapan, und am Großen Barriereriff. In Korallenriffen kommt sie vom Seichtwasser bis in über 30 m Tiefe vor.
GU: Es sind keine äußeren Geschlechtsunterschiede (ausgenommen Hektokotylus) ausgebildet.
Soz. Verh./Vgs.: Eine Einzelhaltung ist nicht allzu schwierig. Im Gesellschaftsaquarium kann es zu Problemen kommen. Kleinere Exemplare sind mit etwa gleich großen, nicht agressiven Fischen haltbar. Keine Krebstiere in das Becken setzen!
Hält. B.: Sie benötigen gute Filterung und mittlere Strömung. Eine Abdeckung des Beckens ist wichtig, da die Tiere beim Rückstoßschwimmen aus dem Becken springen können. Ein Sandboden dient den Tieren während ihrer Ruhe zum Eingraben.
Licht: Mittellichtzone.
ZU/Verm.: In Südjapan paaren sich die Tiere zwischen Januar und Mai in Wassertiefen um 30 m. 38 bis 40 Tage nach der Eiablage schlüpfen die Jungtiere.
FU: K; sie ernähren sich räuberisch, hauptsächlich von Krebstieren.
Bes.: Ihren Namen hat sie von der eher kurzen, aber breiten Tentakelkeule. Wie *S. apama* kann auch diese Art sehr groß werden. In Südostasien werden sie häufig mit Schleppnetzen gefangen und am Fischmarkt angeboten. Auf den Philipinen verwendet man Stellnetze, Angeln und Harpunen zum Fang.

T: 22 - 26° C, **L**: 45 cm, **BL**: ab 200 cm, **WB**: m, **WR**: m, **BS**: 3, **SG**: 2

Ordnung: Sepioidea
Fam.: Sepiidae

Sepia officinalis LINNAEUS, 1758
Gemeine Tintenschnecke, Gemeiner Tintenfisch, Mittelmeer-Sepia

Vork.: Diese Art ist im Mittelmeer sowie entlang des ganzen Ostatlantiks von der Ostsee, Nordsee bis nach Südafrika verbreitet. Sie lebt sowohl auf Weichböden als auch auf Hartböden von der Küstenlinie bis etwa 200 m Tiefe.
GU: Der linke Ventralarm des ♂ ist zu einem "Hektokotylus" umgebildet. Mit diesem werden bei der Kopulation mehrere Spermienbehälter an das ♀ übergeben.
Soz. Verh./Vgs.: Die Tiere sind meist Einzelgänger. Nur zur Laichzeit trifft man sie paarweise oder gelegentlich auch in kleinen Gruppen. Eine gemeinsame Haltung mit Fischen ist nicht ratsam.
Hält. B.: Das Becken sollte unbedingt mit einer Abdeckung versehen sein. Durch sprunghafte Schwimmbewegungen (Rückstoßprinzip) können die Tiere sonst aus dem Becken springen. Sie benötigen keinen Unterschlupf, sondern bevorzugen einen Sandboden mit mittlerer Körnung. Für adulte Tiere benötigt man Becken von mindestens 4.000 Liter Inhalt.
Licht: Mittellichtzone.
ZU/Verm.: Die Tiere laichen das ganze Jahr über ab. Im Mittelmeer liegt der Höhepunkt der Fortpflanzung zwischen April und Juli. Die Eizahl der ♀♀ variiert je nach Körpergröße. Sie liegt zwischen 150 und 4.000. Die zitronenförmigen Eier haben eine Länge von 8 bis 10 mm. Durch eingelagerte Tinte sind sie komplett schwarz gefärbt. Mit Hilfe von Haftapparaten werden sie vom ♀ einzeln oder in kleinen Gruppen an feste Substrate angeheftet. Im Aquarium bietet man ihnen senkrechte Stäbe aus Glas oder Plastik für die Eiablage an. Abhängig von der Wassertemperatur schlüpfen sie nach 30 (21,5° C) bis 90 (15° C) Tagen mit einer Körperlänge von 7 bis 8 mm. Eine Aufzucht gelingt relativ leicht, indem man möglichst reife Eier aus dem Freiland in das Becken einbringt. Eine Reihe von Aquarianern hat *Sepia* schon in mehreren Generationen gehalten. Sie wird etwa 2 Jahre alt.
FU: K; sie ernähren sich von kleinen Weichtieren (auch anderen Tintenschnecken), Krabben, Garnelen, Jungfischen und kleineren bis mittelgroßen Bodenfischen. Kannibalismus ist häufig und wurde als "Strategie" interpretiert, Zeiten ohne entsprechendes Futter zu überdauern. Ihre Freßrate ist sehr hoch: Jungtiere verbrauchen täglich 10 bis 30 % ihres Körpergewichtes an Futter. In Gefangenschaft bevorzugen sie Lebendfutter (Garnelen, *Mysis*, *Artemia*, Flohkrebse), sind jedoch auch leicht an Tiefkühlfutter zu gewöhnen. Es muß jedoch unbedingt darauf geachtet werden, daß dieses komplett aufgetaut ist, bevor es verabreicht wird.
Bes.: In vielen Gebieten werden saisonale - meist vertikale - Wanderungen beobachtet. Z.B. wandern im westlichen Mittelmeer im zeitigen Frühjahr große Individuen aus der Tiefe in seichtes Wasser. Zuerst die ♂♂, nach einer Woche die ♀♀. Im Sommer folgen dann die kleineren Tiere nach. Die Rückwanderung im Herbst läuft umgekehrt ab. In subtropischen Meeresgebieten bleiben die Tiere kleiner (30 cm, 2 kg) als in temperierten Gewässern (45 cm, 4 kg).

T: 15 - 22° C, **L**: 30 cm, **BL**: ab 100 cm (Jungtiere), **WB**: m, **WR**: m, **BS**: 2 - 3, **SG**: 2

Sepia vulgaris, Mittelmeer

Sepia vulgaris, nachts beim Beutefang

Ordnung: Sepioidea
Fam.: Sepiidae

Sepia pharaonis, Malediven

Sepia pharaonis EHRENBERG, 1831
Pharaonen - Tintenschnecke

Vork.: Die Art kommt im Roten Meer und im ganzen Indopazifik vor, fehlt aber an der ostafrikanischen Küste. Die Tiere halten sich von der Küstenlinie bis in über 100 m Tiefe auf.
GU: Die ♂♂ werden größer und leben länger als die ♀♀.
Soz. Verh./Vgs.: Die Tiere sind Einzelgänger, die sich jedoch zum Ablaichen zu größeren Gruppen zusammenschließen. Im Aquarium hält man sie am besten einzeln.
Hält. B.: Nur Jungtiere kommen für eine Aquarienhaltung in Frage. Das Becken muß groß sein und eine Abdeckung haben. Als Bodengrund wählt man einen nicht zu feinen Sand, in den sich die Tiere ganz oder teilweise eingraben.
Licht: Mittellichtzone.
ZU/Verm.: Die Fortpflanzungszeit variiert je nach geographischem Gebiet. Im Roten Meer ist die Hauptlaichzeit zwischen August und Oktober, bei Hong Kong zwischen März und Mai. Die Eier werden in Gruppen an Pflanzen oder harten Substraten abgelegt.
FU: K; sie ernähren sich räuberisch von verschiedenen Krebsen und bodenbewohnenden Fischen. Gelegentlich gibt es Kannibalismus.
Bes.: Wie die meisten Tintenschnecken, wächst auch diese Art sehr rasch. Nach 6 Monaten haben sie bereits eine Länge von 10 cm, nach einem Jahr fast 17 cm erreicht. Sie werden nur zwei bis drei Jahre alt.

T: 18 - 26° C, **L**: 35 cm, **BL**: ab 200 cm, **WB**: m, **WR**: m, **BS**: 3, **SG**: 2 - 3

Sepia prashadi, Rotes Meer

Sepia prashadi WINCKWORTH, 1936
Kapuzen-Tintenschnecke

Vork.: Das Vorkommen erstreckt sich vom Roten Meer über die ostafrikanische Küste, den Golf von Oman, die indische Ost- und Westküste sowie Sri Lanka. Sie leben vor der Küstenlinie bis in etwa 40 m Tiefe im Bereich von Korallenriffen und Seegraswiesen.
GU: Ein Arm des ♂ ist zum Hektokotylus umgewandelt. Dieser trägt nur wenige Saugnäpfe und dient zur Übergabe des Spermienpaketes an das ♀ während der Kopulation.
Soz. Verh./Vgs.: Die Tiere leben fast immer nur einzeln und sollten auch nur so im Aquarium gehalten werden. Einige größere, nicht räuberische Bodenfische sind eine gute Gesellschaft. Kleine Bodenfische und Krebse werden bald Beute der Tintenschnecke.
Hält. B.: Siehe auch Seite790. Ein geräumiges Becken mit Abdeckung und Sandgrund sind die wichtigsten Voraussetzungen.
Licht: Mittellichtzone.
ZU/Verm.: Über eine Aufzucht im Aquarium ist noch nichts bekannt geworden.
FU: K; sie ernähren sich räuberisch, hauptsächlich von Krebstieren.
Bes.: Ein besonders auffälliges Merkmal sind die 2 oder 3 extrem großen Saugnäpfe an den Tentakelkeulen. Da ihre maximale Mantellänge nur 14 cm beträgt und sie sogar meist unter 10 cm Länge bleiben, sind sie im Aquarium gut zu halten.

T: 20-25°C, **L:** 40 cm, **BL:** ab 100 cm, **WB:** m-s, **WR:** m, **BS:** 2-3, **SG:** 2

Ordnung: Sepioidea
Fam.: Sepiolidae

Sepiola sp., frisch geschlüpft

Sepiola rondeleti LEACH, 1817
Zwergsepia, Kleine Flügel-Tintenschnecke, Kleiner Tintenfisch

Vork.: Sie ist im Mittelmeer weit verbreitet, lebt aber auch im östlichen Atlantik, von der Nordsee bis Senegal. Sie kommen vom Seichtwasser bis in Tiefen von 450 m vor. Besonders oft trifft man sie im Bereich von *Posidonia*-Wiesen an.
GU: Beim ♂ ist ein Arm zum Hektokotylus umgestaltet.
Soz. Verh./Vgs.: Die Tiere leben einzeln oder in lockeren Gruppen.
Hält. B.: Siehe auch Seite 790. Sie stellen keine besonderen Ansprüche. Die Nitratwerte sollten möglichst niedrig gehalten werden. Ein hoher Beckenrand oder eine Abdeckung schützen sie vor dem Herausspringen. Wichtig ist ein Sandboden, in den sich die Tiere zur Ruhezeit (tagsüber) eingraben.
Licht: Mittellichtzone.
ZU/Verm.: Im westlichen Mittelmeer haben sie von März bis November Laichzeit. Bringt man abgelegte Eier ins Aquarium, schlüpfen die Jungtiere meist ohne Probleme. Bei guter, abwechslungsreicher Fütterung und entsprechender Wasserqualität kommt es auch im Aquarium zur Eiablage.
FU: K; sie ernähren sich von Krebstieren und kleinen Fischen.
Bes.: Sie besitzen ohrförmige Leuchtorgane, die seitlich des Tintenbeutels angeordnet sind. Die runden, flügelartigen Flossen sind dauernd in Bewegung. Sie werden maximal eineinhalb Jahre alt.

T: 15 - 20° C, **L:** 5 cm, **BL:** ab 100 cm, **WB:** m, **WR:** m, **BS:** 2 - 3, **SG:** 2

Sepioloidea lineolata, Australien

Sepioloidea lineolata QUOY & GAIMARD, 1832
Gestreifte Zwerg - Tintenschnecke

Vork.: Die Gattung ist auf das Gebiet von Australien und Neuseeland beschränkt. Die Tiere werden meist in Seegraswiesen gefunden.
GU: Der linke Ventralarm der männlichen Tiere ist hektokotylisiert, daß heißt, er ist zur Übergabe des Spermienpaketes an das weibliche Tier umgewandelt.
Soz. Verh./Vgs.: Die Tiere leben einzeln oder in kleinen Gruppen. Im Aquarium können sie mit Wirbellosen vergesellschaftet werden. Kleine Krebse werden jedoch ihre Beute.
Hält. B.: Siehe auch Seite 790. Sie stellen keine besonderen Anforderungen. Die Nitratwerte sind zu beachten (Wasserwechsel!). Der Bodengrund sollte aus mittelfeinem Sand bestehen.
Licht: Mittellichtzone.
ZU/Verm.: Eine Aufzucht im Aquarium müßte unschwer aus abgelegten Eiern gelingen. Probleme können jedoch beim Transport der Eier entstehen (Sauerstoffmangel).
FU: K; kleine Krebstiere, Tiefkühlfutter.
Bes.: Alle Arten der Familie haben weder eine Schale noch einen innenliegenden Schulp ausgebildet. Ihr Mantelrand ist an der Rückenseite mit dem Kopf verwachsen.

T: 20 - 25° C, L: 4 cm, BL: ab 100 cm, WB: m, WR: m, BS: 3 - 4, SG: 2 - 3

Ordnung: Teuthoidea
Fam.: Loliginidae

Loligo opalescens, Kalifornien

Loligo opalescens BERRY, 1911
Opalisierender Kalmar

Vork.: Dieser Kalmar kommt entlang der ganzen Westküste der U.S.A. vor, besonders im Bereich von Kalifornien von der Oberfläche bis in etwa 200 m Tiefe.
GU: Ein Arm des ♂ ist hektokotylisiert, die Saugnäpfe sind wesentlich kleiner als bei anderen Armen. Die ♂♂ werden größer als die ♀♀.
Soz. Verh./Vgs.: Sie schwimmen immer in großen Gruppen.
Hält. B.: Siehe auch Seite 790. Man kann sie nur in sehr großen Becken halten. Am geeignetsten sind ringförmige Becken, da sie darin dauernd in eine Richtung schwimmen können.
Licht: Dämmerlicht- bis Mittellichtzone.
ZU/Verm.: Sie laichen fast das ganze Jahr über in Tiefen von 20 bis 50 m ab, die Hauptlaichzeit liegt im Mai oder Juni und im November. Sie legen gemeinsam ihre Eier an Flächen ab, die mehrere Meter Durchmesser erreichen können. Je nach Wassertemperatur schlüpfen sie nach 21 bis 35 Tagen. Nach einem oder zwei Jahren sind sie geschlechtsreif, laichen ab und sterben dann.
FU: K; sie ernähren sich hauptsächlich von Krill, aber auch von anderen Krebsen, Weichtieren und Fischen. Kannibalismus ist häufig. Zur Laichzeit fressen sie fast ausschließlich Larven von Krabben. Pro Tag nehmen sie 14 % ihrer Biomasse als Nahrung auf.
Bes.: Die Tiere werden in Mengen gefangen und gegessen.

T: 10 - 16° C, **L**: 30cm, **BL**: ab 500 cm, **WB**: s, **WR**: m, **BS**: 4, **SG**: 3 - 4

Felsenküste von Maui, Hawaii

Ordnung: Teuthoidea
Fam.: Loliginidae

Sepioteuthis australis, Australien

Sepioteuthis australis QUOY & GAIMARD, 1832
Australischer Felskalmar

Vork.: Diese Art lebt in Australien, ausgenommen Nord- und Nordostküste, und in Neuseeland in Küstennähe, von der Wasseroberfläche bis etwa 10 m Tiefe.
GU: Ein hektokotylisierter Arm des ♂ ist der einzige Geschlechtsunterschied.
Soz. Verh./Vgs.: Sie treten fast immer in Gruppen auf.
Hält. B.: Für viele freischwimmende Tiere haben sich ringförmige Becken sehr bewährt. Die Tiere können so ihrem ständigen Drang des Schwimmens nachkommen und stoßen nicht an eine Wand an. **Licht**: Sonnenlicht- bis Mittellichtzone.
ZU/Verm.: Sie legen relativ große Eier ab, die in einer gelatineartigen Kapsel eingeschlossen werden. Diese Behälter werden an der Unterseite von Steinen oder an Felsvorsprüngen befestigt.
FU: K; sie ernähren sich räuberisch von verschiedenen Krebstieren und Fischen. Im Aquarium nehmen sie aufgetautes Gefrierfutter.
Bes.: Die beiden Tentakelkeulen dieser Art sind relativ schmal. Ihre Enden sind zugespitzt und tragen nur ganz kleine Saugnäpfe.

T: 18 - 24° C, **L**: 50 cm, **BL**: ab 500 cm (rund), **WB**: s, **WR**: m, **BS**: 4, **SG**: 4

Sepioteuthis lessionei, Rotes Meer

Sepioteuthis sepioidea, Karibik

Sepioteuthis sepioidea (BLAINVILLE, 1823)
Karibischer Riffkalmar

Vork.: Diese Art kommt vom Kap Canaveral über Florida und Venezuela in der ganzen Karibik vor. Sie ist eine der wenigen Arten von Kalmaren, die hauptsächlich in Küstennähe zwischen der Wasseroberfläche und 20 m Tiefe leben. Besonders häufig sind sie im Bereich von Korallenriffen und über *Thalassia*-Seegraswiesen in 3 bis 7 m Tiefe.
GU: Ein Arm des ♂ ist hektokotylisiert, er trägt an der Spitze Lamellen statt Saugnäpfe.
Soz. Verh./Vgs.: Sie schwimmen in Gruppen von 4 bis zu 50 Individuen.
Hält. B.: Sie sind nur in sehr großen Becken, am günstigsten in Ringbecken zu halten.
Licht: Sonnenlicht- bis Mittellichtzone.
ZU/Verm.: Sie laichen das ganze Jahr über ab. Die Eier dieser Art sind reich an Dotter und mit einer Länge von 5 bis 6 mm besonders groß. Nur 3 bis 4 Eier werden in einer Gelatinekapsel eingeschlossen. Mehrere Kapseln werden zusammengehängt und an der Unterseite von Steinen oder in leeren *Strombus*-Gehäusen befestigt. Es ist bereits gelungen, diese Art in Aquarien aufzuziehen.
FU: K; sie sind Räuber, die sich vornehmlich von Garnelen und kleinen Fischen ernähren. Im Aquarium nehmen sie bevorzugt aufgetaute Garnelen. Jungtiere füttert man mit *Mysis*, am besten lebend.
Bes.: Diese Art ist immer wieder, besonders in den Morgenstunden, beim Schnorcheln im Riffbereich anzutreffen. In den karibischen Riffen gibt es noch eine zweite Kalmar-Art, *Loligo plei*. Sie lebt jedoch nur als Jungtier im seichten Wasser.

T: 22 - 26° C, L: 30 cm, BL: ab 500 cm, WB: s, WR: m, BS: 4, SG: 4

Dosidiscus gigas, Kalifornien (ORBIGNY, 1835)

Dosidiscus gigas
Jumbo - Kalmar

Vork.: Diese Art kommt im östlichen Pazifik von Kalifornien bis zur Südspitze Südamerikas vor. Sie lebt im Freiwasser von der Oberfläche bis zu einer Tiefe von 500 m. Im Küstennähe ist sie tagsüber und nachts nahe der Oberfläche zu finden.
GU: Der linke vierte Arm des ♂ ist hektokotylisiert.
Soz. Verh./Vgs.: Sie treten in Schulen auf.
Hält. B.: Aufgrund ihres raschen Wachstums und ihrer Größe (bis 4 m) kommen sie für eine Aquarienhaltung nicht in Frage.
Licht: Dämmerlicht- bis Mittellichtzone.
ZU/Verm.: Die Jungtiere schlüpfen mit einer Länge von 2 mm. Sie haben keine Leuchtorgane. Sie wachsen dann sehr rasch heran und leben meist nicht länger als ein Jahr.
FU: K; sie ernähren sich von Larven pelagischer Fische, wie Laternenfische, Sardinen und Makrelen, sowie von Krebstieren. Kannibalismus ist häufig.
Bes.: Ähnlich wie andere Kalmare führt auch diese Art saisonale Wanderungen durch. Entlang der ganzen amerikanischen Pazifikküste werden diese Tiere gefangen, meist von japanischen und mexikanischen Booten aus. Die besten Fänge werden in den Sommermonaten gemacht. Sie werden hauptsächlich als Köder für den Fischfang verwendet. Ein Teil wird getrocknet und gegessen.

T: 10 - 28° C, **L**: 80 cm, maximal 4 m

Argonauta argo — LINNAEUS, 1758
Papierboot

Vork.: Diese Art ist weltweit in tropischen und gemäßigten Meeren verbreitet. Sie ist pelagisch und lebt nahe der Wasseroberfläche. Nur selten werden die Tiere in Küstennähe gesehen.
GU: Sie haben extreme Geschlechtsunterschiede. Die ♀♀ haben eine Schale, in die sie die Eier ablegen, die ♂♂ sind extrem klein ("Zwergmännchen": 1,5 bis 2 cm), haben jedoch einen großen Hektokotylus. Dieser wird bei der Begattung abgeworfen (autotomiert) und bleibt beim ♀.
Soz. Verh./Vgs.: Die Tiere leben einzeln. Gelegentlich werden jedoch größere Mengen in Netzen gefangen. Über ihr Verhalten ist noch sehr wenig bekannt. Im Aquarium sollen sie nicht mit anderen Tieren zusammen gehalten werden.
Hält. B.: Das Becken sollte mindestens 1 m, besser 2 m hoch sein. Wichtig ist ein guter Filter, ein Eiweißabschäumer und immer wieder ein Teilwasserwechsel. Die Strömung sollte nur schwach sein.
Licht: Mittellichtzone.
ZU/Verm.: Die Eier werden in der Schale abgelegt und bis zum Schlüpfen betreut.
FU: K; sie ernähren sich räuberisch von Fischen und Krebstieren. Im Aquarium nehmen sie (vollkommen) aufgetautes Gefrierfutter.
Bes.: Die Schale der weiblichen Tiere ist sehr dünn (deutscher Name) und nicht gekammert. Die Taxonomie der Gattung *Argonauta* ist noch nicht ganz geklärt; es gibt 6 bis 8 Arten.

T: 15 - 24° C, **L**: 15 cm (Schale), **BL**: ab 150 cm, **WB**: I, **WR**: m - o, **BS**: 4, **SG**: 4

Ordnung: Octopoda
Fam.: Octopodidae

Hapalochlaena maculosa (HOYLE, 1883)
Blaugeringelter Krake

Vork.: Diese sehr kleine Art kommt in Nord- und Ostaustralien, in Neuguinea und in Indonesien vor. Sie lebt im Küstengebiet von der Oberfläche bis in etwa 30 m Tiefe. Man findet die Tiere unter Steinen oder sogar in leeren Bierdosen. Nach FABER & HANEFELD (Aquarium heute: 2/1992, 79-81) verbergen sie sich an der Ostküste von Australien auch in Seescheiden.
GU: Ein Arm des ♂ ist hektokotylisiert. Sonst haben sie keine äußeren Geschlechtsmerkmale.
Soz. Verh./Vgs.: Sie sind sowohl mit Wirbellosen als auch mit verschiedenen Fischen gut zusammen zu halten.
Hält. B.: Vorsicht! *Hapalochlaena maculosa* hat einen äußest giftigen Biß, der für den Menschen sogar tödlich sein kann. Die Tiere sollen nur mit einem Netzchen oder mit festen Gummihandschuhen angefaßt werden. Sie benötigen im Aquarium mehrere Versteckmöglichkeiten, in die sie sich meist untertags zurückziehen. Die Wasserqualität muß gut sein, vor allem sind die Nitratwerte möglichst niedrig zu halten. Ein oftmaliger Wasserwechsel ist anzuraten. Die Pflege ist nicht besonders schwierig.
Licht: Dämmerlichtzone (die Tiere sind nachtaktiv).
ZU/Verm.: Nach einem Jahr werden sie geschlechtsreif. Sie haben nur eine geringe Anzahl von Eiern (100 bis 150 Stück), die weißlich sind und eine Länge von 7 bis 8 mm haben. Im Gegensatz zu fast allen anderen Cephalopoden legen die Weibchen diese nicht ab, sondern tragen sie unter einem Arm mit sich herum. Während der etwa zweimonatigen Brutzeit nehmen sie keine Nahrung auf. SCHEUMACK et al. (Toxicon 22: 1984, 811-812) berichten, daß das Maculotoxin (siehe unten) auch auf die Eier übertragen wird. So sind diese wirksam vor Fressfeinden geschützt.
FU: K; sie sind Räuber und ernähren sich vorwiegend von verschiedenen Krebstieren. Aber auch Muscheln und Schnecken werden ihre Beute. Mit ihrem papageischnabelähnlichen Kiefer beißen sie deren Schalen auf und geben ihr starkes Gift ab. Im Aquarium füttert man sie mit Gefrierfutter wie Garnelen-, Muschel- oder Tintenfischfleisch. Wichtig ist, daß das Futter vor dem Verabreichen vollkommen aufgetaut ist.
Bes.: Der Speichel dieser Art besitzt ein extrem starkes Gift, das auch für den Menschen gefährlich ist. Es wird bei einem Biß abgegeben, der kaum zu spüren ist. SCHEUMACK et al. (Science: 199: 1978, 188-189) konnten das Gift analysieren. Es sind zwei Komponenten mit einem relativ niederen Molekulargewicht: Maculotoxin und Hapalotoxin. Im Gegensatz zu vielen anderen Giften enthalten sie kein Eiweiß. Das Malaculotoxin ist ganz ähnlich aufgebaut wie das Tetrotoxin der Kugelfische. Bereits ein tausendstel Gramm kann für den Menschen tödlich sein. Es wirkt lähmend auf Nerven und Muskeln. Meist kommt es durch die Lähmung der Lungenmuskeln zu einem Sauerstoffmangel, der schließlich zum Tod führen kann. FRIESE (Das Tier, 12/1972, 20-23) berichtet von einem australischen Soldaten, der sich einen Blaugeringelten Kraken auf den Handrücken setzte und gebissen wurde. Etwa eineinhalb Stunden später starb er. Der Biß muß jedoch nicht unbedingt tödlich sein. Nach einigen Stunden können die Symptome zurückgehen (GARNET, 1968). Ebenfalls giftig ist der manchmal im Handel angebotene *H. lunulata*.

T: 24 - 26° C, **L**: 10 cm, **BL**: ab 100 cm, **WB**: m, **WR**: u, **BS**: 2 - 3, **SG**: 4 (giftig!)

Hapalochlaena maculosa, Aquarienaufnahme

Automatische Fütterung bei Kraken?
Futterautomaten werden in Aquarien fast ausschließlich für Trockenfutter (Flocken, Tabletten) verwendet. Damit kann man einen *Octopus* nicht aus seinem Versteck locken. NIXON (J. Zool. Lond. 158 (1969) 475-483) beschreibt jedoch einen Futterautomaten, bei dem *Octopus vulgaris* gelernt hatte, nach Betätigung eines Schalters eine lebende Krabbe zu erhalten. So konnte sich das Tier über zwei Wochen lang "selbst verpflegen". Die Nahrungsaufnahme erfolgte hauptsächlich tagsüber. Dabei wurden täglich 1 bis 12 Prozent des Körpergewichtes des Kraken an Nahrung aufgenommen.

Ordnung: Octopoda
Fam.: Octopodidae

Eledone moschata mit Gelege

Eledone moschata (LAMARCK, 1798)
Moschuskrake

Vork.: Diese Art kommt im ganzen Mittelmeer vor. Die Tiere leben in Tiefen von 10 bis 300 m auf auf schlammigen Weichböden.
GU: Beim Männchen ist ein Arm hektokotylisiert. Er ist an der Spitze breiter als die anderen Arme.
Soz. Verh./Vgs.: Diese Kraken werden am besten einzeln gehalten.
Hält. B.: Sie benötigen ein Becken mit einem Unterschlupf, der möglichst stabil sein sollte. Es ist unbedingt darauf zu achten, daß in die Höhle immer frisches Wasser eingeleitet wird.
Licht: Mittellichtzone.
ZU/Verm.: Im westlichen Mittelmeer versammeln sich die fast laichreifen Tiere ab Februar in Tiefen von 60 bis 90 m. Zwischen März und Juli laichen sie dann ab. Die Weibchen legen zwischen 100 und 500 Eier in Kapseln ab, die 12 bis 16 mm lang sind. Diese Art hat keine freischwimmenden Larven, die Jungtiere gehen sofort nach dem Schlüpfen zum Bodenleben über. Aus diesem Grund sind sie relativ leicht aufzuziehen.
FU: K; im Aquarium nehmen sie (vollkommen) aufgetautes Gefrierfutter.
Bes.: Diese Art ist von *Octopus vulgaris* leicht zu unterscheiden, da sie nur eine Saugnapfreihe pro Fangarm besitzt. Sie hat einen typischen, moschusartigen Geruch, der ihr den Namen gegeben hat. Im gesamten Mittelmeerbereich werden die Tiere mit Schleppnetzen gefangen und kommen auf die Fischmärkte.

T: 15 - 20° C, **L:** 30 cm, **BL:** ab 200 cm, **WB:** s, **WR:** u, **BS:** 3, **SG:** 2 - 3

Octopus bimaculatus bei der Eiablage

Octopus bimaculatus (VERILL, 1883)
Zweifleck krake

Vork.: Diese Art lebt an den Felsküsten des östlichen Pazifischen Ozeans, von Kalifornien bis Mexiko, wahrschienlich sogar bis Panama.
GU: Sie sind getrenntgeschlechtlich, ein Arm des ♂ ist hektokotylisiert.
Soz. Verh./Vgs.: Die Tiere sind Einzelgänger. Auch im Aquarium werden sie am besten alleine gehalten.
Hält. B.: Felsaqaurium mit sehr guter Abdeckung. Zumindest eine Höhle muß als Unterschlupf vorhanden sein.
Licht: Dämmerlichtzone.
ZU/Verm.: Die weiblichen Tiere legen die Eier in ihrer Höhle ab und betreiben Brutpflege (siehe Foto). Wichtig ist hierbei nicht nur der Schutz vor Feinden, sondern die ständige Zufuhr von sauerstoffreichem Wasser. Wenn die Jungtiere aus dem Ei schlüpfen, sind sie 2,6 mm lang. Ihre Fangarme sind verhältnismäßig kurz und haben nur je 4 Saugnäpfe. An den Armen und am Kopf ist ein charakteristisches Muster an Chromatophoren ausgebildet, das die Identifizierung möglich macht. Bis zu einer Länge von 6 mm verbleiben sie im Plankton, dann gehen sie zur benthischen Lebensweise über.
FU: K; sie ernähren sich hauptsächlich von größeren Krebstieren und Muscheln. Im Aquarium kann man sie auch an Garnelen- und Muschelfleisch gewöhnen.
Bes.: Sind nicht bekannt.

T: 18 - 24° C, L: 50 cm, BL: ab 150 cm, WB: m, WR: u - m, BS: 3, SG: 2 - 3

Octopus briareus, Karibik

Octopus briareus ROBSON, 1929
Karibischer Riffkrake

Vork.: Diese Art ist in der Karibik und an der Nordküste Südamerikas bis südlich des Äquators verbreitet. Sie lebt im flachen Wasser von Korallenriffen, aber auch im Bereich von Seegraswiesen und Sandflächen.
GU: Die Spitze eines Armes ist bei den ♂♂ hektokotylisiert.
Soz. Verh./Vgs.: Die Tiere sind Einzelgänger, die auch im Aquarium nur einzeln gehalten werden sollen.
Hält. B.: Sie benötigen tiefe Versteckmöglichkeiten, eine gute Filterung und einen Eiweißabschäumer. Die Verstecke müssen beströmt sein.
Licht: Dämmerlichtzone.
ZU/Verm.: Die ♀♀ legen etwa 500 große Eier, die sie bis zum Schlüpfen betreuen. Die frisch geschlüpften Jungtiere gehen gleich zum Bodenleben über. Aus diesem Grund sind sie relativ leicht im Aquarium aufzuziehen und eignen sich auch durch ihr rasches Wachstum gut für eine Aquakultur. Die Tiere werden nur ein Jahr alt.
FU: K; sie ernähren sich von Krabben, Garnelen, Weichtieren und gelegentlich von Aas. Kannibalismus ist häufig. Im Aquarium nehmen sie Muschel-, Garnelen- und Tintenfischfleisch.
Bes.: Die Fangarme dieser Art sind unterschiedlich lang. Dies unterscheidet sie von *O. vulgaris*, mit dem sie gelegentlich verwechselt werden. In den U.S.A. werden sie häufig in den sogenannten "Pet-Shops" angeboten.

T: 22 - 28° C, **L**: 60 cm, **BL**: ab 200 cm, **WB**: m, **WR**: u, **BS**: 1 - 2, **SG**: 2

Octopus californicus, Kalifornien

Octopus californicus BERRY, 1911
Kalifornischer Krake

Vork.: Diese Art lebt auf Hartböden; in Kalifornien im unteren Sublitoral und noch tiefer, in der Japanischen See im oberen Sublitoral.
GU: Die ♂♂ haben einen besonders großen Hektokotylus.
Soz. Verh./Vgs.: Wie alle Kraken ist auch diese Art ein Einzelgänger, der nur zur Paarungszeit mit Artgenossen angetroffen wird. Im Aquarium sollen sie einzeln oder mit wenigen größeren Fischen gehalten werden.
Hält. B.: Die Felsaufbauten im Aquarium müssen sehr stabil sein, am besten verklebt man sie mit Silikon. Sie benötigen mindestens eine Höhle, in die sie sich zurückziehen können. Dieses Versteck sollte leicht durchströmt sein, um Abfallstoffe zu entfernen.
Licht: Dämmerlichtzone.
ZU/Verm.: Sie legen Eier, die vom weiblichen Tier bis zum Schlüpfen bewacht und umsorgt werden.
FU: K; über die Fütterung im Aquarium siehe Seite 811.
Bes.: Sind nicht bekannt.

T: 18 - 22° C, **L:** 80 cm, **BL:** ab 200 cm, **WB:** m - s, **WR:** m, **BS:** 3, **SG:** 2 - 3

Octopus californicus, Kalifornien

Octopus cyaneus, Großes Barriereriff

Octopus cyaneus GRAY, 1849
Großer Blauer Krake

Vork.: Sie leben im Flachwasser der Riffe vom Roten Meer und Ostafrika, im ganzen Indopazifik sowie am Großen Barriereriff und bis nach Hawaii. Das Vorkommen im südlichen Pazifik ist noch unsicher.
GU: Am dritten rechten Arm des ♂ ist die äußerste Spitze hektokotylisiert.
Soz. Verh./Vgs.: Diese Kraken werden am besten einzeln gehalten.
Hält. B.: Diese Art bevorzugt, seine Bauten selber anzulegen. Man legt, je nach Größe der Tiere, bis faustgroße Steine auf den Beckenboden. Aus diesen wird dann ein burgähnlicher Bau erstellt.
Licht: Mittellichtzone.
ZU/Verm.: Die Jungtiere schlüpfen mit einer Größe zwischen 1,2 und 2 mm Länge. Sie verbleiben einige Zeit im Plankton und gehen erst dann zum Bodenleben über.
FU: K; im Aquarium reicht man ihnen aufgetautes Garnelen- und Muschelfleisch. Gerne nehmen sie auch lebende und tiefgekühlte Miesmuscheln, die man ihnen mit der Schale gibt. Wichtig ist, daß tiefgefrorenes Futter vollkommen aufgetaut wird.
Bes.: Im Gegensatz zu fast allen anderen Kraken geht diese Art auch tagsüber auf Beutefang. Hinter den Augen haben die erwachsenen Kraken beidseitig einen lateralen "Augenfleck", der den doppelten Augendurchmesser erreicht. Die Tiere werden mit einer Größe von 10 bis 15 cm importiert und können (im Freiland) eine Größe bis 120 cm und ein Gewicht von 4 kg erreichen.

T: 21 - 28° C, **L:** bis 120 cm, **BL:** ab 150 cm, **WB:** m, **WR:** u, **BS:** 2, **SG:** 2

Ordnung: Octopoda
Fam.: Octopodidae

Octopus macropus, Mittelmeer

Octopus macropus RISSO, 1826
Langarmiger Krake

Vork.: Diese Art kommt im Mittelmeer, tropischen Atlantik auf den Bermudas, den Bahamas, von Südafrika und Westafrika bis Brasilien und in der Karibik vor. Im Mittelmmer findet man sie besonders häufig bei der Insel Elba. Sie lebt in Korallenriffen und Felsküsten.
GU: Die ♂♂ haben einen hektokotylisierten Arm.
Soz. Verh./Vgs.: Sie sind Einzelgänger, die auch im Aquarium am besten einzeln gehalten werden.
Hält. B.: Großes Becken mit Felsaufbauten, in denen der Krake einen Unterschlupf finden kann. Das Aquarium sollte durchströmt und das Wasser gut gefiltert sein.
Licht: Dämmerlichtzone.
ZU/Verm.: Die ♀♀ legen nach der Kopulation 1,8 bis 2,5 mm lange Eier und betreuen sie.
FU: K; sie ernähren sich von verschiedenen Krebstieren sowie Muscheln und Schnecken. Im Aquarium füttert man sie mit Fleisch von Muscheln, Garnelen, Tintenfischen und Fischen.
Bes.: Diese Art hat besonders lange Arme. Sie betragen 80 bis 90 % der Totallänge. Die Tiere sind nur nachts aktiv. Tagsüber ziehen sie sich vollkommen in ihre Verstecke zurück. Durch die rote Färbung mit den weißen Flecken sind sie leicht von anderen Arten zu unterscheiden.

T: 18 - 24° C, **L**: 100 cm, **BL**: ab 200 cm, **WB**: m - s, **WR**: u, **BS**: 3, **SG**: 2 - 3

Octopus rugosus

Octopus rugosus ROBSON, 1929
Warziger Krake

Vork.: Die Tiere leben in den Korallenriffen des Indischen Ozeans und des Indopazifiks.
GU: Ein Arm des ♂ ist umgestaltet. Die Saugnäpfe sind reduziert, statt dessen findet man Querrillen, die zur Übergabe des Spermienpaketes an das ♀ dienen.
Soz. Verh./Vgs.: Sie sind Einzelgänger, die nur zur Kopulation mit einem Geschlechtspartner zusammenkommen. Im Aquarium hält man sie am besten ohne andere Mitbewohner.
Hält. B.: Felsaquarium mit mehreren Versteckmöglichkeiten. Die Höhlen sollten eine leichte Strömung haben, damit ständig Frischwasser hineinkommt. Da die Tiere äußerst geschickt sind und gut klettern können, ist eine sichere Abdeckung unbedingt notwendig.
Licht: Dämmerlichtzone.
ZU/Verm.: Obwohl diese Art relativ häufig vorkommt, weiß man noch wenig über ihre Fortpflanzungs- und Entwicklungsbiologie.
FU: K; sie ernähren sich von Krabben, anderen Krebstieren, Muscheln, Schnecken und von Bodenfischen.
Bes.: Der Warzige Krake ist der häufigste achtarmige Kopffüßer des Roten Meeres. Der sackförmige Körper trägt viele Hautlappen und Warzen. Er ist nur nachts aktiv und versteckt sich tagsüber in den Spalten der Korallenriffe.

T: 21 - 28° C, **L:** 50 cm, **BL:** ab 150 cm, **WB:** m, **WR:** u-m, **BS:** 3, **SG:** 2

Ordnung: Octopoda
Fam.: Octopodidae

Octopus vulgaris CUVIER, 1797
Gemeiner Krake

Vork.: Diese Art kommt weltweit in tropischen und temperierten Meeren vor. Die genauen Grenzen sind allerdings noch nicht erfaßt. Sie leben vom Küstenbereich bis in eine Tiefe von 200 m, sowohl auf Hartböden als auch auf Sand, in den sie Löcher graben, die sie mit Steinen und Muschelschalen auskleiden.
GU: Wie bei allen Cephalopoden ist auch bei *O. vulgaris* ein Arm als Hektokotylus ausgebildet. Allerdings ist hier nur die äußerste Spitze des 3. Armes umgewandelt.
Soz. Verh./Vgs.: Die Tiere sind Einzelgänger. Nur zur Paarungszeit und bei gelegentlichen Revierkämpfen kann man 2 Individuen sehen. Im Aquarium hält man sie am besten einzeln, da sie alle anderen Bewohner früher oder später verzehren.
Hält. B.: Siehe auch Seite 823. Zur Hälterung haben sich flache Becken mit einer großen Wasseroberfläche gut bewährt. Wichtig ist jedenfalls eine gute Abdeckung. Die Tiere können sehr gut auch außerhalb des Wassers klettern und sich durch die kleinsten Spalten durchwinden. Die Abdeckung muß auch gut gesichert sein, da sie Glasplatten aufheben oder verschieben können. Die Aufbauten müssen solide sein, am besten mit Silikon verklebt. Die Tiere sind sehr kräftig und können nicht verklebte Steinbauten zum Einsturz bringen. Mit einer ganz leichten (!) Strömung wird ständig Frischwasser in ihre Versteckhöhlen geleitet. Als Bodengrund wählt man mittelfeinen bis groben Sand. Muschelschalen und verschieden große Steine gibt man ihnen als "Spielzeug". Gute Durchlüftung und Filterung sind notwendig. Einmal im Monat sollte etwa 1/4 des Wasservolumens ausgetauscht werden. Da viel gefüttert werden muß, setzt man einen kräftigen Eiweißabschäumer ein.
Licht: Mittel- bis Dämmerlichtzone.
ZU/Verm.: In den meisten Meeresgebieten haben sie zwei Laichzeiten. Im Mittelmeer ist die erste im April/Mai, die zweite, weniger stark ausgeprägte, im Oktober. Das ♀ produziert zwischen 120.000 und 400.000 Eier, die etwas länger als 2 mm sind. Sie werden an Schnüren in Felsspalten oder Höhlen in Küstennähe aufgehängt und vom ♀ betreut. Die Brutzeit dauert, je nach Wassertemperatur, 25 bis 65 Tage. Während dieser Zeit nehmen die ♀♀ keine Nahrung auf. Sehr oft sterben sie nach dem Schlüpfen der Larven. Nach etwa 40 Tagen im Plankton gehen die etwa 12 mm langen Jungtiere zum Bodenleben über. Die Aufzucht im Aquarium ist nicht einfach, gelingt aber immer wieder (siehe Seite 823).
FU: K; sie ernähren sich räuberisch von Krabben, Einsiedlerkrebsen und anderen größeren Krebstieren, von Muscheln und Schnecken sowie von am Boden lebenden oder schlafenden Fischen. Im Aquarium kann man sie bald an aufgetautes Garnelen-, Muschel- und Fischfleisch gewöhnen. Das Futter muß vor dem Verabreichen vollkommen aufgetaut sein. Gerne nehmen sie auch Miesmuscheln (mit Schale), die man im Winter fast überall lebend in Fischhandlungen bekommt. Nach kurzer Zeit nehmen sie das Futter direkt aus der Hand. Um gesunde Tiere zu halten, muß regelmäßig und viel gefüttert werden.
Bes.: Die Tiere sind nacht- und dämmerungsaktiv und verlassen tagsüber nur selten ihre Wohnhöhlen. In gemäßigten Meeresgebieten, wie zum Beispiel im Mittelmeer, wandert *O. vulgaris* im Winter in tiefere Meeresgebiete ab. Im frühen Frühjahr kommen die größeren, laichbereiten Individuen, später folgen dann die jüngeren nach. Das Alter der Tiere ist auf wenige Jahre beschränkt. Meist sterben sie nach ihrer ersten oder zweiten Laichperiode.

T: 15 - 28° C, **L**: bis 150 cm, **BL**: ab 150 cm, **WB**: m, **WR**: u - m, **BS**: 2, **SG**: 2

Octopus vulgaris, Mittelmeer

Octopus vulgaris in seiner Höhle

Kopffüßer im Aquarium

Die Aquarienhaltung der einzelnen Arten ist unterschiedlich schwierig. Wichtig ist, daß die Becken groß genug sind und eine Abdeckung haben, damit die Tiere nicht herausklettern oder -springen können. Dabei ist auch zu bedenken, daß die Tiere bei richtiger Haltung rasch heranwachsen. Die benthisch lebenden Kraken benötigen weniger Spielraum als die freischwimmenden Arten. Tintenschnecken stoßen sich leicht an Felsenaufbauten etc. wund, wenn die Becken zu eng sind. Die in der Hochsee lebenden Kalmare sind nur in sehr großen Aquarien oder besser in ringförmigen Becken zu halten, da sie ständig schwimmen. Als Bodengrund für sämtliche Vertreter der Tintenschnecken empfiehlt sich ein mittelkörniger Sandgrund, in den sich die Tiere bei Bedarf eingraben können. Kraken hingegen wollen Felsengrund und eine Höhle als Unterschlupf. Diese soll so angelegt sein, daß mit einer ganz leichten Strömung stets frisches Wasser zufließt. Gefüttert wird am besten mit Lebendfutter, aber auch aufgetautes Fleisch von Garnelen, Muscheln und Fischen wird von fast allen angenommen. Ein kräftiger Eiweißabschäumer und ein oftmaliger Wasserwechsel sind aufgrund des großen Futterumsatzes notwendig. Die meisten Cephalopoden hält man am besten einzeln; andere Aquarienbewohner werden meist früher oder später ihre Opfer. Nesseltiere wie Anemonen, Hydrozoen und ähnliches sollte man nicht in das Becken setzen, da alle Kopffüßer sehr empfindlich auf das Nesselgift reagieren. Der Transport der Tiere ist sehr heikel. Sie haben einen hohen Sauerstoffbedarf und neigen dazu, ihre Tinte in das Transportwasser abzugeben. Das Wasser muß daher möglichst oft gewechselt werden. Weitere Anleitungen zur Aquarienhaltung und Literatur dazu findet man bei der Beschreibung der einzelnen Arten und unter "Über die Aufzucht von Cephalopoden" (Seite 823).

Über die Aufzucht von Cephalopoden

Die Aufzucht von manchen Kopffüßern, speziell von der Mittelmeer-Tintenschnecke *Sepia officinalis,* ist relativ einfach und wird seit mehr als 30 Jahren durchgeführt. Etwas schwieriger ist es bei den meisten Krakenarten, da diese nach dem Schlüpfen eine planktontische Phase durchmachen. Erst kürzlich wurden wichtige Fortschritte bei der Aufzucht von Kalmaren gemeldet. Bei ihnen ist die Haltung schwierig, da die Tiere freischwimmend und sehr aktiv sind. Eine für die Wissenschaft wichtige Errungenschaft ist die Möglichkeit, Embryonen von *Nautilus* im Aquarium zu halten (ARNOLD & CARLSON: Science 232 (1986) 73-76). Man kann hoffen, daß bald eine ausreichende Anzahl junger, im Aquarium geschlüpfter Tiere zur Verfügung steht.
Die nachfolgenden Aufzuchtmethoden sind im wesentlichen von BOLETZKY (Bull. Soc. Zool. Fr. 114 (1989) 57-66) entnommen. Weitere Anleitungen findet man bei FORSYTHE et al. (in: 1. Symposion on *Sepia*, Caen, 1989) und bei SWEENEY et al. (siehe Literaturverzeichnis).

Hälterungsbedingungen

Der Aufwand für die Aufzucht von Cephalopoden, deren Jungtiere gleich zum Bodenleben übergehen, ist relativ gering; schwieriger sind hingegen die planktontischen Juvenilformen. Sie ernähren sich hauptsächlich von kleinen planktontischen Krebstieren. Die Aufbereitung des Wassers für die Aufzucht ist relativ einfach. BOLETZKY beschreibt das Budelmann-Sytem für die Aufzucht und Haltung von Cephalopoden: Die Tiere werden in mehreren separaten Becken mit 20 Liter Inhalt gehalten. Das Wasser wird gesammelt und gelangt über einen Eiweißabschäumer in ein Zwischenbecken, das belüftet und beleuchtet ist. Hier werden Algen und verschiedene Wirbellose auf einem Sandbett gehalten. Das Wasser durchdringt den Sand, der als biologischer Filter wirkt, und wird mit einem Kühlsystem auf eine Temperatur zwischen 15 und 18° C (für Arten der temperierten Regionen) gebracht. Nach einem weiteren Eiweißabschäumer kommt das Wasser in einen Vorratsbehälter, von dem aus die Einzelbecken versorgt werden. Die Ammonium- und Nitritwerte dürfen 0,1 mg/l und die Nitratwerte

10 mg/l nicht übersteigen. Der pH-Wert muß zwischen 7,9 und 8,3 gehalten werden, die Salinität über 28 Promille.

Ernährung

Ein limitierender Faktor bei der Aufzucht der Cephalopoden ist die geeignete Nahrung für die Zeit der postembryonalen Entwicklung. Bevorzugt wird lebende Beute genommen, die etwas kleiner oder fast gleich groß wie die Jungtiere ist. In der Natur sind dies hauptsächlich verschiedene Krebstiere und kleine Fische. Man hat verschiedene Versuche unternommen, diese Nahrung im Aquarium zu ersetzen. DeRUSHA et al. (Lab.Anim.Sci. 39 (1989) 306-312) haben junge *Sepia* bis zu einem Alter von 6 Wochen mit adulten *Artemia* aufgezogen. Erwachsene *Sepia* mit einem Alter von 3 Monaten konnten sie auch mit tiefgefrorenen Garnelen ernähren. TOLL & STRAIN (Malacologia 29 (1985) 195-200) konnten zwei *Octopus*-Arten und *Sepia officinalis* mit terrestrischen Asseln sowie mit Fischen, Muscheln, Würmern und Insektenlarven aus dem Süßwasser aufziehen. Auch Bachflohkrebse (*Gammarus*) sind sicherlich als Ersatzfutter hier zu erwähnen. Jungtiere von *Octopus maya* und *O. digueti* kann man bis zu einem Alter von zwei Monaten mit Larven von Mehlwürmern ernähren. DeRUSHA et al. ist es auch gelungen, kleine Kalmare *Loliguncula brevis* an aufgetaute Garnelen zu gewöhnen. Sie konnten damit auch die Jungen von *O. maya* und *O. bimaculoides* ab einem Alter von 3 Monaten aufziehen.

Transport und Aufzucht der Eier

Ein großer Vorteil ist es, daß die Eier von den meisten Cephalopoden-Arten transportiert, ja zum Teil sogar verschickt werden können. Jüngere Eier von *Sepia officinalis* (im Stadium der Organogenese) sind ausreichend robust, um eine mehrtägige Reise in einem isolierten Behälter zu überstehen. Wichtig ist dabei, daß die Temperatur zwischen 10 und 20°C bleibt und daß sie ausreichend mit Sauerstoff versorgt werden. Wenn die Tiere vorzeitig schlüpfen, ist eine weitere Aufzucht meist nicht mehr möglich. Dies kann vor allem bei Eiern von *Octopus* und *Eledone* vorkommen. Beim Überführen in das Aquarium muß man darauf achten, einen plötzlichen Wechsel von Temperatur und Salinität zu vermeiden.

Im Gegensatz zu *Sepia* und ihren Verwandten und auch von Kalmaren versorgen die Kraken (*Octopus*, *Eledone*) ihr Gelege ständig mit frischem, sauerstoffreichem Wasser. Diese mütterliche Fürsorge muß durch einen Strom von sehr sauberem Wasser und durch regelmäßige Reinigung der Eioberfläche ersetzt werden. Grundsätzlich sind Arten, deren Eier und Jungtiere im Vergleich zu den erwachsenen Tieren groß sind, relativ leicht aufzuziehen.

Aufzucht von *Sepia* und *Sepiola*

Sepia officinalis, die Gemeine Tintenschnecke oder der Gemeine Tintenfisch aus dem Mittelmeer ist die einzige Cephalopoden-Art, die relativ leicht von Hobby-Aquarianern gezüchtet werden kann. Gute Angaben findet man bei ZAHN (Aquarien-Magazin, 12/1984, 573-577). Auch für wissenschaftliche Zwecke wird diese Art in europäischen, aber auch in amerikanischen Laboratorien für Untersuchungen über die Entwicklungsbiologie oder die Physiologie dieser Tiergruppe in Massen gezogen. Vertreter der Gattungen *Sepiola*, *Rossia*, *Sepietta* und *Euprymna* sind zwar aktivere Schwimmer als *Sepia*, ziehen sich aber während der Ruhephase tagsüber ebenfalls in das lockere Substrat zurück und sind deshalb ähnlich zu handhaben.
Die besten Ergebnisse für die Aufzucht hat man bei dauerndem Schwachlicht gemacht. Als Bodengrund empfiehlt sich Sand, auf dem leere Krabbenpanzer als Verstecke liegen. Ausgewachsene *Artemia salina* sind eine gute Nahrung für sehr junge Sepien. An der Meeresküste hat man überdies noch lebende Mysidaceen, kleine Garnelen und Amphipoden zur Verfügung. Weiteres siehe oben unter "Ernährung".

Aufzucht von Kraken

Bei der Aufzucht von *Octopus vulgaris* und den meisten anderen Kraken aus dem Ei kommt es aufgrund der postembryonalen planktontischen Phase immer wieder zu Problemen. Nach dem Übergang der Jungtiere zum benthischen Leben, ab einer Größe von 1 bis 2 cm ist die Aufzucht aber relativ einfach. In den europäischen Gewässern findet man eine einzige holobenthische (ständig bodenlebend, keine postembryonale planktontische Phase) Art, die Moschuskrake *Eledone moschata*. Daher ist diese vom Schlüpfen an leicht aufzuziehen. An der atlantischen und pazifischen Küste von Amerika gibt es mehrere *Octopus*-Arten, die ebenfalls holobenthisch sind (HANLON et al., Aquabiol. 6 (1984) 420-426). Bei der Aufzucht von Kraken gibt es keine besonderen Probleme bei einem geschlossenen Kreislauf und geringer Individuendichte. Bei hoher Individuendichte kann es jedoch zu bakteriellen Infektionen (Hautgeschwüren) kommen, die man durch Beigabe von Nifurpirinol bekämpft. Im Unterschied zu den meisten Cephalopoden-Arten, die nur einmal im Leben Eier haben, hat eine kleine Art der pazifischen Küste von Zentralamerika, *Octopus chierchiae*, eine bemerkenswerte Strategie der Fortpflanzung: Die Weibchen haben eine sehr lange Reproduktionsphase, in der sie bis zu 4 mal ablaichen. Es scheint, daß auch andere Arten dieser Region einen mehrfachen Zyklus haben können (RODANICHE, Bull.Mar.Sci. 35 (1984) 99-104). Genauere Untersuchungen fehlen jedoch.

Aufzucht von Kalmaren

Hauptproblem bei der Zucht und Haltung dieser Tiergruppe ist, daß sie Hochseetiere sind, die viel Platz zum Schwimmen benötigen. Zuerst ist es gelungen, Arten der Gattung *Sepioteuthis* aufzuziehen. Sie haben verhältnismäßig große Eier, und die geschlüpften Jungtiere haben bereits eine entsprechende Größe. Bei anderen Arten ist es erst vor wenigen Jahren am Marine Biomedical Institute der Universität Texas in Galveston gelungen, sie regelmäßig zu züchten. Die frisch geschlüpften Kalmare werden zunächst mit Copepoden, adulten *Artemia*, Mysidaceen und kleinen Garnelen ernährt, später mit Fischen und größeren Garnelen. Da der Aufwand mit der Hälterung von Adulten sehr groß ist, gibt es bisher nur ein einziges Institut in Amerika, das sich in großem Stil damit beschäftigt (HANLON et al., Biol.Bull. 165 (1983) 637-685). Diese Forschungen werden mit Subventionen der National Science Foundation und dem National Institute of Health gefördert. Es gibt aber auch Einzelergebnisse, die unter weniger aufwendigen Bedingungen durchgeführt wurden.

Ein frisch geschlüpfter *Octopus* sp.

Bispira sp. (*brunnea* ?), Karibik

Meeresborstenwürmer, die mit über 13.000 Arten im Meer leben, gehören zum Stamm der Ringelwürmer (Annelida). Allen gemeinsam ist, daß ihr Körper aus gleichen oder ähnlichen Segmenten (Metameren) aufgebaut ist, in denen viele Organe regelmäßig paarweise angelegt sind. Die Zahl der Segmente ist nur selten konstant und schwankt sogar innerhalb einer Art. Sie ist mit der Länge der Tiere korreliert.

An jedem Segment sitzen seitlich paarige Stummelfüße (Parapodien). Sie sind zweiästig ausgebildet. Der dorsale Ast ist das ***Notopodium*** und der ventrale Teil wird als ***Neuropodium*** bezeichnet. Bei einigen wenigen Arten sind die Parapodien zurückgebildet, so daß die Borsten direkt in der Körperwand stehen. Die vielgestaltigen Borsten, die gezahnt, nadelförmig oder kamm- und schaufelartig gestaltet sein können, dienen den Tieren zur Fortbewegung, als Ruder und zum Graben.

Bei den freilebenden Arten (Errantia) sind die Stummelfüße am Kopf zu Cirren, Palpen oder Antennen umgebildet. Der Kopf ist zudem Träger wichtiger Sinnesorgane wie z. B. Chemorezeptoren, die hier als Nuchalorgane bezeichnet werden, oder einfach bis kompliziert gestalteter Augen. Die Körperhaut trägt eine Vielzahl von Sinnesorganen, wobei der Tastsinn naturgemäß besonders gut an den Palpen, Antennen und an den Stummelfüßen ausgebildet ist. Statische Organe (Statocysten) kommen nur bei einigen Arten vor.

Viele Arten besitzen die erwähnten Lichtsinnesorgane. Sie kommen in unterschiedlichsten Entwicklungsstufen von lichtempfindlichen Pigmentflecken bis hin zu Gruben-, Blasen- und Linsenaugen vor. Viele Meeresborstenwürmer können nicht nur Licht wahrnehmen, sondern sie besitzen auch die Fähigkeit des Leuchtens. Dabei sind sie nicht, wie so viele Vertreter im Tierreich, auf symbiontische Bakterien angewiesen, sondern sie vermögen ein Eigenleuchten zu erzeugen. Das so erzeugte Licht erfüllt verschiedene Aufgaben. Zum einen dient es der Abwehr von Feinden, zum anderen dem Zusammenfinden der Geschlechter.

Experimente haben gezeigt, daß z.B. beim Durchtrennen eines Tieres stets nur das Hinterende zu leuchten beginnt, um damit dem lebenswichtigeren Vorderende die Möglichkeit zur Flucht zu geben.

Das leuchtende Hinterende hingegen wird dem Räuber geopfert. Ein intelligenter Trick der Natur, die Art zu erhalten.
Das Blutgefäßsystem ist bei den Meeresborstenwürmern, wie bei allen Ringelwürmern, geschlossen. Die beiden Hauptleitungen sind je ein die Segmente durchziehendes Rücken- und Bauchgefäß. Da sich viele Gefäßabschnitte rhythmisch kontrahieren können, bewirken sie auf diese Weise einen Blutumlauf. So fließt das Blut z.B. im Rückengefäß von hinten nach vorn. Ein richtiges Herz haben die Borstenwürmer noch nicht ausgebildet.
Die meisten Borstenwürmer sind getrenntgeschlechtlich. Die Geschlechtsorgane (Gonaden) liegen häufig paarig in allen Segmenten angeordnet. Bei einigen Arten werden Eier und Spermien einfach durch Bruch der Körperwand in das freie Wasser entlassen. Oft dienen auch die Nierengänge zum Ableiten der Geschlechtsprodukte. Arten, bei denen sich die Gonaden im hinteren Abschnitt des Körpers befinden, schnüren diese Körperpartie zur Zeit der Geschlechtsreife ganz einfach ab. Um die Wahrscheinlichkeit der Befruchtung der Eier zu erhöhen, verlassen einige bodenbewohnende Arten zum Zwecke der Befruchtung ihre Lebensräume und steigen in das freie Wasser auf. Hier versammeln sich Tiere beiderlei Geschlechts, um ihre Geschlechtsprodukte gleichzeitig in das Wasser abzugeben. In vielen Fällen ist das Ablaichen an bestimmte Mondphasen gekoppelt.
Aus den befruchteten Eizellen entwickeln sich die für viele Ringelwürmer charakteristischen *Trochophora*-Larven, die zuerst planktisch leben, um sich dann, über eine komplizierte Gestaltsumwandlung (Metamorphose), zu kleinen Meeresborstenwürmern zu entwickeln.
Die Ernährungsweise der Meeresborstenwürmer ist recht unterschiedlich. Die meisten von ihnen sind Kleintierfresser (Mikrophagen), die kleine Lebewesen oder organische und mineralische Sinkstoffe (Detritus) vom Boden aufnehmen oder aus dem Wasser sieben. Die bodenbewohnenden Arten sind oft Substratfresser, die Sand und Schlamm verschlingen, um die darin enthaltenen organischen Substanzen zu verwerten. Diejenigen Arten, die einen Tentakelkranz als Fangapparat ausgebildet haben, erbeuten als Strudler kleine Nahrungspartikel, die im Wasser schweben.

Eine Art Fließbandmechanismus sorgt dafür, daß die Nahrung den Schlund erreicht. Daneben gibt es auch Räuber, die ihre Beute mit Hilfe sehr kräftiger Kiefer ergreifen und in den Schlund stopfen.

Meeresborstenwürmer atmen über die gesamte Haut. Viele Arten besitzen darüber hinaus an jedem Körpersegment paarige Kiemenanhänge.

Die Systematik der Meeresborstenwürmer ist bis heute noch recht umstritten. Ungeachtet dessen unterscheidet man gerne freilebende (Errantia) von festsitzenden (Sedentaria) Borstenwürmern.

Die Gruppe der freilebenden Tiere umfaßt Arten, für die eine überwiegend gleichförmige Gliederung des gesamten Körpers (homonome Segmentierung) charakteristisch ist. Sie besitzen einen gut entwickelten Kopflappen (Prostomium) mit Sinnesorganen (Augen, Tentakel). Alle Körpersegmente sind gleichmä-ßig mit Stummelfüßen (Parapodien) ausgestattet, an denen oft dünnhäutige Hautausstülpungen sitzen, die als Kiemen fungieren.

Die festsitzenden Borstenwürmer leben dagegen in selbstgegrabenen Gängen und Röhren, die sie mittels Hautabscheidungen bauen und verfestigen. Im Gegensatz zu den frei lebenden Tieren ist ihr Körper ungleichmäßig gegliedert (heteronome Segmentierung). Der Kopflappen ist bei ihnen kaum noch als solcher erkennbar und in den meisten Fällen zu einem Freßorgan umgewandelt. Besonders die röhrenbildenden Arten besitzen meist wunderschöne Tentakelkronen, die sie bei Gefahr blitzschnell einziehen können.

Der überwiegende Teil der Meeresborstenwürmer lebt in den küstennahen Regionen der Meere. Als rein marine Tiere vertragen sie nur geringe Salinitätsschwankungen. Dennoch hat es im Verlaufe der Evolution eine geringe Anzahl von Arten geschafft, sich dem Leben im Brackwasser, ja sogar dem Leben im Süßwasser, anzupassen. Besonders in den Tropen sind marine Arten über Mangrovensümpfe in salzarme Gewässer eingedrungen und bevölkern hier z.T. auch feuchte, terrestrische Lebensräume. Auch in der Gezeitenzone, im Einflußbereich von Ebbe und Flut, leben viele dem Wechsel des Wasserstandes angepaßte Arten. Als Bodenbewohner stellen sie neben den Krebsen und den Weichtieren eine der Hauptnahrungsquellen für viele Fische dar und sind dadurch wirtschaftlich recht bedeutsam.

Meeresborstenwürmer im Aquarium

Meeresborstenwürmer werden sehr häufig in Aquarien gepflegt. Dabei sind es nicht so sehr die freilebenden Tiere (Errantia), die den Meeresaquarianer begeistern, sondern vielmehr die festsitzenden Arten (Sedentaria), die mit ihren prächtigen bunten Tentakelkronen einen herrlichen Blickfang im Aquarium abgeben.
Viele der freilebenden Borstenwürmmer führen ein verstecktes Leben im Bodengrund des Beckens und sind nur zeitweise zu bewundern. Zu ihnen gehört die Seemaus ***Aphrodite*** und der Wattwurm ***Nereis.*** Beide Arten benötigen zum Eingraben einen entsprechend tiefen Bodengrund, der bei ***Nereis*** etwa 30 - 40 cm betragen sollte. Damit hätte man bereits ein normales Aquarium bis zur Hälfte mit Sediment gefüllt, so daß nur noch wenig Platz für einen dekorativen Besatz bleibt. Dieser und andere Umstände hält viele Aquarianer davon ab, sich diesen Tieren ausgiebiger zu widmen, obwohl sie recht pflegeleicht sind und als Restevertilger gelten. Einige Arten, wie z.B. der Feuerwurm ***Hermodice,*** sind Räuber, die bei mangelndem Nahrungsangebot dazu beitragen können, die Artenvielfalt in einem Becken zu reduzieren.
Festsitzende Borstenwürmer aus den Familien der Sabellidae, Serpulidae und Terrebellidae sind alte Bekannte in der Meeresaquaristik. Man findet sie sehr häufig im Beckenbesatz. So schön sie aussehen, so empfindlich sind sie. Sie reagieren auf ungünstige Lebensbedingungen in einem Aquarium sofort, indem sie ihre Tentakelkronen abwerfen. Diese werden später wieder regeneriert. Das passiert aber auch, wenn die Tiere von einem Becken in ein anderes gesetzt werden und die Wasserqualität des neuen Beckens nicht der des vorhergehenden entspricht. Auch bei Sauerstoffmangel verlassen einige Arten ihre selbstgefertigte Wohnröhre und kriechen im Becken umher. Ohne ihre Röhre sterben die Tiere in wenigen Tagen oder sie werden von Fischen und Krebsen gefressen. Besonders Schmetterlingsfische, Kaiser-, Drücker-, Kugel- und Kofferfische haben sie auf ihren Speiseplan gesetzt und fressen sie genüßlich. Daher sollten Meeresborstenwürmer am besten mit Ane-

monenfischen, Grundeln und Seepferdchen vergesellschaftet werden. Ein Aquarium, das ausschließlich mit Wirbellosen Tieren besetzt ist, wäre die beste Lösung.

Besonders die tropischen Arten stellen einige Ansprüche an das Beckenmilieu. Die Mittelmeer- und Atlantikarten sind etwas ro-buster. Dennoch müssen Temperatur, Salzgehalt, Wasserbewegung, Beleuchtung, Untergrund, Besatz und Futter stimmen, damit sich die Tiere wohlfühlen und vielleicht für Jahre im Becken überleben. Das Licht ist nicht so sehr der entscheidende Faktor, denn sie passen sich sehr schnell der vorgegebenen Beleuchtung an. Lediglich große Temperaturschwankungen vertragen sie nicht.

Das den Tieren angebotene Futter ist äußerst wichtig. Festsitzende Meeresborstenwürmer sind Strudler und nicht in der Lage, größere Brocken zu verschlingen. Sie müssen mit Staubfutter, Muschelmilch und Ersatzplankton so gefüttert werden, daß ihre Tentakelkronen nicht verkleben. In diesem Zusammenhang ist auf die Art und Weise der Wasserreinigung zu achten. Leistungsstarke Filtersysteme, die das Aquarienwasser vollständig von Nahrungspartikeln und von Plankton reinigen, haben sich als nachteilig erwiesen. Beim Einsatz dieser Technik sind Meeresborstenwürmer als Strudler gezwungen zu verhungern, wenn man sie nicht zusätzlich gezielt füttert.

Manche Kalkröhrenwürmer, wie etwa *Spirobranchus*, erhält man beim Kauf von Korallen meist kostenlos. Sie leben in einer Gemeinschaft mit Stein- und Feuerkorallen, wobei ihre Kalkröhren völlig von den Korallen umwachsen sind. Nur ihre doppelspiraligen Tentakelkronen schauen aus den Korallen heraus. Da aber der Verkauf von Korallen nach dem Washingtoner Artenschutzabkommen untersagt ist, werden auch diese Tiere immer seltener in den Meeresaquarien.

Viele Meeresborstenwürmer bauen ihre pergamentartigen Wohnröhren auf Steinen, im Sand und im Schlick. Entsprechend ihrer Siedlungsart muß der Bodengrund im Aquarium vorbereitet werden. Nur dann, wenn ihr natürliches Habitat im Aquarium nachgestellt wird, besteht die Möglichkeit, sie über einen längeren Zeitraum anzusiedeln.

Systematik

Tropische Borstenwürmer gehören selbstverständlich in ein tropisches Becken. Man kann nicht Mittelmeer- und Atlantikarten mit tropischen mischen. Dafür sind ihre Ansprüche gerade in der Temperaturtoleranz zu unterschiedlich.

Stamm: ANNELIDA	Gliederwürmer
Klasse: POLYCHAETA	Meeresborstenwürmer
Ordnung: ERRANTIA	Freilebende Borstenwürmer
Familie: Aphroditidae	
Gattung: *Aphrodite*	
Familie: Amphinomidae	
Gattungen: *Chloeia*	
Hermodice	
Familie: Syllidae	
Gattung: *Haplosyllis*	
Ordnung: SEDENTARIA	Festsitzende Borstenwürmer
Unterordnung: Terebellomorpha	
Familie: Terebellidae	Schopfwürmer
Gattungen: *Eupolymnia*	
Lanice	
Loimia	
Unterordnung: Serpulimorpha	
Familie: Sabellidae	Fächerwürmer
Gattungen: *Anamobaea*	
Bispira	
Branchiomma	
Myxicola	
Sabella	
Sabellastarte	
Spirographis	
Familie: Serpulidae	
Gattungen: *Filograna*	
Pomatoceros	
Protula	
Protulopsis	
Salmacina	
Serpula	
Spirobranchus	

Bispira brunnea, Karibik

Ordnung: Errantia
Fam.: Aphroditidae

Aphrodite aculeata LINNAEUS, 1756
Wollige Seemaus, Seeraupe

Vork.: Mittelmeer, Atlantik.
GU: Keine.
Hält. B.: Wollige Seemäuse werden selten im Handel angeboten. Sie führen eine überwiegend versteckte Lebensweise im Sediment und sind aus diesem Grund nicht gerade attraktiv für eine Aquarienhaltung.
FU: K; kleine, freilebende Borstenwürmer und kleine Muscheln.
Bes.: Der länglich-ovale Körper der Tiere trägt auf dem Rücken 15 Schuppen (Elythren), die meist durch eine dicke Schmutzschicht bedeckt sind. Die Körperseiten sind dicht mit langen und nach hinten gekrümmten, weichen Borsten bedeckt, die bei auffallendem Licht in allen Regenbogenfarben schillern. Der Kopf trägt zwei kurze Fühler. Die fast plane Körperunterseite ist gerillt und mit seitlichen Grabfußstummeln ausgestattet. Bei Gefahr rollen sich Wollige Seemäuse ein und bilden eine stachelige Kugel. Die Tiere leben räuberisch, indem sie kleinen Wirbellosen im Boden nachstellen. Erst wenn sie das schlammige Sediment verlassen und sich darauf bewegen, werden sie wahrgenommen.

T: 7 - 24° C, **L**: bis 20 cm, **BS**: 3 - 4, **SG**: 2 - 3

Atlantik, Westküste Irlands

Aphrodite aculeata

Ordnung: ERRANTIA
Fam.: Amphinomidae

Chloia flava (PALLAS, 1766)
Feuerwurm

Vork.: Indopazifik, Australien.
GU: Keine.
Hält.B.: Nicht bekannt.
FU: O; Allesfresser, Aasfresser.
Bes.: Der Körper des Feuerwurms ist langgestreckt, dorso-ventral abgeflacht und mit vielen Segmenten ausgestattet, die Büschel kalkiger Borsten und oberständige Kiemen tragen. Jedes Segment besitzt einen dunklen Punkt in der Mitte. Die Tiere leben auf allen Böden und in allen Tiefen, speziell zwischen Korallenbruch. Sie werden häufig als Fischköder verwendet.Vorsicht bei Berührung! Abgebrochene Stacheln in der menschlichen Haut verursachen ein schmerzhaftes Brennen.

T: 22 - 26° C, **L:** 10 cm, **BS:** 4, **SG:** 4

Hermodice carunculata (PALLAS, 1766)
Feuerwurm

Vork.: Kosmopoliten, Atlantik, Mittelmeer, Karibik, Indopazifik.
GU: Keine.
Hält.B.: Tiere kommen gelegentlich in den Handel. Sie sind unproblematisch im Aquarium zu halten. Vorsicht im Umgang mit ihnen!
FU: K; leben räuberisch und ernähren sich überwiegend von Aas.
Bes.: Die Körper der Tiere sind langgestreckt und segmentiert. Jedes der Segmente trägt paarige Kiemen und eine Vielzahl weißer, kalkiger Borsten, die Widerhaken tragen. Sie werden bei Gefahr ausgestreckt und für die Verteidigung eingesetzt. Vorsicht! Abgebrochene Stacheln in der menschlichen Haut verursachen ein nesselartiges Brennen, das lange anhalten kann. Der Feuerwurm lebt unter Steinen und in Spalten und weidet auf Feuer-, Weich- und Hornkorallen. Farbe variabel.

T: 10 - 24° C, **L:** 25 cm, **BS:** 3, **SG:** 2 - 3

Hermodice carunculata

Ordnung: Errantia
Fam.: Syllidae

Haplosyllis spongicola (GRUBE, 1855)
Schwamm-Wurm

Vork.: Kosmopolit in tropischen und subtropischen Meeren.
GU: Keine.
Soz.Verh./Vgs.: Die Würmer leben in großer Individuendichte auf verschiedenen Schwammarten, so in der Karibik auf dem Schwamm *Neofibularia nolitangere*.
Hält.B.: Nicht bekannt.
FU: Ernähren sich von den Schwammzellen, die sie mit Hilfe ihres Rüssels (Proboscis) anzapfen und aussaugen.
Bes.: Verschiedene Schwammarten sind offensichtlich ein ideales Substrat für den Schwamm-Wurm. Er lebt aber nicht nur auf Schwämmen, sondern auch zwischen Steinen und Korallenbrocken, aber nicht in der großen Individuendichte wie auf Schwämmen. Die Art ist zuerst aus dem Mittelmeer als *Syllis spongicola* beschrieben worden. Heute ist man der Auffassung, daß die meisten bekannten Arten der Gattung *Haplosyllis* zuzuordnen sind.

T: 10 - 24° C, L: 2 cm, BS: 4, SG: 4

Haplosyllis spongicola, Karibik

Haplosyllis spongicola, Malediven

Ordnung: Sedentaria
Fam.: Terebellidae

Eupolymnia nebulosa (MONTAGU, 1818)
Fadenfühlerwurm

Vork.: Atlantik, Mittelmeer, Balearen.
GU: Keine.
Hält.B.: Die Tiere kommen gelegentlich in den Handel. Nur unversehrte Exemplare eignen sich für einen Aquarienaufenthalt, da sie Schäden an ihrer Wohnröhre nicht reparieren können. Sie werfen sehr schnell ihre Tentakel ab. Fischbesatz im Aquarium ist zu vermeiden, da die Tentakel von ihnen abgefressen werden.
FU: O; Plankton, Detritus.
Bes.: Die Tiere leben unter Steinen, in Spalten, in Schwämmen und auf sandigen Böden. Sie bauen sich Röhren aus Sandkörnchen, kleinen Steinen und Muschelbruch. Der Körper ist fleischig, vorne dicker als das Hinterende, und mit Borsten versehen. Zahlreiche, etwa 10 cm lange und klebrige Tentakel suchen die Umgebung nach Nahrung ab.

T: 10 - 18° C, **L**: 15 - 30 cm, **BS**: 3, **SG**: 4

Lanice conchilega (PALLAS, 1766)
Muschelsammlerin, Bäumchen-Röhrenwurm

Vork.: Kosmopolit in allen Meeren. In Europa im Mittelmeer, Atlantik und in der Nordsee beheimatet. Sie leben vom Flachwasser bis in Tiefen von über 100 m.
GU: Keine.
Hält.B.: Die Tiere erreichen mit lebenden Steinen die Seewasseraquarien. Sie sind pflegeleicht und problemlos zu halten.
Licht: Mittellichtzone.
FU: O; eine gezielte Fütterung im Aquarium ist nicht notwendig, da sich die Tiere von Futterresten ernähren, die auf sie herabfallen oder die sie vom Untergrund mit Hilfe ihrer Fadententakel aufnehmen.
Bes.: Die 15 - 30 cm langen Tiere leben in selbstgefertigten Wohnröhren, die sie sich aus feinen Sandkörnchen und Muschelbruch herstellen und mit Sekret verkleben. Nur das feine, bäumchenartig ausgefranste Vorderende der Wohnröhre ragt aus dem Sediment in das freie Wasser. Der Rest der Röhre steckt tief im Untergrund. Der Körper der Tiere besteht aus 150 - 300 Segmenten. Lange, dünne und transparente Fadententakel befinden sich am Vorderende des Körpers, die der Nahrungsaufnahme dienen. Die Tiere leben in Sandböden, auf Muschelbänken, in Seegraswiesen und können im Wattenmeer dichte "*Lanice*-Rasen" bilden.

T: 8 - 24° C, **L**: 15 cm, **BL**: ab 80 cm, **WB**: m - s, **WR**: u, **BS**: 3 - 4, **SG**: 2 - 3

Loimia medusa (SAVIGNY, 1820)
Medusen-Wurm, Spaghetti-Wurm

Vork.: Kosmopolit in allen gemäßigten und warmen Meeren.
GU: Keine.
Hält.B.: Nicht bekannt.
FU: O; organische Reste und Sinkstoffe.
Bes.: Medusen - Würmer leben versteckt im Sand, zwischen Korallenfelsen, in Nischen und Spalten, unter Steinen und in Ritzen. Ihr Körper steckt in selbstgefertigten Wohnröhren, die sie aus feinen Sandkörnchen bauen und mit Schleim verfestigen. Nur die sehr langen, feinen, milchigen Tentakel strecken sie aus ihren Verstecken heraus und lassen sie über alles, was sich in ihrer unmittelbaren Nachbarschaft befindet, gleiten, um den Untergrund nach organisch verwertbaren Partikeln abzusuchen. Alles, was an den Tentakeln haften bleibt, wird dem Mund zugeführt, indem die Tentakel eingezogen und "abgelutscht" werden. Bei Störungen werden die langen Tentakel ebenfalls eingezogen.

T: 10 - 24° C, **BS:** 4, **SG:** 4

Bispira sp. (*brunnea* ?)
Kolonialer Federwurm

Vork.: Karibisches Meer, Bahamas, Kolumbien.
GU: Keine.
Hält.B.: Nicht bekannt.
FU: O; Plankton, Detritus.
Bes.: Der Koloniale Federwurm lebt in kurzen, pergamentartigen Wohnröhren, die er auf festen Unterlagen baut. Nur die Tentakelkronen mit ihren zahlreichen, gefiederten Tentakeln werden ausgestreckt. Diese sind kreisförmig um eine zentrale Mundöffnung formiert und unterschiedlich koloriert. Die Kolonien leben an strömungsreichen Riffabschnitten bis in Tiefen von 60 m. Sie sind sehr scheu. Bei der kleinsten Störung ziehen sie sich in ihre Wohnröhren zurück.

T: 20 - 24° C, **L**: 8 cm, **BS**: 4, **SG**: 4

Ordnung: Sedentaria
Fam.: Sabellidae

Bispira variegata (MONTAGU, 1804)
Vielfarbiger Federwurm

Vork.: Karibisches Meer, Bahamas, Florida, Bonaire.
GU: Keine.
Hält. B.: Nicht bekannt.
FU: O; Plankton, Detritus.
Bes.: Vielfarbige Federwürmer leben einzeln oder in Gruppen in kleinen Sandarealen entlang der Riffe, zwischen Korallenbruch und in tieferen Sandflächen. Ihre selbstgefertigte, pergamentartige Wohnröhre steckt voll eingegraben im Sediment, so daß nur die Tentakelkronen daraus hervorschauen. Diese sind annähernd rund, die Tentakel gefiedert und unterschiedlich gefärbt und gebändert. Federwürmer dieser Art sind sehr schreckhaft, da sie viele Freßfeinde besitzen. Der geringste Schattenwurf bewirkt, daß sie blitzschnell in ihren Wohnröhren verschwinden.

T: 18 - 24° C, **Ø:** Tentakelkrone 1 - 2 cm, **BS:** 4, **SG:** 4

Bispira volutacornis, Mittelmeer

Bispira volutacornis (MONTAGU, 1804)
Fächerröhrenwurm, Doppelköpfiger Palmfächerwurm

Vork.: Atlantik, Mittelmeer. **GU**: Keine.
Soz.Ver./Vgs.: Man kann sie mit lebhaften, jedoch harmlosen Fischen vergesellschaften. Erst bei einer zu starken Belästigung ziehen sie sich in ihre Wohnröhre zurück. **Hält.B.**: Tiere relativ gut im Aquarium zu halten.
FU: O; Ersatzplankton, Detritus.
Bes.: Die Tiere leben in selbstgefertigten, pergamentartigen, sehr flexiblen Wohnröhren. Diese werden in Felsspalten verankert. Sie besitzen zwei trichterförmige, dicht beieinanderstehende Tentakelkronen, die gefiedert sind. Sie dienen der Atmung und dem Beutefang. An ihnen befinden sich primitive Lichtsinneszellen, die eine Hell-Dunkel-Wahrnehmung erlauben. Viele Einzeltiere formieren sich zu kleinen Kolonien.

T: 10 - 18° C, **L**: 8 cm, **BS**: 3, **SG**: 2 - 3

Bispira volutacornis, Atlantik

Branchiomma nigromaculata (BAIRD, 1865)
Gefleckter Federborstenwurm

Vork.: Karibisches Meer, Florida, Kolumbien.
GU: Keine.
Hält.B.: Nicht bekannt.
FU: O; Plankton Detritus.
Bes.: Gefleckte Federborstenwürmer bauen sich aus kleinen Steinen und organischen und anorganischen Materialien eine Wohnröhre im Sand, im Schlick und zwischen Korallen. Ihre Tentakelkrone besteht aus einer annähernd runden Scheibe, die zur Mitte hin trichterförmig eingezogen ist. Die einzelnen Tentakeln sind reich gefiedert und gebändert. Ihre Farbe ist sehr variabel. Die Tiere sind empfindlich gegenüber Störungen. Kleine Kiemenaugen an den Tentakelspitzen reagieren auf Licht und Schatten und bewirken einen sofortigen Rückzug des Wurmes in seine Wohnröhre.

T: 20 - 24° C, **Ø:** 8 cm (Tentakelkrone), **BS:** 4, **SG:** 4

Anamobaea ostedii, Karibik

Anamobaea ostedii, Karibik

Branchiomma nigropunctata (BAIRD, 1865)
Schwarzgepunkteter Federborstenwurm

Vork.: Karibisches Meer, Kolumbien.
GU: Keine.
Hält.B.: Nicht bekannt.
FU: O; Plankton, Detritus.
Bes.: Diese Tiere leben in dicken, selbstverfestigten Röhren, die sie aus allen möglichen Materialien bauen. Die Röhren sind konisch zur Öffnung hin zugespitzt und in mobile Böden verankert. Sie überragen das Siedlungssubstrat um einige Zentimeter. Terminal wird die gefiederte Tentakelkrone in das freie Wasser gestreckt. Sie trägt viele kleine, schwarze Augenflecke und kann unterschiedlich gefärbt sein. Die Tiere leben überwiegend solitär auf tiefen Böden.

T: 20 - 24° C, **L**: 10 cm, **BS**: 4, **SG**: 4

Ordnung: Sedentaria
Fam.: Sabellidae

Branchiomma sp.
Spiraliger Röhrenwurm

Vork.: Indopazifik, Australien.
GU: Keine.
Hält.B.: Nicht bekannt.
FU: O; Plankton, Detritus.
Bes.: Diese Art konnte nicht bestimmt werden. Einige Arten der Gattung *Branchiomma* besitzen spiralige Tentakelkronen, die zarte und gefiederte Tentakel tragen. Die Tiere leben in selbstgefertigten, kreisrunden Wohnröhren, die nicht mit einem Operculum verschlossen werden können.

T: 22 - 26° C, **L**: 8 cm, **BS**: 4, **SG**: 4

Myxicola infundibulum (RENIER, 1804)
Schlicksabelle

Vork.: Atlantik, Mittelmeer, Nordsee.
GU: Keine.
Hält.B.: Nicht bekannt.
FU: O; Plankton, Detritus.
Bes.: Tiere leben im Schlick und in anderen mobilen Böden. Sie besitzen gallertartige, fast transparente Wohnröhren, bei denen nur der obere Teil mit Sand, kleinen Steinen und Muschelbruch verfestigt ist. Die Röhre selbst steckt tief im Sediment eingegraben. Der trichterförmige Tentakelkranz trägt 20 - 40 lanzenähnliche Tentakel, die sich springbrunnenförmig arrangieren. Schlicksabellen leben vom Flachwasser bis in große Tiefen. Sie sind sehr scheu und besitzen eine große Fluchtdistanz. Sie können bei sich verschlechternden Lebensbedingungen ihre Röhre verlassen und sich anderswo eine neue bauen.

T: 10 - 18° C, **L:** 20 cm, **BS:** 4, **SG:** 4

Sabella pavonia SAVIGNY, 1820
Pfauenfederwurm

Vork.: Atlantik, Mittelmeer. **GU:** Keine.
Hält.B.: Die Haltung kleinerer Tiere in einem Aquarium breitet keine großen Probleme. Sie sind leicht zu pflegen. Größere Tiere benötigen eine dicke Bodenschicht zum Eingraben, was in einem kleinen Aquarium sicherlich Probleme mit sich bringt, da ihre Wohnröhren bis zu 60 cm tief im Boden eingegraben sind. Bei Milieuänderung im Becken werfen sie sehr schnell ihre Tentakelkronen ab, die aber regeneriert werden.
FU: Ersatzplankton, aufgelöste Futtertabletten.
Bes.: Die Tiere leben in dünnen, schlanken, glatten, pergamentartigen und selbstgefertigten Wohnröhren, die sie senkrecht im Boden verankern. Sie überragen nur wenige Zentimeter die Substratoberfläche. Nur der Siebapparat, der aus zwei gleichen Hälften besteht, ragt aus der Wohnröhre in das offene Wasser. Die Tiere leben entweder einzeln oder in Kolonien im Sand und im Schlick vom Flachwasser bis in größere Tiefen.

T: 10 - 18° C, **L:** 25 cm, **BS:** 3, **SG:** 2 - 3

Sabella sp.
Spaghetti-Wurm

Vork.: Mittelmeer, Adria.
GU: Keine.
Hält.B.: Nicht bekannt.
FU: O; Plankton, Detritus.
Bes.: Diese Art konnte nicht bestimmt werden. Sie gehört aber mit Sicherheit zur Familie der Sabellidae. Die Wohnröhren sind lang, dünn, rund, pergamentähnlich und spaghettiförmig miteinander verflochten. Viele zarte, lange und gebänderte Tentakeln werden aus den Röhren in das freie Wasser gestreckt. Die abgebildete Kolonie lebt an der Decke einer schattigen Unterhöhlung.

T: 10 - 18° C, **L**: 12 cm, **BS**: 4, **SG**: 4

Ordnung: SEDENTARIA
Fam.: Sabellidae

Sabella sp.
Röhrenwurm

Vork.: Indischer Ozean, Malediven.
GU: Keine.
Hält.B.: Nicht bekannt.
FU: O; Plankton, Detritus.
Bes.: Diese Röhrenwürmer leben an schattigen Stellen von Höhlen und Unterhöhlungen. Sie siedeln nie einzeln, sondern stets in Gemeinschaft mit einer Vielzahl von Einzelindividuen an Höhlendecken, an Schwarzen Korallen und auf anderen festen Unterlagen. Ihre pergamentartigen Wohnröhren sind meist nicht zu sehen, da sich die Tentakelkronen der einzelnen Individuen überlappen.

T: 20 - 24° C, **L:** 6 cm, **BS:** 4, **SG:** 4

Sabellastarte magnifica (SHAW, 1800)
Großer Federwurm

Vork.: Karibisches Meer, Bahamas, Kolumbien.
GU: Keine.
Hält.B.: Nicht bekannt.
FU: O; Plankton, Detritus.
Bes.: Die Röhrenwürmer leben in selbstgefertigten, pergamentähnlichen Wohnröhren, die aus feinen Partikeln zusammengeklebt sind. Sie stecken im Sediment, zwischen Korallen und Korallenbruch. Die Tentakelkrone ist quirlförmig, und die zahlreichen Tentakel sind gefiedert. Der Große Federwurm lebt bis in Tiefen von 15 m in Korallenriffen und in suspensionsreichen Gewässern von Hafenanlagen und in Lagunen.

T: 20 - 26° C, Ø: 10 cm (Tentakelkrone), BS: 4, SG: 4

Sabellastarte magnifica, Karibik

Sabellastarte (= *indica*) *sanctijosephi* (SAVIGNY, 1820)
Tropischer Röhrenwurm, Sankt-Joseph-Röhrenwurm

Vork.: Rotes Meer, Indopazifik.
GU: Keine.
Hält.B.: Nicht bekannt.
FU: O; Plankton, Detritus.
Bes.: Tiere leben in selbstgefertigten, pergamentartigen Wohnröhren, aus denen nur die tentakelreiche, gefiederte Krone herausgestreckt wird. Sie siedeln auf verschiedenen Substraten in unterschiedlichen Tiefen und leben sehr häufig zwischen Korallen und an schattigen Plätzen unter Überhängen. Die Tiere sind sehr scheu. Sie reagieren schreckhaft auf Schatten und ziehen sich blitzschnell in ihre Röhren zurück. Diese Art ist einer der häufigsten Röhrenwürmer an den Korallenriffen des Indopazifiks. Farbe variabel.

T: 22 - 26° C, **L:** 8 cm, **BS:** 4, **SG:** 4

Sabellastarte magnifica, Malaysia

Spirographis spallanzanii, Mittelmeer

Spirographis spallanzanii VIVIANI, 1805
Schraubensabelle

Vork.: Mittelmeer. **GU**: Keine.
Hält.B.: Schraubensabellen sind häufiger im Handel. Kleinere Tiere sind beim Kauf zu bevorzugen. Die Tiere sind sehr ausdauernd im Aquarium und auch recht pflegeleicht. Nur Tiere mit unverletzter Wohnröhre haben eine Chance zum Überleben. Man plaziert sie im Becken zwischen Steinen, ohne sie zu quetschen. Bei Milieuveränderungen werfen sie sehr schnell ihre Tentakelkronen ab oder sie verlassen ihre Wohnröhre. **FU**: Ersatzplankton, aufgelöste Futtertabletten.
Bes.: Schraubensabellen sind die größten Röhrenwürmer im Mittelmeer. Die Tiere leben in selbstgefertigten, pergamentartigen Röhren. Eine große, spiralige Tentakelkrone wird in das freie Wasser gestreckt. Sie siedeln vom Flachwasser bis in größere Tiefen auf Sand, Schlick, an Felsen und Steinen und kommen auch im ruhigen Wasser von Hafenanlagen vor. Sehr schreckhaft.

T: 10 - 18° C, **Ø**: 30 cm (Tentakelkrone), **BS**: 2, **SG**: 2 - 3

Filograna implexa BERKELEY, 1827
Filigraner Kalkröhrenwurm

Vork.: Karibisches Meer, Florida bis Kolumbien.
GU: Hermaphroditen.
Hält.B.: Nicht bekannt.
FU: O; Plankton, Detritus.
Bes.: Die Tiere bauen weiße, tubenförmige und zu einem losen Verband organisierte Wohnröhren, die ineinander verschlungen sind. Sie leben als Sekundärsiedler auf allen möglichen Unterlagen, häufig jedoch auf Gorgonien, an Schwämmen, auf Schwarzen Korallen, an Fischreusen und gekappten Angelleinen. Ihre feinen Fangarme werden aus den terminalen Öffnungen in das freie Wasser gestreckt.

T: 20 - 24° C, **L:** 3 cm, **BS:** 4, **SG:** 4

Ordnung: Sedentaria
Fam.: Serpulidae

Pomatoceros triqueter LINNAEUS, 1758
Dreikant - Röhrenwurm

Vork.: Kosmopoliten. Sie kommen an Europas Küsten, im Mittelmeer, Atlantik, in der Nordsee und in der westlichen Ostsee vom Flachwasser bis in Tiefen von 5.000 m vor.
GU.: Keine.
Hält.B.: Die Tiere kommen mit lebenden Steinen in den Aquarienhandel. Sie sind ausdauernd, pflegeleicht und wenig gefährdet aufgrund ihrer Kalkröhre.
Licht: Mittellichtzone.
ZU/Verm.: Eine Vermehrung ist im Aquarium schon beobachtet worden.
FU: O; Plankton und Detritus. Eine besondere Fütterung im Aquarium ist überflüssig, da sich die Tiere von Restfutter ernähren.
Bes.: Dreikant-Röhrenwürmer besitzen einen asymmetrischen Körper, der aus 100 Segmenten besteht. Der Kopf ist zurückgebildet und trägt zwei Tentakel-Siebfächer, die im Halbkreis stehen und eine Vielzahl gefiederter Äste tragen. Die Tiere leben in festen, verkalkten und über die ganze Länge am Untergrund befestigten und im Querschnitt dreikantigen Wohnröhren. Diese können langgestreckt oder mäandrisch aufgerollt sein und mit Hilfe eines trompetenförmigen Operculums verschlossen werden. Das Operculum trägt oft zwei oder drei Stacheln. Dreikant-Röhrenwürmer leben auf Felsböden, an Bojen, an Schiffswänden, auf Schnecken- und Muschelschalen, an Tangen und auf Krebspanzern.

T: 10 - 24° C, **L**: 7 cm, **BL**: ab 80 cm, **WB**: m, **WR**: m, **BS**: 3 - 4, **SG**: 2 - 3

Protula tubularia (MONTAGU, 1803)
Weißer Kalkröhrenwurm, Glattwandiger Kalkröhrenwurm

Vork.: Atlantik, Mittelmeer. GU: Keine.
Hält.B.: Eignen sich gut für eine Aquarienhaltung. Die Tiere benötigen eine ausreichende Strömung und einen regelmäßigen Wasserwechsel.
FU: Die Tiere sind sehr wählerisch, was ihr Futter betrifft. Sie ernähren sich von Plankton und Detritus. Fütterung mit Ersatzplankton und aufgelösten Futtertabletten.
Bes.: Kalkröhrenwürmer bauen sich eine kalkige, weiße, innen glatte, zylindrische, im Querschnitt runde Wohnröhre. Sie wird den Unebenheiten des Untergrundes angepaßt und darauf festzementiert. Nur die letzten wenigen Zentimeter der Wohnröhre ragen aufrecht in das freie Wasser. Ein Deckel (Operculum) zum Verschließen der Röhre fehlt. Der Tentakelkranz besteht aus 30 - 45 Einzeltentakeln, die unterschiedlich gefärbt und gebändert sein können. Die Tiere sind sehr scheu. Sie ziehen sich bei der geringsten Störung in ihre Wohnröhre zurück.
T: 10 - 18° C, L: 15 cm, BS: 3, SG: 2 - 3

Ordnung: Sedentaria
Fam.: Serpulidae

Protula magnifica STRAUGHAN, 1967
Pracht - Röhrenwurm

Vork. Tropischer Indopazifik. **GU**: Die Tiere sind getrenntgeschlechtlich.
Hält.B.: Pracht-Röhrenwürmer sind im Aquarium sehr schlecht haltbar. Sie sind sehr empfindlich, wobei noch unklar ist, welche Faktoren dafür verantwortlich zeichnen. Fütterungen mit Ersatzplankton ergaben keine befriedigenden Ergebnisse.
FU: K; Plankton.
Bes.: Die Tiere leben einzeln, in etwa 30 cm langen und im Querschnitt runden, selbstgefertigten Kalkröhren, die nicht mit Hilfe eines Operculums verschlossen werden können. Ihre Kalkröhren stecken in Spalten, im Geröll und gut plaziert an Riffhängen, wo eine gute Durchmischung des Wassers vorherrscht. Nur die beiden spiraligen Siebfächer werden aus der Röhre in das freie Wasser gestreckt. Diese sind dicht besetzt mit einer Vielzahl feiner, rot-weiß gebändeter Tentakeln.

T: 20 - 28° C, **L**: 12 cm, **BS**: 4, **SG**: 4

Protulopsis intestinum (LAMARCK, 1801)
Roter Kalkröhrenwurm

Vork.: Mittelmeer.
GU: Keine.
Hält.B.: Tiere sehr selten im Handel und daher auch wenig bekannt. Ihre Tentakelkronen verblassen sehr schnell bei Aquarienhaltung.
FU: Ersatzplankton.
Bes.: Die Tiere leben solitär in spröden Kalkröhren, die sie an schattigen Stellen von Felsen, auf Steinen und Geröllgrund befestigen. Die Tentakelkronen sind zweiteilig und meist orangerot gefärbt. Die Kalkröhre kann nicht verschlossen werden. Die Tiere leben vom Flachwasser bis in große Tiefen.

T: 10 - 18° C, **L:** 7 cm, **BS:** 4, **SG:** 3 - 4

Ordnung: SEDENTARIA
Fam.: Serpulidae

Salmacina dysteri HUXLEY, 1855
Korallenwurm

Vork.: Atlantik, Mittelmeer.
GU: Hermaphroditen.
Hält.B.: Nicht bekannt.
FU: O; Plankton, Detritus.
Bes.: Die Tiere bauen weiße, sehr zerbrechliche, reich verzweigte Kalkröhren, die miteinander verflochten sind. Sie siedeln vom Flachwasser bis in große Tiefen und können im Stillwasserbereich sogar kleine "Riffe" bilden. Ihre Wohnröhren können nicht verschlossen werden. Die Tiere sind Hermaphroditen, die männliche und weibliche Gameten zur gleichen Zeit entwickeln und sich selbst befruchten.

T: 10 - 18° C, **L**: 4 cm, **BS**: 4, **SG**: 4

Serpula vermicularis LINNAEUS, 1767
Bunter Kalkröhrenwurm, Kleiner Kalkröhrenwurm, Deckel - Kalkröhrenwurm

Vork: Atlantik, Mittelmeer.
GU: Keine.
Hält.B.: Tiere für eine Aquarienhaltung gut geeignet. Sie benötigen eine ausreichende Strömung und regelmäßigen Wasserwechsel.
FU: Ersatzplankton, aufgelöste Futtertabletten.
Bes.: Die Tiere leben in gewundenen, kreisrunden Kalkröhren, die sie an Steinen, an Muschelschalen oder auf Kalkalgen befestigen. Ihre Kalkröhre kann mit einem Operculum verschlossen werden. Sie leben einzeln und auch in Gruppen vom Flachwasser bis in große Tiefen. Die Farbe der Tentakelkrone ist sehr variabel.

T: 10 - 18° C, **L:** max. 10 cm, **BS:** 3, **SG:** 2 - 3

Ordnung: Sedentaria
Fam.: Serpulidae

Spirobranchus giganteus, Thailand

Spirobranchus giganteus, Karibik

Spirobranchus giganteus, Karibik

Spirobranchus giganteus PALLAS, 1766
Weihnachtsbaum-Röhrenwurm

Vork.: Kosmopolit in allen tropischen Meeren. GU: Keine.
Soz.Verh./ Vgs.: Leben in einer Gemeinschaft mit kleinpolypigen Korallen der Gattung *Porites* und mit Feuerkorallen der Gattung *Millepora.*
Hält.B.: Die Hälterung dieser Tiere im Aquarium ist bisher unbefriedigend. Ihre Fütterung ist sehr problematisch; gehalten werden sie an dunklen Stellen des Beckens oder im Dunkelbecken. Außerdem stehen die Korallen, in denen sie leben, unter Artenschutz. FU: Ersatzplankton, aufgelöste Futtertabletten.
Bes.: Bereits die Larven lösen mit Säure die Korallenoberfläche auf, um sich mit einer selbstgefertigten Kalkröhre darauf festzusetzen. Sie lassen sich von den Wirtskorallen umwachsen, so daß nur noch die Tentakelkronen herausschauen. Jedes Tier besitzt zwei spiralige Tentakelkronen. Die Wohnröhre kann mit einem Operculum verschlossen werden. Die Farbe der Tentakelkronen ist variabel und sehr bunt. Der Weihnachtsbaum - Röhrenwurm ist sehr scheu.

T: 20 - 26° C, Ø: 2 cm (Tentakelkrone), BS: 4, SG: 3 - 4

Spirobranchus tetraceros (SCHMARDA, 1861)
Vierzahn - Röhrenwurm

Vork.: Rotes Meer, Indischer Ozean, Philippinen, tropischer Pazifik, Karibisches Meer.
GU: Keine.
Soz.Verh./Vgs.: Vierzahn - Röhrenwürmer leben mit verschiedenen Korallen in einer Gemeinschaft. Ihre Wohnröhren werden von den Korallen umwachsen und einzementiert.
Hält.B.: Siehe *S. giganteus*.
FU: Ersatzplankton, aufgelöste Futtertabletten.
Bes.: Die Tiere leben in selbstgefertigten Kalkröhren, die im Querschnitt dreieckig sind. Sie sind fest mit dem Substrat verbunden und besitzen ein weißes, verkalktes Operculum, mit dem sie die Wohnröhre verschließen. Dieses trägt auf seiner Oberfläche mehrere Gruppen einfacher oder dichotom verzweigter Stacheln, die als Bestimmungsmerkmal dienen.

T: 20 - 24° C, **Ø**: 2 cm (Tentakelkrone), **BS**: 4, **SG**: 3 - 4

Igelwürmer sind ausschließlich Meerestiere. Etwa 150 Arten sind bekannt und beschrieben. Sie leben in allen Meeren vom Flachwasser bis in Tiefen von über 10.000 m. Viele Arten sind Kosmopoliten.
Allen Igelwürmern fehlt eine Segmentierung des Körpers. Lediglich der Besitz von Chitinborsten und die Larvalentwicklung mit einer typischen *Trochophora* - Larve zeigt ihre Verwandtschaft mit den Gliederwürmern (Annelida) an.
Igelwürmer besitzen einen schlauch- bis sackförmigen Körper, der keine Stummelfüße (Parapodien) trägt. Der Kopflappen (Prostomium) ist besonders stark entwickelt und bildet einen bewimperten Rüssel. Dieser kann weit ausgestreckt werden und ist in der Regel terminal gegabelt. Mit Hilfe des Rüssels wird der Untergrund nach Nahrungspartikeln abgefegt und die Nahrung über eine bewimperte Nahrungsrinne in den Mund befördert.
Die Chitinborsten befinden sich als paarige Haken an der vorderen Bauchfläche und als Stachelkranz um das Hinterende.
Die Geschlechter sind getrennt. Bekannt ist der extreme Geschlechtsdimorphismus bei der Gattung *Bonellia.*

Systematik

Stamm : ANNELIDA — Gliederwürmer
  Klasse : ECHIURIDA — Igelwürmer
    Familie : Bonellidae
      Gattung: *Bonellia*

Fam.: Bonellidae

Bonellia viridis ROLAND, 1918
Grüner Igelwurm, Bonellia

Vork.: Vom Atlantik und Mittelmeer bis zum Indopazifik, vom Flachwasser bis in sehr große Tiefen.
GU: Extremer Geschlechtsdimorphismus, Ausbildung von Zwergmännchen.
Hält.B.: Nicht bekannt.
FU: O; Mikrophagen.
Bes.: Grüne Igelwürmer leben in Löchern und Spalten, zwischen Steinen und in Geröllböden und graben in Sand, Schlick und Mud. Sichtbar sind immer nur die weiblichen Tiere. Ihr sackförmiger Körper bleibt stets verborgen, so daß nur der ausstülpbare, sehr lange und terminal gespaltene Rüssel sichtbar ist, der den Untergrund nach verwertbarer Nahrung "abbürstet". Die aufgenommenen Nahrungspartikel werden, wie auf einem Fließband, mit Hilfe eines geordneten Cilienschlages entlang der Nahrungsrinne zum Mund befördert. Der Rüssel selbst kann bei Verlust oder Verletzung ersetzt oder regeneriert werden.
Die etwa 1 - 3 mm großen ♂♂ besitzen weder einen Rüssel noch einen Darm. Ihre Körperoberfläche ist bewimpert. Sie leben in der Speiseröhre und in den als Eileiter dienenden Nephridien der ♀♀. Da sich oft viele Zwergmännchen in den Eileitern der ♀♀ aufhalten (bis zu 58 Zwergmännchen hat man in einem weiblichen Tier gefunden), ist sichergestellt, daß die Eizellen bereits im mütterlichen Körper befruchtet werden und erst danach in das freie Wasser gelangen. Aus den Eiern schlüpfen einfach gebaute Larven, die der *Trochophora*-Larve der Anneliden und Mollusken ähneln. Die Larvalentwicklung der männlichen Tiere ist unüblich und einmalig. Während bei den meisten Tieren nach der Befruchtung der Gameten die Entscheidung darüber fällt, ob die Nachkommenschaft entweder männlich oder weiblich wird, ist diese bei dem Grünen Igelwurm völlig offen. Die Geschlechter sind offensichtlich nicht festgelegt, sondern sie werden durch besondere Lebensumstände bestimmt. Entscheidend ist, ob die Larven, wenn sie zu Boden sinken, einen weiblichen Rüssel treffen oder auch nicht. Treffen die Larven einen weiblichen Rüssel, dann werden aus ihnen Zwergmännchen. Ein "Maskularisierungs-Faktor" in Form von Hormonen befindet sich auf den Rüsseln der ♀♀, der die Entwicklung der Larve zum weiblichen Tier unterdrückt. Die Zwergmännchen dringen dann über die Speiseröhre in das weibliche Tier ein und wandern später, nach erlangter Geschlechtsreife, in den Eileiter ein. Die Larven aber, die keinen weiblichen Rüssel treffen, entwickeln sich zu neuen ♀♀. Damit führt diese außergewöhnliche Entwicklung schließlich doch zu einem biologischen Gleichgewicht, denn sind wenige ♀♀ im Biotop vorhanden, dann müssen im Sinne der Arterhaltung sich neue ♀♀ entwickeln. Umgekehrt ist es selbstverständlich bei den ♂♂ auch der Fall. Das dunkelgrüne Pigment Bonellin, das den Tieren die intensive Farbe gibt, ist, so vermutet man, ein Abbauprodukt aus dem mit der Algennahrung aufgenommenen Chlorophyll. Es wirkt toxisch auf viele Wirbellose Tiere und dient offensichtlich der Feindabwehr. Bei sehr hoher Lichtintensität kann das Pigment selbst für den Igelwurm gefährlich werden. Daher ist es verständlich, daß die Tiere Licht meiden und sich in tiefe und dunkle Spalten zwängen. Nachts, wenn kaum Licht vorhanden ist, verlassen Igelwürmer ihr Versteck und nehmen einen Standortwechsel vor.

T: 10 - 24° C, **L**: 10 cm, **BS**: 4, **SG**: 4

Bonellia viridis

Bonellia viridis

Comanthus bennetti

Haarsterne, auch Federsterne genannt, gehören zum Stamm der Stachelhäuter. Gemeinsam mit den Seelilien bilden sie die Klasse der CRINOIDEA.
Im Gegensatz zu den Seelilien, die zeitlebens mit einem Stiel auf dem Meeresboden festsitzen, sind Haarsterne im erwachsenen Zustand frei bewegliche Organismen, die kriechen, laufen, und von denen einige sogar schwimmen können. Sie sitzen nur in ihrer Jugend, im sogenannten Seelilienstadium (Pentacrinoid-Stadium), auf einem Stiel am Untergrund verankert fest. Erst nach mehreren Monaten der Larvalentwicklung lösen sich die jungen Haarsterne von ihrem Stiel, leben frei beweglich oder hemisessil, indem sie sich mit ihren Greiforganen (Cirren) an Steinen, Korallen, Schwämmen, Gorgonien oder an anderen sich bietenden Gegenständen festklammern.
Der Körper der erwachsenen Tiere gliedert sich in einen Rumpf (Calyx), in Arme und in Cirren. Der Rumpf ist relativ klein, annähernd rund und birgt die Eingeweide. Auf der Rumpfoberseite befindet sich, etwas exzentrisch gelegen, die Mundöffnung, die stets vom Untergrund abgewendet ist. Damit sitzen Haarsterne praktisch stets mit ihrem Rücken auf dem Boden. Die Körperunterseite trägt mehr oder minder 40 gegliederte, sehr bewegliche Cirren, die krallenartig geformt sind und die die Haarsterne als Greiforgan zum Festhalten und Festklammern und bei Bedarf auch zur Fortbewegung nutzen. Gelegentlich sind die Cirren abgewandelt bei Arten, die einen ganz bestimmten Untergrund als Haftfläche bevorzugen. Dann übernehmen einige spezialisierte Arme die Aufgabe der Cirren.
Dem seitlichen Rumpf entspringen fast immer gegabelte, häufig mehrfach verzweigte Arme. Diese sind gegliedert. Auf ihnen stehen wechselständig angeordnete, lanzettförmige Fiederchen (Pinnulae). Diese dienen nicht nur dem Nahrungserwerb, sondern sie sind auch der Sitz der Fortpflanzungszellen.
Werden die getrenntgeschlechtlichen Tiere laichreif, öffnen sich die Geschlechtsfiederchen. Sie platzen auf und entlassen entweder Eizellen oder Spermien in das freie Wasser. Hier findet auch die Befruchtung der Gameten statt. Bei einigen Arten bleiben die befruchteten Eizellen so lange an den Fiederchen haften, bis die Larven schlüpfen. In den kalten Meeren unserer Erde betreiben ei-

nige Haarsterne sogar Brutpflege. Die bewimperten Larven setzen sich nach einigen Tagen planktischer Lebensweise auf ein für sie geeignetes Substrat fest und bilden einen Stiel aus. Auf ihm entwickelt sich der junge Haarstern mit einer für die Stachelhäuter so typischen fünfstrahligen Radiärsymmetrie .
Die Periode des Seelilienstadiums kann bei manchen Arten einige Jahre dauern. Erst wenn die Entwicklung eines Haarsternes abgeschlossen ist, lösen sich die Tiere von ihrem Stiel ab und beginnen als adulte Organismen ein frei bewegliches Leben.
Die Arme der Haarsterne sind vielfach gegliedert. Meist haben sie 10, selten 5 Arme. Manche Arten besitzen bis zu 200 davon. Jedes der Armglieder (Segmente) trägt ein Paar Fiederchen (Pinnulae), was den Tieren ein federartiges Aussehen verleiht. Die einzelnen Segmente sind mit den benachbarten Gliedern durch kräftige Muskeln verbunden, wodurch die Arme eine außerordentliche Beweglichkeit erreichen. Sie brechen bei der kleinsten Berührung an speziellen Bruchstellen (Syzygien) ab, werden aber, bedingt durch eine ausgesprochen große Regenerationsfähigkeit der Tiere, sehr schnell nachgebildet und ersetzt. Diese ausgesprochene Neigung der Haarsterne zur Selbstverstümmelung (Autotomie) ist nicht nur bei ihnen, sondern auch bei den Schlangensternen besonders ausgeprägt.
In den Armen und den Fiederchen befinden sich bewimperte Nahrungsrinnen (Ambulacralrinnen), die zum Munde führen. In ihnen werden über Schleimbahnen Nahrungspartikel durch einen stetigen Wimpernschlag der Mundöffnung zugeführt.
Die Nahrung der Haarsterne besteht hauptsächlich aus einzelligen Algen, Diatomeen, Kleinstkrebsen, Moostierchen, organischem Detritus und vielen anderen kleinen Lebewesen des Planktons.
Tagsüber leben die recht lichtscheuen Haarsterne mit eingerollten Armen an schattigen Stellen. Erst mit Einbruch der Dämmerung kommen sie aus ihren Verstecken, erklimmen gut exponierte Standorte im strömungsreichen Wasser und breiten ihre vielen Arme zu einem Fächer aus. Mit ihren Greiforganen, den Cirren, krallen sie sich auf ihren Unterlagen fest und halten so fast jeder Wasserbewegung stand.
Die ausgestreckten Arme mit ihren gespreizten Fiederchen ergeben ein optimales Fangnetz für den Nahrungserwerb. Das, was

das Wasser an Nahrung heranträgt, wird herausgefiltert, eingeschleimt und dem Mund zugeführt. Damit ist die nächtliche Lebensweise der Haarsterne nichts anderes als eine Anpassung an die vertikale Wanderbewegung des Planktons, das in der Nacht aus der Tiefe des Meeres zur Wasseroberfläche aufsteigt, um bei Tagesbeginn wieder in dunkle Tiefen abzuwandern.
Haarsterne sind ausschließlich Meerestiere. Sie kommen jedoch nicht in allen Meeren auf unserer Erde vor. An der Westküste Afrikas und im östlichen Pazifik fehlen sie völlig. Niemand kennt bis heute die Gründe dafür.
Die Mehrzahl der Haarsterne lebt im brandungsgeschützten Flachwasser bis in Tiefen von über 100 m. Nur wenige Arten leben in der Tiefsee.
Bedingt durch die Tatsache, daß der Rumpf, die Arme und die Cirren der Haarsterne fast ausschließlich aus Kalkskelettsubstanz bestehen, haben sie auch kaum Feinde. Viel Nahrhaftes ist an ihnen auch nicht dran. Dennoch werden sie gelegentlich von Langusten und von einigen Fischen gefressen.
Das dichte Filtrierwerk der Haarsterne dient einer ganzen Anzahl von kleinen Fischen, Ruderfußkrebsen, Garnelen und Borstenwürmern als Wohnung. Diese Untermieter (Commensalen) profitieren von der Filtrierleistung der Haarsterne, indem sie sich von dem eingeschleimten Nahrungsbrei ernähren. Meist tarnen sich diese Untermieter so geschickt, daß sie kaum zu erkennen sind. Sie haben normalerweise die Farbe ihres Wirtes angenommen.
Haarsterne sind die wohl schönsten und filigransten Meerestiere überhaupt. In ihrer Farbenpracht übertreffen sie fast alles, was im Meer lebt. Es scheint so, als nutzten sie das gesamte Farbspektrum, das die Natur ihnen bietet.

Haarsterne im Aquarium

Haarsterne sind seltene Gäste in Meeresaquarien. Entweder kommen sie mit "lebenden Steinen" in den Aquarienhandel oder sie werden in den Exportländern gezielt gesammelt und versandt. Transportschäden bleiben auch hier nicht aus, und die Mortalitätsrate dürfte recht hoch sein, zumal Haarsterne bei Milieuschädigungen und bei starken mechanischen Reizen zur Selbstverstümmelung neigen und Teile der Arme und der Cirren abwerfen.

Da die Arme dem Planktonfang und die Cirren dem Festklammern an den Untergrund dienen, sollte beim Kauf unbedingt darauf geachtet werden, daß diese Körperteile intakt und nicht beschädigt sind. Gerade bei fehlenden Cirren leidet die Lokomotion der Tiere in einem Aquarium erheblich, so daß sie nicht mehr in der Lage sind, sich einen Standort ihren Bedürfnissen entsprechend selbst zu suchen.
Als nächtliche Planktonfresser stellen sie erhebliche Ansprüche an ihr Futter und an ihre Pfleger. Man sollte Haarsterne zwei- bis dreimal täglich mit lebendem Plankton oder mit Ersatzplankton ausreichend füttern, wobei darauf zu achten ist, daß das Aquarium einen leistungsfähigen Abschäumer und einen denitrifizierenden Filter besitzt, da eine ausreichende Fütterung immer eine starke Belastung des Wassers nach sich zieht.
Gekaufte Haarsterne sollten vorsichtig an ihren neuen Lebensraum akklimatisiert werden. Um einen pH-Schock für die Tiere zu vermeiden, ist es unbedingt erforderlich, den pH-Wert des Transportwassers mit dem pH-Wert im Beckens zu vergleichen. Ist die Differenz zwischen beiden Werten zu groß, bedeutet das den sofortigen Tod der Tiere, wenn sie ohne vorsichtige Anpassung in das neue Becken gekippt werden.
Bei einer vorsichtigen Handhabung der zerbrechlichen Haarsterne werfen sie weder bei einem Wasserwechsel noch bei einem Beckenwechsel ihre Arme oder Cirren ab. Sie lieben Aquarien mit ausreichender Strömung, in der das Wasser ihnen die Nahrung zuträgt. Sie suchen sich im Becken ihren eigenen Standort, der ihren Bedürfnissen nach Licht und Wasserbewegung entspricht. So werden sie stets einen zu hellen Standort und eine zu starke Strömung meiden und ihnen ausweichen. Als nachtaktive Tiere bevorzugen sie ein schwach beleuchtetes Aquarium oder ein Dunkelbecken.
Da Haarsterne Filtrierer sind, sollten sie in ein Becken gesetzt werden, in dem bereits viele Filtrierer angesiedelt sind, da sie alle die gleichen Ansprüche haben. Mit Schwämmen, Röhrenwürmern, Gorgonien, Steinkorallen, Weichkorallen, kleinen Garnelen, Seenadeln und Seepferdchen lassen sie sich ausgezeichnet vergesellschaften.

Stamm: ECHINODERMATA	Stachelhäuter
Klasse: CRINOIDEA	Haarsterne
Ordnung: COMATULIDA	Haar- und Federsterne

Familie: Comasteridae
Gattungen: *Comaster*
Comatella
Comanthus
Comanthina
Comissia
Davidaster
Nemaster
Oxycomanthus

Familie: Eudiocrinidae
Gattung: *Eudiocrinus*

Familie: Himerometridae
Gattungen: *Amphimetra*
Heterometra
Himerometra

Familie: Mariametridae
Gattungen: *Dichrometra*
Lamprometra

Familie: Colobometridae
Gattungen: *Analcidometra*
Cenometra
Colobometra
Oligometra

Familie: Tropiometridae
Gattung: *Tropiometra*

Familie: Stephanometridae
Gattung: *Stephanometra*

Familie: Antedonidae
Gattung: *Antedon*

Ordnung: COMATULIDA
Fam.: Comasteridae

Comaster gracilis (HARTLAUB, 1890)
Goldgelber Haarstern

Vork.: Indopazifik, Malediven, Malaysia, Fiji, Mikronesien.
GU: Getrenntgeschlechtlich.
Hält.B.: Nicht bekannt.
FU: O; Plankton. Detritus.
Bes.: Die Tiere besitzen außerordentlich lange, gefiederte und goldgelbe Arme, deren Pinnulae hellgelbe Spitzen tragen. Cirren sind nicht vorhanden. Diese Haarsterne sitzen auch tagsüber auf allen möglichen Substraten mit ausgebreiteten Armen in Fangstellung. Sie sind an manchen Riffen relativ häufig.

T: 22 - 26° C, **Ø**: 40 cm, **BS**: 4, **SG**: 4

Comaster multibrachiatus (CARPENTER, 1888)
Vielarmiger Haarstern

Vork.: Indo - Pazifik, Malaysia, Philippinen.
GU: Getrenntgeschlechtlich.
Hält.B.: Nicht bekannt.
Bes.: Diese Haarsterne besitzen bis zu 80 lange und gefiederte Arme. Arme und Pinnulae entweder einheitlich rosarot gefärbt, weiß-rosa gebändert oder weiß mit rosaroten Spitzen. Die Tiere leben tagsüber in den Spalten und Ritzen der Riffe, so daß nur noch die Armspitzen hervorschauen. Sie sind überwiegend nachtaktiv. In suspensionsreichen Gewässern sieht man sie auch tagsüber mit ausgebreiteten Armen nach Detritus fischen.

T: 22 - 26° C, Ø: 30 cm, BS: 4, SG: 4

Ordnung: COMATULIDA
Fam.: Comasteridae

Alle hier auf dieser Seite abgebildeten Haarsterne gehören zur Familie der Comasteridae (Thailand-Similan-Inseln).

Alle hier auf dieser Seite abgebildeten Haarsterne gehören zur Familie der Comasteridae (Thailand-Similan-Inseln).

Ordnung: Comatulida
Fam.: Comasteridae

Comatella maculata (CARPENTER, 1888)
Dunkelroter Haarstern

Vork.: Indopazifik, Malediven, Mikronesien, Neukaledonien bis Japan.
GU: Getrenntgeschlechtlich.
Hält.B.: Nicht bekannt.
FU: O; Plankton, Detritus.
Bes.: Die Tiere besitzen 20 lange und gefiederte Arme und 18 - 35 robuste Cirren, die alle dunkelrot bis rostrot gefärbt sind. Sie leben tagsüber in Spalten und zwischen Korallen versteckt und kommen erst bei Anbruch der Dämmerung aus ihren Tagesverstecken. Bei Störungen kriechen sie mit sehr schnellen Armbewegungen in neue Verstecke. Sie leben vom Flachwasser bis in mittlere Tiefen.

T: 22 - 26° C, Ø: 35 cm, **BS**: 4, **SG**: 4

Comatella sp.
Haarstern

Vork.: Indopazifik, Australien.
GU: Getrenntgeschlechtlich.
Hält.B.: Nicht bekannt.
FU: O; Plankton, Detritus.
Bes.: Vielarmiger Haarstern mit kaffeebraunen Armen, die weiße Spitzen tragen. Das Tier hat nachts eine erhöhte Position zwischen zwei Peitschenkorallen eingenommen und zeigt eine atypische Filtrierhaltung. Der Haarstern wird diese Stellung bald aufgeben und sich einen neuen Standort suchen.

T: 22 - 26° C, Ø: 30 cm, BS: 4, SG: 4

Ordnung: Comatulida
Fam.: Comasteridae

Comanthus alternans (CARPENTER, 1881)
Haarstern

Vork.: Indopazifik, Malaysia, Indonesien, Philippinen, Japan, Neuguinea.
GU: Getrenntgeschlechtlich.
Hält.B.: Nicht bekannt.
FU: O; Plankton, Detritus.
Bes.: Die Tiere besitzen 10 - 125 lange und gefiederte Arme. Erst wenn sie mehr als 40 Arme besitzen, sind sie cirrenlos. Arme meist schwarz-weiß gebändert mit gelbgefleckten Pinnulae. Die Tiere sind tag- und nachtaktiv. Sie leben auf Korallen und Gorgonien in stillen Gewässern mittlerer Tiefen.

T: 22 - 26° C, **Ø**: 35 cm, **BS**: 4, **SG**: 4

Comanthus mirabilis (ROWE, 1986)
Haarstern

Vork.: Indopazifik, Malaysia, Indonesien, Neukaledonien, Australien.
GU: Getrenntgeschlechtlich.
Hält.B.: Nicht bekannt.
FU: O; Plankton, Detritus.
Bes.: Haarsterne ohne Cirren und mit 30 - 60 langen und gefiederten Armen. Diese sind unterschiedlich koloriert und gebändert. Die Tiere sind tag- und nachtaktiv. Sie leben auf Korallen, Korallenbruch und unter Überhängen in unterschiedlichen Tiefen.

T: 22 - 26° C, **Ø:** 30 cm, **BS:** 4, **SG:** 4

Comanthina nobilis (CARPENTER, 1884)
Cirrenloser Haarstern

Vork.: Indopazifik, Malediven, Malaysia, Indonesien, Philippinen, Australien.
GU: Getrenntgeschlechtlich.
Hält.B.: Nicht bekannt
FU: O; Plankton, Detritus.
Bes.: Die Tiere besitzen eine große Anzahl gefiederter Arme, wovon ein Teil für die Fortbewegung und zum Festklammern eingesetzt wird, da ihnen Cirren fehlen. Der Mund ist peripher und der After in das Zentrum der Mundscheibe verlagert. Farbe außerordentlich variabel. Die Tiere sind tag- und nachtaktiv. Sie leben auf Korallen, Gorgonien, Steinen und auf Korallenbruch.

T: 22 - 26° C, **Ø**: 30 cm, **BS**: 4, **SG**: 4

Comanthina nobilis, oben links
Comanthina nobilis, oben rechts
Comanthina schlegelii, unten links
Comanthina schlegelii, unten rechts

Comanthina schlegelii (CARPENTER, 1888)
Schlegels Haarstern

Vork.: Indopazifik, Malediven, Sri Lanka, Malaysia, Australien, Mikronesien.
GU: Getrenntgeschlechtlich.
Soz.Verh./Vgs.: Leben mit den Garnelen *Periclimenes pilipes* und *Harrovia purpurea* vergesellschaftet.
Hält.B.: Nicht bekannt.
FU: O; Plankton, Detritus.
Bes.: Haarsterne mit großer Farbvariation. Sie besitzen eine große Anzahl gefiederter Arme. Die Anzahl der Arme kann zwischen 80 und 200 liegen. Cirren fehlen den Tieren. Ihre Funktion wird von einer ganzen Anzahl von Armen übernommen. Diese stehen damit nicht mehr im Dienste des Nahrungserwerbs. Sie leben auf Korallen, Gorgonien und Korallenbruch bis in Tiefen von 50 m.

T: 22 - 26° C, Ø: 35 cm, BS: 4, SG: 4

Comissia sp.
Haarstern

Vork.: Indischer Ozean, Thailand.
GU: Getrenntgeschlechtlich.
Hält. B.: Nicht bekannt.
FU: O; Plankton, Detritus.
Bes.: Die Tiere besitzen 10 lange Arme, die sie auch tagsüber aus ihren Verstecken in das freie Wasser herausstrecken. Der restliche Körper befindet sich im Tagesversteck, wo er mit Hilfe der Cirren festgeklammert lebt. Die Arme sind gebändert und die Fiederchen braun gefärbt.

T: 22 - 26° C, Ø: 30 cm, BS: 4, SG: 4

Ordnung: Comatulida
Fam.: Comasteridae

Davidaster discoidea (CARPENTER, 1888)
Perlen - Haarstern

Vork.: Karibisches Meer, Bahamas bis Kolumbien.
GU: Getrenntgeschlechtlich.
Hält.B.: Nicht bekannt.
FU: O; Plankton, Detritus.
Bes.: Der Perlen - Haarstern führt eine überwiegend versteckte Lebensweise. Er benutzt Spalten, Ritzen und kleine Unterhöhlungen als Tagesverstecke. Nur wenige der 20 langen und gefiederten Arme ragen aus den Riffspalten. Die zentrale Transportrinne an der Unterseite der Arme ist schwarz. Die Tiere leben in strömungsreichen Gewässern bis in Tiefen von 50 m.

T: 20 - 24° C, **Ø**: 20 cm, **BS**: 4, **SG**: 4

Davidaster rubiginosa (PORTUALES, 1869)
Goldener Haarstern

Vork.: Karibisches Meer, Bahamas, Bonaire, Bequia. **GU**: Getrenntgeschlechtlich.
Hält. B.: Nicht bekannt. **FU**: O; Plankton, Detritus.
Bes.: Goldene Haarsterne besitzen bis zu 20 lange Arme, die gewöhnlich einen schwarzen Medianstreifen tragen. Während der Körper der Tiere in Spalten, Ritzen und unter Korallen versteckt lebt, werden einige Arme in das freie Wasser ausgestreckt. Nur nachts bewegen sich die Tiere etwas aus ihren Verstecken, um im Wasser Nahrung zu fangen. Die Arme und die Fiederchen sind überwiegend gleichfarbig. Einige Farbvarianten können vorkommen. Bei Berührung der Arme rollen diese sich apikal ein und verschwinden langsam im dunklen Versteck. Goldene Haarsterne leben in Tiefen zwischen 10 - 30 m und können an manchen Riffen dichte Populationen bilden.

T: 20 - 24° C, **Ø**: 35 cm, **BS**: 4, **SG**: 4

Ordnung: COMATULIDA
Fam.: Comasteridae

Nemaster grandis CLARK, 1909
Schwarzweißer Haarstern

Vork.: Karibisches Meer, Kolumbien; sie fehlen in Florida und auf den Bahamas.
GU: Getrenntgeschlechtlich.
Soz.Verh./Vgs: Vergesellschaftet mit der Garnele *Alpheus cristulifrons.*
Hält.B.: Nicht bekannt.
FU: O; Plankton, Detritus.
Bes.: Schwarzweiße Haarsterne sind die häufigsten Haarsterne im Karibischen Meer. Sie leben erst unterhalb einer Wassertiefe von 20 m und kommen stellenweise am Riffgrund in großer Individuendichte vor. Die Tiere klammern sich mit ihren Cirren an Korallen, Gorgonien, Schwämmen und an anderen Gegenständen fest. Die federförmigen Arme tragen schwarz-braune Pinnulae, deren Spitzen weiß abgesetzt sind. Die Tiere besitzen 40 Arme, wobei ein jeder etwa 25 cm lang werden kann. Die gekrümmten Cirren sind gegliedert und nicht länger als 4 cm. Nicht alle Tiere behalten auch tagsüber ihre Ruheposition bei. Viele von ihnen migrieren an strömungsreiche Stellen im Riff, klammern sich an Fächer-und Peitschenkorallen, um mit ausgestreckten Armen Plankton aus dem Wasser zu fischen.

T: 20 - 24° C, **Ø**: 30 cm, **BS**: 4, **SG**: 4

Oxycomanthus bennetti (MÜLLER, 1841)
Haarstern

Vork.: Indopazifik, Malaysia, Philippinen, Australien, Neukaledonien, Thailand.
GU: Getrenntgeschlechtlich.
Soz.Verh./Vgs.: Vergesellschaftet mit dem Fisch *Discotrema crinophila.*
Hält.B.: Nicht bekannt.
FU: O; Plankton. Detritus.
Bes.: Diese Haarsterne besitzen eine große Anzahl langer und gefiederter Arme. Ihre Anzahl schwankt zwischen 31 und 120. Die Cirren tragen 23-35 Cirrenglieder, wobei die normale Anzahl zwischen 25 und 29 schwankt. Die Farbe der Tiere ist sehr variabel. Die Arme oder nur Teile davon können gelb, grün, braun, grau oder schwarz sein. Die Haarsterne leben auf Korallen und anderen Hartsubstraten an exponierten Riffstellen im gut durchströmten Wasser und sammeln sich hier zuweilen in großer Individuendichte. Dabei werden die Arme so ausgerichtet, daß die gebogenen Pinnulae zur Strömung des Wassers hin orientiert werden. Bei sehr starken Wasserbewegungen werden neben den Cirren noch einige Arme zum Festhalten an den Untergrund eingesetzt. Die juvenilen Tiere leben im Stillwasserbereich von Höhlen und unter Unterhöhlungen. Die Tiere sind tag -und nachtaktiv.

T: 22 - 26° C, **Ø**: 35 cm, **BS**: 4, **SG**: 4

Nemaster grandis

Oxycomanthus bennetti

Oxycomanthus bennetti

Eudiocrinus gracilis

Eudiocrinus sp.

Eudiocrinus sp.
Haarstern

Vork.: Philippinen, Thailand.
GU: Getrenntgeschlechtlich.
Hält. B.: Nicht bekannt.
FU: O; Plankton, Detritus.
Bes.: Diese Gattung ist mit 4 verschiedenen Arten von den Philippinen beschrieben worden (CLARK, 1941). Es ist daher absolut unmöglich, die abgebildete Art anhand eines Fotos zu bestimmen. Die Tiere besitzen 5 außerordentlich schlanke, zarte und rostrot-weiß gebänderte Arme, die sie aus ihren Verstecken weit in das freie Wasser ausstrecken.

T: 22 - 26° C, **Ø**: 40 cm, **BS**: 4, **SG**: 4

Ordnung: Comatulida
Fam.: Himerometridae

Amphimetra sp.
Haarstern

Vork.: Indopazifik, Malaysia.
GU: Getrenntgeschlechtlich.
Hält.B.: Nicht bekannt.
FU: O; Plankton, Detritus.
Bes.: Haarstern mit 10 langen und gefiederten Armen und kräftig entwickelten, langen Cirren. Pinnulae mit goldgelben Spitzen. Die Tiere leben auf Korallen und Gorgonien an geschützten Riffen in mittleren bis großen Tiefen. Sie sind tag- und nachtaktiv.

T: 22 - 26° C, **Ø**: 25 cm, **BS**: 4, **SG**: 4

Heterometra savignii (MÜLLER, 1841)
Savignis Haarstern

Vork.: Rotes Meer, Indopazifik.
GU: Getrenntgeschlechtlich.
Hält.B.: Nicht bekannt. **FU**: O; Plankton, Detritus.
Bes.: Die Tiere leben in brandungsgeschützten Flachwassergebieten mit mäßigen Wasserströmungen. Junge Tiere besitzen 10, ältere 20 Arme. Diese werden 20 cm lang. Alle Tiere variieren in Farbe und Zeichnungsmuster sehr stark. Die Grundfarbe ist rötlich bis braun. Die Arme besitzen helle Flecken, deren Größe und Zahl von Tier zu Tier verschieden ist. Tagsüber sitzen sie, die Arme in engen Spiralen über den Rumpf zusammengerollt, in Bodennähe, in Seegraswiesen und in Höhlen. Nach Sonnenuntergang werden sie aktiv. Kurz von Sonnenaufgang rollen sie die Arme ein und kriechen zu ihren Verstecken. Tiere vielfach standorttreu.

T: 22 - 27° C, **L**: 15 cm, **Ø** 30 cm **BS**: 4, **SG**: 4

Ordnung: COMATULIDA
Fam.: Himerometridae

Himerometra robustipinna

Himerometra robustipinna

Himerometra robustipinna und Comanthina schlegelii

Himerometra robustipinna CARPENTER, 1881
Robuster Haarstern

Vork.: Indopazifik, Malaysia, Philippinen, Australien, Neukaledonien.
GU: Getrenntgeschlechtlich.
Soz.Verh./Vgs.: Vergesellschaftet mit den Garnelen *Periclimenes tenuis, Parapontonia undirostris* und *Athanas ornithorhynchus*.
Hält.B.: Zwar bekannt, doch in der Literatur nicht beschrieben.
FU: O; Plankton, Detritus.
Bes.: Die Tiere besitzen eine sehr große Anzahl von Armen und kommen in verschiedenen Farbvarianten vor: zum Teil auch mit goldenen Armen und dunkelbraunen Pinnulae. Vorherrschend sind jedoch Rottöne. Sie leben an Korallenriffen auf allen möglichen Substraten bis in Tiefen von 40 m. Die Tiere sind tag- und nachtaktiv.

T: 22 - 26° C, **Ø**: 35 cm, **BS**: 4, **SG**: 3 . 4

Ordnung: Comatulida
Fam.: Himerometridae

Himerometra bartschi CLARK, 1908
Haarstern

Vork.: Indopazifik, Malaysia.
GU: Getrenntgeschlechtlich.
Hält.B.: Nicht bekannt.
FU: O; Plankton, Detritus.
Bes.: Die Tiere besitzen eine große Anzahl langer und gefiederter Arme und gut entwickelte, kräftige Cirren. Arme überwiegend dunkelrot mit weiß-braunen bis weiß-schwarzen Pinnulae. Sie leben überwiegend nachtaktiv auf Korallen und Gorgonien und filtrieren auch tagsüber im suspensionsreichen Wasser.

T: 22 - 26° C, **Ø**: 30 cm, **BS**: 4, **SG**: 4

Dichrometra flagellata (MÜLLER, 1841)
Langarmiger Haarstern

Vork.: Indopazifik, Malediven, Mikronesien bis Hongkong.
GU: Getrenntgeschlechtlich.
Hält.B.: Nicht bekannt.
FU: O; Plankton, Detritus.
Bes.: Tiere mit langen, gefiederten und rostbraun-weiß gebänderten Armen. Sie leben tagsüber versteckt in den Spalten der Riffe und klettern erst nachts auf Korallen und Gorgonien, um mit ausgebreiteten Armen Plankton zu fangen.

T: 22 - 26° C, **Ø:** 40 cm, **BS:** 4, **SG:** 4

Dichrometra flagellata, Malediven

Dichrometra flagellata, Malediven

Ordnung: Comatulida
Fam.: Mariametridae

Dichrometra flagellata, Malediven

Dichrometra flagellata, Malediven

Ordnung: Comatulida
Fam.: Mariametridae

Dichrometra sp.
Haarstern

Vork.: Indischer Ozean, Thailand.
GU: Getrenntgeschlechtlich.
Hält. B.: Nicht bekannt.
FU: O; Plankton, Detritus.
Bes.: Dieser Haarstern hat sich in der Nacht auf einer Koralle in Fangposition begeben und seine zahlreichen Arme zu einem Fächer ausgebreitet. Die Cirren halten das Tier am Untergrund fest. Die Fiederchen der Arme sind zur Wasserströmung hin gekrümmt, um das gefangene Plankton einzuschleimen und über die Ambulacralrinnen dem Mund zuzuführen. Diese Nachtaufnahme zeigt Teile des Plankton direkt über dem Haarstern. Die Arme sind weiß-violett gebändert und die Armspitzen hell abgesetzt.

T: 22 - 26° C, **Ø**: 20 cm, **BS**: 4

Lamprometra palmata (MÜLLER, 1841)
Haarstern

Vork.: Indopazifik, Malaysia, Mikronesien, Fiji, Tonga, Hawaii, Salomonen.
GU: Getrenntgeschlechtlich.
Hält.B.: Nicht bekannt.
FU: O; Plankton, Detritus.
Bes.: Vielarmige Haarsterne, die auch tagaktiv sind. Ihre Arme sind unterschiedlich breit und dunkel gebändert. Sie legen sich flach ausgebreitet und mit ausgestreckten Armen zum Nahrungsfang auf den Untergrund und nehmen schwimmend einen Positionswechsel vor. Pinnulae weiß an den hellgebänderten Teilen der Arme und grün bis schwarz an den dunklen Bandstellen der Arme. Die Tiere leben vom Flachwasser bis in Tiefen von 30 m.

T: 22 - 26° C, **Ø**: 25 cm, **BS**: 4, **SG**: 4

Lamprometra sp.

Lamprometra palmata

Ordnung: Comatulida
Fam.: Mariametridae

Lamprometra klunzingeri (HARTLAUB, 1890)
Klunzinger - Haarstern

Vork.: Rotes Meer. **GU**: Getrenntgeschlechtlich.
Soz.Verh./ Vgs.: Vergesellschaftet mit der Garnele *Periclimenes alegrias.*
Hält.B.: Nicht bekannt. **FU**: O; Plankton, Detritus.
Bes.: Die Tiere besitzen 20 und mehr gleichlange und gefiederte Arme. Diese sind farblich gebändert. Die zahlreichen Cirren sind gegliedert und genoppt. Sie leben von Flachwasser bis in mittlere Tiefen auf Feuerkorallen, Gorgonien und Schwämmen und halten einen festen Tagesrhythmus ein. Eine Stunde vor Sonnenuntergang verlassen sie ihre Ruheplätze und kriechen zu exponierten Stellen im Riff, um mit ausgebreiteten Armen Plankton aus dem Wasser zu fischen. Eine Stunde vor Sonnenaufgang werden die Fangarme eingerollt und die Tiere kehren zu ihren ursprünglichen Standorten zurück.

T: 22 - 26° C, **Ø**: 30 cm, **BS**: 4, **SG**: 4

Lamprometra klunzingeri

Lamprometra sp.

Ordnung: Comatulida
Fam.: Colobometridae

Analcidometra armata (POURTALES, 1869)
Schwimmender Haarstern

Vork.: Karibisches Meer.
GU: Getrenntgeschlechtlich.
Soz.Verh./Vgs.: Vergesellschaftet mit verschiedenen Garnelen der Gattung *Periclimenes*.
Hält.B.: Nicht bekannt.
FU: O; Plankton, Detritus.
Bes.: Die wohl kleinste Art im Karibischen Meer. Die Tiere besitzen 10 lange und dünne, weiß-rot gebänderte Arme und gutentwickelte Cirren. Sie leben auf Schwämmen, auf Gorgonien und auf Schwarzen Korallen. Sie sind in der Lage, ihren Standort über kurze Strecken schwimmend zu wechseln. Sie kommen noch in großen Tiefen vor.

T: 20 - 24° C, **Ø**: 15 cm, **BS**: 4, **SG**: 4

Cenometra bella (HARTLAUB, 1890)
Schöner Haarstern

Vork.: Indopazifik, Mikronesien, Australien, Malediven.
GU: Getrenntgeschlechtlich.
Hält. B.: Nicht bekannt.
FU: O; Plankton, Detritus.
Bes.: Diese Art bevorzugt als Substrat Gorgonien, Peitschengorgonien der Gattung *Junceella* und Schwarze Korallen der Gattung *Cirrhipathes*. Ihr Vorkommen konzentriert sich an stark strömenden Außenriffen, an Steilabfällen und in Passagen zwischen Koralleninseln und Korallenformationen. Ihre Cirren sind kräftig, um den Organismus in der Strömung des Wassers am Substrat angeklammert zu halten. Die Tiere sitzen an exponierten Standorten selten allein, sondern immer in kleinen Gruppen von 2 - 20 Individuen. Sie können in Bodennähe über kurze Strecken schwimmen und so ihren Standort wechseln. Die Farbe ihrer Arme ist variabel. Diese können weiß, grau, orange, olivgrün, dunkelrot oder sogar schwarz sein.

T: 23 - 26° C, Ø: 30 cm, BS: 4, **SG**: 4

Analcidometra armata

Cenometra bella

Ordnung: Comatulida
Fam.: Colobometridae

Cenometra bella, Malediven

Cenometra sp., Thailand

Cenometra sp.
Haarstern

Vork.: Indopazifik, Malaysia.
GU: Getrenntgeschlechtlich.
Hält.B.: Nicht bekannt. **FU:** O; Plankton, Detritus.
Bes.: Tiere mit zahlreichen langen und gefiederten Armen. Arme hell mit violetten Pinnulae. Das abgebildete Tier befindet sich in Fang- und Freßposition.

T: 22 - 26° C, **Ø:** 30 cm, **BS:** 4, **SG:** 4

Colobometra discolor, Thailand

Colobometra discolor, Text übernächste Seite

Colobometra perspinosa, Malaysia (Text nächste Seite)

Oligometra serripinna, Australien

Ordnung: COMATULIDA
Fam.: Colobometridae

Colobometra perspinosa (CARPENTER, 1881)
Haarstern

Vork.: Indopazifik, Malaysia, Australien, Neukaledonien, Fiji.
GU: Getrenntgeschlechtlich.
Hält.B.: Nicht bekannt.
FU: O; Plankton, Detritus.
Bes.: Die Tiere besitzen 10 lange und gefiederte Arme und kräftige, reich gegliederte Cirren. Die Pinnulae sind schwarz-weiß gebändert. Sie leben auf Steinkorallen und Gorgonien in unterschiedlichen Tiefen. Die Tiere sind tag- und nachtaktiv.

T: 22 - 26° C, **Ø**: 25 cm, **BS**: 4, **SG**: 4

Colobometra discolor (CARPENTER, 1881)
Haarstern

Vork.: Indopazifik, Malediven, Ceylon, Bay of Bengalen, Thailand.
GU: Getrenntgeschlechtlich.
Hält. B.: Nicht bekannt.
FU: O; Plankton, Detritus.
Bes.: Diese Haarsterne sind Tiere des tiefen Wassers. Erst unterhalb von 25 m leben sie auf Schwämmen, festgeklammert an Gorgonien, in gut durchströmten Unterhöhlungen an Weichkorallen und auf Moostierchenkolonien. Wie die meisten Haarsterne, so sind auch sie überwiegend nachtaktiv. Jedoch dort, wo das Wasser auch tagsüber stark strömt, und sei es auch nur durch den Gezeitenwechsel, sitzen die Tiere mit ausgebreiteten Armen in Filtrierposition. Sie besitzen 10 lange und unterschiedlich gefärbte Arme, die auch gebändert sein können.

T: 23 - 26° C, **Ø**: 25 cm, **BS**: 4, **SG**: 4

Oligometra carpenteri

Oligometra carpenteri (BELL, 1884)
Carpenters Haarstern

Vork.: Indopazifik, Australien.
GU: Getrenntgeschlechtlich.
Hält.B.: Nicht bekannt.
FU: O; Plankton, Detritus.
Bes.: Tiere relativ klein, mit 10 gefiederten Armen, die gekrümmte Pinnulae tragen. Die Cirrenglieder besitzen Querkämme mit dornigen Fortsätzen. Die Haarsterne sind überwiegend gelb bis gelbbraun gefärbt. Sie leben vorwiegend auf Gorgonien, selten auf Korallen. Die Tiere sind tag- und nachtaktiv.

T: 22 - 26° C, **Ø**: 12 cm, **BS**: 4, **SG**: 4

Ordnung: Comatulida
Fam.: Tropiometridae

Tropiometra afra (HARTLAUB, 1870)
Haarstern

Vork.: Indopazifik, Malaysia, Philippinen, Australien bis Hongkong.
GU: Getrenntgeschlechtlich.
Hält.B.: Nicht bekannt.
FU: O; Plankton, Detritus.
Bes.: Die Tiere besitzen 10 lange und gefiederte Arme und gut entwickelte, kräftige Cirren. Sie leben vom Flachwasser bis in Tiefen von 20 m auf Korallen, Korallenbruch und auf anderen Substraten, wo sie breit ausgestreckt den Untergrund nach organischem Material absuchen. Sie leben auch in suspensionsreichen Gewässern. Die Tiere sind tag- und nachtaktiv.

T: 22 - 26° C, **Ø:** 35 cm, **BS:** 4, **SG:** 4

Tropiometra carinata, Kolumbien

Tropiometra carinata (LAMARCK, 1816)
Karibischer Haarstern

Vork.: Karibisches Meer. **GU**: Getrenntgeschlechtlich.
Hält.B.: Nicht bekannt. **FU**: O; Plankton, Detritus.
Bes.: Die Tiere leben versteckt in Spalten und unter Steinen. Nur Teile der ausgestreckten Arme schauen aus den Verstecken heraus. Die Arme sind lang, gefiedert und gelbbraun gebändert. Die Tiere können in der im Bild dargestellten Position nur gesehen werden, wenn Steine oder Korallen umgedreht werden. Sie ergreifen sofort die Flucht unter Zuhilfenahme aller Arme. Die Tiere sind nachtaktiv. Diese Art ist in vielen Teilen der Karibik nicht mehr nachweisbar, obwohl vorher vorhanden. Die Gründe dafür sind nicht bekannt.

T: 20 - 24° C, **Ø**: 15 cm, **BS**: 4, **SG**: 4

Stephanometra echinus (CLARK, 1908)
Stacheliger Haarstern

Vork.: Indopazifik, Malediven, Philippinen, Mikronesien.
GU: Getrenntgeschlechtlich.
Hält.B.: Nicht bekannt.
FU: O; Plankton, Detritus.
Bes.: Die Tiere besitzen unterschiedlich lange und gefiederte Arme. Die verkürzten Arme sind entweder abgebrochen, abgefressen oder abgeworfen worden. Sie werden in voller Länge regeneriert. Der Stachelige Haarstern ist goldfarben mit gebänderten Armen und gebänderten Pinnulae. Die Tiere sind überwiegend nachtaktiv und auf dem Bild in Fang- und Freßposition.

T: 22 - 26° C, **Ø**: 30 cm, **BS**: 4, **SG**: 4

Stephanometra sp.
Haarstern

Vork.: Indopazifik, Malaysia.
GU: Getrenntgeschlechtlich.
Hält.B.: Nicht bekannt.
FU: O; Plankton, Detritus.
Bes.: Vielarmiger Haarstern mit gefiederten und gebänderten Armen. Die Mundpinnulae sind spikeförmig und zur Mundöffnung hin gebogen. Das Tier fängt auch tagsüber mit ausgestreckten Armen Sinkstoffe und lebt auf Korallen und Korallenbruch in unterschiedlichen Tiefen. Die Farbe der Tiere ist variabel.

T: 22 - 26° C, Ø: 30 cm, BS: 4, SG: 4

Ordnung: Comatulida
Fam.: Antedonidae

Antedon mediterranea

Antedon mediterranea

Antedon mediterranea (LAMARCK, 1816)
Mittelmeer - Haarstern

Vork.: Mittelmeer.
GU: Getrenntgeschlechtlich.
Hält.B.: Kommen gelegentlich in den Handel. Die Tiere sind jedoch meist schon durch den Transport beschädigt. Sie regenerieren ihre abgeworfenen Arme im Aquarium nicht. Sie verhungern daher nach einem kurzen Aufenthalt im Becken.
FU: Ersatzplankton.
Bes.: Die Tiere besitzen 10 gefiederte Arme, die auf einer kleinen Körperscheibe stehen. Sie bewegen sich auf 18 - 30 gegliederten Cirren und leben auf Algen, Schwämmen, Gorgonien und sekundären Hartböden. Sie kommen bis in große Tiefen vor. Ihre Farbe ist außerordentlich variabel.

T: 15 - 20° C, **Ø:** 10 cm, **BS:** 2, **SG:** 3 - 4

Mithrodia bradleyi, Mexiko

Nardoa sp., Fiji

Echinaster sepositus beim Ablaichen

Das meist sternartige Aussehen gab diesen Stachelhäutern den Namen. Der Rumpf selbst ist etwa scheibenförmig, und von ihm gehen 5, 7 oder viele (bis zu 50) Arme aus, die sehr unterschiedlich ausgebildet und verschieden lang sein können. Die Arme sind normalerweise unverzweigt; bei Verletzungen kann es durch Regeneration zu Abzweigungen kommen. Der Mund ist sehr dehnbar und befindet sich auf der Unterseite in Körpermitte. Manche Arten können sehr große Beute durch Überstülpen mit dem Magen außerhalb des Körpers verdauen. Ausläufer des Magens reichen in die Arme hinein, in denen sich auch die Geschlechtsorgane befinden. Die Fortbewegung erfolgt durch sogenannte Scheinfüßchen, die in Rinnen an der Unterseite der Arme (Ambulacralrinnen) liegen und mit Hilfe von Wasserdruck und Muskelkraft bewegt werden. Die Scheinfüßchen mancher Arten enden stumpf und ermöglichen nur eine Fortbewegung auf ziemlich horizontalen Flächen. Viele Arten haben jedoch Saugscheiben an deren Enden, mit deren Hilfe sie überall (auch auf Überhängen und an Glasscheiben) umherklettern und auch Muscheln öffnen können.
Körperfestigkeit gibt ein Skelett aus Kalkplatten, das in die Bindegewebsschicht eingelagert ist. Je nach Art gibt es netzförmige bis zu überlappende Kalkskelette, die an der Oberfläche, an den Rändern und auf der Unterseite unterschiedlich ausgebildet sind. Entlang der Ambulacralfurche stehen arttypische Platten mit meist flachen Zähnen, die zur Artbestimmung herangezogen werden. Deshalb ist es oft nötig, einen Seestern umzudrehen, um seine Artzugehörigkeit feststellen zu können.
Für die Beweglichkeit des gesamten Körpers sorgen Muskeln, die alle Skelettplatten verbinden. Das Skelett ist von Haut überzogen und daher nicht immer klar erkennbar. Arten mit dicker Haut kann man daher oft nur genau bestimmen, wenn man ein Stück Haut abzieht und so an das darunter befindliche Skelett herankommt. Auf der Oberfläche oder an den Armkanten liegen oft harte, bewegliche oder auch unbewegliche Stacheln oder Höcker, die meist Schutzfunktion besitzen. Dazu kommen noch die verschiedensten Spezialorgane wie pinzettenartige zweiklappige Zangen usw. Bei manchen Arten stehen um je einen kräftigen fixen Stachel zahlreiche kleine bewegliche Stacheln. An den Armenden sitzen primitive Lichtsinnesorgane, die bei manchen Arten einfache "Augen" bil-

den. Sinnesorgane liegen nur entlang des Saugfüßchensystems; einzelne Sinneszellen sind über die gesamte Oberfläche verteilt. Neben den großen, meist in Zweierreihe stehenden Scheinfüßchen an den Unterseiten gibt es zahlreiche winzige "Füßchen", die durch feine Poren in der Körperwand gestreckt werden. Sie sind oben kuppelartig gewölbt und stehen einzeln oder in Gruppen über die Oberfläche - oft auch die Unterseite - verteilt. Sie werden Papulae genannt, sind praktisch die Kiemen der Seesterne und typisch für die einzelnen Arten, so daß auch sie in die Bestimmung einbezogen werden. Oft sind sie anders gefärbt als die Umgebung und daher ein gutes Erkennungsmerkmal.
Seesterne sind getrenntgeschlechtlich; es gibt also ♂♂ und ♀♀. Von einigen Arten ist eine Geschlechtsumkehr bekannt, und die Tiere sind im Übergangsstadium Zwitter. Die Samen- und Eiabgabe (Foto) erfolgt meist ins freie Wasser, wo die Befruchtung dem Zufall überlassen bleibt. Um die Erfolgschancen zu erhöhen, rotten sich die Tiere zur Laichzeit zu größeren Ansammlungen zusammen. Die ♂♂ geben zuerst ihre Samen ab und stimulieren durch beigemengte Botenstoffe die Eiabgabe der ♀♀. Es werden ungeheure Massen von Laich produziert - bis über 100 Millionen Eier pro Laichsaison. Laichzeit ist in gemäßigten Meeren die warme Jahreszeit, in den Tropen ganzjährig mit verschiedenen Zyklen.
Die freischwebenden Eier wandeln sich nach 3-4 Tagen in Schwimmlarven (Bipinnaria) um. Diese fressen winzige Algen (besonders Kieselalgen). Sie schweben anfänglich nur, bilden aber dann Muskeln aus, die ihnen ein aktives Schwimmen ermöglichen. Sie erreichen Längen von bis zu 3,5 cm und wandeln sich erst dann in bodenlebende Seesterne um. Die meisten Larven wandeln sich erst am Boden in Seesterne um, nur die Kammsterne und Luidiidae vollziehen ihre Umwandlung noch im frei schwebenden Planktonstadium.
Nur wenige Arten betreiben Brutpflege; sie kommen hauptsächlich in kalten Polarmeeren vor. Sie geben ihre "nur" einige tausend zählenden Eier nicht ins freie Wasser ab, sondern befestigen sie am Boden oder zwischen den Armen und stülpen sich so lange darüber, bis sich kleine Seesterne daraus entwickelt haben.
Daneben gibt es auch eine ungeschlechtliche (vegetative) Vermehrung, die auf dem enormen Regenerationsvermögen beruht.

Abgetrennte Arme oder Armstücke werden innerhalb kurzer Zeit ersetzt; bei vielen Arten entstehen aus abgetrennten Armstücken oder Armen neue Seesterne, die zunächt eine Kometenform aufweisen. Einige Arten betreiben eine "vorsätzliche" Selbstverstümmelung, indem sie bei jedem kleinsten Anlaß Arme oder Armteile verlieren (diese brechen an vorgegebenen Bruchstellen ab) und diese zur Vermehrung nutzen.
Seesterne sind Fleischfresser, die tierische Kost aller Art, aber auch Detritus und Algen verzehren. Alteingerichtete Becken mit entsprechendem Algenrasen und darin befindlichem Bestand an Kleinstorganismen reichen für die Ernährung mancher Arten aus. Einige sind arge Räuber, die alles verzehren, was sie nur erwischen können. Sie schrecken selbst vor Artgenossen, Seeigeln und Fischen nicht zurück. Was hineingeht, stopfen sie in ihren sehr dehnbaren Magen, und was selbst dafür zu groß ist, wird vom Magen außerhalb des Körpers überstülpt, durch die Magensäfte getötet, angedaut und erst später in die Leibeshöhle befördert. Für die zusätzliche, gezielte Fütterung bieten sich Muschel-, Fisch- und Krebsfleisch, aber auch Garnelen und Trockenfutter an; auch Guppys werden von vielen Arten genommen. Das Futter legt man zwischen zwei Arme, wo es bald gewittert wird. Der Seestern überkriecht das Futter und verzehrt es dann; man kann ihn auch direkt auf den Futterbrocken setzen. Manche Arten erbeuten Muscheln dadurch, daß sie mit den saugnapfbewehrten Armen so lange die beiden Schalen auseinanderziehen, bis die Muskeln der Muscheln erlahmt sind und sie zu klaffen beginnen oder sie einfach zum Atmen aufmachen müssen. Die Magensäure macht ihnen dann schnell ein Ende. Alle Seesterne tropischer Korallenriffe fressen mit ausgestülptem Magen. Sie weiden in ihrer Jugend den Bodenfilm an organischen Substanzen, Einzellern, Detritus usw. ab. Erwachsene gehen zu nahrhafteren Bodenbewohnern wie Schwämmen, Hydrozoen, Kalkalgen, Weich- und Hartkorallen-Polypen über. Jungtiere kann man daher mit allen Arten von Wirbellosen gemeinsam halten, ab ca. 2 Jahren jedoch nicht mehr (*Acanthaster planci* schon nach wenigen Monaten nicht mehr, da er dann Korallen und viele andere Niedere Tiere zu fressen beginnt).
Viele erwachsene Seesterne kann man daher nicht mit Niederen

Tieren vergesellschaften, da sie Seeigel, Seesterne, Muscheln, Schnecken, Röhrenwürmer, teils sogar Korallenpolypen und Seeanemonen, sofern sie nicht stark nesseln, verzehren. Nur schnelle Tiere, wie viele Krebse, entkommen ihnen. Mit den meisten Fischen vertragen sie sich gut, abgesehen von jenen, die am Boden schlafen und so nachts ihre Beute werden können, oder Kugelfischverwandten, die sich teilweise an ihnen vergreifen.
Die meisten Seesterne sind, wie fast alle Stachelhäuter, empfindlich gegen plötzliche Veränderungen der Wasserqualität, insbesondere des Salzgehaltes. Man muß daher bei jeder Übersiedlung in ein anderes Becken (auch nach dem Kauf) vorsichtig vorgehen, einen Teil des alten Beckenwassers mit dem Tier in einen Eimer geben, langsam Wasser des neuen Beckens zulaufen lassen und erst dann übersiedeln. Man achte dabei auch darauf, daß sie nicht mit Luft in Berührung kommen, denn diese könnte in Form von Luftblasen in ihr Wassergefäßsystem gelangen und dort Atmung und Forbewegung empfindlich stören, wenn nicht lahmlegen und ihren langsamen Tod zur Folge haben. Man verpacke und übersiedle Seesterne daher stets "unter Wasser".
Beim Kauf achte man darauf, daß Kissensterne rund und prall sind, langarmige Seesterne keine eingefallenen Arme besitzen und die Saugfüßchen ordentlich reagieren und haften bzw. sich bei Berührung sofort zurückziehen. Nur gut ernährte und unverletzte Tiere haben eine Chance, durchzukommen. Die nicht ausgesprochen räuberischen Seesterne sind gut mit Krebstieren (Putzergarnelen, Einsiedlerkrebsen), schwachnesselnden Seeanemonen, Riffbarschen, Feuerfischen, Seenadeln, Seepferdchen, Grundeln und Schleimfischen zu vergesellschaften. Nicht geeignet sind Kugelfischverwandte (Igel-, Kugel-, Koffer-, Drücker-, Feilenfische), da die meisten von ihnen Stachelhäuter fressen oder zumindest an ihnen herumzupfen. Hautverletzungen führen sehr leicht zu Hauterkrankungen, und diese meist zum Tod. Seesterne können auch von Parasiten geplagt werden: Auf der weichen Oberhaut nisten sich Copepoden (Ruderfußkrebse) und kleine Schnecken ein. In den Ambulacralrinnen können Borstenwürmer hausen. Die Behandlung ist mit Chemotherapie nicht möglich, da sie diese nicht überleben.

Klasse: ASTEROIDEA	Seesterne
Ordnung: PAXILLOSIDA	Paxillensterne
Familie: Luidiidae	Großplattenseesterne
Gattung: *Luidia*	
Familie: Astropectinidae	Kammseesterne
Gattung: *Astropecten*	
Ordnung: VALVATIDA	Klappensterne
Familie: Chaetasteridae	Borstensterne
Gattung: *Chaetaster*	
Familie: Goniasteridae	Fladensterne
Gattungen: *Hippasteria*	
Pentagonaster	
Sphaeriodiscus	
Familie: Oreasteridae	Kissensterne
Gattungen: *Choriaster*	
Culcita	
Oreaster	
Pentaceraster	
Protoreaster	
Familie: Ophidiasteridae	Schlangenseesterne
Gattungen: *Fromia*	
Gomophia	
Hacelia	
Leiaster	
Linckia	
Nardoa	
Neoferdina	
Ophidiaster	
Paraferdina	
Pharia	
Tamaria	
Ordnung: SPINULOSIDA	Stachelsterne
Familie: Acanthasteridae	Dornenkronen
Gattung: *Acanthaster*	

Familie: Asterinidae		Fünfecksterne
Gattungen:	*Anseropoda*	
	Asterina	
	Patiria	
	Tegulaster	
Familie: Asteropseidae		Dreikantsterne
Gattung:	*Asteropsis*	
Familie: Echinasteridae		Blutsterne
Gattungen:	*Echinaster*	
	Henricia	
Familie: Mithrodiidae		Nagelsterne
Gattung:	*Mithrodia*	
	Thromidia	
Familie: Poraniidae		Porensterne
Gattung:	*Porania*	
Familie: Solasteridae		Sonnensterne
Gattungen:	*Crossaster*	
	Pycnopodia	
	Solaster	
Ordnung: FORCIPULATIDA		Zangensterne
Familie: Asteriidae		Dornensterne
Gattungen:	*Asterias*	
	Coscinasterias	
	Marthasterias	

Ordnung: Paxillosida
Fam.: Luidiidae

Über die Ordnung Paxillosida, Paxillensterne

Diese Seesterne besitzen normalerweise 5 Arme, die von 2 oder mehr Reihen gut entwickelter, mit Zähnen versehener Platten eingesäumt sind. Die Saugfüße liegen in 2 Reihen, laufen spitz zusammen und haben spitze Enden; nur einige Arten besitzen Saugnäpfe an den Enden. Auf der Oberseite liegen sogenannte Paxillen, das sind kleine Säulen, die in einem Kranz beweglicher Stacheln enden und meist so dicht stehen, daß sie ein zweites Dach über dem Tier bilden. Dies ermöglicht ein Eingraben in den Sand, ohne die Atemwasserzufuhr zu unterbinden.

Luidia ciliaris (PHILIPPI, 1837)
Großplattenseestern

Vork.: Mittelmeer, Nordostatlantik, von den Färöer-Inseln bis zu den Kapverden. In 1 - 400 m Tiefe.
GU: Keine.
Soz. Verh./Vgs.: Er lebt einzeln auf Weichböden in größerer Tiefe und ist selten in Seichtwasser anzutreffen. Er ist nicht mit seßhaften oder langsamen Niederen Tieren zu vergesellschaften, wohl aber mit Fischen, die nicht an ihm knabbern.
Hält. B.: Er benötigt nur ein Sandbodenaquarium, das auch Felsformationen haben kann. Trotz seiner Schönheit ist dieser schnell wachsende und sehr groß werdende Seestern nicht für das Heimaquarium geeignet.
Licht: Sonnen- bis Mittellichtzone.
ZU/Verm.: Die Laichzeit ist je nach Meeresgebiet unterschiedlich und dauert etwa von November bis Januar. Während dieser Periode werden ca. 200 Millionen Eier produziert, die ebenso wie die Spermien ins Wasser abgegeben werden. Aus den befruchteten Eiern schlüpfen sehr kleine Larven, die lange Zeit als Plankton dahinschweben und sich, wenn sie eine Größe von etwa 3 cm erreicht haben, noch im Freiwasser zu fertigen Seesternen umwandeln, bevor sie zum Bodenleben übergehen.
FU: K; er frißt besonders andere Stachelhäuter (Seeigel, Seesterne und Schlangensterne) sowie Schnecken und Muscheln, die er in großer Zahl in sein sehr erweiterungsfähiges Inneres stopft. Es wurden Spezialisten gefunden, die über 70 Schlangensterne verschlungen hatten.
Bes.: Die sieben Arme tragen seitliche Stacheln und sind bis knapp vor die Spitze fast gleich breit. Teile der Arme brechen leicht an jeder beliebigen Stelle ab, regenerieren schnell wieder und sind dann dunkler gefärbt. Unterseite und Saugfüßchen sind gelblich-weiß. Auf der Unterseite dieses Seesternes lebt häufig ein Schuppenwurm (*Acholoe squamata*) als Kommensale.

T: 16 - 20° C, **Ø**: 50 cm, **BL**: ab 100 cm, **WB**: m, **WR**: u, **BS**: 2, **SG**: 3

Luidia ciliaris, Mittelmeer

Luidia ciliaris

Ordnung: PAXILLOSIDA
Fam.: Astropectinidae

Astropecten aranciacus (LINNAEUS, 1758)
Roter Kammstern

Vork.: Mittelmeer, Ostatlantik, von Portugal bis Angola. In 1 - 30 m Tiefe.
GU: Keine.
Soz. Verh./Vgs.: Da seine Scheinfüßchen keine Saugnäpfe besitzen, kann er nicht klettern und muß sich auf flache Gründe, speziell Weichgründe, beschränken, auf denen er einzeln, oft aber in größerer Zahl vorkommt.
Hält. B.: Für seine Hälterung genügt ein großflächiges, niederes Becken mit Sandgrund von einigen cm Tiefe, in den er sich zur Ruhe und Verdauung eingraben kann. Da er ein arger Räuber ist und sehr groß wird, ist von seiner Haltung im Heimaquarium abzuraten.
Licht: Sonnenlichtzone.
ZU/Verm.: Er pflanzt sich nicht auf vegetative Weise, sondern nur durch ins Wasser abgegebene Eier und Spermien fort.
FU: K; er ist wie der Großplatten-Seestern ein arger Räuber, der alles Freßbare in seinen geräumigen Magen stopft. Seine bevorzugte Beute sind Schnecken (*Natica, Ceritium, Fusus*) und Muscheln (*Tellina, Donax, Venus, Tapes*) sowie Stachelhäuter (Seeigel, Seesterne). Er kriecht nur zur Nahrungssuche umher, dann gräbt er sich zur Verdauung wieder ein. Wenn er nach vielen Stunden wieder hervorkommt, bleiben die unverdaulichen Nahrungsreste zurück und lassen seinen Speisezettel gut erkennen. Im Aquarium geht er mit Vorliebe an Muscheln und Schnecken und diverse Würmer, man kann aber auch Seeigel anbieten. Im Magen solch eines Räubers fand man 10 Pilgermuscheln, 6 Tellina, 5 Dentalium und einige Kegelschnecken.
Bes.: Die fünf Arme laufen gleichmäßig spitz zusammen und tragen seitlich kammartige Stacheln. Die Oberseite ist von zahlreichen schirmförmigen Stacheln, den Paxillen, bedeckt. Die Färbung ist sehr variabel von braun bis grün und rötlich und die Randplatten heben sich davon in verschiedenen Farben ab. Zwischen den Füßchen an der Unterseite findet man manchmal als Kommensalen Borstenwürmer (*Acholoe squamosa* und *Ophiodromus flexuosus*).
Wenn der Rote Kammstern nahrungssuchend über den Sand gleitet, flüchten kleine Bodenbewohner. Das haben einige Fische (Schermesserfische, Brassen, Meerjunker, Sägebarsche) erkannt. Sie folgen den Seesternen und schnappen die Flüchtigen auf, ohne im Sand nach ihnen suchen zu müssen. Auch das ist Kommensalismus.

T: 20 - 24° C, **Ø:** 55 cm, **BL:** ab 100 cm, **WB:** m, **WR:** u, **BS:** 1 - 2, **SG:** 3

Astropecten aranciacus, Mittelmeer

Astropecten aranciacus (Unterseite)

Astropecten bispinosus (OTTO, 1823)
Schlanker Kammstern

Vork.: Mittelmeer, Ostatlantik, von Portugal bis zu den Azoren. In 1 - 100 m Tiefe.
GU: Keine.
Soz. Verh./Vgs.: Lebt wie *A. aranciacus* einzeln auf Weichböden, die auch schwach mit *Zostera*-Seegras bewachsen sein können. Er ist nur mit schnellen Niederen Tieren und Fischen, die ihn in Ruhe lassen, zu vergesellschaften.
Hält. B.: Er braucht nur Sandgrund von einigen Zentimetern Dicke, in den er sich eingraben kann. Felsaufbauten dienen nur der Dekoration und mitbewohnenden Fischen als Versteck. Da er kleiner bleibt als *A. aranciacus*, ist er auch eher für die Haltung im Aquarium zu empfehlen. **Licht**: Sonnenlichtzone.
ZU/Verm.: Seine Laichzeit ist je nach Meeresgebiet verschieden; in der Adria von April bis Mai. Die Larven leben lange Zeit im Plankton und wandeln sich noch dort in kleine Seesterne um, ehe sie zum Bodenleben übergehen.
FU: K; frißt mit Vorliebe kleine Muscheln und Schnecken, die er ganz in seinen sehr dehnbaren Magen aufnimmt; nimmt im Aquarium auch Muschel- und Fischfleisch und Stücke von Schlangensternen.
Bes.: Vom Roten Kammstern unterscheidet er sich durch die dunklere Färbung und die schmalen, im Verhältnis zum Körperradius etwa doppelt so langen Arme. Wie alle Kamm-Seesterne hat er statt Saugfüßchen spitz zulaufende Stelzfüßchen, die ihm ein Dahingleiten am Weichboden, nicht aber ein Klettern ermöglichen. Die Füßchen können aber einen klebrigen Schleim absondern, der so stark haftet, daß er die Aquarienscheiben erklimmen kann. Während des Tages ist er oft im Sand eingegraben.

T: 20 - 24° C, **Ø**: 20 cm, **BL**: ab 50 cm, **WB**: m, **WR**: u, **BS**: 2, **SG**: 3

Astropecten jonstoni (DELLE CHIAJE, 1827)
Kleiner Kammstern

Vork.: Kommt nur im Mittelmeer vor, in 2 - 12 m Tiefe.
GU: Keine.
Soz. Verh./Vgs.: Er lebt einzeln auf Sandböden; verschlingt wegen seiner geringen Größe nur sehr kleine Wirbellose und ist daher am ehesten von allen Kammsternen mit Wirbellosen zu vergesellschaften.
Hält. B.: Er benötigt einen ca. 10 cm tiefen Sandgrund, in den er sich ganz eingraben kann. Die weiteren Aufbauten sind für seine Haltung belanglos.
Licht: Sonnenlichtzone.
ZU/Verm.: Wie die anderen Arten.
FU: K; vertilgt vor allem kleine Muscheln und Schnecken (man kann ihm auch Süßwasserarten vorlegen), nimmt auch Muschel-, Fischfleisch, Tabletten u.a. Ersatzfutter.
Bes.: Dieser kleine Kammstern besitzt dreieckige, kurze Arme, nur etwa doppelt so lang wie der Körperdurchmesser. Die Armränder tragen kaum sichtbare Stacheln. Ein besonderes Kennzeichen sind blaue obere Randplatten (Supero-Marginal-Platten).

T: 16 - 24° C, **Ø**: 8 cm, **BL**: ab 40 cm, **WB**: m, **WR**: u, **BS**: 2, **SG**: 3

Astropecten phragmorus FISHER, 1913
Stacheliger Kammstern

Vork.: Indopazifik; vom Roten Meer zu den Philippinen. In 5 - 25 m Tiefe.
GU: Keine.
Soz. Verh./Vgs.: Er lebt einzeln auf Korallensand, in Lagunen und nahe an Riffen, meist tagsüber im Boden verborgen und während der Dämmerung und Nacht frei auf Nahrungssuche. Er kann einzeln gehalten und am besten mit Fischen, die nicht am Grund schlafen, vergesellschaftet werden.
Hält.B.: Er benötigt ein Becken mit 5-10 cm tiefem Sandgrund, in den er sich eingraben kann. Fels- oder Korallenriffaufbauten sind nur Zierde und haben auf seine Haltung keinen Einfluß.
Licht: Sonnenlichtzone.
ZU/Verm.: Wie andere Arten.
FU: K; frißt im Sand lebende oder oberflächlich darin vergrabene Tiere, die er mit seinen Sinnesorganen aufspürt, ausgräbt und in seinen dehnbaren Magen stopft. Mit Vorliebe verzehrt er kleinere Muscheln, mit denen man ihn auch im Aquarium ernähren kann.
Bes.: Besondere Kennzeichen sind die beige, braun bis rosa gefärbte Oberfläche, die häufig dunkle, unregelmäßige Flecken aufweist, und mehrere Reihen von großen, langen Zähnen an den Armkanten, die nahe ihrer Basis einen hell- bis dunkelbraunen oder rötlichen Strich tragen. Es git eine äußerst ähnliche Art. *A. polyacanthus*, deren aufrechte Stachelreihen innen Lücken aufweisen.

T: 22 - 27° C, **Ø**: 15 cm, **BL**: ab 50 cm, **WB**: m, **WR**: u, **BS**: 2, **SG**: 3

Über die Ordnung VALVATIDA, Klappensterne

Diese Seesterne besitzen 5 Arme, die meist von zwei gut entwickelten Plattenreihen begrenzt sind.

Chaetaster longipes (RETZIUS, 1805)
Langarmiger Seestern

Vork.: Mittelmeer, Ostatlantik, von der Bretagne bis zur Goldküste, auf den Azoren und St. Helena. In 30 - 1100 m Tiefe.
GU: Keine.
Soz. Verh./Vgs.: Lebt einzeln in tieferem Wasser auf Fels- und Sandgrund.
Hält. B.: Er benötigt einen Mischboden aus Fels und Sand. Er trägt oft beim Fang Dekompressionsschäden davon und ist im Aquarium meist sehr hinfällig.
Licht: Mittel- Schwachlichtzone.
ZU/Verm.: Nicht bekannt.
FU: Suspensionsfresser, der den mikroskopischen Film an organischen Stoffen und Detritus vom Grund aufsaugt.
Bes.: Der Langarmige Seestern ähnelt zwar dem Blutstern (*Echinaster sepositus*), ist aber heller, meist gelb-orange gefärbt und hat doppelt so lange Arme. Er ist wesentlich seltener zu finden und bevorzugt tiefere Regionen. Er ist der einzige Vertreter dieser Gattung im Mittelmeer, für die lange, zylindrische Arme typisch sind.

T: 15 - 20° C, **Ø**: 30 cm, **BL**: ab 60 cm, **WB**: m, **WR**: u, **BS**: 2 - 3, **SG**: 3

Hippasteria phrygiana (PARELIUS, 1768)

Vork.: Nordostatlantik; Britische Inseln, Norwegen. In 5 - 30 m Tiefe.
GU: Keine.
Soz. Verh./Vgs.: Er besiedelt einzeln verschiedenste Bodengründe von Fels bis zu Weichböden und ist am besten einzeln in einem Kaltwasseraquarium gemeinsam mit Fischen, weniger mit Wirbellosen, zu halten.
Hält. B.: Er stellt kaum Ansprüche an die Aquarieneinrichtung und nimmt alle angebotenen Unterlagen an.
Licht: Sonnenlichtzone.
ZU/Verm.: Wie andere Arten.
FU: K; er ist ein echter Beutegreifer, der Wirbellose aller Art überfällt. Er ist mit einer abwechslungsreichen Kost, besonders aber mit Muscheln zu ernähren.
Bes.: Der große, massige Körper besitzt verhältnismäßig kurze, schmale Arme, die rasch spitz zulaufen. Die Oberfläche ist von zahlreichen, unterschiedlich langen, spitzen und zum Teil recht kräftigen Stacheln bedeckt.

T: 10 - 15° C, **Ø**: 25 cm, **BL**: ab 50 cm, **WB**: m - s, **WR**: u - o, **BS**: 2 - 3, **SG**: 3

Pentagonaster duebeni GRAY, 1847

Vork.: Südwestpazifik; besonders in der sogenannten Seelandischen Region zwischen Südaustralien, Tasmanien und Neuseeland. In 5 - 200 m Tiefe.
GU: Keine .
Soz. Verh./Vgs.: Er lebt einzeln auf felsigen Böden, besonders in Höhlen und unter Überhängen, und ist einzeln zu halten.
Hält. B.: Für seine erfolgreiche Haltung benötigt man ein Felsaquarium, das ausreichend beschattete Flächen mit Höhlungen und Spalten bereit hält.
Licht: Mittel-Schwachlichtzone.
ZU/Verm.: Wie andere Arten.
FU: K; er frißt krustenförmige Organismen wie Schwämme, Moostierchen (Bryozoen) und Seescheiden (Ascidien).
Bes.: Der Körper ist von glatten, rundlichen Platten bedeckt; an den Armrändern liegen sehr große Randplatten (Marginalplatten). Die Paxillen sind glatt und von kleinen, weißen Körnern umgeben. Die Färbung ist gelb, rot oder orange.

T: 18 - 22° C, **Ø**: 15 cm, **BL**: ab 50 cm, **WB**: m, **WR**: u - o, **BS**: 2 - 3, **SG**: 3

Sphaeriodiscus placenta (MÜLLER & TROSCHEL, 1842)
Fladenstern

Vork.: Mittelmeer, Ostatlantik, vom Golf der Gascogne bis Senegal. In 10 - 500 m Tiefe.
GU: Keine.
Soz. Verh./Vgs.: Er ist nicht mit seßhaften Wirbellosen und Kugelfisch-Verwandten zu vergesellschaften, wohl aber mit beweglichen Wirbellosen (z.B.Krebsen) und stark nesselnden Anemonen sowie Fischen, die ihn in Ruhe lassen.
Hält. B.: Er bevorzugt Mischböden von Fels und Sand und ist in Gemeinschaftsbecken gut haltbar.
Licht: Mittellichtzone.
ZU/Verm.: Nicht bekannt.
FU: K; nimmt meist verschiedenste kleine Wirbellose wie Seepocken, Röhrenwurmstücke, Korallen, schwach nesselnde Anemonen u.v.a.; manche sollen nur Sardinenfleisch gefressen und so fast ein Jahr im Aquarium durchgehalten haben.
Bes.: Er ist gelb bis rot und braun gefärbt und in manchen Gebieten des Mittelmeeres (z.B. Adria und Ägäis) unterhalb von 30 m ziemlich häufig; im Atlantik (Portugal, Spanien) auch in seichterem Wasser anzutreffen.

T: 15 - 20° C, **Ø**: 17 cm, **BL**: ab 40 cm, **WB**: m, **WR**: u, **BS**: 2, **SG**: 3

Choriaster granulatus (LÜTKEN, 1869)
Gekörnter Kissenstern, Walzenstern

Vork.: Indopazifik; vom Roten Meer bis zu den Südpazifischen Inseln, nach Japan (N). In 5 - 40 m Tiefe.
GU: Keine.
Soz. Verh./Vgs.: Er lebt einzeln auf Fels, Sand oder lebenden Korallen an nicht zu steil abfallenden Lagunen und Außenriffen und am Vorriff und kann nur mit wehrhaften Niederen Tieren wie Krebsartigen und friedfertigen Fischen gemeinsam gehalten werden.
Hält. B.: Als für ihn am geeignetsten erweist sich ein Riffaquarium mit Sand, Schutt- oder Muschelgrus-Grund von einigen Zentimetern Tiefe und Felsen, die beschattete Spalten erzeugen, in die er sich tagsüber gerne zurückzieht.
Licht: Sonnenlichtzone; aber beschattet.
ZU/Verm.: Nicht bekannt.
FU: K; frißt organischen Detritus, Korallenpolypen und andere kleine Wirbellose sowie Aas verschiedensten Ursprungs.
Bes.: Der Walzenstern ist an der Oberfläche glatt und komplett von einer dicken Haut bedeckt. Die Farbe schwankt zwischen weißlich, gelb, rosa, orange und rot mit orangen oder roten Porenarealen. Der Walzenstern ist kaum mit einer anderen Art zu verwechseln, da nur er kurze, abgerundete Arme besitzt. In seinem Innern lebt manchmal ein Eingeweidefisch (*Carapus*).

T: 22 - 28° C, **Ø**: 40 cm, **BL**: ab 80 cm, **WB**: m, **WR**: u, **BS**: 2, **SG**: 3

Choriaster granulatus, Malediven

Culcita novaeguineae, Malaysia (Text siehe nächste Seite)

Ordnung: Valvatida
Fam.: Oreasteridae

Culcita novaeguineae MÜLLER & TROSCHEL, 1842
Großer Kissenstern

Vork.: Östlicher Indischer Ozean, Westpazifik. In 1 - 20 m Tiefe.
GU: Keine.
Soz. Verh./Vgs.: Er lebt einzeln auf Sand, Korallenschutt, in Seegraswiesen, auf mehr flächigen lebenden Korallen und ist nur mit widerstandsfähigen Wirbellosen und Fischen zu vergesellschaften.
Hält. B.: Er benötigt ein relativ großes Becken mit nicht zu steilen oder überhängenden Felsen.
Licht: Sonnenlichtzone.
ZU/Verm.: Wie andere Arten.
FU: K; er frißt verschiedenste Arten von Niederen (besonders seßhaften) Tieren; auch Korallenpolypen. Er ist mit einer abwechslungsreichen Kost aus Muscheln, Schnekken, Fischfleisch, Futtertabletten usw. zu ernähren.
Bes.: Diese Art wird etwas größer als *C. schmideliana* und besitzt entweder nur kleine Stacheln, die auf und zwischen den Porenarealen liegen können, oder gar keine Stacheln (Bild).
Die im Roten Meer lebende Art trägt einen eigenen Namen und heißt *Culcita coriacea* (MÜLLER & TROSCHEL, 1842).

T: 24 - 28° C, **Ø:** 30 cm, **BL:** ab 60 cm, **WB:** m - s, **WR:** u, **BS:** 2, **SG:** 3

Culcita novaeguineae, Malaysia

Nord Male Atoll, Malediven

Culcita schmideliana, Thailand

Culcita schmideliana, Malaysia

Culcita schmideliana, Malaysia

Culcita schmideliana, Thailand

Culcita schmideliana, Thailand

Culcita schmideliana, Thailand

Culcita schmideliana, Thailand

Culcita schmideliana, Malediven

Culcita schmideliana

Culcita schmideliana (Unterseite), Malediven

Culcita schmideliana (RETZIUS, 1805)
Stachel - Kissenstern

Vork.: Indischer Ozean; von Ostafrika bis zu den Inseln vor Australien. In 0,5 - 20 m Tiefe.
GU: Keine.
Soz. Verh./Vgs.: Dieser Kissenstern lebt einzeln auf Sand, Schutt oder Fels von Riffterrassen und an teilweise mit lebenden Korallen bewachsenen Riffabschnitten. Er ist nicht geeignet für die Vergesellschaftung mit Niederen seßhaften oder langsamen Tieren, verträgt sich aber gut mit Krebsartigen wie Garnelen, Langusten, Riffhummern, Einsiedlerkrebsen, Krabben usw. sowie Riffbarschen, Skorpion- und Feuerfischen.
Hält. B.: Er benötigt ein Riffaquarium mit Sand- und Schuttgrund bzw. Muschelgrus als Boden, sauerstoffreiches Wasser und etwas Strömung.
Licht: Sonnenlichtzone.
ZU/Verm.: Die getrenntgeschlechtlichen Tiere vermehren sich hauptsächlich auf geschlechtliche Weise durch Abgabe von Eiern und Spermien ins freie Wasser. Vegetative Fortpflanzung durch Abtrennung von Armen kommt bei dieser rundlichen Art nicht vor.
FU: K; der Stachel - Kissenstern frißt fast alle festsitzenden und langsamen Wirbellosen wie Muscheln, Schnecken (außer großen, räuberischen Arten), Röhrenwürmer, schwach bis stark nesselnde Anemonen und andere Blumentiere, auch Seesterne und Seeigel. Auch reichliche Fütterung mit Muschel-, Fisch- und Krebsfleisch oder Trockenfutter hält ihn nicht davon ab, sich an den Mitbewohnern zu vergreifen.
Bes.: Die Färbung dieses Kissensternes kann zwischen bräunlich, grünlich, purpur oder rot mit dunklen oder roten Stacheln liegen. *C. schmideliana* unterscheidet sich durch ziemlich große, kegelförmige Stacheln, die einzeln auf der Oberfläche (nicht auf den Porenarealen) sitzen von *C. novae guineae,* dessen kleine Stacheln auch auf den Porenflächen zu finden sind. Im östlichen Indischen Ozean kommen Formen vor, die große Stacheln auch auf den Porenarealen haben und von manchen Autoren als eigene Unterart: *C. schmideliana* var. *ceylanica* bezeichnet werden.
Auf der Unterseite des Kissensterns lebt häufig eine etwa 1 cm lange, dunkelrot gefärbte Garnele (*Periclimenes soror*), die offensichtlich den Schutz des Seesternes genießt und eventuell als Kommensale an dessen Nahrung mitnascht.
In seinem Inneren leben manchmal die von Seegurken her bekannten Eingeweidefische (*Carapus mourlani*). Jungfische kann man als Parasiten bezeichnen, da sie sich hauptsächlich von den Gonaden des Seesterns ernähren; erwachsene Tiere nutzen ihn jedoch hauptsächlich als Wohnung, die sie fast jede Nacht zur Nahrungssuche verlassen.

T: 24 - 28° C, **Ø**: 25 cm, **BL**: ab 50 cm, **WB**: m, **WR**: u, **BS**: 1 - 2, **SG**: 3.

Oreaster reticulatus (LINNAEUS, 1758)
Netz-Kissenstern

Vork.: Karibik; von Südkarolina bis Trinidad und Brasilien sowie auf den Kapverden. In 2 - 15 m Tiefe.
GU: Keine.
Soz. Verh./Vgs.: Er lebt einzeln, oft in großer Zahl auf flachen Sandgründen, die auch von Seegras bewachsen sein können. Er ist einzeln und am besten nur mit friedfertigen Fischen gemeinsam zu halten.
Hält. B.: Er benötigt eine große, freie Sandfläche, auf der er sich gut bewegen kann. Für kleinere Heimaquarien ist er daher kaum geeignet.
Licht: Sonnenlichtzone.
ZU/Verm.: Wie andere Arten.
FU: K; er frißt alles an Weichtieren, Schwämmen und organischen Substanzen, die sich auf der Bodenoberfläche oder knapp darunter befinden. Er ist mit auf den Boden (zwischen die Arme) gelegten Muscheln, Fleischstücken, Futtertabletten usw. zu ernähren.
Bes.: Die Färbung erwachsener Tiere schwankt zwischen orange und braun; junge Tiere sind meist grün. Kennzeichen ist eine deutliche 5-eckige bis ringförmige Struktur, die aus kurzen, gerundeten Stacheln gebildet wird und die Körpermitte umfaßt. Davon laufen Reihen knopfartiger Stacheln die Armrücken hinunter zu den aufgebogenen Armspitzen und bilden außerdem mit zahlreichen anderen Knöpfen ein netzartiges Muster über die gesamte Oberseite des Seesterns.

T: 22 - 26° C, **Ø**: 45 cm, **BL**: ab 100 cm, **WB**: m, **WR**: u, **BS**: 2, **SG**: 3

Pentaceraster mammillatus (AUDOUIN, 1826)
Grüner Noppenstern

Vork.: Indischer Ozean, von Ostafrika bis Madagaskar, Rotes Meer. In 2 - 15 m Tiefe.
GU: Keine.
Soz. Verh./Vgs.: Er lebt einzeln auf Weichböden in Lagunen und ist eher nicht mit Wirbellosen, wohl aber mit friedfertigen Fischen zu vergesellschaften, wenn man über ein genügend großes Becken verfügt.
Hält. B.: Das Becken sollte über eine große, ebene Sandfläche verfügen, um die nötige Bewegungsfreiheit zu garantieren. Felsaufbauten braucht er nicht.
Licht: Sonnenlichtzone.
ZU/Verm.: Wie andere Arten.
FU: K; er frißt hauptsächlich Weichtiere mit Schale, vergreift sich jedoch auch an zahlreichen anderen Arten von Wirbellosen und ist relativ gut mit Muschel-, Fisch-, Krebsfleisch, Futtertabletten u.v.a. zu ernähren.
Bes.: Dieser wunderschöne grüne Seestern ist äußerst variabel und wird häufig mit *P. tuberculatus* verwechselt, dem er in der Form sehr ähnelt, nicht aber in der Anzahl der Höcker auf der Oberseite. Der äußerst ähnliche *P. horridus*, bekannt von den Seychellen und von Mauritius, dürfte nur ein Synonym dieser Art sein.

T: 24 - 27° C, **Ø:** 40 cm, **BL:** ab 100 cm, **WB:** m, **WR:** u, **BS:** 2, **SG:** 3

Pentaceraster tuberculatus (MÜLLER & TROSCHEL, 1842)
Roter Noppenstern

Vork.: Indischer Ozean, vom Roten Meer und von Ostafrika und den Mascarenen bis zum Golf von Bengalen. In 2 - 20 m Tiefe.
GU: Keine.
Soz. Verh./Vgs.: Er lebt einzeln auf Weichböden, Sand und Korallenschutt nur an Abhängen, die zum Kontinentalsockel gehören; er fehlt daher auf Inseln wie den Malediven. Der Rote Noppenstern ist nicht mit Wirbellosen, wohl aber mit friedfertigen Fischen zu vergesellschaften, wenn man über ein genügend großes Aquarium verfügt.
Hält. B.: Das Aquarium sollte über eine große, ebene Sandfläche verfügen, um die nötige Bewegungsfreiheit zu garantieren.
Licht: Sonnenlichtzone.
ZU/Verm.: Wie die anderen Arten.
FU: K; *P. tuberculatus* frißt diverse Wirbellose und ist relativ gut mit Fisch-, Muschel-, Krebsfleisch, Futtertabletten u. v. a. zu ernähren.
Bes.: Dieses ziemlich einfarbig rote Exemplar ist ein Jungtier, das noch nicht die volle Ausbildung der Stacheln an der Oberseite zeigt und daher nur mit einigen Vorbehalten dieser Art zugerechnet werden kann. Infolge zahlreicher Verwechslungen kann die volle Verbreitung nicht hundertprozentig angegeben werden.

T: 24 - 27° C, **L:** 40 cm, **BL:** ab 100 cm, **WB:** m, **WR:** u, **BS:** 2, **SG:** 3

Protoreaster linckii (BLAINVILLE, 1834)
Lincks Walzenstern

Vork.: Indischer Ozean; von Ostafrika bis zu den Ostindischen Inseln. In 1 - 30 m Tiefe.
GU: Keine.
Soz. Verh./Vgs.: *P. linckii* lebt einzeln, manchmal auch in losen Gruppen, aber ohne Bindung zueinander, auf Riffterrassen, Lagunen- und Außenriffen. Er kann nicht mit seßhaften Wirbellosen und Kugelfischverwandten gemeinsam gehalten werden.
Hält. B.: Für seine Haltung empfiehlt sich ein Riffaquarium mit Felsaufbauten sowie Sand- oder Schuttgrund.
Licht: Sonnenlichtzone.
ZU/Verm.: Sexuelle Fortpflanzung durch Abgabe der Keimzellen ins Wasser ist die normale Art der Vermehrung; vegetative Vermehrung kommt sehr selten vor.
FU: K; das Tier frißt so ziemlich alles, was am Meeresgrund festgewachsen ist: Algen, See- und Krustenanemonen, Gorgonien, Weichkorallen, Röhrenwürmer, Muscheln, Schnecken, Krebse während der Häutung, kleinere Seesterne, Seeigel (auch giftige der Fam. Toxopneustidae) und auch Fische, die er nachts während des Schlafes überwältigt. Kleine Exemplare fressen den Algenbelag von den Scheiben.
Bes.: Dieser Seestern ist gut an den roten, bis zu 2 cm hohen Höckern, die durch rote Striche miteinander verbunden sind, zu erkennen.

T: 24 - 28° C, **Ø:** 30 cm, **BL:** ab 60 cm, **WB:** m, **WR:** u - o, **BS:** 1, **SG:** 3

Protoreaster nodosus (LINNAEUS, 1758)
Knotiger Walzenstern

Vork.: Festlandküsten des Indopazifik: Ostafrika, Madagaskar, Ceylon, Indonesien, trop. Australien, bis Japan (N), zu den Südpazifischen Inseln. In 3 - 20 m Tiefe.
GU: Keine.
Soz. Verh./Vgs.: Er lebt einzeln auf sandigen und schlammigen Böden; ist wegen seiner Größe und Nahrungspräferenzen eher nicht für Heimaquarien geeignet. Kann nur mit größeren friedfertigen Fischen vergesellschaftet werden.
Hält. B.: Er braucht viel Platz, ebene "Laufflächen" mit Sand; die Aufbauten spielen für seine Haltung keine Rolle.
Licht: Sonnenlichtzone.
ZU/Verm.: Wie andere Arten.
FU: K; er stellt mit großem Appetit besonders bodenbewohnenden Muscheln und Schnecken nach; sind die knapp, geht er zur nächsten erreichbaren Kost über. Auch wenn man ihm ständig Muscheln und Schnecken anbietet, so kann man ihn auf Dauer nicht davon abhalten, über mitbewohnende andere Wirbellose herzufallen (z.B. Weichkorallen, Schwämme, Moostierchen, Röhrenwürmer usw.)
Bes.: Der Knotige Walzenstern ist bekannt für seine Farbenpracht und weist je nach Herkunftsgebiet rote und blaue, aber auch weiße und gelbliche Farbtöne auf.

T: 22 - 27° C, **Ø**: 40 cm, **BL**: ab 80 cm, **WB**: m, **WR**: u, **BS**: 2, **SG**: 3

Fromia ghardaqana MORTENSEN, 1936
Ghardaqa-Seestern

Vork.: Nur im Roten Meer. In 1 - 20 m Tiefe.
GU: Keine; es sollen geringe farbliche Geschlechtsunterschiede bestehen.
Soz. Verh./Vgs.: Er lebt einzeln, tagsüber versteckt in Löchern, unter Korallenblöcken und Steinen von der Riffkante abwärts. Er wagt sich erst abends hervor, wenn sich die stachelhäuterfressenden Fische zur Ruhe begeben haben. Er ist mit robusten Wirbellosen und nicht zu aufdringlichen Fischen gemeinsam zu halten.
Hält. B.: Er benötigt ein alteingerichtetes Becken mit Algen und Aufwuchs an kleinsten Niederen Tieren. Hier sucht er selbst seine Nahrung und versorgt sich größtenteils selbst.
Licht: Sonnenlichtzone; aber beschattet.
ZU/Verm.: Erwachsene ♂♂ können einen Geschlechtswechsel zu ♀♀ durchmachen.
FU: K; er ist ein Detritus- und Kleintierfresser, der zumindest anfänglich genügend Nahrung im alteingerichteten Becken findet und sich auch von Nahrungsresten der Mitbewohner sowie von eigens für ihn ausgestreuten kleinen Futterstückchen (wie Muschelfleisch) ernährt.
Bes.: Der Ghardaqa-Seestern ist gut erkennbar an seiner dunkelroten Färbung mit Reihen blau-weißer runder Flecken. Meist stehen die hellen Flecken in 3 regelmäßigen Reihen; es kommen aber auch Tiere mit zahlreichen Flecken, die in mehreren undeutlichen Reihen angeordnet sein können, vor.

T: 24 - 28° C, **Ø**: 8 cm, **BL**: ab 30 cm, **WB**: m, **WR**: u - o, **BS**: 1 - 2, **SG**: 3

Ordnung: VALVATIDA
Fam.: Ophidiasteridae

Fromia indica (PERRIER, 1869)
Indischer Seestern

Vork.: Indopazifik; von den Inseln im Indischen Ozean bis zu den Südpazifischen Inseln, nach Japan (N). In 1 - 25 m Tiefe.
GU: Keine.
Soz. Verh./Vgs.: Der Indische Seestern lebt einzeln auf lebenden Korallen und Korallenfelsen an Riffterrassen und Riffabhängen. Er ist auch tagaktiv und eher zu sehen als die nachtaktive Art *F. ghardaqana*. Er eignet sich für Gesellschaftsbecken mit Niederen Tieren wie Korallen und Anemonen sowie mit nicht aufdringlichen Fischen.
Hält. B.: Ein alteingerichtetes Becken mit entsprechendem Bewuchs an Algen und Kleinlebewesen kann all seine Lebensansprüche erfüllen.
Licht: Sonnenlichtzone.
ZU/Verm.: Er pflanzt sich nur auf geschlechtliche Weise fort.
FU: K; er sucht als Detritus- und Kleintierfresser seine Nahrung größtenteils selbst, kann aber mit Muschelfleisch u.a. zugefüttert werden.
Bes.: Die Färbung reicht von ziegel- bis braun- und dunkelrot mit schwarzen Armspitzen. Seine Oberseite ist überzogen von unterschiedlich großen Platten, die auch manchmal grau erscheinen; dazwischen liegen dunkle Linien. Entlang der Arme stehen oft zwei Plattenreihen nebeneinander. Wichtig für die Bestimmung ist auch die Unterseite, die, mit freiem Auge betrachtet, rauh aussieht. Es sind dies feine Zähnchen, deren Höhe ungefähr das Doppelte des Durchmessers beträgt.

T: 24 - 28° C, **Ø**: 9 cm, **BL**: ab 40 cm, **WB**: m, **WR**: u - o, **BS**: 2, **SG**: 3

Fromia milleporella (LAMARCK, 1816)
Tausendpunkt-Seestern

Vork.: Indopazifik; von Ostafrika bis zu den Südpazifischen Inseln, nach Japan (N). In 1 - 15 m Tiefe.
GU: Keine.
Soz. Verh./Vgs.: Der Tausendpunkt-Seestern kommt einzeln auf lebenden oder toten Korallen von Riffterrassen und Riffabhängen vor. Er ist auch tagaktiv und daher gut zu beobachten. Er kann mit nicht zu aufdringlichen Fischen und zahlreichen Niederen Tieren wie Krebsen, Anemonen und Korallen vergesellschaftet werden.
Hält. B.: Er benötigt ein alteingerichtetes Becken mit Aufwuchs an Algen und seßhaften Niederen Tieren.
Licht: Sonnenlichtzone.
ZU/Verm.: Er pflanzt sich hauptsächlich auf geschlechtliche Weise fort; manchmal teilen sich auch Tiere, und die fehlenden Teile werden nachgebildet; man kann auch Tiere mit verzweigten oder bis zu 8 Armen finden.
FU: K; als Kleintier- und Detritusfresser sucht er seine Nahrung größtenteils selbst, kann aber mit "Abfall" der Ernährung der Mitbewohner gut zugefüttert werden.
Bes.: Kennzeichen dieser Art sind die hellrote Färbung mit orangenen Armspitzen (zum Unterschied von den dunklen Armspitzen von *F. indica*) und zahlreiche sehr kleine dunkle Punkte auf der gesamten Oberfläche, welche die einzelnstehenden Poren markieren.

T: 24 - 28° C, **Ø:** 7 cm, **BL:** ab 40 cm, **WB:** m, **WR:** u - o, **BS:** 2, **SG:** 3

Ordnung: VALVATIDA
Fam.: Ophidiasteridae

Fromia monilis PERRIER, 1875
Perl-Seestern

Vork.: Offiziell nur vom Pazifik (Ostindien bis zu den Südpazifischen Inseln) sowie von den Lakkadiven bekannt. Er wurde jedoch von Tauchern auch im Roten Meer, auf den Malediven und in anderen Teilen des Indischen Ozeans gesehen und fotografiert, so daß sein Verbreitungsgebiet auf den tropischen Indopazifik ausgedehnt werden kann. In 3 - 35 m Tiefe.
GU: Keine.
Soz. Verh./Vgs.: Er lebt einzeln auf allen Böden von Lagunen bis zu Außenriffen und ist einzeln, in großen Becken auch in mehreren Exemplaren, zu halten.
Hält. B.: Er stellt keine besonderen Ansprüche an die Ausgestaltung des Aquariums und marschiert auf Sand- und Schuttböden genau so gerne umher, wie er auf Felsen und Scheiben klettert.
Licht: Sonnenlichtzone.
ZU/Verm.: Wie andere Arten.
FU: K; er ernährt sich als Detritus- und Kleintierfresser größtenteils selbst, indem er Futterreste und Abfallprodukte aufnimmt. Er kann mit kleinen Futterstücken aller Art (Fisch-, Muschelfleisch, Flockenfutter u.v.a.) gefüttert werden.
Bes.: *Fromia monilis* ist leicht zu verwechseln und unterscheidet sich von ähnlichen Arten wie *Fromia nodosa* und *Celerina heffernani* durch das Fehlen von Inferomarginalplatten und zwei Reihen von Zähnchen an den Ambulacralfurchen. Die Grundfärbung ist rot in verschiedenen Tönen von orange bis zu hell- und dunkelrot, sogar rotbraun mit weißlich, cremefarbenen bis gelben Platten. Zwischen den großen Randplatten liegen an der Armbasis 5 Platten.
Es gibt im Roten Meer und im Indischen Ozean Tiere, welche zwar in diesen Beschreibungsrahmen fallen, jedoch völlig unterschiedlich gefärbt sind und auch verschieden große und unterschiedlich angeordnete Platten aufweisen. Möglicherweise handelt es sich hier um verschiedene Arten, die erst beschrieben werden müssen.

T: 24 - 28° C, Ø: 10 cm, BL: ab 40 cm, WB: m, WR: u - o, BS: 2, SG: 3

Fromia monilis

Fromia monilis

Fromia monilis

Ordnung: VALVATIDA
Fam.: Ophidiasteridae

Fromia nodosa CLARK, 1967
Knotiger Seestern

Vork.: Inseln im westlichen Indischen Ozean (bes. Malediven, Sri Lanka). In 20 - 35 m Tiefe.
GU: Keine.
Soz. Verh./Vgs.: Der Knotige Seestern bewohnt einzeln, manchmal aber in relativ großer Zahl die unteren Zonen von Lagunen- und Außenriffen sowie Korallenblöcke der Vorriffzone. Er ist auch tagaktiv und stets gut zu beobachten. Mit ihm kann man zahlreiche robuste oder nesselnde Wirbellose sowie zahlreiche unaufdringliche Fische vergesellschaften.
Hält. B.: Er benötigt wie alle Arten dieser Gattung ein alteingerichtetes Becken mit gutem Algenbewuchs und zahlreichen Kleinstlebewesen.
Licht: Mittellichtzone.
ZU/Verm.: Pflanzt sich normalerweise nur auf geschlechtliche Weise fort.
FU: K; als Detritus- und Kleinsttierfresser sucht er größtenteils seine Nahrung selbst, nimmt aber auch Futterreste und für ihn bestimmte kleine Nahrungsstückchen, besonders Muschel- und Krebsfleisch gerne auf.
Bes.: Die Grundfarbe ist rot bis orange mit gelben oder weißlich-cremefarbenen Platten. Dieser Seestern unterscheidet sich fast immer von der Originalbeschreibung; er sollte nämlich gleichgroße Mittel- und Randplatten, zwischen denen stets kleine vieleckige Platten in einzelnen Reihen stehen, besitzen.

T: 24 - 28° C, **Ø**: 10 cm, **BL**: ab 40 cm, **WB**: m, **WR**: u - o, **BS**: 2, **SG**: 3

Gomophia egyptiaca GRAY, 1840
Ägyptischer Seestern

Vork.: Indopazifik; vom Roten Meer bis zu den südpazifischen Inseln. In 5 - 50 m Tiefe.
GU: Keine.
Soz. Verh./Vgs.: Der Ägyptische Seestern kommt nicht häufig, aber regelmäßig auf lebenden Korallen oder Korallenfelsen von Riffabhängen und am Vorriff vor.
Hält. B.: Für seine erfolgreiche Pflege braucht man ein Becken mit Kalkfelsen, die genügend Versteckmöglichkeiten zum Schutz vor zu starker Einstrahlung bieten.
Licht: Sonnenlichtzone; aber beschattet.
ZU/Verm.: Er pflanzt sich durchweg auf geschlechtliche Weise durch Eier und Spermien, die ins freie Wasser abgegeben werden, fort; daher trifft man durchweg schön ausgebildete fünfarmige Tiere.
FU: K; er weidet mit ausgestülptem Magen die Bodenoberfläche nach Kleinstlebewesen ab. Gute Voraussetzungen für eine erfolgreiche Eingewöhnung bietet ein alteingefahrenes Becken mit einem guten Bewuchs an Mikroorganismen.
Bes.: Er besitzt einige weißliche bis hellgelbe Platten, speziell auf der Körperscheibe und dazwischen orange Linien. Teile des Körpers und der Arme sind rot oder bräunlich. Einige Platten tragen von einem rot-braunen Ring umgebene Stacheln.

T: 24 - 28° C, **Ø:** 20 cm, **BL:** ab 50 cm, **WB:** m, **WR:** u - o, **BS:** 2, **SG:** 3

Gomophia mammillifera (LIVINGSTONE, 1930)
Blasenstern

Vork.: Westpazifik, besonders im Bereich des Großen Barriereriffs. In 5 - 20 m Tiefe.
GU: Keine.
Soz. Verh./Vgs.: Der Blasenstern ist ziemlich selten und lebt einzeln auf Korallenfels oder lebenden Korallen. Er ist einzeln, am besten mit friedfertigen Fischen und wenig empfindlichen Niederen Tieren gemeinsam zu halten.
Hält. B.: Er ist in allen Arten von tropischen Aquarien mit felsigen, sandigen oder riffartigen Strukturen zu halten.
Licht: Sonnenlichtzone.
ZU/Verm.: Wie andere Arten; er besitzt ein großes Regenerationsvermögen. Arme brechen leicht ab und wachsen rasch wieder nach.
FU: Nicht genau bekannt; dürfte wie die anderen Schlangenseesterne Kleinpartikelfresser sein, der nur in alteingefahrenen Becken oder mit "lebenden Steinen" gut zu ernähren ist.
Bes.: Dieser Seestern besitzt zwar die für *G. mammillifera* typischen halbkugeligen Platten, welche sich bis zu den Armenden ausdehnen, doch die Färbung ähnelt eher *Gomophia gomophia*. Es ist durchaus möglich, daß beide "Arten" nur extreme Ausbildungsformen einer einzigen Art sind.

T: 23 - 28° C, **Ø**: 15 cm, **BL**: ab 40 cm, **WB**: m - s, **WR**: u - o, **BS**: 3, **SG**: 3

Gomophia sp.
Warzenstern

Vork.: Indischer Ozean, Malediven. In 10 m Tiefe.
GU: Keine.
Soz. Verh./Vgs.: Dieser Warzenstern lebt einzeln auf Korallenfels oder lebenden Korallen; er ist einzeln mit zahlreichen Arten von Niederen Tieren und friedfertigen Fischen zu vergesellschaften.
Hält. B.: Er stellt keine großen Ansprüche an die Ausstattung des Beckens und bevorzugt Aquarien mit felsigen Gründen.
Licht: Sonnenlichtzone.
ZU/Verm.: Nicht bekannt.
FU: Kleinpartikelfresser, der am besten in alteingefahrenen Becken zu ernähren ist.
Bes.: Dieser Warzenstern ähnelt zwar einigen Arten von *Gomophia* und *Nardoa*, unterscheidet sich jedoch in Form, Ausbildung der Skelettplatten usw. Es dürfte sich daher um eine eigene, bisher nicht beschriebene Art handeln (neue Arten werden nur nach gefangenen Exemplaren beschrieben, nicht nach Fotos; es müßte also ein Tier mitgebracht werden, um eine namensgebende Beschreibung durchführen zu können).

T: 24 - 28° C, **Ø**: 24 cm, **BL**: ab 50 cm, **WB**: m, **WR**: u, **BS**: 3, **SG**: 3

Gomophia watsoni (LIVINGSTONE, 1936)
Watsons Seestern

Vork.: Tropische australische Gewässer. In 1 - 15 m Tiefe.
GU: Keine.
Soz. Verh./Vgs.: Watsons Seestern ist ziemlich selten, lebt einzeln auf Hart- und Weichböden von Riff und Vorriff und ist vor allem nachtaktiv.
Hält. B.: Er erhebt keine besonderen Ansprüche an die Ausgestaltung des Beckens und ist mit Sand, Kies, Muschelbruch, Korallenschutt, Fels u.a. zufriedenzustellen.
Licht: Sonnenlichtzone, aber beschattet.
ZU/Verm.: Wie andere Arten.
FU: Suspensions- und Algenfresser, der mit ausgestülptem Magen den feinen Film an Detritus und mikroskopischen Organismen vom Boden abweidet.
Bes.: Dieser Seestern wurde zwar von zahlreichen Autoren mit *G. egyptiaca* gleichgestellt und nur als Synonym bezeichnet, nach neuester Ansicht von MARSH & ROWE (pers. Mitt.) handelt es sich aber um eine gültige Art. Typisch für Watsons Seestern sind 5 gleichlange, konisch spitz zulaufende Arme mit sehr zahlreichen blauen Höckern auf den Platten und ziemlich deutlichen hell-dunkel (meist rot und weiß) abwechselnden Querstreifen.

T: 24 - 28° C, **Ø**: 10 cm, **BL**: ab 40 cm, **WB**: m, **WR**: u, **BS**: 3, **SG**: 3

Hacelia attenuata GRAY, 1840
Kleiner Seestern

Vork.: Mittelmeer, Ostatlantik, von Portugal bis zu den Azoren. In 1 - 150 m Tiefe.
GU: Keine.
Soz. Verh./Vgs.: Der Kleine Seestern ist ein typischer Vertreter der tieferen Fels- und Weichböden sowie des Coralligens, wo er einzeln vorkommt. Nur in Höhlen dringt er bis in Oberflächennähe vor. Er ist mit robusten Wirbellosen wie Krebsartigen und vielen Fischen zu vergesellschaften.
Hält. B.: Er bevorzugt wärmere Teile des Mittelmeeres und Ostatlantiks und kann daher auch mit tropischen Arten gehalten werden. Am passendsten ist ein Felsaquarium mit Unterstandsmöglichkeiten, die tagsüber vor direktem Licht schützen, und ein felsig-sandiger Bodengrund.
Licht: Mittellichtzone (auch beschattete Sonnenlichtzone).
ZU/Verm.: Laichzeit ist im Sommer (Juni bis September). Er pflanzt sich durchweg auf geschlechtliche Weise fort. Regenerierende Formen mit ungleichen Armen kommen äußerst selten vor.
FU: K; er ernährt sich einerseits von im Aquarium befindlichen Kleinstlebewesen, nimmt aber auch kleine Futterstücke an.
Bes.: Der Körper ist wie beim Purpurstern von gleichmäßigen Platten bedeckt; die Arme laufen jedoch spitz zusammen. Die Farbe variiert von gelb bis rot (manchmal auch violett), bei hellen Exemplaren kann man sechs Reihen dunklerer Flecken (das sind die Porenareale) die Arme entlang feststellen.

T: 20 - 24° C, **Ø:** 30 cm, **BL:** ab 60 cm, **WB:** m, **WR:** u - o, **BS:** 2, **SG:** 3

Ordnung: Valvatida
Fam.: Ophidiasteridae

Leiaster coriaceus (PETERS, 1852)
Rotflecken - Seestern

Vork.: Indopazifik; vom Roten Meer bis zu den südpazifischen Inseln und nach Japan (N). In 5-25 m Tiefe.
GU: Keine.
Soz. Verh./Vgs.: Lebt einzeln an lebenden und abgestorbenen Korallenriffen; ist am besten einzeln zu halten und mit Fischen, die ihn in Ruhe lassen (keine Kugelfischartigen).
Hält. B.: Dies ist wie die nächste Art ein problemloser, gut haltbarer Pflegling, der ein alteingerichtetes Aquarium mit entsprechendem Algen- und Kleintierbewuchs braucht.
Licht: Sonnenlichtzone.
ZU/Verm.: Vegetative Vermehrung ist selten; Fortpflanzung im Aquarium nicht bekannt.
FU: K; er frißt mit ausgestülptem Magen Detritus und Kleintiere, auch Aas vom Boden und aus dem Algenrasen. Er braucht daher kaum gefüttert zu werden; es genügt die gelegentliche Gabe eines Stückes Muschelfleisch oder einer Futtertablette. Da er große Futterstücke außerhalb des Körpers durch Überstülpen mit dem Magen verdaut, sollte man ihn nicht mit kleinen Fischen, die am Boden schlafen, zusammen halten. Er könnte sie nämlich nachts "überfallen".
Bes.: Die Grundfärbung ist creme bis gelb mit unregelmäßigen rotbraunen Flecken. Die unter der dicken Haut liegenden Platten stehen exakt in Reihen, so daß eine Verwechslung mit *Linckia*-Arten, deren Platten nicht so regelmäßig stehen, vermieden werden kann.

T: 24 - 28° C, **L:** 45 cm, **BL:** ab 80 cm, **WB:** m, **WR:** u, **BS:** 1 - 2, **SG:** 2 - 3

Leiaster leachi (GRAY, 1840)
Leachs Seestern

Vork.: Indopazifik; vom Roten Meer bis nach Hawaii und nach Japan (N). In 5 - 30 m Tiefe.
GU: Keine.
Soz. Verh./Vgs.: Lebt einzeln an lebenden und abgestorbenen Korallenriffen; ist am besten einzeln zu halten und mit Fischen, die ihn in Ruhe lassen (keine Kugelfischartigen).
Hält. B.: Dies ist ein problemloser, gut haltbarer Pflegling, der ein alteingerichtetes Becken mit entsprechendem Algen- und Kleintierbewuchs braucht.
Licht: Sonnenlichtzone.
ZU/Verm.: Vegetative Vermehrung ist selten; Fortpflanzung im Aquarium nicht bekannt.
FU: K; frißt Detritus und Kleintiere, auch Aas vom Boden aus dem Algenrasen, manchmal auch von der Wasseroberfläche. Er braucht daher kaum gefüttert zu werden; es genügt die gelegentliche Gabe eines Stückes Muschelfleisch.
Bes.: Die Färbung von *Leiaster leachi* ist sehr variabel; die Grundfarbe reicht von gelblich bis rosa und rot; darauf liegen große dunkle und helle Flecken. Die Haut ist sehr dick und überdeckt die Skelettplatten so stark, daß man zur genauen Unterscheidung von äußerst ähnlichen verwandten Arten ein Stück Haut abziehen muß, was aber erst nach dem Tod zu machen ratsam ist.

T: 24 - 28° C, **Ø:** 25 cm, **BL:** ab 50 cm, **WB:** m, **WR:** u, **BS:** 1 - 2, **SG:** 3

Ordnung: Valvatida
Fam.: Ophidiasteridae

Linckia guildingi GRAY, 1840
Guildings Seestern

Vork.: Indopazifik; von Afrika bis Hawaii, zu den Südpazifischen Inseln und nach Japan (N). In 5 - 35 m Tiefe.
GU: Keine; die Färbung von Jung- und Alttieren ist jedoch verschieden.
Soz. Verh./Vgs.: Lebt einzeln an Korallenriffen; kann mit Krebsartigen, Stachelhäutern, Röhrenwürmern und friedfertigen Fischen gehalten werden.
Hält. B.: Am besten eignet sich ein alteingerichtetes Riff- bzw. Felsaquarium mit etwas Sandgrund.
Licht: Sonnenlichtzone, aber beschattet.
ZU/Verm.: Kleine Tiere (der "bunten" Höhlenform) neigen zur ungeschlechtlichen Vermehrung durch Abtrennung von einzelnen Armen und damit zur Ausbildung neuer Tiere über Kometenformen. Große Tiere pflanzen sich nur noch geschlechtlich fort.
FU: K; Guildings Seestern ist ein richtiger "Straßenkehrer", der beim Überkriechen des Bodens mit seinen Füßchen freßbare Kleinpartikel wie Detritus und Kleintiere (Einzeller, kleine Schnecken und Muscheln, Wurmstückchen) aufspürt.
Bes.: Jungtiere ähneln *L. multifora*, leben durchweg versteckt unter Korallen und in Spalten und Löchern und sind rötlich, bräunlich oder purpur mit dunkleren Flecken oder Schattierungen. Große Tiere ab etwa 30 cm Durchmesser verlassen ihre Verstecke, leben auf Riffen und Riffterrassen und bekommen eine einheitliche gelbbraune Färbung.

T: 24 - 28° C, **Ø**: 50 cm, **BL**: ab 80 cm, **WB**: m, **WR**: u - o, **BS**: 2, **SG**: 3

Linckia laevigata (LINNAEUS, 1758)
Blauer Seestern

Vork.: Indopazifik; von Ostafrika bis Hawaii, zu den südpazifischen Inseln, nach Japan (N). In 0 - 25 m Tiefe.
GU: Keine; Jungtiere besitzen eine andere Färbung als die großen.
Soz. Verh./Vgs.: Der Blaue Seestern lebt einzeln, manchmal aber in großer Zahl unter Korallen und in anderen Verstecken (Jungtiere); erwachsene Tiere leben im grellen Sonnenlicht auf der Riffterrasse auf Korallenschutt.
Hält. B.: Er benötigt ein alteingerichtetes Becken mit Algenrasen, versteckreichen Felsformationen und sonnigem Sand- oder Muschelgrusgrund.
Licht: Sonnenlichtzone; jung beschattet, erwachsen direkte Bestrahlung.
ZU/Verm.: Er besitzt ein gutes Regenerationsvermögen, das auch zur vegetativen Vermehrung eingesetzt wird; Hauptfortpflanzungsart ist jedoch die geschlechtliche.
FU: K; Kleintier- und Detritus-Fresser; stellt mit Vorliebe den winzigen Lebewesen im Algenrasen nach. Nimmt auch TetraTips, die er überkriecht, mit ausgestülptem Magen andaut und dann aufsaugt. Er fängt sogar auf der Oberfläche schwimmendes Flockenfutter, indem er sich mit zwei Armen an Felsen oder der Aquarienwand festhält und die anderen drei Arme mit den Saugfüßchen nach oben gedreht zum Fang verwendet. Flockenfutter und Plankton werden mit den Saugfüßchen zum Mund transportiert.
Bes.: Ganz junge Tiere (unter 5 cm Armlänge) führen eine versteckte Lebensweise und sind nicht so leuchtend blau gefärbt. Meist sind sie blaugrün mit dunkleren Flecken. Erst mit der Aufgabe der versteckten Lebensweise und Eroberung der sonnendurchfluteten Riffterrassen und Riffe bekommen sie ihr brillantes Blau (das jedoch bei der Präparation bald verloren geht). Die Saugfüßchen der Jungtiere sind blaß gelb, die der Erwachsenen kräftig tief gelb.

T: 24 - 28° C, **Ø**: 30 cm, **BL**: ab 60 cm, **WB**: m, **WR**: u - o, **BS**: 2, **SG**: 3

Linckia laevigata mit parasitären Schnecken (Unterseite)

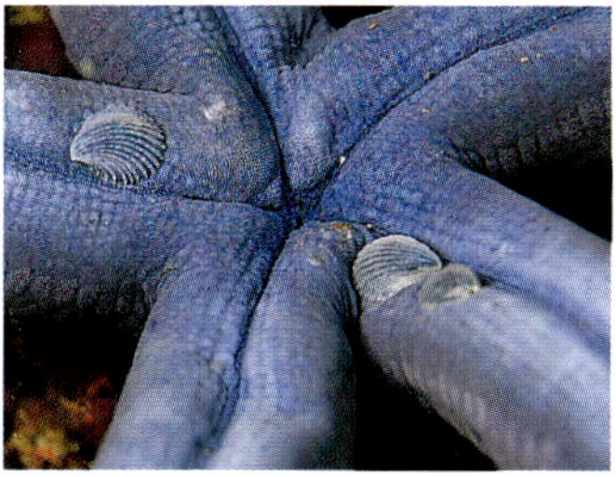

Linckia laevigata, Malaysia

Linckia multifora, Malediven, Text siehe nächste Seite

Ordnung: VALVATIDA
Fam.: Ophidiasteridae

Linckia multifora (LAMARCK, 1816)
Kometenstern

Vork.: Indopazifik; vom Roten Meer bis Hawaii, zu den Südpazifischen Inseln, nach Japan (N). In 1 - 40 m Tiefe.
GU: Keine.
Soz. Verh./Vgs.: Der Kometenstern lebt einzeln auf hartem und weichem Untergrund und ist in vielen Gebieten der häufigste Seestern. Da er auch tagsüber keine Verstecke aufsucht, ist er im Meer nicht zu übersehen, und im Aquarium erfreut er seinen Besitzer stets durch seine Anwesenheit im Blickfeld. Er ist gut mit beweglichen Niederen Tieren und nicht agressiven Fischen gemeinsam zu halten.
Hält. B.: Seinen bescheidenen Ansprüchen wird ein alteingerichtetes Riff- oder Felsaquarium mit Sand- oder Schuttgrund am ehesten gerecht.
Licht: Sonnenlichtzone.
ZU/Verm.: Neben sexueller Vermehrung neigt der Kometenstern, wie schon sein Name sagt, zur vegetativen Fortpflanzung durch Abtrennen von einzelnen Armen (an eigenen Bruchstellen in Körpernähe) und damit zur Erzeugung neuer Tiere über Kometenformen, was allerdings ein Jahr dauern kann, bis alle Arme zur vollen Größe nachgewachsen sind.
FU: K; Kleintier- und Detritusfresser, der in Algenbeständen selbständig seine Nahrung findet und nur wenig Zufütterung benötigt.
Bes.: Die Färbung schwankt zwischen grünlich, bräunlich und oliv mit dunkleren Flecken, welche die Porenareale kennzeichnen. Er ist selten 5-armig; man sieht häufig Einzelarme, Kometenformen verschiedenster Stadien, aber auch 6-7-armige Tiere. Sie unterscheiden sich von den äußerst ähnlichen Jungtieren der Art *L. guildingi* durch das Fehlen der reißverschlußartigen Bezahnung der Ambulacralfurche an der Unterseite. Außerdem besitzen sie eine weitere Reihe von vergrößerten Noppen, einige Kornreihen von der Furche entfernt.

T: 24 - 28° C, **Ø**: 15 cm, **BL**: ab 40 cm, **WB**: m, **WR**: u - o, **BS**: 1, **SG**: 3

Linckia multifora, Malediven

Linckia multifora, Malediven

Nardoa galatheae (LÜTKEN, 1864)
Galathea - Seestern

Vork.: Indopazifik; von den Inseln im Indischen Ozean (Malediven u.a.) bis zu den Südpazifischen Inseln. In 3 - 40 m Tiefe.
GU: Keine.
Soz. Verh./Vgs.: Er kommt alleine und ziemlich selten auf lebenden Korallen und Korallenfelsen von Riffterrassen, Lagunen und Außenriffen vor und ist gut mit zahlreichen Niederen Tieren und Fischen zu halten.
Hält. B.: Er fühlt sich in einem alteingerichteten Riff- oder Felsaquarium mit etwas Sandgrund wohl und findet dort seine Nahrung größtenteils ohne Zufütterung.
Licht: Sonnenlichtzone.
ZU/Verm.: Pflanzt sich hauptsächlich auf sexuelle Art fort, und man sieht kaum einmal nicht fünfarmige Formen.
FU: K; Kleintierfresser (Mikrophage), der nicht einmal Muscheln zu öffnen vermag, aber kleine Muschelstückchen, die man auf den Boden legt, gerne annimmt.
Bes.: Das hier vorgestellte Tier wurde auf den Malediven fotografiert und dort zuerst als *N. variolata*, später als *N. lemonnieri* bezeichnet, entsprach aber keiner der Beschreibungen ganz. Erst 1991 wurde diese Art von L. MARSH zu *N. galatheae* gestellt.

T: 24 - 28° C, **Ø:** 25 cm, **BL:** ab 50 cm, **WB:** m, **WR:** u - o, **BS:** 2, **SG:** 3

Ordnung: VALVATIDA
Fam.: Ophidiasteridae

Nardoa tuberculata GRAY, 1840
Gesprenkelter Seestern

Vork.: Indopazifik; von den Inseln im Indischen Ozean bis China, Südjapan, zum Großen Barriereriff und zu den Südpazifischen Inseln. In 0 - 20 m Tiefe.
GU: Keine.
Soz. Verh./Vgs.: Er kommt alleine auf lebenden Korallen, Korallenfelsen, Korallenschutt, Sand und Algenbeständen vor und ist gut mit zahlreichen Niederen Tieren und Fischen zu halten.
Hält. B.: Der Gesprenkelte Seestern ist einzeln in allen Arten von tropischen Aquarien zu halten, da er keine besonderen Ansprüche an die Art des Untergrundes stellt.
Licht: Sonnenlichtzone, aber beschattet.
ZU/Verm.: Wie andere Arten; pflanzt sich hauptsächlich auf sexuelle Art fort.
FU: K; Kleintierfresser (Mikrophage), der den Oberflächenfilm von organischen Substanzen abweidet; er nimmt auch kleine Muschelstückchen und Futtertabletten, die man auf den Boden legt, gerne an.
Bes.: Den Bestimmungsbüchern nach müßte dieser Seestern ohne Höcker und Stacheln *Nardoa pauciforis* (v. MARTENS, 1866) heißen, doch MARSH & ROWE (pers. Mitt.) fanden vor kurzem vor Palau eine komplette Reihe von Übergangsformen zwischen dieser Art und *Nardoa tuberculata* (GRAY, 1840), so daß zweifelsfrei alle zwischen beiden Extremen liegenden Formen nur einer Art zugerechnet werden können. Dem Namen *Nardoa tuberculata* gebührt hier die Priorität.

T: 24 - 28° C, **Ø**: 25 cm, **BL**: ab 50 cm, **WB**: m, **WR**: u - o, **BS**: 2, **SG**: 3

Neoferdina offreti (KOEHLER, 1910)
Offrets Seestern

Vork.: Küstenbereiche der Inseln im Indischen Ozean (Seychellen, Malediven u. a.). In 5 - 20 m Tiefe.
GU: Keine.
Soz. Verh./Vgs.: Nicht bekannt; kommt sehr selten und alleine an Lagunenriffen vor und ist sicher mit friedfertigen Fischen gut zu vergesellschaften.
Hält. B.: Nicht bekannt; ein Riff- oder Felsaquarium ist für seine Haltung am ehesten geeignet.
Licht: Sonnenlichtzone.
ZU/Verm.: Nicht bekannt; da kaum Tiere mit unterschiedlicher Armlänge und -zahl gefunden wurden, dürfte nur sexuelle Fortpflanzung vorkommen.
FU: K; wahrscheinlich Kleintierfresser, der Boden und Algenrasen abweidet.
Bes.: Das unterschiedliche Aussehen dieser äußerst variablen Art hat zunächst dazu geführt, daß sie mit mehreren Namen versehen wurde, doch heute weiß man, daß die Zahl der nackten (von keiner Haut bedeckten) roten Platten äußerst unterschiedlich sein kann. Das Typusexemplar hatte z.B. nur rote Platten an den oberen Armkanten (Superomarginale); das hier vorgestellte, von den Malediven, besitzt ebensolche Platten an den Armunterkanten (Inferomarginale) und in Verlängerung der Armmitten am Körper (erste Carinalplatten).

T: 24 - 28° C, **Ø**: 5 cm, **BL**: ab 30 cm, **WB**: m, **WR**: u - o, **BS**: 2 - 3, **SG**: 3

Ordnung: Valvatida
Fam.: Ophidiasteridae

Ophidiaster ophidianus (LAMARCK, 1816)
Purpurstern

Vork.: Wärmere Teile des Mittelmeeres, Ostatlantik von Portugal bis St. Helena. In 0 - 100 m Tiefe.
GU: Keine.
Soz. Verh./Vgs.: *O. ophidianus* bewohnt Felsgründe und eignet sich gut für Felsbekken mit nicht aufdringlichen Fischen.
Hält. B.: Er hat sich als unproblematischer, ausdauernder Pflegling herausgestellt, der auch mit tropischen Tieren gemeinsam gehalten werden kann.
Licht: Sonnenlichtzone.
ZU/Verm.: Laichzeit ist im Mittelmeer im Herbst, ab September. Der Purpurstern besitzt auch ein ausgezeichnetes Regenerationsvermögen, das aus abgetrennten Armen über Kometenformen neue Seesterne bildet. Verletzungen werden oft mit der Bildung neuer Arme geheilt, so daß monströse Tiere entstehen können.
FU: K; Kleintierfresser, der sich z.T. seine Nahrung selbst sucht, aber auch mit Fleischstückchen von Muscheln, Krebsen oder Fischen ernährt werden kann.
Bes.: Seine wurstförmigen Arme sind bis knapp vor die Enden gleich dick. Die Färbung ist variabel, entweder einfärbig orange, rot oder purpur, oder mit orangem bis rotem Grund und purpurnen Flecken. Die Ambulacralfurchen der Unterseite sind leuchtend gelb, ebenso die Saugfüßchen.

T: 20 - 26° C, **Ø:** 40 cm, **BL:** ab 80 cm, **WB:** m, **WR:** u - o, **BS:** 1 - 2, **SG:** 3

Paraferdina sohariae (Aquarienaufnahme) (MARSH & PRICE, 1991)
Sohari - Seestern

Vork.: Indischer Ozean; nur von wenigen Stellen bekannt. In 5-30 m Tiefe.
GU: Keine.
Soz. Verh./Vgs.: Nicht bekannt; kommt sehr selten und alleine an lebenden oder abgestorbenen Teilen von Korallenriffen vor und ist sicher mit friedfertigen Fischen gut zu vergesellschaften.
Hält B.: Nicht bekannt; ein Riff- oder Felsaquarium ist für seine Haltung am ehesten geeignet.
Licht: Sonnenlichtzone.
ZU/Verm.: Nicht bekannt; da keine Tiere mit unterschiedlicher Armlänge und -zahl vorkommen, dürfte nur sexuelle Fortpflanzung die Regel sein.
FU: K; wahrscheinlich Kleintierfresser, der Boden und Algenrasen absaugt.
Bes.: Während die Unterseite dieses Seesterns äußerst konstante Merkmale aufweist, wie nur eine Reihe von Furchenstacheln, keine Subambulakralstacheln, Körnung des unteren Teiles der Außenseite der Furchenstacheln, ist die Oberseite ziemlich variabel und die Zuordnung alleine nach dieser nicht möglich. Dieses Tier kommt jenem der Originalbeschreibung von Thailand sehr nahe.

T: 24 - 28° C, **L:** 10 cm, **BL:** ab 30 cm, **WB:** m, **WR:** u - o, **BS:** 3, **SG:** 3.

Pharia pyramidata (GRAY, 1840)
Pyramidenstern

Vork.: Ostpazifik; vom Golf von Kalifornien bis Peru und zu den Galapagosinseln; in 0 - 140 m Tiefe.
GU: Keine.
Soz. Verh./Vgs.: Lebt einzeln auf Fels und Schutt.
Hält. B.: Robuste Art mit großer Anpassungsfähigkeit an diverse Umweltbedingungen.
Licht: Sonnen- bis Schwachlichtzone.
ZU/Verm.: Wie andere Arten.
FU: O; frißt Algen und besonders weichschalige seßhafte Wirbellose.
Bes.: Seine Oberfläche ist hart und glatt anzugreifen. Seine Saugfüße sind von geringer Kraft. Der Pyramidenstern ist erkennbar an der markanten Färbung: gelblich-beige Plattenreihen auf rotbraunem Grund.

T: 15 - 22° C, **Ø**: 30 cm, **BL**: ab 60 cm, **WB**: m, **WR**: u, **BS**: 3, **SG**: 2 - 3

Tamaria stria GRAY, 1840
Tamariskenstern

Vork.: Ostpazifik; von Kolumbien bis zum zentralen Golf von Kalifornien. In 12 bis 50 m Tiefe.
GU: Keine.
Soz. Verh./Vgs.: Er ist selten und lebt einzeln auf Fels oder Schutt tieferer Regionen, sollte also nur einzeln gehalten werden.
Hält. B.: Der Tamariskenstern benötigt Fels-, Korallenblock- oder Schuttgrund.
Licht: Sonnen- bis Mittellichtzone.
ZU/Verm.: Nicht bekannt.
FU: Aufwuchsnahrung, die er vom festen Untergrund abweidet.
Bes.: Dieser Seestern ist an seinen langen, zylindrischen Armen und der tiefpurpurnen Färbung zu erkennen. Die Arme entlang liegen Reihen von Porenarealen, welche jeweils 6 - 10 Löcher enthalten, durch welche die fingerförmigen kleinen Kiemenpapillen ragen. Die Körperscheibe ist klein; die Körperoberfläche von kleinen Körnern (Granulae) überzogen.

T: 15 - 20° C, **Ø**: 18 cm, **BL**: ab 50 cm, **WB**: m, **WR**: u, **BS**: 3, **SG**: 3

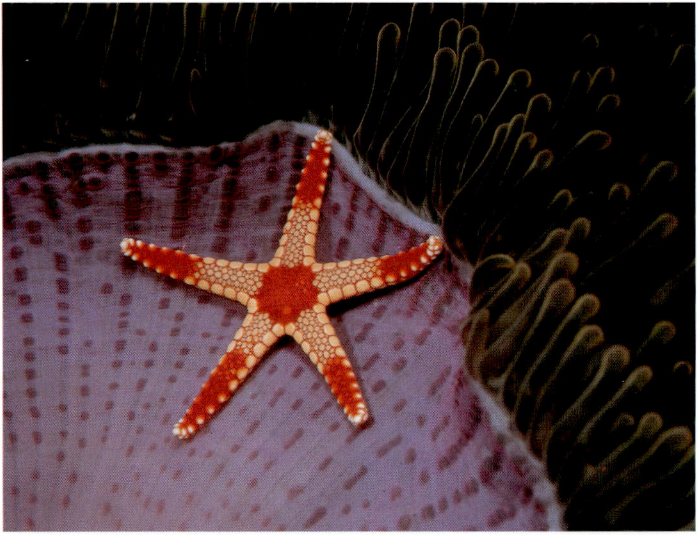

Fromia monilis, Sipadan, auf einer Anemone

Linckia multifora mit regenerierten Armen, Australien

Patiria miniata, Seesterne fressen eine verendete Qualle (Kalifornien)

Patiria miniata, Detailaufnahme eines quallenfressenden Seesterns (Kalifornien)

Nardoa tuberculata (Aquarienaufnahme)

Fromia monilis (Aquarienaufnahme)

Protoreaster linckii (Aquarienaufnahme)

Fromia milleporella (Aquarienaufnahme)

Ordnung: Spinulosida
Fam.: Acanthasteridae

Über die Ordnung Spinulosida, Stachelsterne

Seesterne dieser Ordnung haben 5 oder mehr Arme, zwei unauffällige Reihen von Platten an den Armrändern und mit Saugnäpfen ausgestattete Saugfüßchen, die in zwei, sehr selten in vier Reihen stehen. Pedicellarien sind selten vorhanden. Das Skelett der Oberseite trägt meist kleine Stacheln und die Platten stehen netzförmig oder einander dachziegelartig überlappend.

Mithrodia clavigera, Malediven

Acanthaster planci, Text nächste Seite

Acanthaster planci, Text nächste Seite

Ordnung: Spinulosida
Fam.: Acanthasteridae

Acanthaster planci (LINNAEUS, 1758)
Dornenkrone

Vork.: Indopazifik; vom Roten Meer bis Hawaii, nach Japan (N) und zum südlichen Barriereriff (S). In 2 - 40 m Tiefe.
GU: Keine.
Soz. Verh./Vgs.: Sie lebt normalerweise einzeln, kommt aber manchmal in großen Massen vor und vernichtet ganze Korallenriffe. Ist eigentlich nachtaktiv und versteckt sich tagsüber in Löchern und Spalten; bei Massenauftreten liegt sie offen auf dem Riff.
Hält. B.: Da sie Nahrungsspezialistin ist, die praktisch nur von Korallenpolypen lebt, die man ihr nicht bieten kann, und da sie sehr groß wird, kann ihre Haltung nicht empfohlen werden.
Licht: Sonnenlichtzone; normalerweise beschattet.
ZU/Verm.: Eier und Spermien werden ins freie Wasser abgegeben. Die daraus entstehenden Larven wandeln sich schon mit 1 mm Länge in 5-armige Jungtiere um und setzen sich auf den Korallenriffen fest. Erst später wachsen weitere Arme nach.
FU: K; frißt hauptsächlich Korallenpolypen, mit Vorliebe tischartige Geweihkorallen (Acropora). Jungtiere unter 1 cm Länge fressen Algen, hauptsächlich Kieselalgen; Erwachsene stülpen den Magen aus, lassen Verdauungsfermente auf das Korallen-Polypengewebe austreten und saugen dieses, sobald es sich verflüssigt hat, ein.
Bes.: Die Dornenkrone besitzt 9 - 23 Arme. Ihre Oberseite trägt zahlreiche, bis zu 6 cm lange scharfkantige Stacheln und ist von einem giftigen Schleim bedeckt. Eine unachtsame Berührung, selbst mit dicken Handschuhen, kann daher leicht zu Stichverletzungen führen. Da mit dem Stich Gift in die Wunde und damit in die Blutbahn gelangt, kommt es meist zu Vergiftungserscheinungen wie Übelkeit, Erbrechen, starkem Anschwellen des betroffenen Körperteils verbunden mit starken Schmerzen, manchmal sogar zu Ohnmachten und Lähmungen. Über das Massenauftreten und damit die Vernichtung ganzer Korallenriffe wurde seit den sechziger Jahren viel geschrieben; die Ursachen sind jedoch noch immer nicht geklärt. Natürliche Feinde sind das Tritonshorn und die Harlekingarnele, doch ihr Rückgang alleine kann für solch explosionsartige Vermehrungsraten nicht verantwortlich sein. Wahrscheinlich fällt mancherorts noch ein anderer natürlicher Feind der Larven bzw. der Jungtiere aus. Vielleicht handelt es sich auch um eine natürliche Erscheinung, die bisher der Wissenschaft verborgen geblieben ist und sich eventuell sogar in größeren Zeitabständen wiederholt.

T: 24 - 28° C, **Ø**: 50 cm, **BL**: ab 100 cm, **WB**: m, **WR**: u - o, **BS**: 2, **SG**: 3

Acanthaster planci

Acanthaster planci

Ordnung: Spinulosida
Fam.: Asterinidae

Anseropoda placenta (PENNANT, 1777)
Gänsefußstern

Vork.: Mittelmeer, Ostatlantik, von Schottland bis Sierra Leone. In 10 - 600 m Tiefe.
GU: Keine.
Soz. Verh./Vgs.: Er kommt im Mittelmeer nur im Tiefenwasser auf Weichböden gesellig vor, im Atlantik auch im Seichtwasser bis in die Gezeitenzone. Er kann nur mit friedfertigen Fischen, nicht aber mit den meisten Niederen Tieren vergesellschaftet werden.
Hält. B.: Der Gänsefußstern benötigt Sandboden von einigen Zentimetern Dicke, in den er sich auch eingraben kann. Er ist empfindlich und ziemlich anfällig.
Licht: Sonnen - Mittellichtzone.
ZU/Verm.: Er pflanzt sich im Frühjahr fort (April/Mai); junge Seesterne von 3 - 8 mm Durchmesser kann man ab Juli beobachten.
FU: K; er frißt hauptsächlich Krebstiere wie Flohkrebse, Garnelen, Einsiedlerkrebse und Krabben, aber auch Mollusken und Stachelhäuter.
Bes.: Die Oberseite dieses fast 5-eckigen Seesternes weist Rottöne auf; die Unterseite ist hell gelblich-weiß mit rotem Rand. Der Körper ist sehr flach und am Rand nahezu papierdünn. Es gibt auch Exemplare mit 4 oder 6 Armen, die eine vier- bzw. sechseckige Form aufweisen.

T: 12 - 22° C, **Ø**: 15 cm, **BL**: ab 50 cm, **WB**: m, **WR**: u, **BS**: 1 - 2, **SG**: 3

Asterina cepheus MÜLLER & TROSCHEL, 1842
Königsseestern

Vork.: Indopazifik; vom Roten Meer bis Nordaustralien. In 1 - 30 m Tiefe.
GU: Keine.
Soz. Verh./Vgs.: Lebt tagsüber versteckt unter Felsen und Korallen in der Gezeitenzone von Riffterrassen und Lagunen und kommt hauptsächlich nachts zur Nahrungssuche hervor. Er ist nur mit kräftigen niederen Tieren und friedfertigen Fischen zu halten.
Hält.B.: Diese lichtscheue Art benötigt ein Fels- oder Riffaquarium mit entsprechenden Unterschlupfmöglichkeiten und sandigem, von Steinen unterbrochenem Boden.
Licht: Sonnenlichtzone, aber beschattet.
ZU/Verm.: Nicht bekannt; sie ähnelt wahrscheinlich jener von *A. gibbosa*.
FU: K; kleiner Räuber, der viele festsitzende Wirbellose, aber auch dünnschalige Muscheln, Schnecken und Aas verzehrt.
Bes.: Die Farbe schwankt zwischen weißlichgrau, grün, rötlich und braun und kann auch dunkler gesprenkelt sein. Nur die regelmäßige, zur ungeschlechtlichen Vermehrung durch Zerreißen neigende Art, *A. burtoni*, die manche Autoren mit dieser vereinigen, und eine kleine, meist sechsarmige Art von knapp 1 cm Durchmesser.

T: 24 - 28° C, **Ø:** 5 cm, **BL:** ab 30 cm, **WB:** m, **WR:** u - o, **BS:** 2, **SG:** 3

Ordnung: Spinulosida
Fam.: Asterinidae

Asterina gibbosa (PENNANT, 1777)
Fünfeckstern

Vork.: Mittelmeer, Nordostatlantik, von Schottland bis zu den Azoren und Kanarischen Inseln. In 0 - 130 m Tiefe.
GU: Keine.
Soz. Verh./Vgs.: Der Fünfeckstern ist häufig im Seichtwasser der Gezeitenzone in Fluttümpeln unter Steinen zu finden. Er ist gut mit beweglichen Wirbellosen zu vergesellschaften.
Hält. B.: Er ist auch in Gesellschaftsbecken mit Fischen gut zu halten und kann jahrelang gepflegt werden. Verkraftet Schwankungen der Salzkonzentrationen und Temperaturen ausgezeichnet und kann daher auch in Becken mit tropischen Tieren gehalten werden.
Licht: Sonnenlichtzone, aber beschattet.
ZU/Verm.: Der Fünfeckstern ist Zwitter, der als ♂ oder ♀ fungieren kann. Zur Laichzeit rotten sich meist mehrere Tiere zusammen und geben gemeinsam ihre Geschlechtsprodukte ab. Es wird sogar eine primitive Art von Brutpflege betrieben, indem die Eier nicht ins freie Wasser entlassen, sondern an einem für ihre Entwicklung günstigen Platz, meist an der Unterseite von Steinen, festgeklebt, dann aber ihrem Schicksal überlassen werden.
Die Tiere entwickeln sich ohne freischwimmendes Larvenstadium innerhalb von 10 Tagen zu Seesternen. Die Nachzucht im Aquarium ist ohne Schwierigkeiten möglich.
FU: K; der Fünfeckstern ist ein kleiner Räuber, der festsitzende Wirbellose, dünnschalige Muscheln, Aas usw. verzehrt. Häufig saugt er auch mit ausgestülptem Magen den Boden oder Algenrasen ab und verzehrt so auch Tetratips.
Bes.: Diese häufige, kleine Art versteckt sich im Geröllfeld oder im Seegras. Sie ist sehr anpassungsfähig und kann auch in Lagunen leben. An den Spitzen der kurzen Arme liegen kleine Augen, die Hell und Dunkel wahrnehmen können, allerdings keine Formen.
Die Farbe kann grünlich, oliv oder rötlich sein. Sie ist tolerant gegenüber niederen oder erhöhten Salzkonzentrationen; so kann sie die wechselhaften Bedingungen in Fluttümpeln überdauern. Deshalb ist die Art gut für die Aquarienhaltung geeignet.

T: 15 - 26° C, **Ø**: 7 cm, **BL**: ab 30 cm, **WB**: m, **WR**: u - o, **BS**: 1, **SG**: 2

Asterina gibbosa

Ordnung: Spinulosida
Fam.: Asterinidae

Patiria miniata (BRANDT, 1835)
Seefledermaus

Vork.: Ostpazifik; von Alaska und Sitka bis zu den San Benito Inseln in der Baja Kalifornia; von der Gezeitenzone bis in 300 m Tiefe.
GU: Keine.
Soz. Verh./Vgs.: Die Seefledermaus kommt häufig und gesellig auf Sand- und Schlammböden, aber auch in Kelpwäldern und auf Felsgründen vor und ist daher einzeln oder in kleineren oder größeren Gruppen zu halten und mit den meisten Niederen Tieren und zahlreichen friedfertigen Fischen zu vergesellschaften.
Hält. B.: Sie stellt keine besonderen Ansprüche an die Aquarieneinrichtung und hält sich genausogut auf Felsböden wie auf Sand und Muschel- oder Korallenbruch. Fledermaus-Seesterne sind äußerst harte Pfleglinge; ihre Haltung ist leicht und einfach, und sie sind daher die bestgeeigneten Seesterne für das Meerwasseraquarium.
Licht: Sonnen-, Mittellicht- (auch Schwachlicht-) zone.
ZU/Verm.: Die Tiere sind das ganze Jahr über laichbereit; daher werden Eier und Spermien zu allen Jahreszeiten abgegeben und es gibt keine speziellen Laichzeiten. Die Tiere laichen auch ohne Schwierigkeiten im Aquarium ab, wenn man eine Gruppe von ihnen pflegt. Eier und Larven bleiben jedoch nur dann im Aquarium erhalten, wenn man keine Absaugpumpen usw. verwendet, sondern nur Boden- oder Sauerstoffilter. Dies bedingt allerdings, daß man keine Fische, die eine zu große Stickstoffanreicherung mit sich bringen, pflegt, sondern nur Niedere Tiere.
FU: K; sie frißt hauptsächlich Aas und versammelt sich mit Vorliebe dort, wo ein gestorbenes Tier liegt. Sie ist daher gut mit Fleisch aller Art, wie Muschel-, Fisch-, Krebsfleisch, aber auch Rinderherz u.v.a. zu ernähren.
Bes.: Die Tiere sind normalerweise 5-armig, es kommen aber 4-9- armige Exemplare vor. Die Arme sind nicht sehr deutlich abgesetzt und bilden einen fast 5-eckigen Körper, dessen Oberseite schuppenartig erscheint. Die Farbe variiert von ganz rot bis zu gelb, orange oder braun gefleckt.
Auf der Unterseite zwischen den Saugfüßchen leben häufig kleine Borstenwürmer, die diesen Platz nur als Versteck nutzen und an den Mahlzeiten des Seesternes teilhaben. Sie fügen dem Seestern keinen körperlichen Schaden zu und sind daher als Untermieter (Kommensalen) zu bezeichnen.

T: 15 - 20° C, **Ø**: 15 cm, **BL**: ab 50 cm, **WB**: m, **WR**: u - o, **BS**: 1 - 2, **SG**: 1 - 2

Patiria miniata

Tegulaster ceylanicus (DODERLEIN, 1889)
Ceylon - Fünfeckstern

Vork.: Indopazifik; beschrieben von Sri Lanka, den Andamanen, Nikobaren, Lakkadiven und Malediven. In 5 - 30 m Tiefe.
GU: Keine.
Soz. Verh./Vgs.: Lebt einzeln auf Sandgründen, speziell von Lagunen, gräbt sich tagsüber ein und kommt hauptsächlich nachts zur Nahrungssuche hervor.
Hält. B.: Diese lichtscheue Art benötigt nur einen sandigen, eventuell von Steinen unterbrochenen Bodengrund.
Licht: Sonnenlichtzone; aber beschattet (tagsüber eingegraben).
ZU/Verm.: Nicht bekannt.
FU: K; wahrscheinlich ist er ein kleiner Räuber, der viele im Sand verborgene Wirbellose, wie dünnschalige Muscheln, Schnecken usw. verzehrt.
Bes.: Diese recht seltene Form weicht von der ursprünglich beschriebenen hauptsächlich in seiner kräftigroten Färbung ab. Sie sollte nämlich rosa sein.

T: 24 - 28° C, **Ø**: 5 cm, **BL**: ab 30 cm, **WB**: m, **WR**: u - o, **BS**: 2, **SG**: 3

Asteropsis carinifera (LAMARCK, 1816)
Gekielter Seestern

Vork.: Indopazifik; vom Roten Meer bis Hawaii, zu den Südpazifischen Inseln und nach Japan (N). In 1 - 5 m Tiefe.
GU: Keine.
Soz. Verh./Vgs.: Er lebt tagsüber versteckt im Seichtwasser von geschützten Riffen unter Korallen und in Spalten und kommt nur nachts zur Nahrungssuche hervor.
Hält. B.: Er benötigt ein Fels- oder Riffaquarium mit entsprechenden Versteckmöglichkeiten und genügend Platz für nächtlichen "Auslauf".
Licht: Sonnenlichtzone; aber beschattet.
ZU/Verm.: Vegetative Vermehrung wird normalerweise nicht angewandt; es erfolgt durchwegs geschlechtliche Fortpflanzung.
FU: O; besonders große Exemplare nehmen neben organischem Kleinmaterial auch relativ große Nahrungsstücke an Wirbellosen Tieren auf und verzehren auch Ersatzfutter wie Muschelfleisch, Tabletten usw.
Bes.: Der Gekielte Seestern ist nur sehr selten zu sehen, obgleich er seichtes Wasser bevorzugt. Seine Kennzeichen sind dreikantige Arme mit jeweils einer Reihe konischer Stacheln diese Kanten entlang. Die weiche Haut ist einheitlich braun mit einigen helleren Teilen.

T: 24 - 28° C, **Ø**: 42 cm, **BL**: ab 80 cm, **WB**: m, **WR**: u - o, **BS**: 2 - 3, **SG**: 3

Echinaster callosus MARENZELLER, 1895
Beulenstern

Vork.: Indopazifik; aber nur von wenigen Orten in beiden Ozeanen bekannt, so z.B. von Ostafrika, vom Großen Barrierriff, von Neukaledonien u.a. In 5 - 20 m Tiefe.
GU: Keine.
Soz. Verh./Vgs.: Er lebt einzeln auf Korallen-, Sand- und Schuttgründen, die von Algen bewachsen sein können.
Hält B.: Er benötigt Sand-, Korallenschutt- oder Muschelbruch-Gründe, die auch Algenbewuchs aufweisen können..
Licht: Sonnenlichtzone.
ZU/Verm.: Wie andere Arten.
FU: O; verzehrt den organischen Oberflächenfilm von Fels- und Sandgründen; vergreift sich auch an festsitzenden Niederen Tieren aller Art.
Bes.: Dieser Seestern besitzt ein viel offeneres Skelett als die meisten anderen Arten. Es sind zahlreiche blasenförmige Hautgebilde über den Stacheln und dazwischen fadenförmige Organe (Papillen) zu sehen.
Die Färbung kann je nach Biotop sehr unterschiedlich sein: entweder gelblich-beige mit bräunlichen Ringen an den Armen (Sandbewohner) oder gelblich grün mit rötlichen Armringen (Korallenbewohner).

T: 24 - 28° C, L: 30 cm, BL: ab 80 cm, WB: m, WR: u - o, BS: 3, SG: 3.

Ordnung: Spinulosida
Fam.: Echinasteridae

Echinaster sepositus (RETZIUS, 1783)
Purpurstern, Blutstern

Vork.: Mittelmeer, Ostatlantik, von der Bretagne bis zur Goldküste. In 0 - 250 m Tiefe.
GU: Keine.
Soz. Verh./Vgs.: Er lebt einzeln hauptsächlich auf Felsgrund, ist aber auch im Seegras und auf Sand anzutreffen. Er kann mit robusteren Wirbellosen und friedfertigen Fischen gut vergesellschaftet werden.
Hält. B.: Er benötigt ein alteingerichtetes Becken mit stablilem biologischem Gleichgewicht, kräftigem Algenbewuchs und reichlich daran haftenden Niederen Tieren.
Licht: Sonnenlichtzone.
ZU/Verm.: Frischgefangene Tiere laichen manchmal im Aquarium ab und ermöglichen so eine Nachzucht. ♂♂ stellen sich bogenförmig auf, wenn sie ihre Spermien, die aus Poren am seitlichen Armansatz hervorquellen, ins freie Wasser abgeben. Aus den Eiern entwickeln sich ohne freischwimmende Larven direkt junge Seesterne.
FU: K; der Purpurstern ist ein harmloser Kleinpartikelfresser, der organische Abfälle, Algen und winzige Lebewesen abweidet; er fängt manchmal an der Oberfläche treibendes Flockenfutter mit seinen Saugfüßchen.
Bes.: Seine rauhe Oberfläche entsteht durch ein netzförmiges Skelett mit kleinen, in der Haut versteckten Stacheln. Auf seiner Oberfläche lebt manchmal als Kommensale ein Amphipode (*Colomastix pusilla*).

T: 18 - 24° C, **Ø**: 30 cm, **BL**: ab 60 cm, **WB**: m, **WR**: u - o, **BS**: 1, **SG**: 3

Echinaster sepositus, Mittelmeer

Ordnung: Spinulosida
Fam.: Echinasteridae

Henricia leviuscula (STIMPSON, 1857)
Ostpazifischer Blutstern

Vork.: Nordostpazifik, von den Aleuten und Alaska bis zur zentralen Baja Kalifornia, von der unteren Gezeitenzone bis in 700 m Tiefe.
GU: Keine.
Soz. Verh./Vgs.: Er lebt an geschützten Stellen auf und unter Felsen mit Bewuchs an Schwämmen, Bryozoen und Algen und ist einzeln mit vielen Niederen Tieren zu vergesellschaften.
Hält. B.: Er benötigt mit Niederen Tieren und Algen bewachsene Felsen oder Steine.
Licht: Sonnen-, Mittel- (auch Schwach-) lichtzone.
ZU/Verm.: Die Tiere betreiben zum Teil eine Art Brutpflege: Die jüngeren, kleineren ♀♀ "brüten" ihre Eier in einer Mulde im Mundbereich aus, welche durch Emporwölben der Arme entsteht, und behalten sie so lange dort, bis die jungen Seesterne geboren werden. Ältere, größere ♀♀ machen dies nicht und entlassen ihre Eier direkt ins Wasser.
FU: K; frißt hauptsächlich Schwämme, die man ihm nur schwer im Aquarium anbieten kann. Da die Annahme von Ersatzfutter individuell verschieden ist, sollte man in Zweifelsfällen (falls die Tiere nicht schon beim Händler gefressen haben) von seiner Haltung bzw. von seinem Kauf Abstand nehmen.
Bes.: Die Arme sind lang und allmählich spitz zulaufend. Ihre Zahl schwankt zwischen 4 und 6. Die Farbe kann hellbraun, orange, rot, purpur gefleckt oder scheckig sein. Häufig ist ein feines Netzwerk an kleinen Stacheln zu erkennen.

T: 14 - 22° C, **Ø**: 25 cm, **BL**: ab 50 cm, **WB**: m, **WR**: u, **BS**: 3, **SG**: 3

Henricia oculata (MÜLLER, 1776)
Blutstern

Vork.: Nordostatlantik, vom Golf von Biskaya nordwärts bis etwa Mittelengland, in der südlichen Nordsee und in der westlichen Ostsee. Ab 1 m Tiefe.
GU: Keine.
Soz. Verh./Vgs.: Er lebt einzeln auf stark bis mittel beströmten Felsen, Schotter- und Kiesböden sowie auf Tangen und Wracks und ist einzeln mit vielen Niederen Tieren (außer Schwämmen) und Fischen zu vergesellschaften.
Hält. B.: Kaltwasserform; er ist nicht anspruchsvoll und mit den meisten Aquarieneinrichtungen zufrieden. Sie sollen felsige Strukturen und grobe Sand- bzw. Muschel- oder Korallenschuttböden enthalten.
Licht: Sonnen - Mittellichtzone.
ZU/Verm.: Die Tiere betreiben eine Art Brutpflege: Die ♀♀ geben ihre Eier nicht einfach ins Wasser ab, sondern befestigen sie, in einen klebrigen Schleim gehüllt, am Boden. Dann stülpen sie sich darüber und beschützen die Nachkommen.
FU: K; frißt hauptsächlich Schwämme, die man ihm nur schwer im Aquarium anbieten kann. Da die Annahme von Ersatzfutter individuell verschieden ist, sollte man in Zweifelsfällen (falls die Tiere nicht schon beim Händler gefressen haben) von seiner Haltung bzw. von seinem Kauf Abstand nehmen.
Bes.: Weiter nördlich (ab Mittelengland, Mittelskandinavien) lebt die nur schwer unterscheidbare und immer mit dieser verwechselte Art *H. sanguinolenta*.
T: 14 - 18° C, **Ø:** 20 cm, **BL:** ab 50 cm, **WB:** s, **WR:** u - o, **BS:** 1 - 2, **SG:** 3

Ordnung: Spinulosida
Fam.: Mithrodiidae

Mithrodia bradleyi (LAMARCK, 1816)
Ostpazifischer Nagelseestern

Vork.: Ostpazifik; vom zentralen Golf von Kalifornien bis Panama und zu den Galapagosinseln, von der unteren Gezeitenzone bis in 50 m Tiefe.
GU: Keine.
Soz. Verh./Vgs.: Er lebt einzeln auf Felsgründen und ist nachtaktiv.
Hält. B.: Er benötigt felsige Aufbauten mit entsprechenden Versteckmöglichkeiten sowie Sand- oder Muschelbruch-Gründe.
Licht: Sonnenlichtzone, aber beschattet.
ZU/Verm.: Wie andere Arten.
FU: O; verzehrt besonders als Jungform den organischen Oberflächenfilm von Fels- und Sandgründen; erwachsene Tiere von 40 cm Durchmesser vergreifen sich auch an festsitzenden Niederen Tieren aller Art. Tablettenfutter und anderes Ersatzfutter werden meist angenommen.
Bes.: Diese Art besitzt zahlreiche zylindrische Stacheln und weite Ambulacralfurchen. Sie tendiert dazu, bei Streß (wenn man sie z.B. aus dem Wasser hebt) die Arme am Rand der Körperscheibe abzutrennen. Die Färbung umfaßt eine typische rote und braune Querbänderung. Diese westamerikanische Art ist *M. clavigera* sehr ähnlich und es ist möglich, daß sie sogar mit dieser identisch ist.

T: 20 - 24° C, **Ø**: 35 cm, **BL**: ab 70 cm, **WB**: m, **WR**: u - o, **BS**: 3, **SG**: 2 - 3

Mithrodia clavigera (LAMARCK, 1816)
Nagel - Seestern

Vork.: Indopazifik; vom Roten Meer bis zu den Südpazifischen Inseln und nach Japan (N). In 10 - 55 m Tiefe.
GU: Keine.
Soz. Verh./Vgs.: Dieser nachtaktive Seestern versteckt sich tagsüber und kommt erst abends zur Nahrungssuche hervor.
Hält. B.: Der Nagel-Seestern eignet sich gut für tropische Fischaquarien mit entsprechenden versteckreichen Aufbauten und Sand- oder Muschelbruch-Gründen dazwischen bzw. davor.
Licht: Sonnenlichtzone, aber beschattet.
ZU/Verm.: Wie andere Arten.
FU: O; verzehrt besonders als Jungform den organischen Oberflächenfilm von Fels- und Sandgründen; erwachsene Tiere von 40 cm Durchmesser vergreifen sich auch an festsitzenden Niederen Tieren aller Art. Tablettenfutter und anderes Ersatzfutter werden meist angenommen.
Bes.: Diese Art ist von allen anderen durch ihre weitauseinanderliegenden schlanken, aber stumpfen zylindrischen Stacheln gut zu unterscheiden.

T: 24 - 28° C, **Ø:** 40 cm, **BL:** ab 80 cm, **WB:** m, **WR:** u - o, **BS:** 2, **SG:** 3

Thromidia catalai POPE & ROWE, 1977
Braunspitzen - Seestern

Vork.: Indopazifik; von Indonesien bis Hawaii, nach Neukaledonien und nach Japan (N). In 15 - 45 m Tiefe
GU: Keine.
Soz. Verh./Vgs.: Dieser eher seltene Seestern lebt einzeln auf Korallenfels, Sand- oder Schuttböden, die auch mit Algen bedeckt sein können.
Hält. B.: Der Braunspitzen-Seestern bevorzugt klares Wasser von Außenriffen und braucht ein weiträumiges Becken mit Felsregionen, Sand oder Korallenbruchgrund und einigen Algenbewuchs. Da er sehr groß wird (Armlänge 30 cm), ist er kaum für ein Heimaquarium geeignet.
Licht: Sonnenlichtzone.
ZU/Verm.: Wie andere Arten.
FU: O; verzehrt wahrscheinlich den organischen Oberflächenfilm von Fels- und Sandgründen sowie festsitzende Niedere Tiere aller Art.
Bes.: Diese Art ist gut erkennbar an der hellen Färbung (beige, creme oder rosa) und den rötlich-braunen Armspitzen. Sie wurde erst vor relativ kurzer Zeit beschrieben.

T: 24 - 28° C, L: 60 cm, BL: ab 100 cm, WB: m, WR: u - o, BS: 2 - 3, SG: 3.

Porania pulvillus (MÜLLER, 1776)
Karminroter Kissenstern

Vork.: Nordostatlantik; vom Ärmelkanal nordwärts, um die Britischen Inseln bis zu den Shetland und Orkneyinseln, nach Skandinavien. In 1 - 250 m Tiefe.
GU: Keine.
Soz. Verh./Vgs.: Er bevorzugt stark beströmte Felsen mit dichten Beständen an Niederen Tieren, wo er einzeln lebt. Er ist einzeln mit friedfertigen Fischen und zahlreichen Wirbellosen zu halten.
Hält. B.: Kaltwasserform. Der Kamrinrote Kissenstern klettert bevorzugt auf Felsdekorationen umher, die man ihm bieten muß.
Licht: Sonnen-, Mittel- und Schwachlichtzone.
ZU/Verm.: Wie andere Arten.
FU: Er frißt kleine organische Partikel, die er mit Schleimfäden fängt und mit Hilfe von Cilien dem Mund zuführt. Außerdem vergreift er sich an Weichkorallen (Alegonium).
Bes.: Die deutlich sichtbaren Körperfortsätze sind die Kiemen. Die Arme sind kurz und fleischig, glatt und schmierig anzugreifen.

T: 12 - 18° C, **Ø**: 15 cm, **BL**: ab 50 cm, **WB**: m - s, **WR**: u - o, **BS**: 2, **SG**: 3

Ordnung: Spinulosida
Fam.: Solasteridae

Crossaster papposus (LINNAEUS, 1767)
Gemeiner oder Warziger Sonnenstern

Vork.: Nördliche Meere: Atlantik: von Frankreichs Küsten, Ärmelkanal, Nordsee, westl. Ostsee bis Grönland; Pazifik: von Alaska bis zum Puget Sound (nordwestliche USA). In 5 - 330 m Tiefe.
GU: Keine.
Soz. Verh./Vgs.: Er lebt einzeln auf Fels, grobem Schotter, aber auch auf Sand in eher weniger bewegtem Wasser; er ist einzeln am besten mit Fischen, nicht mit anderen Stachelhäutern zu vergesellschaften.
Hält. B.: Der Gemeine Sonnenstern ist nur zur Haltung im Kaltwasseraquarium geeignet und paßt sich den Gegebenheiten von Sand- bis zu Felsgrund an.
Licht: Sonnen-, Mittel- bis Schwachlichtzone.
ZU/Verm.: Wie andere Arten.
FU: K; er frißt vor allem Seesterne, auch die eigene Art, und andere Wirbellose, die er ganz in seinen dehnbaren Magenraum aufnimmt.
Bes.: Der Gemeine Sonnenstern besitzt 8 - 14 Arme, die etwa gleich lang sind wie der Radius der Körperscheibe. Die große zentrale Scheibe ist netzartig von erhabenen Rippen durchzogen und meist scharlachrot gefärbt mit konzentrischen Streifen von weiß, rosa, gelblich bis dunkelrot. Die Unterseite ist weiß. Die gesamte obere Fläche ist von locker stehenden bürstenartigen Stacheln bedeckt; die Randstacheln an den Armen (Marginalstacheln) sind etwas größer.

T: 12 - 16° C, **Ø**: 40 cm, **BL**: ab 80 cm, **WB**: m, **WR**: u - o, **BS**: 2, **SG**: 3

Pycnopodia helianthoides (BRANDT, 1835)
Sonnenblumenstern

Vork.: Ostpazifik: Von Alaska bis San Diego; in 0 - 435 m Tiefe.
GU: Keine.
Soz. Verh./Vgs.: Lebt einzeln auf Fels, Schutt, Sand und Schlamm.
Hält. B.: Er ist äußerst schnell, kräftig und aggressiv und wird sehr groß; daher nicht für Heimaquarien zu empfehlen.
Licht: Sonnen- bis Schwachlichtzone.
ZU/Verm.: Wie andere Arten; Laichzeit ist von Dezember bis Juni.
FU: K; frißt mit großem Appetit Krebse, Fische, Seeigel, Seegurken, Muscheln, Schnecken u. v. a. Die Beute wird meist unzerkleinert in den äußerst dehnbaren Magen aufgenommen; dieser kann aber auch teilweise ausgestülpt werden.
Bes.: Die 20 bis 65 cm langen Arme brechen besonders in den äußeren Bereichen leicht ab, regenerieren aber schnell wieder.

T: 10 - 16° C, **Ø**: 130 cm, **BL**: ab 200 cm, **WB**: m, **WR**: u, **BS**: 3, **SG**: 3

Solaster endeca (LINNAEUS, 1771)
Purpur-Sonnenstern

Vork.: West- und Nordatlantik; von den Britischen Inseln, der Nordsee, westlichen Ostsee bis Grönland. In 20 - 90 m Tiefe.
GU: Keine.
Soz. Verh./Vgs.: Lebt einzeln auf mittel bis schwach beströmten, dünn mit Schlamm bedeckten Felsen und anderen Hartböden, die von schlammigem Kiesgrund umgeben sind. Er ist am besten einzeln, mit wenigen abwehrkräftigen Niederen Tieren und friedfertigen Fischen zu vergesellschaften.
Hält. B.: Er benötigt ein großes Kaltwasserbecken mit Felsböden aller Art, auf denen er herumklettern kann.
Licht: Sonnen - Mittellichtzone.
ZU/Verm.: Wie andere Arten.
FU: K; er ernährt sich hauptsächlich von Weichtieren und Stachelhäutern; überfällt auch die eigene Art. Er ist mit Muscheln, Schnecken, Fisch- und Krebsfleisch, Futtertabletten usw. zu ernähren.
Bes.: Die Oberseite der Tiere ist violett, purpur bis orange mit glatter Oberfläche und rauher, harter Musterung; die Unterseite ist weiß.
An der relativ großen Körperscheibe sitzen 7 bis 13 sich stark verjüngende breite Arme. Der mit etwa der gleichen Armzahl ausgestattete Stachelige Sonnenstern (*Crossaster papposus*) besitzt zahlreiche kurze Stacheln und ist daher gut von *S. endeca* unterscheidbar.

T: 12 - 18° C, **Ø**: 30 cm, **BL**: ab 70 cm, **WB**: m - s, **WR**: u - o, **BS**: 1 - 2, **SG**: 3

Über die Ordnung Forcipulatida, Zangensterne

Seesterne dieser Ordnung besitzen 5 oder mehr Arme, die von kleinen, auffallenden Plattenreihen begrenzt sind. Die Füßchen stehen in 4 Reihen (selten in 2) und tragen Saugnäpfe. Die Pedicellarien sind hoch spezialisiert, gestielt und tragen zweiklappige Enden, die einfach wie Pinzetten wirken oder überkreuzt wie Scheren gebaut sind.

Marthasterias glacialis, Mittelmeer

Ordnung: Forcipulatida
Fam.: Asteriidae

Asterias rubens (LINNAEUS, 1758)
Gemeiner Seestern

Vork.: Nordostatlantik; von der französischen Küste nordwärts, in Nord- und westlicher Ostsee. In 1 - 200 m Tiefe.
GU: Keine.
Soz. Verh./Vgs.: Er lebt einzeln, manchmal in dichten Beständen vor allem auf steinigem Untergrund. Er kann daher nicht nur einzeln, sondern in großen Becken auch in mehreren Exemplaren gemeinsam gepflegt werden, jedoch nur mit wenigen Arten von Wirbellosen, da er viele davon frißt.
Hält. B.: Er ist nicht sehr wählerisch und nimmt alle Arten von Untergrund an. Er klettert nicht nur in Aufbauten, sondern auch auf den Glasscheiben umher. Er benötigt ein Kaltwasseraquarium, verträgt aber direktes Sonnenlicht.
Licht: Sonnenlichtzone.
ZU/Verm.: Wie andere Arten.
FU: K; ernährt sich in freier Natur hauptsächlich von Schnecken, Muscheln und anderen Arten von Stachelhäutern, sogar Seeigeln. Er öffnet Muscheln, indem er sie überkriecht und mit Hilfe der Saugfüßchen so lange an deren Schalenhälften zerrt, bis deren Kräfte erlahmen. Dies dauert etwa eine Stunde. Sobald die Muschel etwas klafft, stülpt er seinen dehnbaren Magen aus und in die Muschel, wo sofort mit der Zersetzung durch Magensäfte und der Verdauung begonnen wird. Bei Vorkommen in großer Dichte kann er auf Muschelbänken großen Schaden anrichten. Er ist gut mit geöffneten Miesmuscheln, Austern usw. zu ernähren und nimmt auch Futtertabletten.
Bes.: Dieser jedem Nordseebesucher bekannte Seestern ist gut an seiner Form zu erkennen und besitzt als besonderes Kennzeichen neben seiner rauhen Oberfläche je eine Reihe von Stacheln, welche von der Körpermitte ausgehend die Armrücken bis zu deren Enden entlangläuft. Der Gemeine Seestern besitzt normalerweise 5 Arme; es gibt aber auch Tiere mit 4 oder 6 Armen. Die Färbung schwankt von rot und rotbraun bis zu fleischfarben und violett. Feinde kleiner Exemplare sind vor allem Tauchvögel, Krebse und Artgenossen sowie andere räuberische Seesterne.

T: 12 - 16° C, **Ø**: 50 cm, **BL**: ab 80 cm, **WB**: m - s, **WR**: u - o, **BS**: 1, **SG**: 3

Asterias rubens

Coscinasterias tenuispina (LAMARCK, 1816)
Blauer Seestern

Vork.: Mittelmeer, Ostatlantik vom Golf der Gascogne bis zu den Kapverden. In 0 - 50 m Tiefe.
GU: Keine.
Soz. Verh./Vgs.: Er liebt das Flachwasser, wo er auf Felsgründen unter Pflanzen und Steinen einzeln zu finden ist. Er ist mit robusten, beweglichen Niederen Tieren sowie kleineren, unaufdringlichen Fischen zu vergesellschaften.
Hält. B.: Er ist in Felsaquarien gut haltbar und sogar in warmen Becken gemeinsam mit tropischen Arten zu pflegen.
Licht: Sonnenlichtzone, aber teilweise beschattet.
ZU/Verm.: Laichzeit ist Januar bis März. Neben der geschlechtlichen Vermehrung wird das hervorragende Regenerationsvermögen zu einer vegetativen Fortpflanzung genutzt. Der Seestern reißt regelrecht auseinander; meist bilden mehrere Arme und ein Stück des Körpers einen Teil, der andere wird langsam nachgebildet.
FU: K; lebt ziemlich räuberisch und verzehrt neben kleinen Krebsen, Schnecken und Muscheln auch kurzstachelige Seeigel. Frißt im Aquarium Muschel- und Fischfleisch, aber auch Tabletten.
Bes.: Er ähnelt dem Eisseestern, ist jedoch kleiner als dieser. Die unterschiedliche Anzahl der Arme (4 bis 10) und die 5 (oft unregelmäßigen) Stachelreihen die Arme entlang (im Gegensatz zu nur drei Reihen) unterscheiden ihn vom ähnlichen Eisseestern.

T: 20 - 26° C, **Ø:** 20 cm, **BL:** ab 50 cm, **WB:** m, **WR:** u - o, **BS:** 2, **SG:** 3

Marthasterias glacialis (LINNAEUS, 1758)
Eis-Seestern

Vork.: Mittelmeer, Ostatlantik, von Irland und Norwegen bis Südafrika, zu den Azoren und Kapverden. In 0 - 180 m Tiefe.
GU: Keine.
Soz. Verh./Vgs.: Er kommt einzeln auf fast allen Böden von Felsen, Höhlen, Sand- und Schlammgrund, bei großem Nahrungsangebot sogar gesellig vor. Da er ein arger Räuber ist und sehr groß wird, sollte man sich seine Haltung gut überlegen.
Hält. B.: Er kann am ehesten in einem Fisch - Gemeinschaftsbecken mit Felsaufbauten und entsprechenden Verstecken, auch gemeinsam mit tropischen Fischen, in bis zu 25° C warmem Wasser gepflegt werden.
Licht: Sonnen-, Mittel- und Schwachlichtzone.
ZU/Verm.: Wie andere Arten.
FU: K; er ist ein arger Räuber, der in Muschelbänken großen Schaden anrichtet und neben Muscheln und Schnecken sogar Seeigel (reguläre und irreguläre) frißt. Er ist gut mit Muschel- und Fischfleisch zu ernähren und verzehrt alle am Boden liegenden Nahrungsreste.
Bes.: Im Unterschied zum Blauen Seestern besitzt er meist 5 regelmäßige Arme, auf denen nur 3 Stachelreihen liegen. Die Stachel sind von zahlreichen gestielten Greifzangen umgeben. Die Tiere können sehr groß werden; im Mittelmeer wurden bis zu 84 cm gemessen, im Atlantik bis über einen Meter.

T: 16 - 25° C, **Ø**: 80 cm, **BL**: ab 100 cm, **WB**: m, **WR**: u - o, **BS**: 1, **SG**: 3

Ophiothrix purpurea, Malediven

Schlangensterne sind Stachelhäuter mit einem kleinen, fünfeckig-rundlichen Körper und deutlich davon abgesetzten langen, schlanken Armen, die einfach oder verzweigt sein können und aus etwa gleichförmigen "Wirbeln", die meist von je einer Skelettplatte auf allen vier Seiten umgeben sind, bestehen. Der Mund befindet sich in der Mitte der Unterseite. After gibt es keinen; es kann daher nur hochwertige Nahrung ohne viele Abfallstoffe aufgenommen werden. Die kleinen Scheinfüßchen des Wassergefäßsystems haben keine Saugnäpfe, sind aber häufig klebrig und werden nur selten so wie bei den Seesternen zur Fortbewegung verwendet, sondern vielmehr zum Nahrungserwerb. Es gibt aber Arten, die mit ihrer Hilfe die Glasscheiben eines Aquariums zu erklettern imstande sind.

Die normale Fortbewegung der meisten Arten mit unverzweigten Armen erfolgt durch Vorschleudern einiger Arme (zwei oder vier) und Nachziehen des Körpers mit den anderen Armen. Auf diese Weise können sie sich wesentlich schneller fortbewegen als die Seesterne. Etwas langsamer ist das Vorstrecken eines Armes, der sich mit der Spitze verankert und hierauf schlangenförmig verkürzt und dabei den restlichen Körper mit den Armen nachzieht. Diese Art der Fortbewegung beherrschen viele Arten, auch jene, die normalerweise ständig in Schlamm eingegraben leben.

Schlangensterne sind meist getrenntgeschlechtlich; männliche und weibliche Tiere sind einander äußerlich gleich. Es gibt aber manchmal Größenunterschiede, im Extremfall sogar Zwergmännchen, die sich an Weibchen klammern. Die Geschlechtsprodukte werden in die links und rechts der Armansätze an der Unterseite der Körperscheibe gelegenen Genitaltaschen (Bursae) abgegeben, von wo sie durch schmale Schlitze (Genitalschlitze) unmittelbar ins freie Wasser gelangen; dort erfolgt auch die Befruchtung der Eier. Diese entwickeln sich nach wenigen Tagen in ebenso freischwimmende Larven (Ophiopluteus), die sich durch lange Körperfortsätze auszeichnen. Sie leben im Plankton, bis sie zum Bodenleben übergehen und sich in winzige Schlangensterne umwandeln.

Viele Arten von Schlangensternen entlassen ihre Eier nicht aus den Genitaltaschen, sondern behalten sie auch nach einer inneren Befruchtung so lange dort, bis sich junge Seesterne von etwa 3 mm

Scheibendurchmesser gebildet haben, die dann durch die Genitalschlitze "geboren" werden. Es ist dies aber keine echte Geburt, sondern nur eine Entlassung aus der mütterlichen Obhut. Die Muttertiere haben nämlich keine direkte Beziehung zum Nachwuchs, dieser wächst nur, vom Dottervorrat ernährt, im mütterlichen Schutz heran. Er wird also während dieser Zeit nicht von der Mutter versorgt.

Plötzliches Auftreten zahlreicher Jungtiere im Aquarium ist meist auf diese Art der Entwicklung zurückzuführen.

Die Nahrungsaufnahme erfolgt auf sehr vielfältige Weise, und manche Arten beherrschen mehrere Techniken. Viele Arten sind "Weidegänger", die mit ihren Füßchen am Boden liegende Nahrungsteilchen (Kieselalgen, Foraminiferen, Strahlentierchen, abgestorbenes Plankton) aufspüren, ankleben und von Füßchen zu Füßchen weitergeben, bis sie zum Mund gelangen. Diese "Auftupftechnik" beherrschen wahrscheinlich alle Arten.

Manche sind schnelle Räuber, die Krebse, Muscheln, Schnecken, Borstenwürmer und sogar andere Stachelhäuter erbeuten. Sie umschlingen diese mit ihren Armen und drehen sie dem Mund zu, der sie mit seinen fünf Kiefern zerlegt und in den weiträumigen Magen befördert.

Man kann die Schlangensterne ihren Fangmethoden entsprechend ganz grob in zwei Gruppen teilen: In die Langstachel- oder Stachelarm-Schlangensterne (Ophiocomidae, Amphiuridae, Ophioactidae und Ophiotrichidae), die neben langen Stacheln an den Armen auch lange Saugfüßchen besitzen und kleinste Lebewesen fressen (Mikrophagen), die sie vom Boden aufnehmen (Depositfresser) oder aus dem Wasser sieben (Suspensionsfresser).

Die zweite Gruppe ist jene der Kurzstachel-Schlangensterne (Ophiodermatidae, Ophiomyxidae, Ophiolepidae), die nur kurze oder fast gar keine Stacheln an den Armen und kurze Saugfüßchen haben, dafür aber etwas beweglichere Arme besitzen. Sie sind hauptsächlich Jäger, die ihre Beutetiere am Boden oder auch aus dem freien Wasser fangen und durch Einringeln zum Mund weitertransportieren; sie beherrschen natürlich auch das Auftupfen vom Boden und diverse andere Techniken des Nahrungserwerbs.

Die meisten bei uns eingeführten Arten sind räuberisch und fressen im Aquarium auch größere Beute wie etwa 1 cm große Stücke von Muschel- und Fischfleisch, einige cm lange Regenwurmstücke, kleine tote Garnelen, Meer- und Bachflohkrebse, Tubifexklümpchen u.a.

Festsitzende Tiere wie Blumentiere werden ohne Beihilfe der Arme an Ort und Stelle zerlegt bzw. abgeweidet. Viele, besonders jene mit verzweigten Armen, betreiben Geschwebefang. Manche einfachen Schlangensterne begnügen sich damit, daß sie sich mit zwei Armen am Boden festhalten und die restlichen drei ins freie Wasser strecken. Der klebrige Schleim an ihren Füßchen hält wie Leimruten das Geschwebe (Plankton) fest, das dann bis zum Mund weitergegeben wird. Manche leben in der Gezeitenzone und warten, bis der Wasserspiegel bei Ebbe so weit abgesunken ist, daß sie mit drei Armen die Wasseroberfläche nach dem darauf befindlichen feinen Staubfilm, der allerlei Freßbares enthält, absuchen können. Gorgonenhäupter mit ihren mehrfach verzweigten Armen erklimmen in den Abendstunden die höchsten Punkte des Riffs und strecken dort ihre Arme wie dichte Reusen gegen den Wasserstrom, wodurch sie ungeheure Mengen an Plankton erbeuten.

Die Haltung von reinen Planktonfängern ist nicht leicht und erfordert allerlei Erfahrung mit der Handhabung von "Planktonersatz" (zerriebenem Muschel- oder Fischfleisch u.a.) und mit der Aufzucht von Plankton (bes. Kleinkrebsen wie *Mysis*, Hüpferlingen usw.) in eigenen Becken, um stets genügend Nahrung zur Verfügung zu haben.

Besonders durch zerriebenes Fleisch wird das Wasser sehr stark belastet, was man durch entsprechend dimensionierte Filterung wieder kompensieren muß.

Ideale Partner für Schlangensterne sind nicht zu stark nesselnde Krustenanemonen, Weichkorallen und Gorgonien, kleine Krebse wie Garnelen und Einsiedlerkrebse, Muscheln, Röhrenwürmer u.a. Filtrierende Arten kann man auch in Gruppen halten. Nicht geeignet sind die meisten Fische, stark nesselnde Anemonen und Hydrozoen, räuberische Seesterne und große Krebse.

Schlangensterne werfen leicht ihre Arme ab. Man achte darauf, möglichst unbeschädigte Exemplare zu erhalten. Sie sollen daher auch nicht mit Netzen aus den Becken gefischt werden, sondern

mit Plastikdosen, stets unter Wasser. Sie sollen nie mit Luft in Berührung kommen, damit ihr Wassergefäßsystem keinen Schaden nimmt.
Räuberische Schlangensterne sind gut haltbar und können sogar von Anfängern in der Seewasser-Aquaristik gepflegt werden. Sie passen hervorragend in ein Wirbellosenbecken mit einigen harmlosen Fischen. Leider sind die meisten Arten lichtscheu und kommen nie ganz oder nur nachts hervor. Manche lassen sich jedoch in der gefahrlosen Umgebung des Aquariums auch auf Fütterung während des Tages umstellen und aus ihren Verstecken hervorlocken.

Systematik

Klasse: OPHIUROIDEA		Schlangensterne
Ordnung: EURYALAE		
Familie: Gorgonocephalidae		Gorgonenhäupter
Gattungen:	*Astroba*	
	Astrophyton	
	Astrospartus	
Ordnung: OPHIURAE		
Familie: Ophiocomidae		
Gattungen:	*Ophiocoma*	
	Ophiocomina	
Familie: Ophiodermatidae		
Gattungen:	*Ophiarachna*	
	Ophioderma	
Familie: Ophiomyxidae		
Gattung:	*Ophiomyxa*	
Familie: Ophionereidae		
Gattung:	*Ophionereis*	
Familie: Ophiotrichidae		Stachel - Schlangensterne
Gattungen:	*Ophiothela*	
	Ophiothrix	
Familie: Ophiuridae		
Gattung:	*Ophiura*	

Astrospartus mediterraneus (RISSO, 1826)
Mittelmeer-Gorgonenhaupt

Vork.: Diese Art ist nur von wenigen Fundorten im westlichen Mittelmeer und aus dem angrenzenden Atlantik bis Portugal bekannt. In 50 - 200 m Tiefe.
GU: Keine.
Soz. Verh./Vgs.: Das Mittelmeer-Gorgonenhaupt lebt einzeln auf tiefen, felsigen Böden und klammert sich bevorzugt im Geäst von Gorgonien fest, wo es eine bessere Fangposition einnehmen kann als am Boden.
Hält. B.: Auch diese Art ist nicht für ein normales Heimaquarium geeignet: es benötigt ein kühles, relativ dunkles Spezialbecken und sollte am besten mit seiner Unterlage, der Gorgonie, eingebracht werden. Wegen seines seltenen Vorkommens und seiner Lebensweise sollte man von Fang und Haltung Abstand nehmen.
Licht: Mittel- Schwachlichtzone.
ZU/Verm.: Über Fortpflanzung und Biologie dieser Art ist soviel wie nichts bekannt.
FU: K; von seinem bevorzugten Standort aus kann es die Strömung voll ausnützen und alles ankommende Geschwebe festhalten. Als Nährtiere kommen Kleinkrebse und Planktonersatz in Frage.
Bes.: Da dies die einzige Art von Gorgonenhäuptern im Mittelmeer ist, kann sie vor Ort nicht verwechselt werden; sie wird auch im Handel normalerweise nicht angeboten. Sie bleibt wesentlich kleiner als die anderen hier behandelten Arten, ist einheitlich grau gefärbt und ihre Körperscheibe sowie die Arme besitzen eine gekörnte Oberfläche.

T: 10 - 17° C, **Körper-Ø:** 7 cm, **Arm-L:** 20 cm, **BL:** ab 100 cm, **WB:** m, **WR:** u - o, **BS:** 3, **SG:** 3.

Ordnung: EURYALAE
Fam.: Gorgonocephalidae

Astroba nuda (LYMAN, 1874)
Indopazifisches Gorgonenhaupt

Vork.: Indowestpazifik; vom Roten Meer, von Ostafrika und Madagaskar bis zu den Philippinen und nach Neukaledonien. In 2 - 120 m Tiefe.
GU: Keine.
Soz. Verh./Vgs.: Das Gorgonenhaupt lebt einzeln, tagsüber eingerollt, gut versteckt in einer Felsspalte, unter Korallen und häufig knapp unterhalb der Riffkante. Bei einbrechender Dunkelheit erklettert es den höchten oder am weitesten in die Strömung vorragenden Punkt der Umgebung und breitet seine bis zu 1 m langen Arme trichterförmig zum Planktonfang aus.
Hält. B.: Es braucht ein lichtgeschütztes Versteck, in das es sich tagsüber ganz zurückziehen kann, und einen erhöhten, vorspringenden Punkt, von dem aus es seine Arme voll entfalten kann. Da man ihm diesen Lebensraum zumindest im Heimaquarium nicht bieten kann und es außerdem transportempfindlich ist, sollte man von Fang und Haltung Abstand nehmen.
Licht: Mittellicht- bzw Sonnenlichtzone, aber total lichtgeschütztes Versteck.
ZU/Verm.: Nicht bekannt.
FU: K; von seinem bevorzugten Standort aus richtet es die runde Öffnung seines Fangtrichters gegen die Strömung. Auftreffende Planktontiere (meist Krebsartige, auch Fischlarven, Borstenwürmer und Pfeilwürmer) werden von zahlreichen kleinen Haken auf den Armoberseiten festgehalten. Wenn sich genügend Nahrung angesammelt hat, rollt sich der betreffende Arm zum Mund hin ein, wird "abgelutscht" und hierauf wieder zum Fang ausgestreckt. Mit reichlich Planktonersatz wie lebenden oder tiefgefrorenen Kleinkrebsen (*Mysis* u.a.), zerriebenem Muschel-, Fisch- oder Krebsfleisch könnte man die Tiere in einem Großaquarium ernähren.
Bes.: Die Filterleistung eines großen Gorgonenhauptes ist beträchtlich, so hat man errechnet, daß ein solches während einer 8-stündigen nächtlichen Fangperiode 86 m^3 Wasser filtriert.
Das Gorgonenhaupt ist so lichtempfindlich, daß es sich im Schein einer Taucherlampe sofort zusammenrollt. In Vollmondnächten bleiben die Bewohner seichter Riffkanten sogar in ihren Verstecken. Gorgonenhäupter sind sehr standorttreu und überdauern den Tag stets in denselben Verstecken und beziehen nachts stets den gleichen Fangplatz am Riff. Manchmal sieht man Kardinalbarsche (Apogonidae) an ihren Armen zupfen; sie stehlen die dort festgehaltenen Planktonpakete.

T: 22 - 27° C, **Körper-Ø**: 7 cm, **Arm-L**: 100 cm, **BL**: ab 200 cm, **WB**: m, **WR**: u - o, **BS**: 3, **SG**: 3.

Astroba nuda, Rotes Meer

Ordnung: Euryalae
Fam.: Gorgonocephalidae

Astrophyton muricatum (LAMARCK, 1816)
Karibisches Gorgonenhaupt

Vork.: Tropischer Westatlantik; von den Bahamas und von Florida bis Brasilien, im gesamten karibischen Raum. In 3 - 30 m Tiefe.
GU: Keine.
Soz. Verh./Vgs.: Dieses Gorgonenhaupt lebt einzeln, tagsüber eingerollt, gut versteckt in einer Felsspalte, einer Höhle, unter Korallen usw. Nachts breitet es die farnartigen Arme zu einem großen Fächer oder Trichter aus, wobei stets einige Arme zum Festhalten am Boden benutzt werden, während die anderen dem Nahrungsfang dienen. Die Tiere sind ziemlich standorttreu und suchen stets dasselbe Versteck und denselben Fangplatz auf.
Hält. B.: Es braucht ein lichtgeschütztes Versteck, in das es sich tagsüber ganz zurückziehen kann, und einen erhöhten, vorspringenden Punkt, von dem aus es seine Arme voll entfalten kann. Da man ihm diesen Lebensraum zumindest im Heimaquarium nicht bieten kann, sollte man von Fang und Haltung Abstand nehmen.
Licht: Mittellicht bzw Sonnenlichtzone, aber total lichtgeschütztes Versteck.
ZU/Verm.: Nicht bekannt.
FU: K; die dicht verzweigten Arme bilden ein nahezu undurchdringliches Fangnetz, das Planktontiere, meist Krebsartige, mit den feinsten Armgliedern festhält und, wenn sich genügend Nahrung angesammelt hat, diese durch Einrollen dem Mund zuführt. Bei geringem Nahrungsangebot bleiben die Arme die ganze Nacht hindurch ausgebreitet und werden erst im Morgengrauen eingerollt. Mit reichlich Planktonersatz wie lebenden oder tiefgefrorenen Kleinkrebsen (*Mysis* u.a.), zerriebenem Muschel-, Fisch- oder Krebsfleisch könnte man die Tiere in einem Großaquarium ernähren.
Bes.: Das Karibische Gorgonenhaupt, auch Großes Gorgonenhaupt genannt, erreicht fast dieselben riesigen Ausmaße von über einem Meter Spannweite, wie die indopazifische Art *A. nuda*. Es ist orange oder hell- bis dunkelbraun gefärbt. Jungtiere sind normalerweise gelbbraun und lavendelfarben, manchmal auch schwarz. Tagsüber sehen die Tiere wie Bündel von Heu oder Stroh aus, nachts entrollen sie ihre Arme zu riesigen, fein verzweigten Fächern oder Trichtern.

T: 20 - 27° C, **Körper-Ø**: 5 cm, **Arm-L**: 60 cm, **BL**: ab 200 cm, **WB**: m, **WR**: u - o, **BS**: 3, **SG**: 3.

Astrophyton muricatum

Astrophyton muricatum

Ophiocoma echinata

Ophiocoma echinata

Ophiocoma echinata (LAMARCK, 1816)
Stacheliger Schlangenstern

Vork.: Tropischer Westatlantik; von den Bermudas, Bahamas und von Panama bis Brasilien, sowie im östlichen Atlantik; in 1 - 30 m Tiefe.
GU: Keine.
Soz. Verh./Vgs.: Dies ist wohl der häufigste Schlangenstern des tropischen Westatlantiks. Er lebt einzeln oder in losen Gruppen besonders in Spalten von Korallenriffen, in Arealen mit Korallenschutt, auf Blockgründen usw.; er ist einzeln oder in mehreren Exemplaren zu halten.
Hält. B.: Er benötigt ein versteckreiches Aquarium mit Spalten und Ritzen, in die er sich ganz zurückziehen kann, sowie sauerstoffreiches, bewegtes Wasser.
Licht: Sonnenlichtzone.
ZU/Verm.: Nicht bekannt. Laichzeit ist meist nicht vor Juli; dies verhindert vielleicht eine Hybridisierung mit der im selben Gebiet vorkommenmm Art *O. riisei*.
FU: K; verzehrt Nahrungsreste und Kleintiere aller Art; ernährt sich zum Teil selbst, sollte aber mit Planktonersatz, Kleinkrebsen, *Tubifex*, Tablettenstücken u.a. Kleinstmaterial zugefüttert werden.
Bes.: *O. echinata* besitzt eine verhältnismäßig große Körperscheibe und sieht häufig einheitlich dunkelbraun bis schwarz aus. Große Exemplare weisen besonders auf der Körperscheibe unterschiedlichste cremefarbene Muster auf. Die Bestachelung der Arme ist kräftig und stumpf.

T: 20 - 27° C, **Körper-Ø:** 3 cm, **Arm-L:** 12 - 15 cm, **BL:** ab 50 cm, **WB:** s, **WR:** u, **BS:** 2 - 3, **SG:** 3.

Ordnung: OPHIURAE
Fam.: Ophiocomidae

Ophiocoma pumila (LÜTKEN, 1859)
Zwerg - Schlangenstern

Vork.: Tropischer Westatlantik; von den Bermudas und von Florida bis Brasilien und Sao Tome im Golf von Guinea; in 1 - 60 m Tiefe.
GU: Keine.
Soz. Verh./Vgs.: Lebt einzeln oder in losen Gruppen besonders in Spalten von Korallenfelsen oder zwischen Kalkalgen nahe der Wasserlinie; er ist einzeln oder in mehreren Exemplaren zu halten.
Hält. B.: Er benötigt ein versteckreiches Aquarium mit Spalten und Ritzen, in die er sich ganz zurückziehen kann, sowie sauerstoffreiches, bewegtes Wasser.
Licht: Sonnenlichtzone.
ZU/Verm.: Nicht bekannt. Jungtiere dieser Art neigen zur asexuellen Fortpflanzung, indem sie leicht auseinanderreißen (Autotomie) und aus den Teilen durch Regeneration neue Tiere hervorgehen.
FU: K; verzehrt Nahrungsreste und Kleintiere aller Art; ernährt sich zum Teil selbst, sollte aber mit Planktonersatz, Kleinkrebsen, Tubifex, Tablettenstücken u.a. Kleinstmaterial zugefüttert werden.
Bes.: Jungtiere sind grün und weiß, den Algen, zwischen denen sie sich hauptsächlich aufhalten, angepaßt. Die grüne Färbung verschwindet mit dem Alter und macht diversen Schattierungen von Braun Platz, unterbrochen von kleinen, weißen Flecken. Nur an den Armenden bleibt etwas Grün erhalten.

T: 20 - 27° C, **Körper-Ø**: 1,5 cm, **Arm-L**: 15 cm, **BL**: ab 50 cm, **WB**: s, **WR**: u, **BS**: 2 - 3, **SG**: 3.

Ophiocoma riisei (LÜTKEN, 1859)
Riises Schlangenstern

Vork.: Tropischer Westatlantik; von den Bermudas und von Florida bis Brasilien; von der Niedrigwasserlinie bis in 370 m Tiefe.
GU: Keine.
Soz. Verh./Vgs.: Diese Art lebt einzeln oder in losen Gruppen besonders in Spalten von Korallenfelsen oder zwischen Kalkalgen nahe der Wasserlinie, oft gemeinsam mit *O. echinata*; er ist einzeln oder in mehreren Exemplaren zu halten.
Hält. B.: Er benötigt ein versteckreiches Aquarium mit Spalten und Ritzen, in die er sich ganz zurückziehen kann, sowie sauerstoffreiches, bewegtes Wasser.
Licht: Sonnenlichtzone.
ZU/Verm.: Nicht bekannt. Laichzeit ist z.B. in Jamaica im Mai oder sogar früher. Die Tiere neigen nicht zur Autotomie.
FU: K; verzehrt Nahrungsreste und Kleintiere aller Art; ernährt sich zum Teil selbst, sollte aber mit Planktonersatz, Kleinkrebsen, *Tubifex*, Tablettenstücken u.a. Kleinstmaterial zugefüttert werden.
Bes.: Jungtiere besitzen irreguläre Muster von rötlich-braunen Tönen auf der Körperscheibe und die Arme sind in denselben Farben leicht gebändert. Alttiere werden zusehends schwarz mit leuchtend rotbraunen Tentakeln an den Armen und manchmal regelmäßigen Mustern auf der Körperscheibe. Diese Art ist wesentlich seltener als *O. echinata* und hat verhältnismäßig lange Arme.

T: 20 - 27° C, **Körper-Ø**: 3 cm, **Arm-L**: 16 cm, **BL**: ab 50 cm, **WB**: s, **WR**: u, **BS**: 2 - 3, **SG**: 3.

Ordnung: Ophiurae
Fam.: Ophiocomidae

Ophiocoma scolopendrina (LAMARCK, 1816)
Riffdach-Schlangenstern

Vork.: Indopazifik; vom Roten Meer bis Hawaii, zu den Südpazifischen Inseln und nach Japan (N). In 0 - 1 m Tiefe.
GU: Keine.
Soz. Verh./Vgs.: Diese Art ist territorial und sitzt normalerweise versteckt in kleinen Löchern der Riffterrasse und streckt drei seiner Arme zum Nahrungsfang hervor. Sie kann mit Artgenossen und verschiedenen robusten Niederen Tieren sowie Fischen vergesellschaftet werden; nicht aber mit kleinen Garnelen (Putzergarnelen) und kleinen Schnecken, die sie frißt.
Hält. B.: Ein Felsaquarium mit Versteckmöglichkeiten knapp unter der Oberfläche kommt seinen natürlichen Gegebenheiten am nächsten. Er kann aber auch in Becken mit Steinblöcken auf Sandgrund gehalten werden. Dort legt er einen Unterschlupf unter den Steinen selbst an. Die Dekoration ist jedoch so anzulegen, daß sie durch seine Baggertätigkeit nicht einstürzen kann.
Licht: Sonnenlichtzone, aber teilweise beschattet.
ZU/Verm.: Nicht bekannt. Eier und Spermien werden einfach ins Wasser abgegeben.
FU: O; der Riffdach - Schlangenstern ist in den 60-er Jahren "berühmt" geworden durch seine originelle Art des Abweidens des Oberflächenfilms des Wassers mit drei umgedrehten Armen, die in einem bestimmten Rhythmus hin- und herbewegt werden. Man kann diese Art der Nahrungsaufnahme mit auf die Oberfläche gestreutem Flockenfutter auch im Aquarium beobachten, wenn man hierzu den Wasserspiegel soweit absenkt, daß die Tiere mit ihren Armen die Oberfläche erreichen. Am Boden angesiedelte Tiere nehmen auch Muschelfleisch, getrocknete Garnelen, Krebschen, Würmer, *Artemia*, Schnecken, Futtertabletten u.a. Große Nahrungsstücke werden mit einem Arm durch Einrollen zum Mund befördert und von diesem zerkleinert; kleine Teilchen werden bei ausgestreckten Armen von den Saugfüßchen zum Mund weitergereicht. Zur Nahrungsaufnahme verbleibt der Körper meist im Versteck und nur die Arme "gehen" auf Nahrungssuche. Er ist im Aquarium ein empfehlenswerter Restevertilger.
Bes.: Über dem Armansatz kann man am Körper große Schilder erkennen, die wie die gesamte Oberfläche von rauhen Körnern bedeckt sind. Es gibt gefleckte oder einfarbig dunkle Exemplare; die Armunterseiten sind aber immer hell.
Die im selben Gebiet vorkommende, äußerst ähnliche Art *O. erinaceus* bevorzugt etwas tiefere Zonen (1-1,5 m) und ist auch auf der Armunterseite dunkel gefärbt.

T: 22 - 28° C, **Körper-Ø**: 2 cm, **Arm-L**: 15 cm, **BL**: ab 50 cm, **WB**: s, **WR**: u, **BS**: 2 - 3, **SG**: 3.

Ophiocoma scolopendrina

Ophiocomina nigra (ABILDGAARD, 1789)
Schwarzer Schlangenstern

Vork.: Ostatlantik; von Norwegen und Faeroer bis zu den Azoren, westliches Mittelmeer. In 0 - 400 m Tiefe. **GU:** Keine.
Soz. Verh./Vgs.: Während diese Art im Mittelmeer meist einzeln lebt und selten auftritt, bildet sie im Atlantik oft relativ dichte Bestände (nicht so dicht wie *Ophiothrix fragilis*). Er ist daher einzeln oder in mehreren Exemplaren zu halten.
Hält. B.: Der Schwarze Schlangenstern stellt in der Natur keine besonderen Ansprüche an die Bodenbeschaffenheit und kommt auf Fels-, Schutt-, Kies-, Sand- und Schlammgründen vor. Er ist also in den verschiedenartigsten Aquarientypen zu halten. **Licht:** Sonnen- bis Schwachlichtzone.
ZU/Verm.: Laichzeit ist im Atlantik von Juni bis August; die Larven sind gelblich gefärbt, charakterisiert durch zwei lange, mit Cilien besetzte "Lappen", und leben 35 bis 40 Tage pelagisch, bevor sie sich umwandeln und zum Bodenleben übergehen.
FU: O; *O. nigra* ist ein richtiges Allroundtalent, was die Nahrungsbesorgung betrifft. Er weidet Algen und Aufwuchs verschiedenster Art ab und verzehrt auch Aas. Kleinere Tiere umschlingt er mit den Armen und führt sie dem Mund zu, Kleinlebewesen tupft er vom Boden ab, Geschwebe fängt er mit eingeschleimten Armen aus der Strömung; bei Ebbe weidet er mancherorts den Oberflächenfilm des Wassers ab. Er findet daher im Aquarium einerseits selbst Nahrung, andererseits ist er leicht an diverses Futter (Muschel-, Krebs-, Fischfleisch, Wurmstücke u.v.a.) zu bringen.
Bes.: Die Tiere haben ganz charakteristische, kurze, oben stachellose Arme; die Färbung ist meist schwarz (wie der Name sagt), kann aber auch braun oder dunkelgrau sein.

T: 10 - 20° C, **Körper-Ø:** 2,5 cm, **Arm-L:** 12 cm, **BL:** ab 50 cm, **WB:** s, **WR:** u - o, **BS:** 1, **SG:** 2.

Ordnung: OPHIURAE
Fam.: Ophiodermatidae

Ophiarachna incrassata (LAMARCK, 1816)
Olivgrüner Schlangenstern

Vork.: Indopazifik; selten im westlichen Indischen Ozean; relativ häufig von Sri Lanka bis Hawaii, zu den Südpazifischen Inseln und nach Japan (N). In 5 - 40 m Tiefe.
GU: Keine.
Soz. Verh./Vgs.: Der Olivgrüne Schlangenstern lebt an Korallenriffen von der Riffterrasse abwärts bis zum Vorriff, wo er auf Korallenschutt und Korallensand, tagsüber unter Steinen und Korallenköpfen, zu finden ist. Er ist einzeln oder in mehreren Exemplaren zu pflegen.
Hält. B.: Er ist auf unterschiedlichsten Substraten zu halten; am besten geeignet sind Sand oder Schuttgrund mit größeren Steinen oder Felsaufbauten, die geeignete Verstecke enthalten.
Licht: Sonnen- Mittellichtzone.
ZU/Verm.: Nicht bekannt. Die Fortpflanzung selbst konnte bisher nicht beobachtet werden, wohl aber das plötzliche Auftreten von Jungtieren im Aquarium. Man vermutet daher, daß es sich um eine brutpflegende Art handelt, die ihre Larven in Bruttaschen (Bursae) an den Armansätzen auf der Unterseite der Körperscheibe behält, bis sie sich zu ca 3 mm großen Abbildern der Eltern entwickelt haben.
FU: K; normalerweise nachtaktiv; er ernährt sich von kleinen bodenlebenden Wirbellosen, die er im Aquarium z. T. selbst findet. Er braucht als Zukost Kleinkrebse, Fleischstücke von Fischen, Muscheln, Krebsen, Futtertabletten, Regenwurmstücke u.v.a. Jungtiere können mit Tropfen von Flüssigfutter auch tagsüber aus ihren Verstecken gelockt werden, später mit größeren Futterstücken.
Bes.: Dies ist einer der größten Schlangensterne, was den Scheibendurchmesser betrifft. Die Arme sind verhältnismäßig kurz; nur 4-5x der Scheibendurchmesser. Auf der Körperscheibe liegen zahlreiche helle Punkte, die dunkel (auch grün oder braun) eingefaßt sein können. Die Arme selbst sind meist einfarbig grün, aber die Stacheln, die länger als die einzelnen Armsegmente sind, tragen eine grüne oder braune Ringelung. Tiere tiefer Regionen sind manchmal zitronengelb bis leuchtend gelbgrün gefärbt, manche haben schöne Körperzeichnungen.

T: 20 - 27° C, **Körper-Ø**: 5 cm, **Arm-L**: 25 cm, **BL**: ab 70 cm, **WB**: s, **WR**: u, **BS**: 1 - 2, **SG**: 2 - 3.

Ophiarachna incrassata, Aquarienaufnahme

Ordnung: Ophiurae
Fam.: Ophiodermatidae

Ophioderma appressum cf. (SAY, 1825)
Gebänderter Schlangenstern

Vork.: Tropischer Westatlantik; von den Bermudas bis Brasilien und Ostatlantik (Senegal, Angola). In 1 - 20 m Tiefe. GU: Keine.
Soz. Verh./Vgs.: Dies ist einer der häufigsten Schlangensterne des Westatlantiks, lebt einzeln oder in losen Gruppen besonders in Spalten von seichten bis mitteltiefen Korallenriffen unter Korallenköpfen, Felsen, usw.; er ist einzeln oder in mehreren Exemplaren zu halten.
Hält. B.: Er benötigt ein versteckreiches Aquarium mit Spalten und Ritzen, in die er sich ganz zurückziehen kann, sowie sauerstoffreiches, bewegtes Wasser.
Licht: Sonnenlichtzone.
ZU/Verm.: Nicht bekannt.
FU: K; verzehrt Nahrungsreste und Kleintiere aller Art; ernährt sich zum Teil selbst, sollte aber besonders in den Abendstunden mit Fleischstücken, Kleinkrebsen, *Tubifex*, Tablettenstücken u.v.a. zugefüttert werden.
Bes.: Die Färbung der Tiere kann so unterschiedlich sein, daß sie von keinem großen Wert für die Identifizierung ist. Die Arme sind normalerweise gebändert mit grau und weiß, aber auch grün oder braun und weiß. Die Körperscheibe kann einheitlich oliv, grau oder braun oder mit hellen Mustern verschiedenster Art versehen sein. Ein wichtiges Kennzeichen sind daher die kurzen Stacheln, die den Armen ein gesägtes Erscheinungsbild geben.

T: 20 - 27° C, **Körper-Ø**: 2,5 cm, **Arm-L**: 15 cm, **BL**: ab 50 cm, **WB**: s, **WR**: u, **BS**: 2 - 3, **SG**: 3.

Ophioderma appressum cf.

Ophioderma appressum cf.

Drei Arten von Karibischen Schlangensternen: Links 3 gefleckte Formen von *Ophioderma appressum* cf., in Bildmitte die rötliche Art *O. rubicundum* und rechts die weißliche Art *Ophionereis reticulata*.

Ophioderma brevispinum cf. (SAY, 1825)
Kurzstacheliger Schlangenstern

Vork.: Tropischer Westatlantik; von der Ostküste der USA bis zu den Karibischen Inseln; erreicht wahrscheinlich die südamerikanischen Küsten nicht. In 1 - 20 m Tiefe.
GU: Keine.
Soz. Verh./Vgs.: Lebt einzeln besonders in Seegraswiesen; er ist einzeln oder in mehreren Exemplaren zu halten.
Hält. B.: Er benötigt ein Aquarium mit dichtem Bewuchs an höheren Algen oder Seegras.
Licht: Sonnenlichtzone.
ZU/Verm.: Nicht bekannt. Es ist interessant, daß es bei keiner anderen normalerweise 5-armigen Form so viele 4- oder 6-armige Tiere gibt, wie man von dieser Art findet.
FU: K; verzehrt Nahrungsreste und Kleintiere aller Art; ernährt sich zum Teil selbst, sollte aber besonders in den Abendstunden mit Fleischstücken, Kleinkrebsen, Tubifex, Tablettenstücken u.v.a. zugefüttert werden.
Bes.: Diese Art wird und wurde häufig mit *O. appressum* verwechselt, sodaß die Verbreitungsgrenzen nicht genau bekannt sind. Sie bleibt jedoch wesentlich kleiner als jene, und die Farbtöne tendieren mehr zum Grün. Es gibt auch wunderschön gefärbte Exemplare mit purpurner Körperscheibe und grün gestreiften Armen, mit weißer Scheibe und in verschiedenen Grüntönen gestreiften Armen, mit rosa Scheibe und wenigen rosa Armringen usw.

T: 20 - 27° C, **Körper-Ø:** 1,5 cm, **Arm-L:** 7 cm, **BL:** ab 40 cm, **WB:** s, **WR:** u, **BS:** 2 - 3, **SG:** 3.

Ordnung: Ophiurae
Fam.:Ophiodermatidae

Ophioderma cinereum (MÜLLER & TROSCHEL, 1842)
Schokolade - Schlangenstern

Vork.: Tropischer Westatlantik; von den Bermudas bis Brasilien; nicht im Ostatlantik; wird in Tobago am größten. In 1 - 15 m Tiefe.
GU: Keine.
Soz. Verh./Vgs.: Er lebt meist einzeln, besonders in Spalten verborgen.
Hält. B.: Er benötigt ein versteckreiches Aquarium mit Spalten und Ritzen, in die er sich ganz zurückziehen kann.
Licht: Sonnenlichtzone, aber beschattet.
ZU/Verm.: Nicht bekannt.
FU: K; verzehrt Nahrungsreste und Kleintiere aller Art; ernährt sich zum Teil selbst, sollte aber besonders in den Abendstunden mit Fleischstücken, Kleinkrebsen, *Tubifex*, Tablettenstücken u.v.a. zugefüttert werden.
Bes.: Die Arme der Tiere erscheinen ziemlich glatt und sind nur etwa 4 mal so lang wie der Scheibendurchmesser. Die Färbung kann sehr unterschiedlich sein; sie ist düster, von einem hellen bis zu einem aschfarbenen Braun; dunkle Exemplare sind meist ziemlich einfarbig, hellere gebändert und haben Punkte oder rundliche Flecken auf der Scheibe.

T: 20 - 27° C, **Körper-Ø**: 3,5 cm, **Arm-L**: 15 cm, **BL**: ab 50 cm, **WB**: s, **WR**: u, **BS**: 2 - 3, **SG**: 3.

Ophioderma longicaudum (RETZIUS, 1842)
Brauner Schlangenstern

Vork.: Mittelmeer, Ostatlantik; von der Bretagne bis zum Kongo; in 0 - 70 m Tiefe.
GU: Keine.
Soz. Verh./Vgs.: Er lebt einzeln, tagsüber versteckt in Spalten, Felslöchern, unter Steinen, aber auch in Algenbeständen und Seegraswiesen. Er geht nachts hauptsächlich auf Weichböden auf Nahrungssuche.
Hält. B.: Er benötigt ein versteckreiches Aquarium mit Spalten und Ritzen, in die er sich ganz zurückziehen kann. **Licht:** Sonnenlichtzone, aber beschattet.
ZU/Verm.: Die Laichzeit ist je nach Meeresgebiet verschieden, etwa von März bis Juni. Die Tiere versammeln sich dann auf den höchsten Punkten des Gebietes und geben gemeinsam ihre Geschlechtsprodukte ins freie Wasser ab, wo die Befruchtung erfolgt.
FU: K; während er im Meer als kleiner Räuber zu bezeichnen ist, bildet er im Aquarium einen hervorragenden Restevertilger, der auch für tropische Riffaquarien geeignet ist. Hier verzehrt er auch Fisch- und Muschelfleisch, Flohkrebse, kleine, tote Garnelen, Regenwurmstücke, *Tubifex* u.a. In der geschützten Atmosphäre des Aquariums kann er auch tagsüber mit Futter aus seinem Versteck gelockt werden.
Bes.: Er ist der größte Schlangenstern des Mittelmeeres. Er kann sich durch Vorschleudern einiger Arme und Nachziehen des Körpers und der anderen Arme rasch fortbewegen. Bei Gefahr wirft er Armteile ab, die rasch wieder regenerieren.

T: 20 - 27° C, **Körper-Ø:** 3,5 cm, **Arm-L:** 15 cm, **BL:** ab 50 cm, **WB:** s, **WR:** u, **BS:** 2 - 3, **SG:** 3.

Ordnung: Ophiurae
Fam.: Ophiodermatidae

Ophioderma rubicundum (LÜTKEN, 1856)
Rubin-Schlangenstern

Vork.: Tropischer Westatlantik; von den Bahamas und von Florida bis Tobago, knapp vor der südamerikanischen Küste. In 12 - 30 m Tiefe. **GU**: Keine.
Soz. Verh./Vgs.: Dies ist ein eher seltener Schlangenstern, der wahrscheinlich nur deshalb so selten gefunden wurde, weil er für Sammler, die vom Ufer aus arbeiteten, zu tief und für Dredschen zu seicht vorkommt. Er bevorzugt Verstecke im Vorriff, wurde aber auch manchmal auf Gorgonien kletternd gefunden. Er kann einzeln oder in Gruppen gehalten werden.
Hält. B.: Er benötigt ein versteckreiches Aquarium mit Spalten und Ritzen, in die er sich ganz zurückziehen kann.
Licht: Mittellichtzone. **ZU/Verm.**: Nicht bekannt.
FU: Er sucht seine Nahrung nachts mit Vorliebe auf den Schutt- und Sandgebieten zwischen den Korallenformationen des Vorriffs. Er lebt im Aquarium hauptsächlich von Futterresten und Kleinlebewesen, die er vom Boden auftupft.
Bes.: Kennzeichen dieser Art sind besonders die ziemlich glatten Arme mit rötlichen und cremen Querbändern. Die Körperscheibe kann einfarbig, gemustert oder gefleckt sein, wobei wiederum Rottöne (manchmal ein schönes Purpur) in der Grundtönung vorherrschen, die Muster heller rot, weißlich oder hellgrau sind. Betrachtet man die Armplatten mit der Lupe, so wird man oft wunderschöne Musterungen entdecken.

T: 20 - 25° C, **Körper-Ø**: 2 cm, **Arm-L**: 12 cm, **BL**: ab 40 cm, **WB**: s, **WR**: u, **BS**: 2 - 3, **SG**: 3.

Ophiomyxa flaccida (SAY, 1825)
Gebänderter Schlangenstern

Vork.: Tropischer Westatlantik; von den Bermudas bis Brasilien. In 1 - 50 m Tiefe.
GU: Keine.
Soz. Verh./Vgs.: Er ist manchmal recht häufig unter Steinen und Korallenfelsstücken in ganz seichtem Wasser von Riffterrassen und am Ufer entlang zu finden, kommt aber auch in tieferem Wasser bis in 50 m und mehr vor. Er ist einzeln oder in mehreren Exemplaren zu halten.
Hält. B.: Er bevorzugt ein Becken mit Steinen und Blöcken auf sandigem oder schottrigem Grund, unter denen er sich tagsüber gerne versteckt. Nachts ist er äußerst aktiv.
Licht: Sonnenlichtzone. **ZU/Verm.:** Nicht bekannt.
FU: K; er jagt nach Kleintieren aller Art, ist mit Nahrungsresten von Fischmahlzeiten und kleinen Stücken von Fleisch verschiedenster Art zu ernähren.
Bes.: Die Färbung der Tiere kann sehr unterschiedlich sein. Normalerweise herrscht ein düsteres Grün oder Gelbbraun vor, oft durchzogen von gelbbraunen Zonen. Manche Exemplare erscheinen in hellen Farben von orange-braun bis hell orange und sogar zu leuchtend gelb, gemustert mit rosa, rotbraun oder dunkelbraun und umgekehrt. Die Arme sind zumindest im äußeren Bereich durchweg gebändert.
Die Ophiomyxidae werden von manchen Autoren zur Ordnung der Euryale gezählt, der auch die Gorgonenhäupter angehören.

T: 20 - 27° C, **Körper-Ø:** 2,5 cm, **Arm-L:** 10 cm, **BL:** ab 50 cm, **WB:** s, **WR:** u, **BS:** 2-3, **SG:** 3.

Ordnung: Ophiurae
Fam.: Ophionereidae

Ophionereis dubia cf. (MÜLLER & TROSCHEL, 1842)
Beiger Schlangenstern

Vork.: Indopazifik, vom Roten Meer und von Ostafrika bis Neukaledonien, nach Japan (N). In 5 - 10 (auch 100 - 200) m Tiefe.
GU: Keine.
Soz. Verh./Vgs.: Lebt einzeln auf Korallenriffen, insbesondere ruhig gelegenen Lagunenriffen mit angrenzenden Sandflächen. Er ist am ehesten einzeln zu halten, mit Niederen Tieren und friedfertigen Fischen, die ihn nicht als Nahrung betrachten.
Hält. B.: Er benötigt ein Felsaquarium mit guten Versteckmöglichkeiten und etwas Sandboden, wie sie ein Korallenriff-Aquarium bietet.
Licht: Sonnenlichtzone, aber beschattet.
ZU/Verm.: Nicht bekannt.
FU: Er jagt nach Kleintieren aller Art.
Bes.: Die Körperscheibe weist eine fünflappige Form auf; die Arme sind etwa 10 mal so lang wie der Scheibendurchmesser. Die Färbung ist beige oder sogar weiß mit einer bräunlichen Musterung am Körper und bräunlichen bis schwarzen Ringelungen an den Armen.

T: 24 - 27° C, **Körper-Ø:** 1 cm, **Arm-L:** 10 cm, **BL:** ab 60 cm, **WB:** m - s, **WR:** u, **BS:** 2 - 3, **SG:** 3.

Ophionereis reticulata (SAY, 1825)
Netz - Schlangenstern

Vork.: Tropischer Westatlantik; von den Bermudas bis Brasilien. In 1 - 40 m Tiefe.
GU: Keine.
Soz. Verh./Vgs.: Auch dies ist ein häufiger Schlangenstern der Westindischen Region. Er bevorzugt sandigen Grund und versteckt sich unter Steinen, Korallenblöcken und Korallenschutt. Er ist einzeln oder in mehreren Exemplaren zu halten.
Hält. B.: Er bevorzugt ein Becken mit sandigem oder schottrigem Grund und Steinen oder Blöcken darauf, unter denen er sich tagsüber gerne versteckt. Nachts verläßt er diese Unterstände zur Nahrungssuche.
Licht: Sonnenlichtzone, aber beschattet.
ZU/Verm.: Nicht bekannt.
FU: Er jagt nach Kleintieren aller Art; ist mit den Kleinlebewesen eines alt eingefahrenen Beckens, den Nahrungsresten von Fischmahlzeiten und kleinen Stücken von Fleisch verschiedenster Art zu ernähren.
Bes.: Die Körperscheibe ist nicht rund, sondern weist 5 tiefe Einkerbungen auf. Sie besitzt meist ein Netzwerk an feinen, dunklen Linien auf weißlichem bis bläulichem Grund. Die langen Arme sind das wesentliche Erkennungszeichen. Sie sind weißlich bis blaß gelblich und haben schmale bräunliche oder schwärzliche Querbänder sowie kurze Stacheln.

T: 20 - 27° C, **Körper-Ø**: 1,5 cm, **Arm-L**: 12 cm, **BL**: ab 50 cm, **WB**: s, **WR**: u, **BS**: 2 - 3, **SG**: 3.

Ordnung: Ophiurae
Fam.: Ophiotrichidae

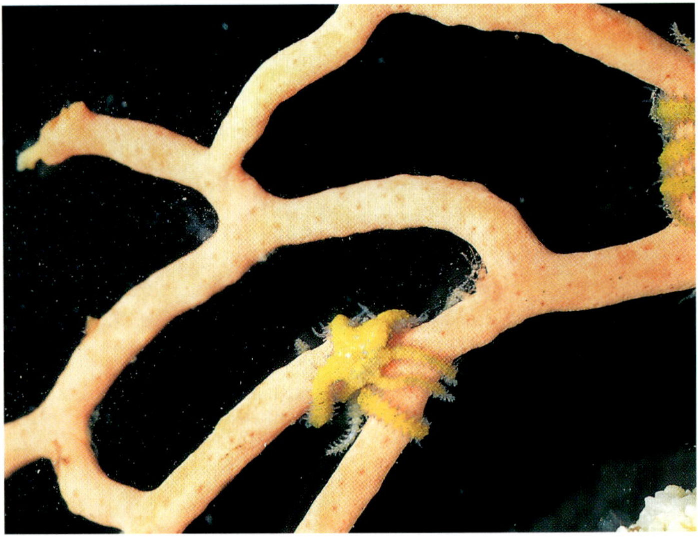

Ophiothela danae (VERRILL, 1869)
Schling-Schlangenstern

Vork.: Indowestpazifik; vom Roten Meer, von Ostafrika und Madagaskar bis zu den südpazifischen Inseln und nach Japan (N). In 15 - 50 m Tiefe.
GU: Keine.
Soz. Verh./Vgs.: Dieser kleine Schlangenstern besiedelt nur die Äste von finger- bis zweigförmigen Schwämmen, Gorgonien oder Alcyonarien, die er mit seinen Armen umschlingt. Er ist also auf bestimmte Substrate beschränkt; auf diesen tritt er aber oft in großer Zahl auf. Er ist einzeln oder in mehreren Exemplaren zu halten.
Hält. B.: Er braucht, um sich wohlzufühlen, fingerförmige Strukturen, die in Oberflächenbeschaffenheit und Form seinen bevorzugten Substraten entsprechen. Am besten wäre, ihn mit seiner Unterlage ins Aquarium einzubringen.
Licht: Mittellichtzone. **ZU/Verm.:** Nicht bekannt.
FU: Er verzehrt dieselbe Nahrung wie sein Wirtstier und profitiert meist von dessen Fang- bzw. Filterleistung. Er ist nur mit feinstem Plankton, im Wasser aufgelöst, und Nahrungsresten der Mitbewohner zu ernähren (Suspensionsverzehrer).
Bes.: Der Schling-Schlangenstern besitzt meist 6 Arme, und die Färbung ist äußerst variabel. Die Tiere können dem Untergrund vollkommen angepaßt sein oder sich leuchtend davon abheben. Die Grundfärbung kann blau, gelb, orange oder rot sein; häufig sind die Arme weiß, gelb, orange oder rot gebändert. Wenn Bänderung und Grundfarbe gleich sind, erscheinen die Tiere einheitlich gefärbt.

T: 20 - 27° C, **Körper-Ø:** 0,3 cm, **Arm-L:** 2 cm, **BL:** ab 30 cm, **WB:** m, **WR:** u-o, **BS:** 2 - 3, **SG:** 3.

Ophiothrix fragilis (ABILDGAARD, 1789)
Zerbrechlicher Schlangenstern

Vork.: Mittelmeer, Nordostatlantik, von Skandinavien bis zu den Inseln vor Guinea; ein von Südafrika gemeldetes Vorkommen ist fraglich. In 0 - 475 m Tiefe.
GU: Keine.
Soz. Verh./Vgs.: Er lebt einzeln, aber auch in dichten Massen auf unterschiedlichsten Böden. Kleine Exemplare findet man auf Felsen, Algen, Schwämmen u.a, größere tagsüber unter Steinen, an Seegraswurzeln und im Coralligene sowie auf tieferen Weichböden. Er kann einzeln oder in Gruppen gehalten werden.
Hält. B.: Er benötigt ein Becken mit passenden Tagesverstecken.
Licht: Sonnenlichtzone, aber beschattet, auch Mittel- und Schwachlichtzone.
ZU/Verm.: Die Laichzeit ist je nach Meeresgebiet verschieden und reicht von Mai bis August. Die Gechlechtsprodukte werden gemeinsam ins freie Wasser abgegeben. Das gute Regenerationsvermögen wird nicht zur Fortpflanzung verwendet.
FU: O; er frißt Detritus, kleine Wirbellose, auch Aas. Mikronahrung wird von den Füßchen zum Mund weitergereicht, größere Stücke von den Kiefern zerkleinert.
Bes.: Es gibt äußerst unterschiedliche Tiere, was die Größe und die Farben betrifft. Er unterscheidet sich vom äußerst ähnlichen *O quinquemaculata* durch kurze, dreiendige Stacheln am Körper und 7 Stacheln links und rechts auf jedem Armglied, wobei der zweite von oben nur wenig länger ist als der relativ lange erste.

T: 15 - 25° C, **Körper-Ø**: 1,5 cm, **Arm-L**: 10 cm, **BL**: ab 50 cm, **WB**: m, **WR**: u, **BS**: 1 - 2, **SG**: 3.

Ordnung: Ophiurae
Fam.: Ophiotrichidae

Ophiothrix purpurea (VAN MARTENS, 1867)
Purpur - Schlangenstern

Vork.: Indowestpazifik; vom Roten Meer und von Madagaskar bis zu den Südpazifischen Inseln und nach Japan (N). In 10 - 60 m Tiefe.
GU: Keine.
Soz. Verh./Vgs.: Dieser wunderschön gefärbte Schlangenstern klammert sich alleine oder in Gruppen im Geäst von Schwämmen, Gorgonien oder Feuerkorallen fest. Er ist einzeln oder in mehreren Exemplaren gemeinsam mit zahlreichen Niederen Tieren und nicht agressiven Fischen gut zu halten.
Hält. B.: Er braucht, um sich wohlzufühlen, vorspringende, am besten fingerförmige oder anderwärtig gegliederte Strukturen, an die er sich anklammern oder die er umfassen kann.
Licht: Mittellichtzone. **ZU/Verm.:** Nicht bekannt.
FU: O; er ernährt sich hauptsächlich von Plankton und Kleinlebewesen, die er einfängt oder von seiner Unterlage abtupft. Er ist mit Kleinkrebsen und Planktonersatz sowie mit zerkleinertem Muschel- oder Krebsfleisch u.v.a. zu ernähren.
Bes.: Er bevorzugt in Oberflächennähe schattige Stellen in Höhlen und Löchern knapp unter der Riffkante. Ab 10 m Tiefe lebt er auch frei am Riff. Er ist die am leichtesten erkennbare indopazifische Schlangensternart, denn sie besitzt einen roten (purpurnen) Strich entlang den oberen Armmitten. Er sieht zwar dem aus der Karibik stammenden *O. suensoni* sehr ähnlich, kann aber nur beim Kauf, nicht in freier Natur verwechselt werden.

T: 22 - 28° C, **Körper-Ø:** 1 cm, **Arm-L:** 12 cm, **BL:** ab 40 cm, **WB:** m, **WR:** u - o, **BS:** 2 - 3, **SG:** 3.

Ophiothrix quinquemaculata (DELLE CHIAJE, 1828)
Fünfflecken - Schlangenstern

Vork.: Mittelmeer. In 1 - 250 m Tiefe.
GU: Keine.
Soz. Verh./Vgs.: Er lebt selten einzeln und kommt meist in dichten Ansammlungen auf Weichböden (Sand, Schlamm), Muschelgrus und sekundären Hartböden vor. Er kann einzeln oder in Gruppen gehalten werden.
Hält. B.: Er benötigt ein Becken mit einem Mischboden aus Sand und daraufliegenden Steinen. Diese erklettert er und sucht sich dort eine günstige Position für den Planktonfang; in diesem Fall im Pumpenstrom.
Licht: Sonnen-,Mittel- und Schwachlichtzone.
ZU/Verm.: Die Laichzeit ist je nach Meeresgebiet verschieden und reicht von Mai bis August. Die Gechlechtsprodukte werden gemeinsam ins freie Wasser abgegeben.
FU: O; er filtert meist Geschwebe aller Art (Detritus, Plankton, kleine Wirbellose) aus dem Wasser. In den Pumpenstrom gegebenes Ersatzplankton (Kleinkrebse, aber auch Ersatzfutter wie zerriebenes Muschel- oder Krebsfleisch) werden mit anderen organischen Stoffen eingefangen.
Bes.: Er unterscheidet sich vom äußerst ähnlichen *O. fragilis* durch zahlreiche lange Stacheln auf der Körperscheibe und je 6 Stacheln links und rechts auf jedem Armglied, wobei der zweite von oben etwa dreimal so lang ist wie der auffallend kurze erste.

T: 15 - 25° C, **Körper-Ø:** 1,5 cm, **Arm-L:** 12 cm, **BL:** ab 50 cm, **WB:** m - s, **WR:** u - o, **BS:** 1 - 2, **SG:** 3.

Ordnung: OPHIURAE
Fam.: Ophiotrichidae

Ophiothrix suensoni (LÜTKEN, 1856)
Schwamm - Schlangenstern

Vork.: Tropischer Westatlantik; von den Bermudas und Bahamas bis zur Ostküste Mexikos, zur Nordküste Südamerikas und nach Brasilien. In 3 - 40 m Tiefe.
GU: Keine.
Soz. Verh./Vgs.: Dieser wunderschöne Schlangenstern lebt, wie sein indopazifischer Kollege *O. purpurea*, auf Schwämmen und Gorgonien, manchmal auch auf Feuerkorallen. Er ist einzeln oder in mehreren Exemplaren zu halten.
Hält. B.: Da es nur sehr selten gelingt, Schwämme einzuführen und im Aquarium zu halten, sollte man den Tieren Gorgonien oder ähnlich geformte Strukturen, auf denen sie sich festklammern können, anbieten.
Licht: Sonnen-Mittellichtzone.
ZU/Verm.: Nicht bekannt.
FU: Er verzehrt Nahrungsteilchen, die am Schwamm oder auf der Gorgonie, die er bewohnt, hängenbleiben und nutzt auch den erhöhten Standpunkt, der meist Strömungen ausgesetzt ist, um selbst Planktonlebewesen zu erbeuten. Er frißt auch Nahrungsreste und Kleintiere vom Boden.
Bes.: Die Stacheln an den Armen sind äußerst zahlreich, lang, dünn und glasig. Den Armrücken entlang verläuft eine rote Längslinie, die purpur oder fast schwarz sein kann. Die Grundfärbung ist gelb, orange, braun, grau, lavendelfarben oder sogar schwarz. Die Farbe der Arme und der Stacheln kann ganz anders als die der Körperscheibe sein.

T: 20 - 27° C, **Körper-Ø**: 2 cm, **Arm-L**: 12 cm, **BL**: ab 50 cm, **WB**: m - s, **WR**: u - o, **BS**: 2 - 3, **SG**: 3.

Ophiothrix suensoni

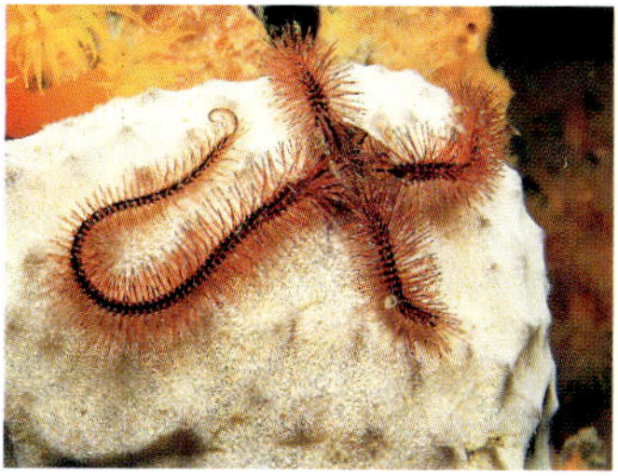

Ophiothrix suensoni

Ophiothrix suensoni

Ordnung: Ophiurae
Fam.: Ophiotrichidae

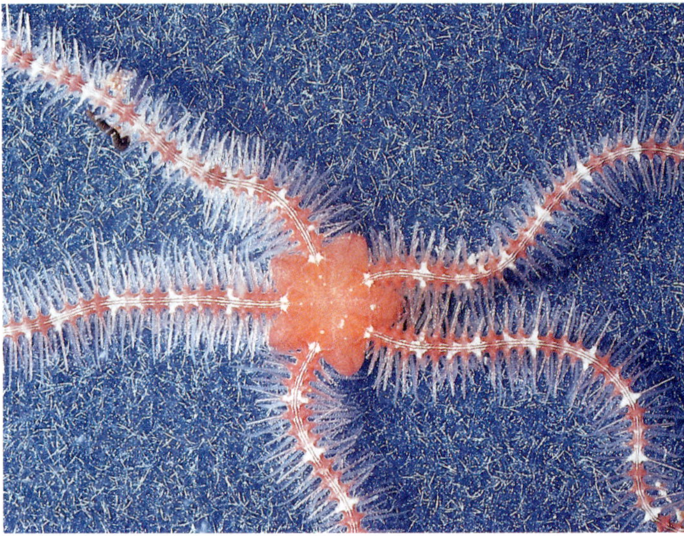

Ophiothrix trilineata (LÜTKEN, 1869)
Dreilinien-Schlangenstern

Vork.: Indowestpazifik; vom Roten Meer von Ostafrika und von Madagaskar bis Neukaledonien. In 5 - 60 m Tiefe.
GU: Keine.
Soz. Verh./Vgs.: Dieser kleine Schlangenstern lebt an Lagunen- und Außenriffen meist auf lebenden Steinkorallen wie Pilzkorallen der Gattung *Herpolitha*, *Pocillopora damicornis*, *Acropora digitifera*, *Acropora polystoma*, *Porites* sowie auf Feuerkorallen.
Hält. B.: Wahrscheinlich ist die Gemeinschaft mit den Korallen keine sehr intensive, sondern nur "fakultativ", das heißt, die Koralle wird als bestmöglicher Standort angenommen, ist aber nicht direkt lebensnotwendig. Korallenähnliche Strukturen oder Korallenskelette dürften daher als Ersatzaufenthaltsorte genügen.
Licht: Mittellichtzone.
ZU/Verm.: Nicht bekannt.
FU: O; er ernährt sich hauptsächlich von organischen Partikeln und Plankton, die er auf seiner Unterlage findet oder aus dem Wasser einfängt.
Bes.: Seine Färbung ist variabel, meist beige, orange oder rot. Besonderes Kennzeichen sind drei helle Längsbänder auf den Armen, die von, allerdings unterbrochenen, schmalen, dunklen Linien eingesäumt sind. Gegen die Armenden zu können die hellen Linien zu einer einzigen verschmelzen.

T: 22 - 28° C, **Körper-Ø:** 0,8 cm, **Arm-L:** 6,5 cm, **BL:** ab 30 cm, **WB:** m, **WR:** u - o, **BS:** 2 - 3, **SG:** 3.

Ophiothrix suensoni, Karibik

Ophiura albida (FORBES, 1839)
Weißflecken-Schlangenstern

Vork.: Mittelmeer, Nordostatlantik, von Skandinavien bis Madeira und zu den Azoren. In 4 - 850 m Tiefe.
GU: Keine.
Soz. Verh./Vgs.: Er lebt einzeln, aber auch in relativ großer Dichte auf feinen Sedimenten, schlammigen Sanden, und selten in größerer Tiefe auf sedimentbedeckten Felsen. Im Mittelmeer besiedelt er auch Seegraswiesen und Algenbestände. Er kann einzeln oder in mehreren Exemplaren gehalten werden.
Hält. B.: Er benötigt ein Becken mit sehr feinem Sedimentboden, der jedoch für Aquarien unvorteilhaft ist, da er von diversen schnellen Tieren stark aufgebirbelt wird; besser ist ein stark veralgtes Aquarium für Mittelmeertiere.
Licht: Sonnenlicht-, aber auch Mittel- und Schwachlichtzone.
ZU/Verm.: Wie andere Arten. Die Larve besitzt sehr lange bestachelte Arme und wurde *Ophiopluteus paradoxus* genannt.
FU: O; er frißt kleine Wirbellose, besonders Krebsartige.
Bes.: Er unterscheidet sich vom ähnlichen *O. ophiura* durch geringere Größe, je zwei weiße Flecken auf der Scheibe nahe dem Armansatz (die Radialplatten) und rötlichbraun geringelte Arme.

T: 15 - 22°C, Körper-Ø: 1,5 cm, Arm-L: 6 cm, BL: ab 50 cm, WB: m, WR: u, BS: 1 - 2, SG: 3.

Ophiura ophiura (LINNAEUS, 1758)
Großer Sand - Schlangenstern

Vork.: Mittelmeer, Nordostatlantik, von Skandinavien (Lofoten) bis Madeira und zu den Azoren. In 0 - 300 m Tiefe.
GU: Keine.
Soz. Verh./Vgs.: Er lebt einzeln, aber auch in großer Dichte von 10 Exemplaren pro Quadratmeter auf feinen Sedimenten, aber auch sandigen Böden, die von Algen bewachsen sein können. Er kann einzeln oder in mehreren Exemplaren gehalten werden.
Hält. B.: Er benötigt ein Becken mit Sandboden, der auch flache, algenbewachsene Felsen tragen kann.
Licht: Sonnenlicht-, aber auch Mittel- und Schwachlichtzone.
ZU/Verm.: Wie andere Arten. Laichzeit ist in März/April; die Larven findet man im gesamten Frühjahr. Jungtiere mit drei Millimeter Scheibendurchmesser besiedeln bereits ab April den Sandboden.
FU: O; er frißt kleine Wirbellose, besonders Larven von Mollusken, beschalte Schnekken und Muscheln sowie Krebsartige.
Bes.: *O. ophiura* wird relativ groß, besitzt sehr kurze Stacheln und weist nur einheitliche Färbungen, meist sandfarben bräunlich, auch rötlich oder gelblich auf. Die äußeren Armteile können leicht geringelt sein.

T: 15 - 25° C, **Körper-Ø**: 3 cm, **Arm-L**: 14 cm, **BL**: ab 60 cm, **WB**: m, **WR**: u, **BS**: 1 - 2, **SG**: 3.

Klasse: Echinoidea

Seeigel können die unterschiedlichsten Formen von kugelig oder halbkugelig bis zu herz- oder scheibenförmig aufweisen. Der Körper ist von einem Kalkpanzer umhüllt, der aus meist unbeweglich miteinander verbundenen Skelettplatten besteht. Diese sind in 10 Doppelreihen angeordnet, wobei auf je eine Doppelreihe mit kleinen Löchern (Poren) in bestimmter Anordnung eine Doppelreihe ohne Poren folgt. Auf den Platten stehen verschieden gestaltete Stacheln; oft kräftige sogenannte Primärstacheln, umgeben von kleinen, manchmal nur schuppenförmig ausgebildeten Sekundärstacheln. Dazwischen erheben sich Greifzangen mit 3 Backen, die zudringliche Tiere abwehren, Stacheln und Körperoberfläche putzen, Nahrungsteilchen zum Mund weiterbefördern und bei manchen Arten Giftdrüsen zur Feindabwehr und Nahrungsbeschaffung besitzen. Außerdem erheben sich aus den mit Poren versehenen Platten Reihen von schlauchförmigen Gebilden, die an ihren Enden meist Saugnäpfe besitzen und als Füßchen bezeichnet werden. Sie dienen vielen Seeigeln dem Nahrungstransport und der Fortbewegung (auch zum Klettern auf den Aquarienscheiben) und halten zum Schutz (wahrscheinlich gegen zu hohe UV-Bestrahlung) Fremdkörper wie Steine, Muschelschalen u.v.a. über sich fest.
Im Mund der meisten Seeigel steht ein kompliziertes Organ, die sogenannte Laterne des Aristoteles, in welcher fünf stets nachwachsende spitze Zähne einen Kauapparat bilden, der ein Abraspeln von Algen samt kalkhaltigem Grundgestein ermöglicht.
Es gibt zwei Grundformen von Seeigeln: die regulären Arten, welche der oben besprochenen Form am ähnlichsten sind und die irregulären Seeigel, die für ihr Leben im Sandboden eine abgewandelte Form angenommen haben. Ihr Mund ist aus der Mitte gerückt und der After liegt am gegenüberliegenden Ende. Die Stacheln sind zu weichen "Haaren" abgewandelt, doch auch hier kommen einzelne steife, lange und dünne Stacheln vor, die manchmal mit Giftdrüsen in Verbindung stehen. Die Porenreihen des Kalkpanzers beschränken sich auf ein blumenartiges Gebilde am Rücken des Tieres. Da diese Form bei jeder Art anders ist, kann man daran die irregulären Seeigel gut voneinander unterscheiden. Daneben gibt es ganz flache, dünne Formen, die Sanddollars.
Seeigel sind getrenntgeschlechtlich. ♂♂ und ♀♀ kann man äußerlich nur in den seltensten Fällen voneinander unterscheiden. Die Keimdrü-

Sphaerechinus granularis, Mittelmeer

sen liegen bei regulären Seeigeln in fünf langen Säcken in der oberen Körperhälfte. Ihre Ausfuhrgänge münden in die obersten fünf Interambulacralplatten, die daher Genitalplatten heißen. Die meist rot bis orange gefärbten Keimstöcke mancher Arten werden in zahlreichen Ländern gegessen und ihre einst reichen Bestände sind stark zurückgegangen. Die Keimzellen werden zu Tausenden einfach ins Wasser abgegeben. Die Wahrscheinlichkeit einer Befruchtung wird durch Bildung von Laichverbänden und von den Samen beigemengten Botenstoffen, welche die Eiabgabe stimulieren, stark erhöht. Aus den befruchteten Eiern entwickeln sich nach etwa 2 Tagen bewimperte Larven (Blastula, dann Gastrula) und hieraus wiederum kleine mit 4 - 6 Paar Armen ausgestatte Wesen, Echinopluteus genannt, die z.T. mit den Strömungen schweben, z.T. auch durch Armbewegungen aktiv schwimmen und so für eine weite Verbreitung sorgen. Manche Arten können mit Hilfe zweier stark verlängerter Arme sogar wild um sich schlagend flüchten, wenn ihnen Gefahr droht. Dieses Stadium ernährt sich hauptsächlich von Kieselalgen, aber auch anderem Kleinplankton. Nach einigen Wochen (3 - 6) wandelt es sich in kleine Seeigel um und geht zum Bodenleben über. Mit 2 - 3 Jahren sind die Tiere geschlechtsreif. Seeigel besitzen ein ausgezeichnetes Regenerationsvermögen, wodurch Beschädigungen und Verletzungen gut überstanden werden können, doch dieses wird nicht wie bei vielen Seesternen zur ungeschlechtlichen Vermehrung genutzt. Abgebissene Füßchen, Zangen (Pedicellarien) oder Stacheln werden rasch erneuert, Skelettplatten repariert und Hautwunden geschlossen. Der Wundverschluß erfolgt durch spezielle Zellen, die normalerweise frei im Körper umherwandern und bei Verletzungen sofort zur Wunde eilen und sich mit Plasmafäden und mit anderen Zellen zu einem dichten Netzwerk verbinden.

Seeigel eignen sich für alle Arten von Meerwasserbecken. In reinen Fischaquarien kann man meist einige von ihnen, auch verschiedene Arten, halten, damit sie den Algenrasen abweiden. In Wirbellosenbecken, wo naturgemäß nicht so viele Algen wachsen, da ihnen der Platz durch die Niederen Tiere streitig gemacht wird, lassen sich oft nur Einzeltiere halten. Außer Lanzenseeigeln und einigen anderen großen Arten, die etwas räuberisch sind, lassen sich viele Seeigel mit Blumentieren, Schnecken, Garnelen, kleinen Einsiedlerkrebsen, Seeigeln, nicht räuberischen Seesternen, Schlangensternen u.a. vergesellschaf-

ten. An Fischen eignen sich besonders Riffbarsche, Doktorfische, Grundeln, Schleimfische, Fahnen- und Kardinalbarsche (einige von diesen beziehen den Stachelwald von Diademseeigeln als Unterschlupf), kleine Barsche wie Fahnenbarsche und Pseudochromidae, Mandarinfische usw.. Nicht geeignet sind räuberische Krebse wie große Einsiedler, Hummer, Langusten, Großkrabben, Raubschnekken, große Seesterne (bes. Kammsterne, Kissensterne und Eisstern) sowie Fische aus der Kugelfisch-Verwandtschaft (Drücker-,Igel-, Koffer-, Kugelfische). Viele Lippfische, Zackenbarsche u.a. Seeigel reagieren auf Wasserverschmutzung mit Stachelausfall und Hautschwärzungen; neue Stacheln wachsen bei nur vorübergehender Beeinträchtigung wieder nach.
Seeigel haben wie Seesterne eine empfindliche Haut. Sie gehen leicht ein, wenn sie durch Bisse verletzt oder von wehrhaften Blumentieren genesselt werden. Sie benötigen eine kräftige Wasserbewegung; manche Tiere sind sogar darauf angewiesen, da sie nicht in der Lage sind, ihre Ausscheidungsprodukte von der Oberfläche zu entfernen. Die Strömung regt zusätzlich das Algenwachstum an, verstärkt durch entsprechende, möglichst dem Tageslicht ähnliche Beleuchtung. Das Becken sollte weiches Kalkgestein (Kalktuffe, Riff-, Muschelkalke) enthalten und weniger Sand als Schotter oder Muschelbruch und darauf lagernde Steine, auf welchen sich ein guter Algenrasen (am besten reich an kalkhaltigen Grün- und Rotalgen) entwickeln kann. Ein Becken ohne Algen ist praktisch nicht in der Lage, einen Seeigel zu ernähren. Guter Algenbewuchs deckt den Bedarf einiger Seeigel; der weiche Kalkgrund wird samt Mikroorganismen und größeren Niederen Tieren, von Röhrenwürmern, Hydrozoen, Weichkorallen, Seepocken, Moostierchen, Seescheiden u.v.a. bis zu Aas, auch totem Fisch, abgeraspelt, bis er völlig kahl ist. Seeigel sind daher eigentlich Allesfresser mit einer Vorliebe für Algen. Der Kalk wird für den Skelettbau und für die Regeneration von Stacheln verwendet. Viele Seeigel sind nachtaktiv. Sie verstecken, ja verkeilen sich tagsüber in den Aufbauten, so daß man sie nicht herausziehen kann, ohne sie zu verletzen. Manche zwängen sich derart in die Dekoration, daß sie, wenn diese nicht fest gemauert ist, arge Schäden verursachen können. Nachts klettern die Tiere in den Aufbauten, am Boden, an den Glasscheiben umher und raspeln den Algenbestand ab, was sehr im Interesse des Aquarianers ist. Leider mögen nur wenige die leidigen Fadenalgen,

so daß diese mit der Hand entfernt werden müssen, wenn man nicht den richtigen Seeigel erworben hat. Bei Algenmangel nehmen viele Seeigel auch alle Arten von Salat, manche sogar Karotten an. Tiere, die gewöhnt sind, auch Kleintiere mit abzunagen, brauchen zusätzliche tierische Nahrung, die man ihnen am besten in Form einer halben geöffneten Muschel samt Schale bietet. Viele nehmen auch Fleisch aller Art wie Fischfleisch und kleine tote Krebse oder Krebsfleisch, da sie in der Natur auch Aasfresser sind. Auch gefriergetrocknetes Futter und Trockenfuttertabletten eignen sich als Zukost.
Seeigel sind empfindlich gegenüber Dichteschwankungen; man sollte daher beim Umsetzen äußerst vorsichtig vorgehen und langsam Bekkenwasser dem Transportwasser zusetzen. Besonders wichtig ist das Überführen des Tieres von Wasser zu Wasser. Es darf keine Luft in die Mundöffnung gelangen.

Über die Ordnung CIDAROIDA

Lanzenseeigel besitzen relativ wenige dicke Primärstacheln, die stets irgendwelche Strukturen wie Körner, Rinnen, Dornen, Stacheln, ringförmige Verdickungen, Endkronen usw. aufweisen und meist von Algen und zahlreichen Arten seßhafter Wirbelloser überwachsen sind. Um die Basis der Primärstacheln liegen kreisförmig angeordnet sehr kleine Sekundärstacheln.

Systematik

Klasse: ECHINOIDEA	Seeigel
Unterklasse: REGULARIA	Reguläre Seeigel
Ordnung: CIDAROIDA	Lanzenseeigel
Familie: Cidaridae	
Gattungen: *Cidaris*	
Eucidaris	
Goniocidaris	
Phyllacanthus	
Prionocidaris	
Stylocidaris	
Ordnung: ECHINOTHURIOIDA	Lederseeigel
Familie: Echinothuriidae	
Gattung: *Asthenosoma*	
Ordnung: DIADEMATOIDA	Diademseeigel
Familie: Diadematidae	
Gattungen: *Astropyga*	
Centrostephanus	
Diadema	
Echinothrix	
Ordnung: ARBACIOIDA	Steinseeigel
Familie: Arbaciidae	
Gattung: *Arbacia*	
Ordnung: TEMNOPLEUROIDA	Fünfeckseeigel
Familie: Temnopleuridae	
Gattung: *Mespilia*	
Microcyphus	
Familie: Toxopneustidae	Giftzangenseeigel
Gattungen: *Lytechinus*	
Sphaerechinus	
Toxopneustes	
Tripneustes	

Ordnung: ECHINOIDA	Echte Seeigel
Familie: Echinidae	
Gattungen: *Echinus*	
Paracentrotus	
Psammechinus	
Familie: Echinometridae	Querigel
Gattungen: *Colobocentrotus*	
Echinometra	
Echinostrephus	
Heterocentrotus	
Familie: Strongylocentrotidae	
Gattung: *Strongylocentrotus*	
Unterklasse: IRREGULARIA	Irreguläre Seeigel
Überordnung: GNATHOSTOMATA	Gezähnte Seeigel
Ordnung: CLYPEASTEROIDA	Sanddollars
Familie: Clypeasteridae	
Gattung: *Clypeaster*	
Familie: Dendrasteridae	
Gattung: *Dendraster*	
Familie: Mellitidae	Schlitzsanddollars
Gattungen: *Echinodiscus*	
Encope	
Überordnung: ATELOSTOMATA	Zahnlose Seeigel
Ordnung: SPATANGOIDA	Herzseeigel
Familie: Brissidae	
Gattungen: *Brissus*	
Meoma	
Metalia	
Familie: Loveniidae	
Gattungen: *Echinocardium*	
Lovenia	
Familie: Spatangidae	Herzigel
Gattung: *Spatangus*	

Cidaris cidaris (LINNAEUS, 1758)
Langstacheliger Lanzenseeigel

Vork.: Mittelmeer und Ostatlantik, von Norwegen bis zu den Kapverden. In 50 bis 2000 m Tiefe.
GU: Keine.
Soz. Verh./Vgs.: Er lebt einzeln auf tiefen Schlamm- aber auch Felsböden; er ist am besten alleine zu halten, gemeinsam mit friedfertigen Fischen.
Hält. B.: Er hält sich ebenso gerne auf Felsböden, wie auf Sandgründen auf; stellt also wenig Ansprüche an den Untergrund. Wichtiger sind geringe Lichtansprüche und kühle Temperaturen.
Licht: Mittel- Schwachlichtzone.
ZU/Verm.: Wie andere Arten; er entwickelt sich zu einer typischen *Echinopluteus*-Larve ohne postero-laterale Arme.
FU: K; er verzehrt eine breite Palette an Wirbellosen, zeigt aber eine Vorliebe für Schwämme und Gorgonien.
Bes.: Besonderes Kennzeichen sind kleine Pedicellarien mit Klappen, deren Enden je einen Zahn tragen. Dieser fehlt der sehr ähnlichen, im selben Gebiet vorkommenden Art *Stylocidaris affinis*. Die Stacheln sind relativ lang (1,5 bis 2,5 mal der Schalendurchmesser) und meist von verschiedenen seßhaften Tieren, wie Hohltieren, Röhrenwürmern, Moostierchen, Seepocken, kleinen Muscheln u.a. bedeckt.

T: 15 - 18° C, **Ø**: 6,5 cm (mit Stacheln 30 cm), **BL**: ab 60 cm, **WB**: m, **WR**: u - o, **BS**: 2, **SG**: 3

Eucidaris metularia (LAMARCK, 1816)
Kleiner Lanzenseeigel

Vork.: Indopazifik; vom Roten Meer bis Hawaii, nach Japan und Südostafrika. In 1 bis 40 m Tiefe.
GU: Keine.
Soz. Verh./Vgs.: Er ist ziemlich selten, lebt einzeln und bevorzugt die Riffkante sowie den Abhang des Vorriffs. Er ist rein nachtaktiv und verbirgt sich tagsüber; er ist am besten einzeln zu halten und mit nesselnden Niederen Tieren (die er in Ruhe läßt) zu vergesellschaften sowie mit Fischen.
Hält. B.: Er benötigt ein Fels- oder Riffaquarium mit Algenbeständen und krustenartigen Niederen Tieren, die er abweidet.
Licht: Sonnenlichtzone; aber beschattet.
ZU/Verm.: Wie andere Arten.
FU: O; weidet hauptsächlich Algenbeläge im Aquarium ab. Im Meer frißt er in erster Linie Kalkalgen, auch Schwämme und Moostierchen sowie organische Stoffe, die sich am Boden abgelagert haben. Er braucht daher als Zufütterung fleischliche Nahrung, die man am besten in Form geöffneter Miesmuscheln samt Schale anbietet.
Bes.: Die Färbung der Jungtiere ist rot (oft ein leuchtendes Hellrot) und weiß mit deutlich gebänderten Stacheln. Mit dem Wachstum wird das Rot immer mehr purpurbraun und das Weiß gelblich, düster oder grau, so daß alte Exemplare um vieles weniger attraktiv aussehen als junge.

T: 22 - 28° C, **Ø**: 4 cm (mit Stacheln 10 cm), **BL**: ab 40 cm, **WB**: m - s, **WR**: u - o, **BS**: 2, **SG**: 3

Eucidaris thouarsi (VALENCIENNES, 1846)
Ostpazifischer Lanzenseeigel

Vork.: Ostpazifik; von Südkalifornien und dem Golf von Kalifornien bis nach Ekuador und zu den Galapagosinseln; von der mittleren Gezeitenzone bis in 150 m Tiefe.
GU: Keine.
Soz. Verh./Vgs.: Er lebt einzeln, tagsüber versteckt unter Felsen, in Spalten und Löchern; auch in Fluttümpeln. Er ist am besten einzeln zu halten und mit nesselnden Niederen Tieren (die er in Ruhe läßt) zu vergesellschaften sowie mit Fischen.
Hält. B.: Er benötigt ein Fels- oder Riffaquarium mit entsprechenden Versteckmöglichkeiten. Er ist äußerst robust, da er in den Gezeitentümpeln den Witterungs- und Temperaturschwankungen standhalten muß.
Licht: Sonnen - Mittellichtzone.
ZU/Verm.: Wie andere Arten.
FU: O; er verläßt hauptsächlich nachts sein Versteck und weidet Algenbestände und krustenartige Niedere Tiere ab.
Bes.: Die obersten Platten am Rücken des Tieres formen ein reguläres fünfstrahliges Sternmuster. Die Stacheln stehen in 10 vertikalen Reihen von je 5 - 8 Stück und sind kräftig gebaut, mit kleinen Stacheln versehen und meist von kleinen Organismen, besonders Algen, überkrustet. Um die Basis der großen Stacheln stehen 2 Ringe von sehr kurzen, flachen Stacheln.

T: 20 - 24° C, **Ø**: 7 cm (mit Stacheln 15 cm), **BL**: ab 50 cm, **WB**: m - s, **WR**: u - o, **BS**: 2 - 3, **SG**: 3

Ordnung: Cidaroida
Fam.: Cidaridae

Eucidaris tribuloides (LAMARCK, 1816)
Karibischer Lanzenseeigel

Vork.: Tropischer Westatlantik; von den Bermudas bis Brasilien, von der Ostküste Mittelamerikas wahrscheinlich bis Ascensión und zu den Kapverden. In 0 - 25 m Tiefe.
GU: Keine.
Soz. Verh./Vgs.: Er ist häufig, lebt einzeln, selten in Gruppen; hält sich besonders in der Nähe der Ebbelinie auf und tagsüber unter Felsen, Korallenblöcken und Steinen; von Massenvorkommen auf seichtem, seegrasbestandenem Sandgrund wird selten berichtet. Er ist am besten einzeln oder in großen Aquarien in einigen Exemplaren zu halten und mit Niederen Tieren sowie Fischen gut zu vergesellschaften.
Hält. B.: Er benötigt ein Fels- oder Riffaquarium mit Algenbeständen und krustenartigen Niederen Tieren, die er abweidet. Er ist nicht mit lebenden Korallen zu vergesellschaften, da er zumindest einige davon frißt.
Licht: Sonnenlichtzone; aber beschattet.
ZU/Verm.: Wie andere Arten.
FU: O; weidet hauptsächlich Algenbeläge im Aquarium ab. Im Meer frißt er neben Algen auch Schwämme, Moostierchen, Seescheiden u.a. Er braucht daher als Zufütterung fleischliche Nahrung, die man am besten in Form geöffneter Miesmuscheln samt Schale anbietet.
Bes.: Die Färbung des Körpers ist meist hellbraun mit dunkelbrauner Streifung oder Schattierung, oft auch weißer Strichzeichnung oder Marmorierung. Die dicken, stumpfen Primärstacheln der im seichten Wasser lebenden Exemplare haben etwa die Länge des Körperdurchmessers; tiefer vorkommende Tiere haben etwas längere Stacheln. Auch die Form der Stacheln kann unterschiedlich sein, so daß man in Extremfällen eigene Arten vermuten könnte. Die meisten Stacheln sind nahe der Basis am dicksten und laufen nach außen hin zylindrisch bis kegelstumpfförmig zu; manche Exemplare besitzen aber Stacheln mit kronenartig verdickten Enden. Die Stacheln sind oft von Algen, Schwämmen, Bryozoen u.a. überzogen, so daß man ihre eigentliche oliv-grüne, manchmal rötlich und gelblich getreifte Färbung nicht erkennen kann.

T: 22 - 28° C, **Ø**: 4 cm (mit Stacheln 12 cm), **BL**: ab 40 cm, **WB**: m - s, **WR**: u - o, **BS**: 1 -2, **SG**: 3

Eucidaris tribuloides, Karibik

Goniocidaris tubaria (LAMARCK, 1816)
Dornstachel-Lanzenseeigel

Vork.: Südpazifik; südlich des 28. Breitengrades: Südaustralien, Neusüdwales, Victoria, Tasmanien, Nuyts Archipel. In 20 - 150 m Tiefe.
GU: Keine.
Soz. Verh./Vgs.: Er lebt einzeln auf von Algen und Korallen bestandenen Riffen sowie auf Seegras und ist am besten alleine zu halten.
Hält. B.: Er benötigt ein eingefahrenes Becken mit guten Beständen an Algen und anhaftenden Niederen Tieren, die man am besten mit lebenden Steinen einbringt. Da er etwas räuberisch ist, sollte man ihn eher in ein Fischaquarium geben.
Licht: Mittel - Schwachlichtzone.
ZU/Verm.: Nicht bekannt.
FU: O; er frißt Algenbeläge genauso wie krustenförmige Wirbellose; benötigt als Eiweiß- und Kalklieferanten die Zugabe von Muscheln samt Schale.
Bes.: Dieser mittelgroße Seeigel besitzt unterschiedlich bedornte Primärstacheln, die etwa gleich lang oder etwas länger als der Körperdurchmesser sind. Die Stacheln haben kräftige seitliche Dornen, die an den Enden zu kronenartigen Gebilden auswachsen können. Sie sind häufig von Algen und seßhaften Tieren überwachsen. Die Färbung des Körpers schwankt zwar stark, doch herrschen meist rote und braune Farbtöne vor. Die stachellosen Zonen bilden Zick-Zack-Reihen von Poren und sind normalerweise rot gefärbt, die Stacheln blaß - cremefarben.

T: 20 - 24° C, Ø: 6 cm (mit Stacheln 18 cm), BL: ab 50 cm, WB: m, WR: u, BS: 3, SG: 3

Ordnung: Cidaroida
Fam.: Cidaridae

Phyllacanthus imperialis (LAMARCK, 1816)
Lanzenseeigel

Vork.: Indopazifik; vom Roten Meer bis zu den Südpazifischen Inseln, nach Japan (N). In 0 - 15 m Tiefe.
GU: Keine.
Soz. Verh./Vgs.: Er lebt einzeln, oft in Gesellschaft von Schlangensternen auf schwammbedeckten Felsen und ist ein nachtaktiver Weidegänger, der sich tagsüber in Verstecken zwischen Korallen, Steinen oder in Löchern so verkeilt, daß man ihn nicht herausbringt, ohne Stacheln abzubrechen. Er ist nur mit Tieren zu vergesellschaften, die für ihn als Nahrung nicht in Frage kommen und ihn in Ruhe lassen.
Hält B.: Für seine erfolgreiche Haltung benötigt man ein Becken mit genügend Versteckplätzen, die etwa seiner Körpergröße entsprechen, Kiesgrund mit flachen Steinen und vor allem einen entsprechenden Algenrasen.
Licht: Sonnenlichtzone; aber beschattet.
ZU/Verm.: Da Eier und Samen nur ins freie Wasser abgegeben werden, rotten sich die Tiere zur Laichzeit zu großen Gruppen zusammen und laichen gemeinsam ab.
FU: H; er frißt in erster Linie Algen, vergreift sich aber auch an zahlreichen festsitzenden Niederen Tieren, wie Schwämmen, Moostierchen, Seescheiden, kleinen Röhrenwürmern usw. Als Ersatz kann man ihm halbe Muscheln mit Schale anbieten.
Bes.: Er benutzt zur Fortbewegung nicht nur die Saugfüßchen, sondern marschiert auf den relativ kurzen Stacheln der Mundseite wie auf Stelzen über den Grund.

T: 24 - 28° C, **L**: 8 cm (mit Stacheln 25 cm), **BL**: ab 50 cm, **WB**: s, **WR**: u, **BS**: 2, **SG**: 3

Prionocidaris baculosa (LAMARCK, 1816)
Kronenstachel-Lanzenseeigel

Vork.: Indowestpazifik; vom Roten Meer bis Indonesien und Japan. In 5 - 32 m Tiefe.
GU: Keine.
Soz. Verh./Vgs.: Er bevorzugt geschützte Riffareale, wie algen- und seegrasbestandene Riffplattformen und Lagunen, sowie künstliche Strukturen wie Hafenmauern. Er benutzt mancherorts die von Bohrseeigeln (*Stomopneustes variolaris*) angelegten Höhlen.
Hält. B.: Wie alle Cidariden bevorzugt er ein Becken mit guten Algenbeständen auf grobem Grund und Kalkfelsen mit Vertiefungen, in die er sich zurückziehen kann.
Licht: Sonnenlichtzone; aber teils beschattet oder zumindest geschützt.
ZU/Verm.: Wie andere Arten. Die Tiere des nördlichen Roten Meeres laichen im Juli/ August ab. Die *Echinopluteus*-Larven entwickeln zwei lange Arme, die bei Reizung (z.B. Gefahr) stark zu schlagen beginnen und die Tiere davonschnellen lassen.
FU: O; frißt neben Algen auch krustenförmige Wirbellose; um ihn vom Verzehr von Mitinsassen, wie Hohltieren, abzuhalten, hilft manchmal die regelmäßige Gabe von Miesmuscheln; dies ist allerdings keine Garantie dafür, daß er sich nicht an jenen vergreift.
Bes.: Länge, Form und Struktur der Primärstacheln sind sehr unterschiedlich ausgebildet, so daß es immer wieder zu Schwierigkeiten bei der Bestimmung kommt. Stets gleichbleibendes Kennzeichen ist ein purpur gesprenkelter Kragen der Stacheln.

T: 22 - 28° C, Ø: 4 cm (mit Stacheln 12 cm), BL: ab 50 cm, WB: m - s, WR: u - o, BS: 2, SG: 3

Stylocidaris affinis, Mittelmeer

Stylocidaris affinis (PHILIPPI, 1845)
Kurzstacheliger Lanzenseeigel

Vork.: Mittelmeer, Ostatlantik von Afrika bis zu den Kapverden. Wahrscheinlich auch in der Karibik. In 30 - 1000 m Tiefe.
GU: Keine.
Soz. Verh./Vgs.: Er lebt einzeln, in helleren Gebieten tagsüber versteckt, auf korallige Gründen und Felsen sowie ständig im Freien auf tiefen Schlammböden.
Hält. B.: Korallenschutt oder Kiesgrund mit entsprechendem Bewuchs an Algen und krustenförmigen Wirbellosen bringen gute Voraussetzungen für eine erfolgreiche Haltung.
Licht: Mittel - Schwachlichtzone.
ZU/Verm.: Wie andere Arten.
FU: O; frißt Algen und krustenförmige Niedere Tiere; nimmt im Aquarium neben Algenkost auch Muscheln samt Schale an.
Bes.: Die Primärstacheln sind grau, mit Dörnchen besetzt und nur so lang wie der Schalendurchmesser und leicht braun gebändert; dies sieht man allerdings selten, da Lanzenseeigel meist von Algen und verschiedenen seßhaften Tieren überwachsen sind.
Die Primärstacheln der sehr ähnlichen Art *Cidaris cidaris* sind etwa doppelt so lang wie der Schalendurchmesser, nicht gebändert und (wenn nicht von Algen überzogen) grünlich. Auch die Sekundärstacheln sind grünlich.

T: 20 - 24° C, **Ø:** 5 cm (mit Stacheln 15 cm), **BL:** ab 50 cm, **WB:** m, **WR:** u - o, **BS:** 2, **SG:** 3

Über die Ordnung ECHINOTHURIOIDA

Diese Lederseeigel besitzen keinen festen Panzer, sondern ihre Kalkplatten sind durch Häute und Muskeln beweglich verbunden. Sie können sich daher zu rundlichen Formen aufblähen oder zu Fladen zusammenfallen (das tun sie auch nach dem Tode oder wenn man sie aus dem Wasser holt). Sie können sich besonders gut dem Untergrund anpassen und Nahrung auch dort aufnehmen, wo andere Seeigel nicht hinkommen. Viele Arten tragen Giftstacheln.

Asthenosoma varium, Rotes Meer (Text nächste Seite)

Asthenosoma varium GRUBE, 1866
Stecknadelkopf-Seeigel

Vork.: Indowestpazifik; vom Roten Meer bis Indonesien und Japan. In 5 - 30 m Tiefe.
GU: Keine.
Soz. Verh./Vgs.: Er lebt tagsüber zurückgezogen und einzeln in Spalten und Höhlen des Riffs; nachts geht er auf Nahrungssuche. Er ist am besten einzeln zu halten und mit den meisten Niederen Tieren nicht zu vergesellschaften.
Hält. B.: Er benötigt ein großes Becken, da er sehr groß werden kann, ein Tagesversteck in den Aufbauten und einen Bodengrund aus Korallenschutt oder Muschelbruch mit lebenden Steinen, am besten mit Algen und Kleintieren bewachsen. Er ist zwar normalerweise nachtaktiv, kommt aber nach Eingewöhnung auch am Tage bei Fütterung aus seinem Versteck.
Licht: Sonnenlichtzone; aber beschattet.
ZU/Verm.: Eier und Spermien werden ins freie Wasser abgegeben, wo die Befruchtung erfolgt und sich die Larven so lange aufhalten, bis sie zum Bodenleben übergehen.
FU: O; er ist sehr gefräßig und verzehrt im Meer so ziemlich alles, was den Felsboden bedeckt. Im Aquarium geht er nicht nur an die gereichten Futterstückchen (Salatblätter, Karottenstücke, tiefgefrorenen Meersalat, Futtertabletten, ganze Garnelen) sondern vergreift sich auch an seßhaften Wirbellosen aller Art, außer stark nesselnden.
Bes.: Besondere Kennzeichen des Stecknadelkopf-Seeigels sind verschiedene Arten von Stacheln: lange, schräg nach unten gerichtete Primärstacheln, die wie jene auf der Bauchseite dem Laufen dienen. Die obere Hälfte des Seeigels ist bedeckt von den namensgebenden, stecknadelartigen Sekundärstacheln, die knapp innerhalb der feinen Spitze eine Giftblase tragen. Man sollte den Tieren daher mit Respekt begegnen und Berührungen vermeiden. Die Stiche schmerzen stark, sind aber normalerweise (wenn keine Allergien vorliegen) nicht gefährlich.
Der Stecknadelkopf-Seeigel kann aufgrund seiner Beweglichkeit relativ schnell laufen und Unebenheiten überwinden.

T: 24 - 28° C, **Ø**: 15 cm (mit Stacheln 25 cm) cm, **BL**: ab 70 cm, **WB**: m - s, **WR**: u - o, **BS**: 2 - 3, **SG**: 3

Asthenosoma varium, Rotes Meer

Astropyga magnifica, Karibik

Ordnung: Diadematoida
Fam.: Diadematidae

Über die Ordnung Diadematoida

Diademseeigel besitzen dünne, bis zu 30 cm lange spitze Stacheln, die innen hohl sind und mit Giftdrüsen in Verbindung stehen. Die Tiere bevorzugen seichtes Wasser, versuchen sich aber tagsüber zu verbergen. Wenn kein Versteck vorhanden ist, versammeln sie sich zu dichten Gruppen und bieten einander gegenseitigen Schutz. Die Stacheln dienen nicht nur den Seeigeln selbst als Abwehrwaffen gegenüber Freßfeinden, sondern bieten auch zahlreichen anderen Tieren, neben vielen Fischen vor allem Kardinalbarschen (Apogonidae) auch Rippenquallen wie Coeloplana, tagsüber Schutz.

Astropyga magnifica (PHILIPPI, 1845)
Prächtiger Diadem-Seeigel

Vork.: Tropischer Westatlantik; von Florida bis zur Nordküste Südamerikas. In 20 bis 50 m Tiefe.
GU: Keine.
Soz. Verh./Vgs.: Er lebt einzeln, selten in kleineren Gruppen und ist meist jenseits der von Tauchern erreichbaren Tiefen auf Weichböden anzutreffen.
Hält. B.: Wegen seiner Größe ist ein entsprechendes Becken mit ausgedehnten Sandflächen (auch Muschelbruch) erforderlich.
Licht: Mittel- Schwachlichtzone.
ZU/Verm.: Wie andere Arten.
FU: O; verzehrt in erster Linie Algen, benötigt aber eine Zukost an Muschel- oder Fischfleisch.
Bes.: Dieser wunderschöne Seeigel trägt die Stacheln nicht gleichmäßig radiär abstehend, sondern in deutlich abgetrennten Gruppen, die jeweils eine gemeinsame Pyramide bilden können (aber nicht müssen). Jüngere Tiere sind sehr bunt, besitzen einen rosa- cremefarbenen Körper und Stacheln, die orange- rötlich und bräunlich- grün gebändert sind. Entlang ihrer Basis liegen Reihen leuchtend blauer Punkte. Erwachsene Tiere können ziemlich einfarbig dunkel-purpur bis schwarz sein, sind aber an der Stachelanordnung gut von anderen Diademseeigeln zu unterscheiden. Zwischen den Stacheln halten sich tagsüber manchmal Gruppen von Fischen (meist Kardinalbarschen) auf, die nur sogenannte Scheinverbände bilden, da sie sich nachts einzeln auf Nahrungssuche begeben und tagsüber wieder in neuer Gruppierung im Stachelwald der Seeigel (es müssen nicht dieselben sein) vereinen. Die Stacheln sind wie bei allen Diademseeigeln giftig und können äußerst schmerzhafte Verletzungen verursachen. Auf diesem Seeigel lebt manchmal auch die parasitische Krabbe *Zeorida adamsi*, die äußere Teile des Seeigels (bes. Pedizellarien) verspeist.
Die indopazifische Art *A. radiata* ist ähnlich gebaut und gefärbt, bleibt aber kleiner und wird seltener importiert.

T: 22 - 26° C, **Ø**: 15 cm (mit Stacheln 35 cm), **BL**: ab 100 cm, **WB**: m, **WR**: u, **BS**: 3, **SG**: 3

Astropyga magnifica, Karibik

Ordnung: DIADEMATOIDA
Fam.: Diadematidae

Astropyga radiata (LESKE, 1778)
Strahlen - Diadem - Seeigel

Vork.: Indopazifik von Ostafrika bis Hawaii, zu den Südpazifischen Inseln und nach Japan (N). In 10 - 30 m Tiefe.
GU: Keine.
Soz. Verh./Vgs.: Er ist auch tagaktiv, lebt einzeln oder in kleinen Gruppen (bis etwa 20 Stück) und ist relativ selten auf Sand-, Muschel- und Schuttgründen zu finden. Er ist etwas aggressiver als die langstacheligen Diadem-Seeigel und nicht mit allen Wirbellosen zu vergesellschaften.
Hält. B.: Er benötigt ein Becken mit einem Mischboden aus Sand, Muschelbruch und Steinen, die einen guten Algenbewuchs aufweisen müssen.
Licht: Sonnenlichtzone.
ZU/Verm.: Wie die anderen Arten.
FU: H; er verzehrt in erster Linie Algen, vertilgt daneben aber auch krustenförmige Niedere Tiere und Aas; die Zufütterung mit tierischer Kost, zumindest einmal wöchentlich, ist daher notwendig, wenn er sich nicht an den Mitbewohnern vergreifen soll.
Bes.: Die Stacheln sind nicht gleichmäßig über die Oberfläche verteilt, sondern liegen in deutlichen Gruppen und sind natürlich wie bei allen Diadem-Seeigeln giftig. In seinem Stachelwald verstecken sich tagsüber oft kleine Schwärme von Kardinalfischen (*Siphamia versicolor*), die so die Möglichkeit erlangen, auch auf offenen Sandböden zu überleben, wohin sie alleine nie hätten vorstoßen können. Sie picken häufig an den Seeigeln herum und putzen sie vielleicht. Tagsüber nehmen die Kardinalfische die Färbung des Seeigels an, nachts wechseln sie diese, bekommen silbergraue Streifen und schwimmen einzeln nahrungssuchend umher. Tagsüber verstecken sie sich wieder zwischen den Stacheln der Seeigel, wobei nicht immer derselbe Seeigel aufgesucht wird, sondern wahrscheinlich immer der nächstgelegene als Tagesversteck dient.
Die karibische Art *A. magnifica* wird noch größer und auch eher eingeführt.

T: 24 - 28° C, **Ø**: 20 cm, **BL**: ab 50 cm, **WB**: s, **WR**: u, **BS**: 2, **SG**: 3

Astropyga radiata

Ordnung: Diadematoida
Fam.: Diadematidae

Centrostephanus longispinus (PHILIPPI, 1845)
Langstacheliger Seeigel

Vork.: Mittelmeer, Ostatlantik, von Marokko bis zum Golf von Guinea, auf den Azoren. In 3 - 200 m Tiefe.
GU: Keine.
Soz. Verh./Vgs.: Er lebt einzeln und ist relativ selten, im westlichen Mittelmeer in tieferen Regionen ab 30 - 40 m, im östlichen Mittelmeer schon im seichten Wasser von 2 - 3 m zu finden. Er versteckt sich tagsüber in Felslöchern oder zumindest im Schatten und geht nachts auf Nahrungssuche. Er kann mit vielen Niederen Tieren vergesellschaftet werden, nicht aber mit aufdringlichen Fischen.
Hält. B.: Er wird als empfindlicher Pflegling bezeichnet, der nur für erfahrene Aquarianer geeignet ist. Er benötigt der Körpergröße entsprechende Tagesverstecke, weiches Korallen- bzw. Kalkgestein und guten Algenaufwuchs.
Licht: Sonnenlichtzone; aber beschattet.
ZU/Verm.: Gemeinsame Ei- und Samenabgabe ins freie Wasser wurden beobachtet.
FU: H; er frißt in erster Linie Algen; man sollte ihm aber zumindest einmal wöchentlich eine halbe Muschel samt Schale oder eine aufgeschlagene Schnecke anbieten.
Bes.: Die Stacheln sind wie bei den meisten Diadem-Seeigeln giftig. Man sollte daher nur mit äußerster Vorsicht mit den Tieren hantieren, sie am besten nur in Plastikgefäßen bewegen oder dicke Handschuhe anziehen. Die Stacheln brechen sehr leicht ab, bleiben in der Haut stecken und diese beginnt zu schmerzen und zu eitern.

T: 18 - 26°C, **Ø:** 6 cm (Stacheln 20 cm), **BL:** ab 60 cm, **WB:** s, **WR:** u, **BS:** 2 - 3, **SG:** 3

Diadema antillorum, Karibik (Text nächste Seite)

Diadema antillorum, Kuba

Diadema antillorum, Kuba

Ordnung: Diadematoida
Fam.: Diadematidae

Diadema antillorum (PHILIPPI, 1845)
Antillen-Diadem-Seeigel

Vork.: Tropischer Atlantik; von den Bermudas bis Brasilien, von der Ostküste Mexikos bis zum östlichen Atlantik, an die Küsten Westafrikas. In 0 - 45 (400 ?) m Tiefe.
GU: Keine.
Soz. Verh./Vgs.: Er lebt einzeln, in kleinen oder großen Gruppen, manchmal auch zu Hunderten in seichtem Wasser nahe an Felsen oder Korallenstöcken, wo er tagsüber in Löchern Schutz sucht, in Mangrovengebieten oder auf offenen Sandgebieten, wo er sich durch Gruppenbildung und Ineinanderverschränken der Stacheln gegenseitigen Schutz zu bieten versucht. Nachts geht er allein auf Nahrungssuche. Er ist am besten einzeln zu halten; für 2 Exemplare brauchte man schon ein Becken von zumindest 500 l Inhalt.
Hält. B.: Er benötigt ein Fels- oder Riffaquarium mit grobem Sandboden, ausreichendem Algenbewuchs und beschatteten Unterstandsmöglichkeiten als Tagesversteck. Im Meer ist er ein wichtiger Partner der Korallen, da er für sie neue Ansiedlungsgründe freimacht.
Licht: Sonnenlichtzone; aber beschattet.
ZU/Verm.: Die Tiere versammeln sich häufig, um gemeinsam ihre Keimzellen ins freie Wasser abzugeben. In der Karibik gibt es keine ausgesprochenen Laichzeiten, die Tiere laichen das ganze Jahr hindurch ab.
FU: H; raspelt in der Natur Algen- und Seegrasrasen ab und nimmt dabei tierische Bodenbeläge aller Art und auch Kalk auf. Im Aquarium beschränkt er sich meist auf Algen. Manchmal nimmt er auch etwas Fischfleisch, Garnelen oder ein Muschelstück mit Schale an.
Bes.: Die Stacheln sind schlank, hohl, mit Ringen feinster nach außen gerichteter Seitenstacheln besetzt und mit nadelartiger Spitze versehen, welche die menschliche Haut ohne Schwierigkeiten durchstößt. Sie enthalten ein starkes Gift, das bei einer unachtsamen Berührung wie der Stich einer Hornisse wirkt, meist sogar noch etwas schmerzhafter ist. Die Spitzen der Stacheln brechen leicht ab, bleiben in der Wunde stecken und werden, wenn sie nicht entfernt werden oder herauseitern, im Laufe der Zeit abgekapselt oder absorbiert. Normalerweise nehmen die Schmerzen schon nach wenigen Minuten ab und verschwinden spätestens nach einer halben Stunde. Es entstehen auch selten Schwellungen der Wunden. Die Reaktionen sind jedoch individuell verschieden und es sollen schon Todesfälle von Kindern nach einem Sturz in eine große Ansammlung solcher Diadem-Seeigel vorgekommen sein. Besonders in den Tropen ist die Gefahr von Infektionen sehr groß.
Körper und Stacheln sind normalerweise schwarz gefärbt, es kommen aber nicht selten teilweise oder ganze Albinos mit weißen Stacheln vor. Einige Jungfische und eine Schwebegarnelenart verstecken sich tagsüber im Stachelwald dieses Seeigels; 2 Arten von Garnelen leben als Kommensalen auf Körper und Stacheln. Trotz der Wehrhaftigkeit gibt es viele Tiere, die diesem Seeigel nachstellen: zumindest 15 Arten von Fischen und einige Raubschnecken.
Die indopazifische Art *D. setosum* ist mit dieser sehr nahe verwandt, aber durch 5 helle Flecken am Körper zu unterscheiden.

T: 22 - 28°C, **Ø**: 10 cm (mit Stacheln bis 40 cm), **BL**: ab 70 cm, **WB**: m - s, **WR**: u, **BS**: 2 - 3, **SG**: 3

Diadema savignyi, Indonesien

Diadema savignyi (MICHELIN, 1845)
Savignys Diadem-Seeigel

Vork.: Indopazifik; von Ostafrika bis zu den Südpazifischen Inseln (Osterinseln) nach Japan (N). In 1 - 20 m Tiefe.
GU: Keine.
Soz. Verh./Vgs.: Er geht nachts einzeln auf Nahrungssuche und findet sich tagsüber einzeln oder in Gruppen in geeigneten Verstecken ein.
Hält. B.: Jungtiere sind für Korallenaquarien gut geeignet, da sie die Blumentiere nicht belästigen. Sie benötigen einen geeigneten Unterstand, Sand- oder Kiesgrund und einige flache, algenbesetzte Steine.
Licht: Sonnenlichtzone; beschatteter Unterstand.
ZU/Verm.: Ei- und Samenabgabe erfolgen gemeinsam ins freie Wasser.
FU: H; er raspelt Algenrasen und Seegrasbestände vorbildlich ab und schafft so gute Voraussetzungen für die Ansiedlung von Korallen; zusätzlich benötigt er etwa eine Sandgarnele pro Woche, um seinen Bedarf an tierischem Eiweiß zu decken.
Bes.: Dieser Diadem-Seeigel besitzt als besonderes Kennzeichen einen blauen Ring um den Anus, von dem aus je 2 blau irisierende Linien in alle 5 Interradien hineinziehen. Die Länge dieser Linien hängt von der Lichtintensität ab. Die giftigen Stacheln sind extrem lang, brechen leicht ab und wirken etwa wie der Stich einer Wespe. Sie sind also nicht gefährlich; bei Allergien kann es jedoch zu Komplikationen kommen.

T: 24 - 28°C, **Ø:** 9 cm (mit Stacheln - 40 cm), **BL:** ab 70 cm, **WB:** s, **WR:** u - o, **BS:** 1 - 2, **SG:** 3

Ordnung: Diadematoida
Fam.: Diadematidae

Diadema setosum (LESKE, 1778)
Diadem - Seeigel

Vork.: Indopazifik; vom Roten Meer bis zu den Südpazifischen Inseln, nach Japan (N). In 1 - 25 m Tiefe.
GU: Keine.
Soz. Verh./Vgs.: Er geht nachts einzeln auf Nahrungssuche und findet sich tagsüber einzeln oder in Gruppen in geeigneten Verstecken ein; in unterstandslosem, flachem Gelände (auf Sandgrund mit oder ohne Seegrasbewuchs) rottet er sich tagsüber zu großen Ansammlungen zusammen und verkeilt sich mit den Stacheln so sehr, daß es fast keinem Feind gelingt, einen davon zu erbeuten. Er kann einzeln oder in sehr großen Becken in Gruppen gehalten werden.
Hält. B.: Besonders Jungtiere sind für Korallenaquarien gut geeignet, da sie die Blumentiere nicht belästigen und außerdem den Platz für Korallen von Algen frei halten. Sie brauchen einige Jahre, um erwachsen zu werden. Man sollte ihnen einen geeigneten Unterstand, Sand- oder Kiesgrund und einige flache, algenbesetzte Steine anbieten. Lebende Korallenstöcke meiden sie. Auf steinigen Aufbauten klettern sie jedoch gerne umher.
Licht: Sonnenlichtzone; beschatteter Unterstand.
ZU/Verm.: Ei- und Samenabgabe erfolgen gemeinsam und in großen Gruppen, meist im Rhythmus der Mondphasen; die Larven entwickeln sich im freien Wasser.
FU: H; er verläßt nachts sein Versteck oder den dichten Verband und geht einzeln auf Nahrungssuche. Er raspelt Algenrasen und Seegrasbestände vorbildlich ab und schafft so gute Voraussetzungen für die Ansiedlung von Korallen; lange Fadenalgen mag er nicht. Zusätzlich benötigt er etwa eine Sandgarnele pro Woche, um seinen Bedarf an tierischem Eiweiß zu decken; in der Natur frißt er auch Aas. Man kann das Futter auch auf seinen Rücken zwischen die Stacheln fallen lassen. Er transportiert es selbst zum Mund weiter.
Bes.: Dieser Diademseeigel ist gut erkennbar an 5 hellen (weißen bis blauweißen) Punkten auf seiner Oberseite und einem roten Ring um den Anus. Der ähnliche *D. savignyi* hat an ihrer Stelle einen blauen Ring um den Anus, von dem aus sich je 2 blau irisierende Linien in alle 5 Interradien hineinziehen. Die Stacheln sind in der Farbe variabel und können schwarz bis weiß sein. Die giftigen Stacheln sind extrem lang, brechen leicht ab und wirken etwa wie der Stich einer Wespe. Sie sind also nicht gefährlich; bei Allergien kann es jedoch zu Komplikationen kommen.
Im Schutz seiner Stacheln halten sich tagsüber einige Arten von Kardinalbarschen (im Roten Meer 4 Arten von Apogonidae, die im Schutz der Dunkelheit allein der Nahrungssuche nachgehen), eine Garnele (*Saron marmoratus*) und manchmal die kleine kommensale Rippenqualle (*Coeloplana*) auf, die nachts ihre langen Tentakel zum Beutefang ausstreckt. Auch dieser Diademseeigel hat Feinde: Drückerfische, die ihn mit einem Wasserstrahl umblasen, um an seine kurzstachelige, relativ ungeschützte Unterseite heranzukommen und große Lippfische.

T: 24 - 28°C, **Ø**: 9 cm (mit Stacheln - 40 cm), **BL**: ab 70 cm, **WB**: s, **WR**: u - o, **BS**: 1 - 2, **SG**: 3

Diadema setosum

Diadema setosum, Australien

Ordnung: DIADEMATOIDA
Fam.: Diadematidae

Echinothrix calamaris (PALLAS, 1774)
Kalmar- Diadem- Seeigel

Vork.: Indopazifik; vom Roten Meer bis Hawaii, zu den Südpazifischen Inseln und nach Japan (N). In 5 - 40 m Tiefe.
GU: Keine.
Soz. Verh./Vgs.: Er lebt meist einzeln oder in kleinen Gruppen auf Fels- und Korallenriffen sowie auf Sand- und Muschelgründen geschützter Lagunen. Er ist am besten einzeln, nicht mit Hohltieren und krustenförmigen Niederen Tieren gemeinsam zu halten.
Hält. B.: Da er sehr groß wird, benötigt er ein ausgedehntes Becken mit grobem Bodengrund und algenbewachsenen Felsaufbauten, die er gerne als Unterschlupf annimmt.
Licht: Sonnenlichtzone; aber beschattet.
ZU/Verm.: Wie andere Arten.
FU: O; er frißt zwar hauptsächlich Algen, besonders in seiner Jugendzeit; vor großen Exemplaren sind jedoch Niedere Tiere aller Art nicht mehr sicher. Die Erfahrungen der Aquarianer gehen daher auseinander, je nachdem ob sie nur junge Tiere hatten oder auch große erwachsene. Da häufig Verwechslungen mit dem ähnlichen *E. diadema* vorliegen, der in der Natur und im Aquarium Korallen frißt, sollte man hier vorsichtig sein.
Bes.: Es gibt zwei Arten von Primärstacheln: jene auf den interambulacralen Arealen sind groß, kräftig, hohl, mit Wirbeln von nach hinten (dem Körper zu) gerichteten Zähnen ausgestattet und meist wunderschön hell dunkel gebändert gefärbt. Im Alter kann die Färbung nachlassen und in körpernaher Zone ziemlich dunkel werden. Die Länge der Stacheln ist bei jüngeren Exemplaren größer als der Körperdurchmesser, bei erwachsenen jedoch kleiner.
Die Stacheln auf den Ambulacralplatten stehen dicht gedrängt und sind fein, haarartig ausgebildet und wesentlich kürzer.
Die dicken Stacheln werden häufig nicht gleichmäßig vom Körper abgestreckt, sondern in fünf Gruppen ausgerichtet. Ein gutes Kennzeichen ist auch die große Analblase in der Mitte des Rückens mit ihren kleinen, weißen, runden Pünktchen in der Mitte des Rückens. Sie entleert von Zeit zu Zeit Kotballen.

T: 24 - 28°C, **Ø**: 15 cm (mit Stacheln bis 30 cm), **BL**: ab 70 cm, **WB**: m, **WR**: u, **BS**: 2 - 3, **SG**: 3

Echinothrix calamaris, Kimberley

Echinothrix calamaris, Thailand

Echinothrix diadema (LINNAEUS, 1758)
Schwarzer Diadem-Seeigel

Vork.: Indowestpazifik; vom Roten Meer bis Indonesien und Japan; in 5 - 40 m Tiefe.
GU: Keine.
Soz. Verh./Vgs.: Er lebt einzeln oder in losen Gruppen auf felsigen und sandigen Gründen, auch zusammen mit anderen Seeigeln. Er ist als Jungtier gut mit Wirbellosen zu vergesellschaften, auch mit Korallen und Anemonen. Erwachsene Tiere sind jedoch Räuber.
Hält. B.: Am besten geeignet sind kalkhaltige Felsaufbauten und als Boden Muschelbruch mit Bewuchs an Algen und wenn möglich krustenartigen Niederen Tieren. Er ist empfindlicher als die *Diadema*-Arten und wirft leicht Stacheln ab, die aber meist wieder regenerieren. Manche Autoren berichten sogar, daß er "Sekundärstacheln" als Abwehr gezielt "abschießt", doch dies dürfte ins Fabelreich einzuordnen sein.
Licht: Sonnenlichtzone; aber beschattet. **ZU/Verm.**: Wie andere Arten.
FU: O; er frißt nicht nur den feinen Mikrobelag auf Steinen samt Kalk ab, so daß man seine Fraßspuren noch deutlich sehen kann, sondern fällt zumindest ab einer gewissen Größe über lebende Korallen (*Porites*, *Echinopora* und *Montipora*) her. Für eine entsprechende Versorgung mit tierischem Eiweiß (Muscheln, Fischfleisch) ist zu sorgen.
Bes.: Diese Art ähnelt stark *E. calamaris*, besitzt aber eine wenig entwickelte Analblase und die hat keine rundlichen weißen Plättchen. Die kräftigen Interambulacralstacheln werden meist etwa gleichförmig nach allen Seiten abgestreckt, sind von unterschiedlicher Stärke und besitzen eine reduzierte Innenhöhle. Sie sind nicht einfach gezähnt, sondern die nach innen gerichteten Zähne liegen auf feinen Längsleisten hintereinander. Die Farbe der Stacheln ist meist nur in der Jugend quergestreift. Auch die schlanken Ambulacralstacheln sind rostig braun bis dunkelbraun. Erwachsene Tiere können ganz schwarz sein, abgesehen von seltenen albinotischen weißen Stacheln. Die Tiere wirken voller, dicker und größer als die vorige Art.
Im Schutze der Stacheln lebt manchmal die kommensale Garnele *Stegopontonia commensalis* und verbirgt sich, indem sie sich die Stacheln entlang hinlegt und sich ebenso wie diese färbt.

T: 24 - 28° C, **Ø**: 15 cm (mit Stacheln 30 cm), **BL**: ab 70 cm, **WB**: m - s, **WR**: u, **BS**: 2 - 3, **SG**: 3.

Echinothrix diadema, Rotes Meer

Über die Ordnung ARBACIOIDA

Diese Tiere besitzen einen halbkugeligen Panzer mit zusammengesetzten Ambulacralplatten, das heißt, jede der in Reihen stehenden durchlöcherten Platten besitzt mehrere Porenpaare (meist drei), was nur am stachellosen Gehäuse zu sehen ist. Die meisten Arten besit-zen um den in der Rückenmitte liegenden After nur 4 große, etwa dreieckige Analplatten. Auf der Oberseite fehlen Füßchen mit Saug-scheiben und es können daher keine Fremdkörper festgehalten werden.

Arbacia lixula, Mittelmeer (Text nächste Seite)

Arbacia lixula (LINNAEUS, 1758)
Schwarzer Seeigel

Vork.: Mittelmeer; im Atlantik lebt eine eigene Unterart *A.lixula africana*; vielleicht ist die vor Brasilien lebende Art *A. punctulata* eine Unterart davon. In 0 - 40 m Tiefe.
GU: Keine.
Soz. Verh./Vgs.: Er lebt einzeln oder gesellig, besonders an Stellen mit starker Wasserbewegung, also bevorzugt im Brandungsgebiet, wo er dem Badenden den Einstieg ins Wasser verleidet. Er ist einzeln oder in mehreren Exemplaren zu halten und auch mit tropischen Tieren zu vergesellschaften.
Hält. B.: Er ist zwar nicht wärmeempfindlich, aber trotzdem weniger haltbar als viele andere Arten. Er braucht besonders starke Strömung und entsprechende algenbewachsene Felsaufbauten.
Licht: Sonnenlichtzone.
ZU/Verm.: Die Fortpflanzung erfolgt ganzjährig. Die Tiere sind Zwitter mit unterschiedlicher Anzahl von Eierstöcken und Hoden. Die Eier haben einen Durchmesser von 0,1 mm; die Pluteuslarven weisen zwei besonders lange nach rückwärts gerichtete Arme auf.
FU: H; wenn ein ausreichender Algenrasen vorhanden ist, kann er gut ernährt werden und braucht nur wenig tierische Zukost. Im Meer frißt er hauptsächlich Kalkalgen, Diatomeen und mit diesen Kalkteilchen.
Bes.: Diese Art ist nur samtschwarz gefärbt und kann keine Fremdkörper zur "Tarnung" festhalten, da die Füßchen an ihrer Oberseite keine Saugnäpfe haben. Dies hat den Nachteil, daß die Tiere keine Fremdkörper also auch die eigenen, auf der Oberseite aus dem in der Körpermitte befindlichen After austretenden Kotbällchen, entfernen können. In der Natur sorgt die Wasserbewegung für ihre Reinigung; im Aquarium muß man einen kräftigen Pumpenstrahl auf sie richten, um für ihre Hygiene zu sorgen. Der Schwarze Seeigel sieht dem Steinseeigel sehr ähnlich, unterscheidet sich aber meist in der Färbung und, von unten betrachtet, durch ein doppelt so großes weiches Mundfeld. Hat man nur die Kalkpanzer beider zur Hand, so weist die Mundseite von *Arbacia lixula* ein doppelt so großes Loch wie jene von *Paracentrotus lividus* auf.

T: 20 - 28° C, Ø: 6 cm (mit Stacheln 12 cm), BL: ab 50 cm, WB: s, WR: u - o, BS: 1, SG: 3

Mespilia globulus, Thailand

Mespilia globulus (LINNAEUS, 1758)
Kugel - Seeigel

Vork.: Östlicher Indischer Ozean, Westpazifik: Golf von Bengalen, Malediven, Ostindien, Philippinen, Neuguinea, Nord- und Ostaustralien, Neukaledonien, Südpazifische Inseln, Japan und China. In 1 - 5 m Tiefe.
GU: Keine.
Soz. Verh./Vgs.: Der Kugel - Seeigel lebt einzeln, auf Riffterrassen, unter Überhängen, in Spalten, auf Korallenblöcken, auf Sandgrund mit Pflanzenbeständen. Er ist einzeln oder in mehreren Exemplaren haltbar.
Hält. B.: Er benötigt einen felsigen Grund mit diversen Versteckmöglichkeiten und davor oder dazwischen kleinere Flächen, die auch mit Algen bewachsen sein können.
Licht: Sonnenlichtzone; aber beschattet.
ZU/Verm.: Wie andere Arten.
FU: H; er verzehrt hauptsächlich Algen, die er von der Gesteinsoberfläche abraspelt.
Bes.: Kennzeichen für diesen Seeigel sind 5 breite nackte (stachellose) dunkle Zonen, in schwärzlichen oder bläulichen Farbtönen (sie können auch oliv oder weißlich sein). Die Stacheln weisen eine helle Bänderung auf rötlichem, bräunlichem oder dunklem Grund auf.

T: 24 - 28° C, **Ø:** 5 cm , **BL:** ab 50 cm, **WB:** m - s, **WR:** u - o; **BS:** 2 - 3, **SG:** 3

Ordnung: Temnopleuroida
Fam.: Temnopleuridae

Microcyphus rousseaui (AGASSIZ & DESOR, 1846)
Rousseau - Seeigel

Vork.: Westlicher Indischer Ozean; vom Roten Meer bis Ostafrika und Südost-Arabien; in 0 - 5 m Tiefe.
GU: Keine.
Soz. Verh./Vgs.: Der Rousseau - Seeigel lebt einzeln, relativ selten auf Felsen, Korallen und manchmal auch auf Seegräsern und Algen knapp unter der Wasserlinie. Er kann mit zahlreichen Arten von Niederen Tieren und Fischen, die ihn in Ruhe lassen, vergesellschaftet werden.
Hält. B.: Er bevorzugt felsiges Gelände, wie es ihm ein Riffaquarium bietet, wo er sich tagsüber verstecken kann.
Licht: Sonnenlichtzone; aber beschattet.
ZU/Verm.: Wie andere Arten.
FU: O; er geht meist nur nachts auf Nahrungssuche und verzehrt hauptsächlich Algen, aber auch flächig wachsende Niedere Tiere, die er von der Gesteinsoberfläche abraspelt.
Bes.: Kennzeichen für diesen wunderschönen Seeigel sind 5 nackte (stachellose) helle Zonen, welche sich in gleichmäßigen Mäandern von oben nach unten ziehen.

T: 24 - 28° C, **Ø**: 5 cm , **BL**: ab 50 cm, **WB**: m - s, **WR**: u - o; **BS**: 2 - 3, **SG**: 3

Lytechinus variegatus (LESKE, 1778)
Variabler Seeigel

Vork.: Tropischer Atlantik; von den Bermudas bis Brasilien, von der Ostküste Mexikos bis zu den Kapverden. Manche Autoren unterscheiden geographische Unterarten: *L.v.variegatus*: südlich von Yucatan und Florida in der Karibik bis Brasilien, *L.v.carolinus*: nördlich von Yucatan bis Florida und Nord - Bahamas, *L.v.bermudensis*: endemisch auf den Bermudas. In 1 - 20 m Tiefe.
GU: Keine.
Soz. Verh./Vgs.: Er lebt einzeln auf oder unter Felsen, kommt aber auch auf Schlamm und besonders auf festem, seichtem, von Seegras bewachsenem Sandgrund vor, wo er gesellig und in großer Zahl (bis zu 15 Exemplare pro Quadratmeter) anzutreffen ist,
Hält. B.: Der Beckeninhalt ist für seine Haltung unerheblich; er benötigt nur Felsen, festen Sand oder Korallenbruch mit entsprechendem Algenbewuchs.
Licht: Sonnenlichtzone; kann auch teilweise beschattet sein.
ZU/Verm.: Er wird oft in Gruppen angetroffen; zumindest teilweise sind dies Laichverbände; das Ablaichen scheint vom Rhythmus der Mondphasen gesteuert zu sein.
FU: O; nagt Bodenbeläge aller Art ab und ist daher mit einer Mischkost aus Algen und tierischen Produkten zu ernähren.
Bes.: Die Körperfarben sind grün und weiß; der Anteil beider Farben ist jedoch äußerst unterschiedlich. Beide können jeweils dominieren und die andere in unterschiedlichem Grade unterdrücken, so daß es in Extremfällen zu weißen oder grünen Tieren kommt.

T: 22 - 28° C, Ø: 8 cm (mit Stacheln 15 cm), BL: ab 50 cm, WB: m, WR: u, BS: 2, SG: 3

Ordnung: TEMNOPLEUROIDA
Fam.: Toxopneustidae

Sphaerechinus granularis (LAMARCK, 1816)
Violetter Seeigel

Vork.: Mittelmeer, Ostatlantik, bis zum Golf von Guinea und zu den Azoren. In 3 bis 100 m Tiefe.
GU: Keine.
Soz. Verh./Vgs.: Er ist auch tagaktiv und lebt einzeln auf algenbewachsenem Fels, aber auch in Seegraswiesen, im Koralligene und auf Kalkalgen, die Weichböden aufliegen. Er ist mit robusteren Niederen Tieren und unaufdringlichen Fischen zu vergesellschaften.
Hält. B.: Für ihn ist ein Becken mit Schotter, Muschelbruch und Steingrund, auf welchem Algen wachsen, am besten geeignet. Er ist empfindlich gegenüber erhöhter Temperatur (hoher Sauerstoffbedarf?) und sollte daher nicht mit tropischen Tieren gemeinsam gehalten werden. Er regeneriert abgebrochene Stacheln nur schwer.
Licht: Sonnenlichtzone.
ZU/Verm.: Die Tiere sind fast das ganze Jahr über reif, besitzen aber zwei Hauptlaichzeiten im Frühling und Herbst. Dann versammeln sie sich, wie man erst seit kurzem durch Beobachtungen von Tauchern weiß, meist in tieferem Wasser zu dichten Gruppen, um gemeinsam abzulaichen. Die Tiere sind zwar getrenntgeschlechtlich, es wurden aber auch Zwitter gefunden. Die Eier sind 0,08 - 0,09 mm groß; die daraus schlüpfenden Larven schweben wie sie frei im Wasser. Die jungen Seeigel von 1- 2 cm Größe sind grünlich, weißlich oder rosa gefärbt.
FU: O; er ernährt sich hauptsächlich von Algen, braucht aber ab und zu tierisches Futter in Form von Muschelstücken oder TetraTips. Daneben verzehrt er auch Kleintiere; seine Greifzangen stehen nämlich mit Giftdrüsen in Verbindung und ergreifen und lähmen alle am Rücken auftreffenden Kleinstlebewesen. Diese werden dann von den Saugfüßchen zum Mund weitergegeben und verzehrt. Er ist ein langsamer Esser, der für einen Bissen ungefähr 30 Sekunden braucht.
Bes.: Die kurzen Stacheln sind mit weißen Spitzen versehen oder manchmal ganz weiß. Die Giftzangen sind viel zu klein, als daß sie dem Menschen etwas anhaben könnten. Bei einem Stich durch unachtsame Berührung eines Seeigels können die Zangen jedoch ihr Gift in die Wunden drücken und dann schmerzhafte Erkrankungen hervorrufen. Die Zangen enthalten jedenfalls ein so starkes Gift, daß der Inhalt von nur 40 von diesen eine Ratte innerhalb von 2 - 3 Minuten töten kann. Die meisten Violetten Seeigel tarnen sich besonders in seichten Gewässern vor zu stark einfallendem Licht mit Steinen, Muschelschalen, Tang und Abfall.
Die Keimdrüsen erwachsener Tiere werden mancherorts gegessen.

T: 18 - 22° C, **Ø**: 13 cm , **BL**: ab 50 cm, **WB**: s, **WR**: u, **BS**: 2, **SG**: 3

Sphaerechinus granularis, Mittelmeer

Sphaerechinus granularis, Atlantik

Ordnung: Temnopleuroida
Fam.: Toxopneustidae

Toxopneustes pileolus (LAMARCK, 1816)
Giftzangen - Seeigel

Vork.: Indowestpazifik; vom Roten Meer bis zu den Südpazifischen Inseln und nach Japan; in 1 - 15 m Tiefe.
GU: Keine.
Soz. Verh./Vgs.: Er lebt einzeln auf diversen Gründen, wie Seegraswiesen, die von Korallenblöcken bestanden sind, Korallenfels und Riffabfällen. Er ist einzeln nur mit widerstandsfähigen Niederen Tieren und unaufdringlichen Fischen zu halten.
Hält. B.: Er benötigt ein Becken mit Versteckmöglichkeiten und einem Bewuchs an höheren Algen, besonders Kriechsproßalgen. Er paßt am ehesten in ein Riffaquarium.
Licht: Sonnenlichtzone; aber beschattet. Vor zu intensiver Sonneneinstrahlung schützt er sich durch Bedeckung mit Seegrasblättern, Algen, Muschelschalen usw.
ZU/Verm.: Wie andere Arten.
FU: O; man nimmt an, daß die dicht nebeneinander liegenden, weit abgespreizten Pedicellarien kleine Lebewesen fangen und so den Bedarf an tierischem Eiweiß decken. Ansonsten raspelt er große Mengen höherer Algen, besonders *Caulerpa*, ab.
Bes.: Die Stacheln sind kurz und unbedeutend, da sie von den großen Pedicellarien überragt werden. Diese besitzen breite, bis zu 5 mm große dreiklappige Zangen, die stets geöffnet sind und die ganze Oberfläche des Seeigels bedecken können und außerdem mit starken Giftdrüsen in Verbindung stehen. Es ist daher besser, die Tiere nicht zu berühren.
T: 24 - 28° C, **Ø**: 15 cm , **BL**: ab 70 cm, **WB**: m - s, **WR**: u - o, **BS**: 2 - 3, **SG**: 3

Toxopneustes pileolus, Aquarienaufnahme

Ordnung: Temnopleuroida
Fam.: Toxopneustidae

Tripneustes gratilla (LINNAEUS, 1758)
Pfaffenhut-Seeigel

Vork.: Indopazifik; vom Roten Meer bis Hawaii, zu den Südpazifischen Inseln und nach Japan (N). In 0 - 10 m Tiefe.
GU: Keine.
Soz. Verh./Vgs.: Er ist tag- und nachtaktiv, also stets unterwegs auf Algensuche und, obwohl ein Einzelgänger, auch in losen Gruppen anzutreffen. Er ist gut mit robusteren Niederen Tieren (keinen wehrlosen Weichkorallen) und nicht aufdringlichen Fischen zu vergesellschaften. Verletzungen der empfindlichen Haut durch Fische, Krebse, aber auch stark nesselnde Anemonen heilen kaum und führen letztlich zum Tode dieses Seeigels.
Hält. B.: Er benötigt ein Becken mit Sand-, Kies- und Steingrund; am besten aus weichem Kalk, auf welchem viele Algen, auch harte Kalkalgen wachsen.
Licht: Sonnenlichtzone; aber beschattet.
ZU/Verm.: Die Laichzeit ist je nach Meeresgebiet verschieden: im nördlichen Roten Meer ist sie im Spätherbst und Winter, in Japan hingegen im Juli / August. Südlich des Äquators wurden zwei Laichzeiten beobachtet (Frühling und Herbst). Man vermutet temperaturabhängige oder vom Nahrungsangebot abhängige Laichzeiten, doch Genaueres weiß man nicht. Das Verhältnis männlicher und weiblicher Tiere ist auch je nach Gegend verschieden. Die ♀♀ produzieren 10 - 20 Millionen Eier pro Saison.
FU: O; er nagt mit seinen besonders scharfen Zähnen die Algen samt etwas Kalkgrund ab, so daß man seine Fraßspuren am Fels gut sehen kann. Er frißt sogar gefiederte *Caulerpa*, Seegras und tierisches Futter, auch Aas. Seine Giftzangen fangen auch kleine Garnelen und Flohkrebse, die er betäubt und tötet und mit Hilfe der Saugfüßchen zum unterständigen Mund weitergibt. Er schreckt vor manchen Blumentieren nicht zurück und verzehrt sogar *Xenia*-Weichkorallen. Veralgte Aquarien reinigt er innerhalb kürzester Zeit, doch die fädigen Schmieralgen mag er nicht. Er ist gut haltbar.
Bes.: Wie alle Arten der Toxopneustidae besitzt auch der Pfaffenhut-Seeigel Giftzangen, die zwar für den Menschen nicht gefährlich sind, doch an empfindlichen Stellen Giftwirkungen wie von Bienen- oder Wespenstichen hervorrufen können. Bei auftretenden Allergien können diese Stiche jedoch gefährlich werden. Die Giftzangen sind zwar den Stacheln gegenüber unbedeutend, werden aber auch zur Abwehr von Freßfeinden eingesetzt und schützen sogar vor Angriffen der Kissensterne.
Auch dieser Seeigel "tarnt" sich mit verschiedensten Gegenständen, wie Algen, Steinen, Muscheln, Korallenbruch u.a. Er schleppt auch gerne *Caulerpa* oder Salatblätter mit sich herum und verzehrt sie später. Seine Innereien (zumindest seine Gonaden) werden von den Einheimischen in manchen Gebieten gegessen.

T: 22 - 28° C, **Ø**: 9 cm, **BL**: ab 50 cm, **WB**: s, **WR**: u, **BS**: 2, **SG**: 3

Tripneustes gratilla, Rotes Meer

Tripneustes gratilla, Rotes Meer

Ordnung: Temnopleuroida
Fam.: Toxopneustidae

Tripneustes ventricosus (LAMARCK, 1816)
See - Ei

Vork.: Tropischer Atlantik; von den Bermudas bis Brasilien, von der mexikanischen Küste bis Ascensión und zur westafrikanischen Küste. In 0 - 10 m Tiefe.
GU: Keine.
Soz. Verh./Vgs.: Junge Tiere leben versteckt unter Felsen, in Löchern usw.; erwachsene auch auf offenen, seegrasbestandenen Sandböden; oft in Gemeinschaft mit *Lytechinus variegatus*.
Hält. B.: Für seine erfolgreiche Pflege benötigt man ein relativ großes Becken mit guten Pflanzenbeständen (weniger kalkhaltige Arten), feinem bis grobem Grund und Felsen, deren Schutz er gerne aufsucht.
Licht: Sonnenlichtzone; aber beschattet; wenn kein Schatten da ist, "tarnt" er sich mit diversen Materialien.
ZU/Verm.: Er legt während der Laichzeit im Sommer seine gesamte Energie in die Eiproduktion, so daß das Wachstum während dieser Zeit stoppt. Nach dem Ablaichen wächst er wieder normal weiter. Tiere mit reifen Gonaden neigen zur Gruppenbildung und suchen offene Weichböden, teils mit Pflanzenbewuch auf.
FU: H; er frißt fast ausschließlich Algen und verzehrt nur wenig von den kalkhaltigen Arten; daher ist er gut für die Algenbekämpfung im Aquarium geeignet.
Bes.: Der Körper ist meist dunkel-purpur gefärbt, selten gelblich-grün. Die Stacheln sind einheitlich weiß und heben sich im Kontrast dazu deutlich ab. Interessant ist auch, daß die Stacheln nicht immer gleichmäßig radiär abstehen, sondern häufig unregelmäßig in alle Richtungen, was sie wie "zerzaust" aussehen läßt. Bei anderen Arten ist dies meist ein Zeichen eines schlechten gesundheitlichen Zustandes, hier scheint es normal zu sein. Die Gonaden sexuell reifer Tiere werden häufig, besonders auf den Westindischen Inseln, gegessen und die Art ist daher mancherorts von der Ausrottung bedroht, so daß es notwendig wurde, sie gesetzlich unter Schutz zu stellen. Die Panzer zeigen je nach Herkunftsgebiet kleine Unterschiede, die es dem Fachmann ermöglichen, ohne Schwierigkeiten festzustellen, ob die Tiere von den Bahamas, Bermudas, von Florida oder Jamaika stammen. Es ist jedoch unsinnig all diese Populationen mit eigenen Namen zu versehen oder sie als Unterarten oder Rassen zu führen. Die Tiere werden 2 - 3 Jahre alt.

T: 22 - 28° C, **Ø**: 15 cm (mit Stacheln 20 cm), **BL**: ab 70 cm, **WB**: m - s, **WR**: u - o, **BS**: 2, **SG**: 3

Tripneustes ventricosus

Tripneustes ventricosus, Kuba

Ordnung: ECHINOIDA
Fam.: Echinidae

Über die Familie Echinidae

Vertreter dieser Familie weisen die typischen Seeigel-Kennzeichen auf und werden daher auch Echte Seeigel genannt. Der Panzer ist rundlich, die Porenplatten in den Ambulacralreihen sind zusammengesetzt und grübchenlos, die spitzen, relativ kurzen Stacheln stehen dicht und haben alle etwa die gleiche Form. Die Klappen der Zangen an den Füßchen (globiferen Pedicellarien) weisen auf der Innenseite winzige arttypische Zähnchen auf.

Echinus esculentus (LINNAEUS, 1758)
Eßbarer Seeigel

Vork.: Nordostatlantik, Nordsee; von Norwegen bis Portugal. In 1 - 50 m Tiefe.
GU: Keine.
Soz. Verh./Vgs.: Lebt einzeln, oft auch in dichten Beständen auf algen- und kleintierbestandenen Gründen (am dichtesten unter Riesentangen). Er ist nur mit wenigen wehrhaften Wirbellosen zu vergesellschaften, da er die meisten Arten frißt.
Hält. B.: Er benötigt ein mit Algen und Niederen Tieren besetztes Aquarium, das er mit großem Appetit kahlfrißt. Lebende Steine werden bevorzugt angenommen.
Licht: Sonnenlichtzone; aber beschattet.
ZU/Verm.: Wie andere Arten.
FU: O; er schabt den Bewuchs von felsigen Oberflächen ab (je Stunde ca. 6 cm^2), so daß diese völlig kahl werden. Er verspeist nicht nur sämtliche Blau-, Grün-, Rot- und Braunalgen, sondern auch Hydrozoen, Moostierchen, Seescheiden, Seepocken, Röhrenwürmer (samt Röhre) usw. Um ihn gesund zu erhalten, ist also für die Zufuhr von ausreichend tierischem Eiweiß zu sorgen.
Bes.: Dieser Seeigel ähnelt stark *Echinus acutus* aus dem Mittelmeer; kann mit diesem beim Kauf, jedoch nicht im Meer verwechselt werden, da beide in verschiedenen Meeresgebieten vorkommen. Die Farbe kann von weiß bis zu rötlich und blau reichen; der Panzer ist meist rot-violett mit weißen Stachelhöckern. Die Keimstöcke dieser Art werden häufig gegessen. Der Eßbare Seeigel bewegt sich hauptsächlich mit Hilfe der langen Saugfüßchen fort.
Zwischen seinen Stacheln findet man manchmal den Borstenwurm *Flabelligera affinis* und einen Flohkrebs (*Antacilla intermedia*).

T: 16 - 22° C, **Ø**: 20 cm , **BL**: ab 70 cm, **WB**: m - s, **WR**: u, **BS**: 2 - 3, **SG**: 3

Echinus esculentus, Atlantik

Ordnung: Echinoida
Fam.: Echinidae

Echinus melo (LAMARCK, 1816)
Melonen - Seeigel

Vork.: Mittelmeer und Ostatlantik, von Irland bis zu den Kapverden; in 25 - 1100 m Tiefe.
GU: Keine.
Soz. Verh./Vgs.: Er ist selten und lebt einzeln auf tiefen Sedimentböden. Er kann einzeln mit zahlreichen Niederen Tieren und Fischen, die ihn in Ruhe lassen, gemeinsam gepflegt werden.
Hält. B.: Er sollte in einem nicht zu hellen Aquarium, ohne direkten Sonneneinfall, gehalten werden und dazu Unterschlupfmöglichkeiten haben. In einem teilweise abgedunkelten Raum geht er auch tagsüber auf Nahrungssuche, in einem hellen nur nachts.
Licht: Mittel- bis Schwachlichtzone.
ZU/Verm.: Wie andere Arten; Laichzeit in der nördlichen Adria ist im März/April.
FU: O; er verzehrt neben Pflanzen auch Foraminiferen, kleine Mollusken, Krebsartige u.a.
Bes.: Dieser Seeigel kann mit dem höher gebauten und größer werdenden *Echinus acutus* verwechselt werden, unterscheidet sich aber in Form und Farbe.

T: 16 - 20° C, **Ø**: 15 cm , **BL**: ab 60 cm, **WB**: m, **WR**: u, **BS**: 2 - 3, **SG**: 3

Paracentrotus lividus (Text nächste Seite)

Paracentrotus lividus, Mittelmeer

Paracentrotus lividus

Ordnung: Echinoida
Fam.: Echinidae

Paracentrotus lividus (LAMARCK, 1816)
Steinseeigel

Vork.: Mittelmeer, Ostatlantik, von Irland, Schottland bis Rio d'Oro; Kanarische Inseln, Madeira, Azoren. In 0 - 80 m Tiefe.
GU: Keine.
Soz. Verh./Vgs.: Er bevorzugt besonnte algenbewachsene Felsen, wo er einzeln oder in Gruppen vorkommt. An Stellen mit starkem Wellengang, besonders im Atlantik, bohrt er sich mit Hilfe der Kauwerkzeuge und Stacheln der unteren Körperhälfte eine Mulde in den Fels, die ihn vor zu starker Brandung, aber auch vor Feinden und vor dem Trockenfallen bei Ebbe schützt. Er ist einzeln oder in mehreren Exemplaren (je nach Beckengröße und Algenbewuchs) auch mit tropischen Meerestieren zu vergesellschaften. Er eignet sich auch besonders gut für Wirbellosenbecken.
Hält. B.: Er benötigt einen steinigen bis felsigen Untergrund mit entsprechendem Algenrasen, dann ist er gut und lange haltbar. Er ist wohl der problemloseste aller Seeigel und als einziger auch Anfängern zu empfehlen. Er verträgt auch hohe Temperaturen.
Licht: Sonnenlichtzone.
ZU/Verm.: Die Tiere sind das ganze Jahr über geschlechtsreif, laichen jedoch hauptsächlich im Herbst ab. Meist erfolgt das Ablaichen ganzer Gruppen nahezu gleichzeitig: Einige ♂♂ beginnen Samen ins Wasser abzugeben, das stimuliert weitere ♂♂ dazu, ebenfalls abzusamen. Dies wiederum regt die ♀♀ an, ihre Eier zu entlassen. Die Eier messen 0,13 mm; aus ihnen schlüpfen nach 48 Stunden die Larven. Diese leben ca. 18 Tage als Plankton und wandeln sich dann in bodenlebende Seeigel um. Die Aufzucht vom Ei bis zu geschlechtsreifen Tieren von 2 Jahren ist im Aquarium gut gelungen. Das gute Regenerationsvermögen wird zwar nicht zur Fortpflanzung verwendet, doch wachsen die leicht brechenden Stacheln auch im Aquarium rasch wieder nach.
FU: H; wenn der Algenrasen für seine Ernährung nicht ausreicht, so kann grüner Salat aller Art als Ersatz dienen. Außerdem muß von Zeit zu Zeit mit Muschelfleisch oder Trockenfuttertabletten zugefüttert werden. Im Meer frißt er hauptsächlich nachts Algen und Seegras mit den daran haftenden Kleintieren, auch Schwämme.
Wie anspruchslos die Tiere sind, bezeugt die Tatsache, daß Exemplare allein mit Seegras mehrere Jahre lang erfolgreich ernährt wurden. Die besten Wachstumserfolge sollen mit *Laminaria digitata* als Futterpflanze erzielt werden.
Bes.: Obwohl in der Form dem Schwarzen Seeigel ähnlich, so ist der Steinseeigel doch leicht von diesem zu unterscheiden: Er ist nie rein Schwarz, sondern seine Färbung schwankt zwischen Dunkelbraun, Grün und Violett. Außerdem hält er mit seinen Saugfüßchen Algen, Steine oder andere Materialien wie ein Dach über sich, was aber nicht als Tarnung anzusehen ist, sondern eher als Schutz vor zu starker UV-Bestrahlung. Sein oft massenhaftes Auftreten ist fast immer auf Meeresverschmutzungen (Eutrophierung) zurückzuführen. Feinde sind Raubschnecken und Vögel.

T: 20 - 28° C, **Ø**: 7 cm, **BL**: ab 40 cm, **WB**: s, **WR**: u, **BS**: 1, **SG**: 2

Psammechinus microtuberculatus (BLAINVILLE, 1825)
Kletter-Seeigel

Vork.: Mittelmeer, Ostatlantik, von Portugal bis zu den Azoren, Kanaren, Kapverden. In 4 - 400 m Tiefe.
GU: Keine.
Soz. Verh./Vgs.: Er ist allein, oft aber auch in großer Zahl, bevorzugt in Pflanzenbeständen, speziell Seegraswiesen, anzutreffen. Er frißt fast ausschließlich pflanzliche Nahrung und ist gut mit Niederen Tieren und vielen Fischen zu vergesellschaften.
Hält. B.: Da man ihm eine Seegraswiese mit Wurzelstöcken wohl kaum anbieten kann, muß er im Aquarium mit Algenrasen, die auch größere Tange umfassen sollen, vorliebnehmen. Als Grund eignen sich Kies- und Steinböden.
Licht: Sonnen- bis Schwachlichtzone.
ZU/Verm.: Wie andere Arten. Die Laichzeit ist je nach Meeresgebiet verschieden; in der Adria von April bis Mai. Die Eier messen 0,08 - 0,1 mm im Durchmesser.
FU: O; er ernährt sich hauptsächlich von Algen und krustenförmigen Niederen Tieren, die sich darauf oder auf Seegrasblättern und deren Wurzelstöcken angeheftet haben. Die gelegentliche Gabe von tierischer Nahrung (Muscheln, Schnecken) ist angebracht.
Bes.: Diese kleine Art mit etwa gleich großen Primär- und Sekundärstacheln klettert besonders im Seegras und in hohen Algenbeständen. Sie ist aber auch unter Steinen und auf Korallengrund zu finden.
Die äußerst ähnliche atlantische Art heißt *P. miliaris* und bevorzugt kühlere Temperaturen von 14 - 16° C.

T: 18 - 24° C, Ø: 3 cm, BL: ab 30 cm, WB: s, WR: u - o, BS: 1 - 2, SG: 3

Ordnung: Echinoida
Fam.: Echinometridae

Über die Familie Echinometridae

Tiere dieser Familie werden Querigel genannt, da sie eine eher ova-le Schale besitzen, was wegen der dicht stehenden Stacheln aber meist nicht gut sichtbar ist. Die Stacheln können äußerst unter-schiedlich ausgebildet sein: schildartig und stumpf (Schildseeigel), griffelartig und dick (Griffelseeigel), sehr fein und von sehr ungleicher Länge (Bohrseeigel) oder kräftig und spitz mit einem hellen Ring an der Basis (Riff-Seeigel).

Colobocentrotus atratus (LINNAEUS, 1758)
Schild-Seeigel

Vork.: Indopazifik; nur von wenigen Küsten bekannt: Ostafrika und ostafrikanische Inseln, Ceylon, Golf von Bengalen, Ostindien, Hawaii. In 0 - 2 m Tiefe.
GU: Keine.
Soz. Verh./Vgs.: Lebt einzeln, manchmal in Gruppen in der Brandungszone bewegter tropischer Meere.
Hält. B.: Er wäre hervorragend für ein Brandungs- bzw. Gezeitenaquarium geeignet. Es macht ihm nichts aus, zwischendurch trockenzufallen; die kurzen, dicken Stacheln helfen ihm, dem Druck der Brandung standzuhalten. Er ist ein ausgesprochen guter Pflegling, der sich gerne in den Pumpenstrom stellt, nur in den Aufbauten umherklettert und den Weichboden meidet.
Licht: Sonnenlichtzone.
ZU/Verm.: Wie andere Arten.
FU: H; grast hauptsächlich nachts den Algenbelag in unmittelbarer Umgebung seines Versteckplatzes ab. Im Aquarium weidet er die Dekoration, aber auch die Scheiben gründlich ab.
Bes.: Die Gattung *Colobocentrotus* ist die einzige, welche eine Verstärkung des Gehäuses durch die Verkürzung und Verdickung von Stacheln erreicht und dadurch imstande ist, dem tonnenschweren Druck starker Brandung standzuhalten. Bei der geringsten Störung saugt er sich mit Hilfe der Saugfüßchen auf der Unterseite so fest, daß er nicht mehr ohne Verletzungen abgelöst werden kann. Durch diese Eigenschaft und die kuppenartige, unten verbreiterte Form gut mit Napf- oder Käferschnecken vergleichbar. Da er Kotreste nicht selbst von seiner Oberfläche entfernen kann, braucht er unbedingt eine starke Strömung, welche diese entfernt. Im Aquarium dreht er sich geschickt so lange in den verschiedensten Positionen in den Pumpenstrom, bis er vollkommen gereinigt ist.

T: 24 - 30° C, **Ø**: 6 cm, **BL**: ab 50 cm, **WB**: s, **WR**: u - o, **BS**: 3, **SG**: 3

Colobocentrotus atratus

Colobocentrotus atratus, Rotes Meer

Ordnung: ECHINOIDA
Fam.: Echinometridae

Echinometra lucunter (LINNAEUS, 1758)
Atlantischer Bohrseeigel

Vork.: Tropischer Atlantik; von den Bermudas bis zur Nordküste Südamerikas, von der Ostküste Mexikos bis St. Helena und zur Westküste Afrikas. Die Tiere an der nördlichsten und südlichsten Verbreitungsgrenze werden etwa doppelt so groß wie jene im Hauptverbreitungsgebiet. In 0 - 5 (- 45) m Tiefe.
GU: Keine.
Soz. Verh./Vgs.: Er ist sehr häufig knapp unter der Ebbelinie zu finden, wo er alle Arten von Verstecken (Löcher, Spalten, Feuerkorallen u.a.) im Bereich der Brandung, sehr selten Seegras, besiedelt. Er kann daher einzeln oder in kleinen Gruppen gehalten werden.
Hält. B.: Er wäre besonders gut für ein Gezeitenbecken mit starken Strömungen geeignet; doch wer hat das schon? Ersatz bieten Kalksteinaufbauten mit natürlichen Vertiefungen, die er in Form und Größe seinen Gegebenheiten anpassen kann, und starke Strömungen. Er darf nur mit festgewachsenen Wirbellosen und fest verbundenen Aufbauten gehalten werden, da er lockere Stücke herabstößt und die Dekoration durcheinanderbringt.
Licht: Sonnenlichtzone; aber beschattet.
ZU/Verm.: Wie andere Arten; Hauptlaichzeit ist in den Sommermonaten.
FU: H; er verläßt seinen angestammten Sitzplatz nur nachts, um in allernächster Umgebung Algen (insbesondere verkalkte koralline Algen) mit Untergrund abzunagen.
Bes.: Das Äußere dieses Seeigels ist sehr unterschiedlich. Die Stacheldicke schwankt erheblich: in Extremfällen kann sie bei einer Länge von etwa 2,5 cm 1,5 bis 3 mm betragen. Auch die Färbung ist unterschiedlich, doch der Gesamteindruck ist immer ein Rotbraun, wenn auch in verschiedenen Schattierungen. Die Rückenmitte wirkt (und das ist ein gutes Kennzeichen) relativ kahl und heller rot. Es gibt Tiere mit weißem Mundfeld, cremefarbigem Rand und blaßbräunlicher Oberseite mit einem rötlichen Stich. Die Stachelspitzen sind hell rosa oder rot. Manche Exemplare sehen fast schwarz aus; es ist allerdings ein tiefes Braun, Grün oder Purpur. Es gibt Tiere mit grünen (oliven) Primärstacheln, deren Spitzen mehr oder weniger purpur sind.
Wie der Steinseeigel besitzt auch diese Art die Fähigkeit, ihren Sitzplatz am Felsen zu vertiefen und der eigenen Form anzupassen.
Einige Fische leben mit diesem Seeigel als Kommensalen in dessen Höhlung; einer (*Ginsburgellus novemlineatus*) sogar als Parasit, der Saugfüßchen und Pedicellarien frißt.

T: 24 - 28° C, **Ø**: 9 cm (mit Stacheln 17 cm), **BL**: ab 50 cm, **WB**: s, **WR**: u - o, **BS**: 2, **SG**: 3

Echinometra lucunter, Kuba

Echinometra lucunter, Kuba

Ordnung: ECHINOIDA
Fam.: Echinometridae

Echinometra mathaei (BLAINVILLE, 1825)
Riffdach - Seeigel

Vork.: Indopazifik; vom Roten Meer bis Hawaii. In 1 - 8 m Tiefe.
GU: Keine.
Soz. Verh./Vgs.: Er ist ein besonders häufiger dämmerungs- und nachtaktiver Bewohner ganz seichter Zonen, insbesondere der Riffterrasse, aber auch von Mikroatollen und Korallenköpfen, und gut mit Niederen Tieren und Fischen, die ihn in Ruhe lassen, zu vergesellschaften.
Hält. B.: Er ist territorial und bezieht ein Loch im weichen Riffgestein als sein Tagesversteck. Natürliche Höhlungen werden bevorzugt, zu seichte durch Bohrung vertieft. Im Aquarium benötigt er Schotterboden mit einigen Felsblöcken. Die Dekoration und die seßhaften Bewohner müssen fest sitzen, da er äußerst kräftig ist und alles so zurechtrücken würde, wie er es haben will. Er ist als Bewohner der Gezeitenzone argen Unbillen der Natur ausgesetzt und daher hart und ausdauernd.
Licht: Sonnenlichtzone; aber beschattet.
ZU/Verm.: Wie andere Arten.
FU: H; auf den nächtlichen Weidegängen raspelt er Algen von den Felsen und kehrt morgens wieder in sein Versteck zurück. Er nimmt als Zukost Salate aller Art und braucht wenig tierische Kost, läßt also die meisten Niederen Tiere in seiner Umgebung in Ruhe.
Bes.: Seine Färbung ist sehr variabel: meist braunrot bis dunkel-violett mit einem schmalen weißen Ring an der Basis der Stacheln. Er ist vor Ort kaum mit einer anderen Art verwechselbar, ähnelt jedoch *E. lucunter* aus der Karibik sehr. Er hat in der Natur viele Feinde, wie große Krebse, Langusten, Krabben, Kugelfischverwandte, Papagei-, Lippfische und sogar die Artgenossen bekämpfen einander durch Abbeißen von Stacheln und Ausheben, um so an die begehrten Tagesverstecke heranzukommen.
Zumindest auf Aldabra leben mit dem Riffdach - Seeigel in den Vertiefungen am Felsen die Garnelen *Gnathophyllum americanum* und die Krabbe *Petrolisthes virgatus*.

T: 22 - 28° C, **Ø**: 9 cm, **BL**: ab 40 cm, **WB**: s, **WR**: u - o, **BS**: 1, **SG**: 3

Echinometra mathaei (Aquarienaufnahme)

Echinometra mathaei, Rotes Meer

Echinometra mathaei

Echinometra viridis (AGASSIZ, 1863)
Riff - Seeigel, Grüner Seeigel

Vork.: Tropischer Atlantik; scheint nur einen begrenzten Raum westlich des 64. Längengrades zu besiedeln, erreicht aber nicht die Küsten Mexikos und Zentralamerikas. In 1 - 15 m Tiefe.
GU: Keine.
Soz. Verh./Vgs.: Er lebt einzeln, tagsüber versteckt unter Steinen und in Löchern von Felsen und Riffterrassen und kommt nachts zur Nahrungsaufnahme heraus.
Hält. B.: Man muß ihm entsprechende Unterstandsmöglichkeiten in den Beckenaufbauten anbieten, damit er sich tagsüber verbergen kann. Die Dekoration muß gut miteinander verbunden sein, die Niederen Tiere gut verankert, denn er zwängt sich überall kraftvoll hinein und stürzt z. B. Blumentiere herab.
Licht: Sonnenlichtzone; aber beschattet.
ZU/Verm.: Wie andere Arten.
FU: H; der Riffseeigel frißt fast ausschließlich Algen und ist bei einem guten Algenbestand im Becken äußerst ausdauernd und problemlos zu pflegen.
Bes.: Die Färbung ist meist ziemlich dunkel purpur-braun. Die Basen aller Stacheln sind hellbraun mit einem rötlichen Stich. Die Primärstacheln werden nach außen zunächst grünlich, dann leuchtend oliv und enden mit tief violetten oder purpurnen Spitzen. Manche Brandungsformen haben dicke, kurze Stacheln.

T: 23 - 28° C, Ø: 5 cm (mit Stacheln 10 cm), BL: ab 50 cm, WB: m - s, WR: u - o, BS: 2, SG: 3

Echinostrephus molaris (BLAINVILLE, 1825)
Bohr - Seeigel

Vork.: Indopazifik; vom Roten Meer bis zu den Südpazifischen Inseln. In 0 - 15 m Tiefe. **GU**: Keine.
Soz. Verh./Vgs.: Bohr-Seeigel verbringen ihr ganzes Leben wie Einsiedler in einem Loch in seichtem Korallenfels, welches genügend Strömung ausgesetzt ist und das sie nie mehr verlassen. Man kann sie nur mit dem umgebenden Stein ins Aquarium einbringen und in der Dekoration verankern. Sie belästigen keine Niederen Tiere und sind wehrhaft bzw. wendig genug, um selbst großen Fischen, die auf sie Jagd machen wollen, zu entkommen.
Hält. B.: Das Aussehen des Becken ist für den Bohr-Seeigel belanglos. Der Ausgang seiner Wohnhöhle muß nur erhöht und günstig in der Strömung liegen, daß genügend Nahrung herbeigeschwemmt wird. **Licht**: Sonnenlichtzone.
ZU/Verm.: Da er sich zur Laichzeit nicht wie die meisten anderen Seeigel zu Scharen zusammenrotten kann, beschränkt er sich auf 2 Fortpflanzungsperioden im Jahr und setzt ganz auf die chemischen Sinnesorgane der Spermien, welche die Eier im Wasser finden müssen.
FU: O; er muß sich von dem ernähren, was das Wasser besonders an frei lebenden oder abgerissenen Algen herbeiträgt und an Stacheln und Saugfüßchen hängenbleibt. Diese Nahrungsteilchen werden auf die Mundseite weitergegeben, eingeschleimt und aufgesaugt. Für etwaige Notfälle bei zu langem Ausbleiben von Nahrung kann er auf einen eigenen kleinen "Algengarten" am Röhrengrund zurückgreifen.
Bes.: Jungtiere besiedeln abgestorbene Korallenblöcke und nutzen wahrscheinlich schon vorhandene kleine Löcher und Öffnungen, wie sie z.B. die Bohrschwämme anfertigen, um sich einzunisten. Das Loch wird ständig erweitert und vertieft, so daß es immer so groß ist, daß sich der Seeigel ganz zurückziehen kann und nicht einmal mehr die Stacheln hervorragen. Der Querschnitt des Loches ist nur wenige mm größer als der Querdurchmesser des Seeigelpanzers. Hier am "Äquator" liegen nur ganz kurze Stacheln, auf der Unterseite etwas längere, dem Mund zugebogene und nur die Oberseite ist gespickt mit langen, kräftigen Stacheln, die eine konzentrierte Abwehrbatterie, besonders wenn die Tiere sich ins Loch zurückziehen, bilden.

T: 23 - 28° C, **Ø**: 4 cm , **BL**: ab 30 cm, **WB**: m, **WR**: u - o, **BS**: 2, **SG**: 3

Echinostrephus molaris, Malediven

Ordnung: ECHINOIDA
Fam.: Echinometridae

Heterocentrotus mammillatus (LINNAEUS, 1758)
Griffel - Seeigel

Vork.: Indopazifik; vom Roten Meer bis Hawaii. In 0 - 10 m Tiefe.
GU: Keine.
Soz. Verh./Vgs.: Er ist nachtaktiv, lebt einzeln und verkeilt sich tagsüber so in Löchern, Spalten und zwischen Korallenblöcken, daß eher Stacheln abbrechen, als daß man ihn herausbringen könnte. Er ist wegen seiner Größe am besten einzeln, mit robusten Niederen Tieren und nicht zu aufdringlichen Fischen zu vergesellschaften.
Hält. B.: Er benötigt ein Becken mit soliden Versteckmöglichkeiten, damit die Dekoration nicht zusammenstürzt, wenn er sich darin verkeilt, und groben Schotterboden mit Steinen und möglichst dichtem Algenbewuchs. Unter diesen Voraussetzungen ist er gut haltbar.
Licht: Sonnenlichtzone; aber beschattet.
ZU/Verm.: Manchmal findet man nachts große Ansammlungen von Griffel - Seeigeln; sie dürften sich zur Abgabe ihrer Keimzellen ins Wasser zusammengefunden haben, um so die Wahrscheinlichkeit der Befruchtung zu erhöhen.
FU: H; er unternimmt nachts Weidegänge in die Umgebung seines Verstecks. Im Meer frißt er mit Vorliebe Mikroalgen, Foraminiferen und Kalkrotalgen, die man ihm im Aquarium nur selten mit lebenden Steinen anbieten kann. Er kann aber an die Bedingungen im Aquarium angepaßt werden und nimmt dann mit den vorhandenen Algen vorlieb und verzehrt als Zukost auch Futtertabletten.
Bes.: Die Stacheln werden nicht nur wegen ihrer Form als Griffel bezeichnet, sondern wurden früher wirklich als solche zum Schreiben auf Schiefertafeln verwendet. Geschichten von eingebohrten Griffel-Seeigeln, die ihr Versteck nicht mehr verlassen können, stimmen nicht; sie wurden von Sammlern erfunden, welche die Tiere tagsüber nicht aus ihren Verstecken holen konnten. Trotz ihrer Größe sind die Griffel-Seeigel gute Kletterer, da sie sich nicht mit den Stacheln der Körperunterseite, sondern mit Hilfe der Saugfüßchen fortbewegen und so auch Aquarienscheiben erklimmen können.

T: 25 - 28° C, **Ø**: 8 cm (mit Stacheln 30 cm), **BL**: ab 70 cm, **WB**: s, **WR**: u - o, **BS**: 2, **SG**: 3

Heterocentrotus mammillatus

Heterocentrotus mammillatus vom Drückerfisch geknackt.

Sphaerechinus granularis, Mittelmeer

Tripneustes gratilla, Thailand

Echinus esculentus, Atlantik

Echinus melo, Mittelmeer

Strongylocentrotus purpuratus (STIMPSON, 1857)
Purpur-Seeigel

Vork.: Ostpazifik von Alaska und Britisch Columbien bis zum Golf von Kalifornien. Von der unteren Gezeitenzone bis in 160 m Tiefe.
GU: Keine.
Soz. Verh./Vgs.: Er lebt einzeln und in kleinen Gruppen, an Stellen mit starker Strömung oder starker Wellenbewegung kommt er sogar in dichten Gruppen vor. Wo er oberhalb der Ebbelinie vorkommt, bohrt er sich mit Hilfe der Kauwerkzeuge und Stacheln der unteren Körperhälfte eine runde Mulde in den Fels, die ihn vor zu starker Brandung, aber auch vor Feinden und vor dem Trockenfallen bei Ebbe schützt. Wenn er stirbt, wird sein Wohnloch bald von einem anderen Artgenossen besiedelt.
Hält. B.: Er benötigt einen steinigen bis felsigen Untergrund mit entsprechendem Algenrasen sowie starke Strömungen.
Licht: Sonnen-, Mittel- (auch Schwach-)lichtzone.
ZU/Verm.: Wie andere Arten; gemeinsames Ablaichen bei dichter Besiedlung wird angenommen.
FU: H; grast hauptsächlich nachts den Algenbelag in unmittelbarer Umgebung seines Versteckplatzes ab. Im Aquarium weidet er die Dekoration gründlich ab.
Bes.: Der Purpur-Seeigel kann unterschiedliche Färbungen aufweisen: Jungtiere sind grünlich, alte purpur oder auch blau. Man erkennt diese Art besonders an der Färbung und an der dichten, jedoch ungleich langen Bestachelung.

T: 15°-20° C, **Ø:** 10 cm, **BL:** ab 40 cm, **WB:** s, **WR:** u-o, **BS:** 2-3, **SG:** 2

Clypeaster humilis (LESKE, 1778)
Gewöhnlicher Sanddollar

Vork.: Indopazifik; vom Roten Meer bis zu den Südpazifischen Inseln; in 2 - 15 m Tiefe.
GU: Keine.
Soz. Verh./Vgs.: Lebt oft in großer Zahl in seichtem Sandboden eingegraben. Er könnte daher auch zu mehreren Exemplaren in Gesellschaft anderer Niederer Tiere und mit friedfertigen Fischen gehalten werden.
Hält. B.: Er benötigt einen Sandboden von zumindest 5 cm Stärke, in welchen er sich ganz eingraben kann.
Licht: Sonnenlichtzone; aber beschattet (da eingegraben).
ZU/Verm.: Wie andere Arten.
FU: O; er verzehrt organische Stoffe und Detritus; benötigt daher ein alteingefahrenes Becken, in welchem er genügend Nährstoffe im oder auf dem Boden findet.
Bes.: Von den 5 blattartigen Strukturen am Rücken ist die nach vorn gerichtete meist länger als die anderen. Die äußere Hälfte des Panzers ist sehr flach, die Mitte etwas erhaben. Sanddollars entrinnen ihren Feinden, besonders räuberischen Seesternen, durch rechtzeitiges Eingraben in den Sand.

T: 24 - 28° C, **Ø:** 11 cm, **BL:** ab 60 cm, **WB:** m, **WR:** u, **BS:** 2 - 3, **SG:** 3

Ordnung: Clypeasteroida
Fam.: Clypeasteridae

Clypeaster rosaceus (LINNAEUS, 1758)
Kleiner Sanddollar

Vork.: Nordwestlicher Tropischer Atlantik; von Süd Carolina und den Bermudas nach Barbados, erreicht nicht die mexikanischen und südamerikanischen Küsten. In 0 bis 5 m Tiefe. **GU**: Keine.
Soz. Verh./Vgs.: Er lebt einzeln, oft aber in großer Zahl, am seichten Sandboden oder auf Riffterrassen, meist in den Boden eingegraben. Er liegt tagsüber selten frei, außer wenn von Wellen freigelegt. Er kann mit Artgenossen, den meisten Niederen Tieren und friedfertigen Fischen vergesellschaftet werden.
Hält. B.: Sein Lebensraum ist der Sandgrund, den man ihm in Form eines zumindest 5 - 10 cm tiefen Bodenbelages aus feinem bis grobem Sand oder Muschelbruch bieten muß.
Licht: Sonnenlichtzone; aber beschattet (da meist eingegraben).
ZU/Verm.: Wie andere Arten.
FU: O; er durchsiebt den Sandboden und verzehrt alles an pflanzlichen und tierischen Stoffen, die sich in diesem befinden.
Bes.: Die 5 auffallend großen blattartigen Muster am Rücken (Petalodien) machen diesen Seeigel zu einem begehrten Souvenir, das mit oder ohne Stacheln zum Kauf angeboten wird. Die Färbung ist normalerweise rötlich oder gelblich, manchmal auch grünlich braun; meist in leuchtenden Farben, oft aber auch ziemlich matt und dunkel. Das hier gezeigte Exemplar stammt aus Kuba, wo die Tiere generell nur verschiedene Grautöne aufweisen.
Die Form des Panzers kann ziemlich unterschiedlich ausgebildet sein.
T: 22 - 28° C, **Ø**: 15 cm, **BL**: ab 60 cm, **WB**: m - s, **WR**: u, **BS**: 2 - 3, **SG**: 3

Clypeaster subdepressus, Karibik (Text nächste Seite)

Clypeaster subdepressus, Karibik

Ordnung: CLYPEASTEROIDA
Fam.: Clypeasteridae

Clypeaster subdepressus (GRAY, 1825)
Großer Sanddollar

Vork.: Tropischer südlicher Atlantik: Puerto Rico, Kuba, Swan Island, Brasilien, Ost-Atlantik (nicht auf den Bahamas und Bermudas). In 1-15 m Tiefe.
GU: Keine.
Soz. Verh./Vgs.: Er lebt, tagsüber eingegraben, einzeln auf Sandböden. Nach nächtlichen Streifzügen hinterläßt er breite Spuren im Sand. Er ist am besten einzeln zu halten, auch in Gesellschaft anderer Niederer Tiere und friedfertiger Fische.
Hält. B.: Er benötigt einen tiefen Sandgrund (10 cm), um sich eingraben zu können und genügend Bewegungsraum.
Licht: Sonnenlichtzone; aber beschattet (da eingegraben).
ZU/Verm.: Wie andere Arten.
FU: O; verzehrt alles an pflanzlichen, tierischen und organischen Stoffen, die sich im Boden oder auf bzw. knapp unter seiner Oberfläche befinden, eignet sich daher auch als Abfallverzehrer.
Bes.: Diese Art ist leicht an der breiten, flachen, gut strukturierten Bauweise mit relativ kleinen blattartigen Mustern am Rücken (Petalodien) und an seiner Größe erkennbar. Ein rekordverdächtiges Tier von 25 cm Länge ist ca. 21 cm breit und 2,5 cm hoch. Es gibt natürlich Unterschiede in der Dicke und Festigkeit des Panzers, die auch geographischen Veränderungen unterworfen sind. Tiere von den Tortugas sind z.B. wesentlich kräftiger gebaut als solche von weiter östlich gelegenen Gebieten.
Die Färbung schwankt zwischen gelblich und tief braun. Die Stacheln sind sehr kurz und lassen die einzelnen, meist farblich voneinander getrennten Kalkplatten darunter gut erkennen.

T: 23 - 28° C, **Ø**: 25 cm, **BL**: ab 70 cm, **WB**: m, **WR**: u, **BS**: 2 - 3, **SG**: 3

Dendraster excentricus (ESCHSCHOLTZ, 1831)
Exzentrischer Sanddollar

Vork.: Ostpazifik; von Alaska bis zur Kalifornischen Bucht; in 0 - 40 m Tiefe.
GU: Keine.
Soz. Verh./Vgs.: Lebt in seichtem Sandboden von Buchten, Estuarien und flachen küstenfernen Gebieten eingegraben. Er kann in Gesellschaft anderer Niederer Tiere und mit friedfertigen Fischen gehalten werden.
Hält. B.: Er benötigt einen Sandboden von zumindest 5 cm Stärke, in welchen er sich ganz eingraben kann.
Licht: Sonnenlichtzone; aber beschattet (da eingegraben).
ZU/Verm.: Wie andere Arten.
FU: O; er verzehrt Kleinstlebewesen, organische Stoffe und Detritus; benötigt daher ein alteingefahrenes Becken, in welchem er genügend Nährstoffe im Boden oder auf ihm findet. Die Furchen, in denen das Futter zum Mund befördert wird, sind sehr zahlreich, stark verästelt und dehnen sich bis auf die Körperoberseite aus.
Bes.: Die Körperform ist nahezu scheibenförmig, dünn und hat ziemlich große Petalodien. Der Mund liegt unten in Körpermitte, der Anus am Hinterrand. Die obere und untere Körperhälfte tragen kurze, haarartige, feine Stacheln. Die punktförmigen Löcher, durch welche die der Atmung dienenden röhrenförmigen Füßchen gestreckt werden, sind deutlich erkennbar. Die Färbung ist äußerst variabel von grün zu braun, rötlich-braun und dunkel purpur-schwarz.

T: 14 - 18° C, **Ø:** 10 cm, **BL:** ab 50 cm, **WB:** m, **WR:** u, **BS:** 3, **SG:** 3

Ordnung: CLYPEASTEROIDA
Fam.: Astrictlypeidae

Echinodiscus auritus (LESKE, 1778)
Zweikerben-Sanddollar

Vork.: Indopazifik; vom Roten Meer bis zu den Philippinen und nach Japan; in 2 - 15 m Tiefe.
GU: Keine.
Soz. Verh./Vgs.: Er lebt an exponierten Küsten in seichtem Sandboden eingegraben und kann in Gesellschaft anderer Niederer Tiere und mit friedfertigen Fischen gehalten werden.
Hält. B.: Er benötigt einen Sandboden von zumindest 5 cm Stärke, in welchen er sich ganz eingraben kann; andere Strukturen dienen nur der Dekoration, aber nicht seinem Wohlbefinden.
Licht: Sonnenlichtzone; aber beschattet (da tagsüber eingegraben).
ZU/Verm.: Wie andere Arten.
FU: O; er verzehrt organische Stoffe und Detritus; benötigt daher ein alteingefahrenes Becken, in welchem er genügend Nährstoffe im Boden oder auf ihm findet. Über die Nahrungsaufnahme gibt es zwei Theorien; die ältere besagt, daß sich der Sanddollar durch den oberflächennahen Sand schiebt, der am meisten Nährstoffe enthält. Dabei hebt er eine dünne Sandschicht ab, die von den dicht stehenden Stacheln weitergegeben wird. Wie bei einer Sortiermaschine fallen die winzigen (kleiner als 50 Mikrometer) Nährstoffteilchen durch den Stachelwald auf die Körperoberfläche, wo sie von Wimpern zu den Schlitzen und auf die Unterseite weitertransportiert werden und dort in eigenen Rinnen zum Mund gelangen. Der Sand wird inzwischen zum Schalenrand weitertransportiert und fällt auf den Boden. Die zweite Theorie besagt, daß die Sanddollars nur mit speziell ausgebildeten verschiedenartigen Füßchen der Unterseite Futterpartikel in der Größenordnung von 100 - 250 Mikrometer aufsammeln, zu den Futterrinnen weitergeben, wo sie eingeschleimt und zu Strängen verdichtet und zum Mund weitergegeben werden. Die Laterne hat kräftige Muskeln und gehärtete Zähne, die in der Lage sind, Diatomeen und Sandkörner zu zertrümmern; deshalb findet man im Magen nur Partikel von bis zu 50 Mikrometern. Diese Art der Nahrungsaufnahme wurde nur an *Melitta quinqiesperforata* nachgewiesen. Sollte sie auch bei an deren Arten gefunden werden, muß die vorher genannte "Siebtheorie" als überholt gelten.
Bes.: Kennzeichen dieser großen Art sind zwei lange Schlitze, die nach rückwärts gerichtet sind und mit einer breiten Mündung den geraden Hinterrand des Panzers erreichen.
Äußerst ähnlich ist *Echinodiscus bisperforatus* (AGASSIZ, 1841), der an den selben Stellen längliche Schlitze aufweist, die jedoch den bei dieser Art abgerundeten Hinterrand nicht erreichen.

T: 24 - 28° C, **Ø**: 20 cm, **BL**: ab 80 cm, **WB**: m, **WR**: u, **BS**: 3, **SG**: 3

Echinodiscus auritus

Encope emarginata, Karibik

Encope emarginata (LESKE, 1778)
Fünfkerben-Sanddollar

Vork.: Tropischer Südwestatlantik; die Nord- und Ostküste Südamerikas entlang von Kolumbien bis nach Uruguay; die nördliche Verbreitungsgrenze ist nicht genau bekannt, zumindest in Trinidad und Martinique kommt er noch vor. In 10 - 50 m Tiefe.
GU: Keine.
Soz. Verh./Vgs.: Er lebt einzeln, meist in Sandboden eingegraben und ist infolge seiner Größe höchstens einzeln zu halten. Wegen seiner verborgenen Lebensweise ist er jedoch kein großer Gewinn für das Aquarium.
Hält. B.: Er benötigt großflächig angelegten Sandgrund von zumindest 5 cm Tiefe.
Licht: Sonnen- bis Mittellichtzone.
ZU/Verm.: Wie andere Arten.
FU: O; er frißt alles, was ihm der Boden an winzigen pflanzlichen, tierischen sowie organischen Stoffen anzubieten vermag. Er kann damit zur Verbesserung der Qualität des Bodengrundes beitragen (siehe *Echinodiscus*).
Bes.: Diese Art ist gekennzeichnet durch fünf tiefe Kerben am Rand der Körperscheibe; eine nach vorne, zwei zur Seite und zwei nach hinten gerichtet. Tiefe und Form der Kerben sind sehr unterschiedlich.
Eine äußerst ähnliche Art, der Vierkerben-Sanddollar (*Encope michelini*), besitzt nur vier Kerben (zwei nach vorne, zwei nach hinten gerichtet), bewohnt ähnliche Biotope und kommt hauptsächlich in nördlicher gelegenen Gebieten (Golf von Mexiko: Yucatan, Tortugas, Alabama, Florida) vor.

T: 22 - 26° C, **Ø**: 14 cm, **BL**: ab 80 cm, **WB**: m, **WR**: u, **BS**: 2 - 3, **SG**: 3

Brissus unicolor (LESKE, 1778)
Einfarbiger Herzigel

Vork.: Mittelmeer, Ostatlantik, von Gibraltar bis zu den Kapverden und Azoren; im West- Atlantik von Bermudas, Bahamas und Florida bis zu den Antillen und dem Golf von Mexiko. In 0 - 250 m Tiefe.
GU: Keine.
Soz. Verh./Vgs.: Er lebt einzeln knapp unter der Sandoberfläche vergraben und ist mit dieser durch zwei "Schornsteine" verbunden. Er kann einzeln, in großen Becken auch in mehreren Exemplaren, gehalten werden.
Hält. B.: Er benötigt einen 10 - 20 cm tiefen Sandgrund, den er kaum verläßt; man hat daher nicht viel von ihm. Von einer Haltung im Aquarium ist daher abzuraten.
Licht: Sonnenlichtzone; aber beschattet (im Sand vergraben).
ZU/Verm.: Wie andere Arten.
FU: O; er frißt sich mit Hilfe der Saugfüßchen und Stacheln durch den Sandgrund und verdaut alle zwischen den Sandkörnern lebenden Pflanzen und Kleintiere.
Bes.: Auch dieser bilateral symmetrische Seeigel lebt in Weichböden eingegraben und trägt weiche, borstenartige Stacheln. Um atmen zu können, bohrt er mit einigen extrem langen Füßchen ein Loch bis zur Oberfläche des Bodens, durch welches das Atemwasser eingestrudelt wird. Ein zweiter Kanal, von der Rückseite des Tieres ausgehend, und ebenfalls bis zur Grundoberfläche reichend, sorgt für den Abtransport des verbrauchten Wassers. Fallweise findet man die äußerst zerbrechlichen Skelette.

T: 20 - 26° C, **Ø:** 12 cm, **BL:** ab 60 cm, **WB:** m, **WR:** u, **BS:** 2 - 3, **SG:** 3

Ordnung: Spatangoida
Fam.: Brissidae

Meoma ventricosa (LAMARCK, 1816)
Roter Herzigel

Vork.: Tropischer Westatlantik; am häufigsten im nordwestlichen Teil der Westindischen Region (Bahamas, Florida, Jamaika, Virgin Island), seltener in Honduras, Guadalupe und Kolumbien. In 1 - 45 (-200) m Tiefe.
GU: Keine.
Soz. Verh./Vgs.: Er lebt einzeln, tagsüber in Sand vergraben; ist daher am besten einzeln zu halten. Große Exemplare kommen nachts heraus und liegen auf der Sandoberfläche. Er besiedelt auch Seegraswiesen und sandgefüllte Riffabschnitte sowie tiefere Riffareale mit feinstem Schlamm bis zu grobem Korallenschutt.
Hält. B.: Abgesehen davon, daß man von dem Tier wenig hat, da es sich tagsüber eingräbt, benötigt man für seine Ernährung ein großes Becken mit bis zu 20 cm tiefem Sand- oder Korallenschuttgrund oder Muschelbruch. Außer für Studienzwecke sollte man von seiner Haltung Abstand nehmen.
Licht: Sonnenlichtzone; aber beschattet (in Weichboden eingegraben).
ZU/Verm.: Laichzeit ist z.B. in Florida von November bis Februar; die Tiere laichen individuell ab, ohne Rücksicht auf benachbarte Exemplare zu nehmen. Die Keimzellen werden wie üblich ins Wasser abgegeben, wo sich daraus planktonische Larven entwickeln, die geeignete Weichböden aufsuchen, um sich in kleine Seeigel umzuwandeln. Jungtiere leben in etwa 5 - 8 cm Tiefe und kommen auch nachts nicht heraus. Es dauert ca. 4 Jahre, bis sie 14 cm Länge erreichen.
FU: O; frißt den Bodengrund mit einer Geschwindigkeit von 3 - 6 cm pro Stunde durch und verdaut alles, was an pflanzlichen und tierischen Kleinlebewesen und organischen Materialien (Algen, Bakterien usw.) den Sandkörnern anhaftet. Geringes Wachstum kann sowohl auf Nahrungsmangel als auch auf Sauerstoffmangel zurückzuführen sein. Die Sauerstoffkonzentration im Sandlückensystem kann nämlich nachts stark abnehmen, was vielleicht auch der Grund dafür ist, daß große Tiere an dessen Oberfläche wandern.
Bes.: Der Körper ist von zahlreichen dünnen und spitzen Stacheln bedeckt. Auf der Körperoberseite sind, wie bei den meisten irregulären Seeigeln, 5 blattartige Strukturen, die Petalodien sichtbar, welche die Form eines Seesternes nachzeichnen. Die Farbe ist rötlich-braun mit hellerer oder dunklerer Schattierung. Form und Proportionen des Panzers können variieren: ein typischer Seeigel von 19 cm Länge ist etwa 16 cm breit und 10 cm hoch.
Feinde: Stechrochen, Calappa-Krabben, Raubschnecken: Sturmhaube (*Cassis madagascarensis*). Bei Gefahr stößt dieser Seeigel eine gelbliche Substanz aus, die ein Gift enthält, das in der Enge des Beckens sogar Fische töten kann. Als Kommensale mit diesem Seeigel lebt eine pinnothere Krabbe, von der sich bis zu 12 Exemplare besonders auf der Mundseite aufhalten können.

T: 22 - 26° C, **Ø**: 19 cm, **BL**: ab 80 cm, **WB**: m, **WR**: u, **BS**: 2 - 3, **SG**: 3

Meoma ventricosa

Meoma ventricosa

Ordnung: Spatangoida
Fam.: Brissidae

Metalia spatangus (LINNAEUS, 1758)
Herzigel

Vork.: Indopazifik; vom Roten Meer bis zu den Südpazifischen Inseln, nach Hawaii (?) und Japan; in 1 - 5 m Tiefe.
GU: Keine.
Soz. Verh./Vgs.: Er lebt einzeln 15 - 20 cm tief in seichtem Sandboden (reinem Korallensand) eingegraben und verläßt diesen nachts. Er kann in Gesellschaft anderer Niederer Tiere und mit friedfertigen Fischen gehalten werden.
Hält. B.: Er benötigt einen Sandboden von zumindest 10 cm Stärke, in welchen er sich ganz eingraben kann.
Licht: Sonnenlichtzone; aber beschattet (da eingegraben).
ZU/Verm.: Wie andere Arten.
FU: O; er verzehrt in Sand lebende Kleintiere, Pflanzen, organische Stoffe und Detritus; benötigt daher ein alteingefahrenes Becken, in welchem er genügend Nährstoffe im Boden oder auf ihm findet.
Bes.: Kennzeichen dieses Herzigels ist die ziemlich steil abfallende, aber doch abgerundete Vorderkante (im Gegensatz zur ähnlichen Art *M. robillardi*, die eine senkrecht abfallende Vorderkante besitzt).

T: 24 - 28° C, **Ø**: 8 cm, **BL**: ab 50 cm, **WB**: m, **WR**: u, **BS**: 2 - 3, **SG**: 3

Echinocardium cordatum, Text nächste Seite

Ordnung: Spatangoida
Fam.: Loveniidae

Echinocardium cordatum (PENNANT, 1777)
Kleiner Herzigel

Vork.: Er ist fast ein Kosmopolit, fehlt aber im tropischen Indowestpazifik. Ost-Atlantik, Mittelmeer, von Norwegen bis Marokko, Südafrika; West - Atlantik: von Süd Carolina bis Brasilien; Indo - Pazifik: Südwestaustralien, Neuseeland, Japan, Korea, Kalifornien. In 0 - 230 m Tiefe.
GU: Keine.
Soz. Verh./Vgs.: Lebt einzeln, manchmal in großer Zahl (bis zu 20 Exemplare pro Quadratmeter) unter der Sandoberfläche 10 - 20 cm tief vergraben und mit dieser durch einen "Schornstein" verbunden. Er kann einzeln, in großen Becken auch in mehreren Exemplaren gehalten werden.
Hält. B.: Er benötigt einen 10 - 20 cm tiefen Sandgrund, den er kaum verläßt; man hat daher nicht viel von ihm und es ist mehr oder weniger unsinnig, ihn zu halten.
Licht: Sonnenlichtzone; aber beschattet (da vergraben).
FU: O; er frißt sich mit Hilfe der Stacheln wie eine Fräsmaschine durch den Sandgrund und verdaut alle den Sandkörnern beigemengten pflanzlichen und tierischen Stoffe.
Bes.: Dieser bilateral symmetrische Seeigel lebt im Weichboden eingegraben und trägt weiche, borstenartige Stacheln. Um atmen zu können, bohrt er mit einigen extrem langen Füßchen Löcher bis zur Oberfläche des Bodens. Fallweise findet man die äußerst zerbrechlichen Skelette. Ein Seeigel von ca. 5 cm Länge besitzt etwa 180 "Saugfüßchen", die hauptsächlich in zwei Gruppen eingeteilt werden können. Die Mehrzahl von ihnen (ca. 140) besitzen einen äußerst dehnbaren Schaft (-15 cm), an dessen Ende eine kleine Scheibe sitzt, von der stumpfe, fingerartige Auswüchse am Rand abgehen. Sie besitzen Drüsenzellen auf den Innenseiten und dienen dazu, den Sand um den Körper zu verfestigen und die Verbindung zur Oberfläche aufrecht zu erhalten. Etwa 35 andere, pinselartig aussehende Füßchen (Phyllopodia) sind nur mäßig dehnbar (ca. 2 cm) und dienen dem Aufsammeln der Nahrung. Daneben gibt es 4 - 6 den Phyllopodia ähnelnde Füßchen, die ca. 8 cm gestreckt werden können und am Kanalbau für die Abfuhr des verbrauchten Wassers in eine blind endende Höhlung mitwirken.
Der Herzigel kann sich wie eine Fräsmaschine mit Hilfe seiner Stacheln durch den Boden schieben und erreicht dabei Geschwindigkeiten von bis zu 4 cm pro Viertelstunde. In der "Höhle" dieses Herzigels halten sich kommensale Muscheln (*Montacuta ferruginosa*) und Amphipoden (*Urothoe marina*) auf.
Feinde: hauptsächlich große Kammseesterne (*Astropecten aranciacus*).

T: 18 - 24° C, **Ø:** 5 (-9) cm, **BL:** ab 60 cm, **WB:** m, **WR:** u, **BS:** 2 - 3, **SG:** 3

Lovenia elongata (GRAY, 1845)
Länglicher Herzigel

Vork.: Indopazifik; vom Roten Meer bis zu den Philippinen und nach Japan; in 2 bis 10 m Tiefe.
GU: Keine.
Soz. Verh./Vgs.: Er kommt ziemlich selten, in seichtem Sandboden eingegraben, auch unter Algenbewuchs und Seegräsern vor. Er kann in Gesellschaft Niederer Tiere und mit friedfertigen Fischen gehalten werden.
Hält. B.: Er benötigt einen Sandboden von 10 cm Stärke, in welchen er sich ganz eingraben kann.
Licht: Sonnenlichtzone; aber beschattet (da tagsüber eingegraben).
ZU/Verm.: Wie andere Arten.
FU: O; er verzehrt organische Stoffe und Detritus sowie alle Kleinlebewesen im Sandlückensystem, die er mit seinen blütenartigen Mund-Saugfüßchen erfaßt und dem Schlund zuführt; er benötigt daher ein alteingefahrenes Becken, in welchem er genügend Nährstoffe im Boden oder auf ihm findet.
Bes.: Der Längliche Herzigel kann sich bei Gefahr sehr rasch eingraben. Die langen Stacheln überragen dann den Grund und dienen als Abwehrwaffen gegen Feinde aller Art. Tritt man auf sie, so rufen sie stark schmerzende Wunden hervor. Es ist daher anzunehmen, daß die Stacheln mit Giftdrüsen in Verbindung stehen.

T: 24 - 28° C, **Ø**: 9 cm, **BL**: ab 60 cm, **WB**: m, **WR**: u, **BS**: 2 - 3, **SG**: 3

Spatangus purpureus (MÜLLER, 1776)
Violetter Herzigel

Vork.: Ostatlantik; vom Nordkap bis nach Senegal, Mittelmeer. In 5 - 900 m Tiefe.
GU: Keine.
Soz. Verh./Vgs.: Er lebt in Sand, Schlamm und Kies vergraben. Da er relativ groß wird, ist er höchstens alleine zu halten, in Gesellschaft anderer Niederer Tiere und mit friedfertigen Fischen.
Hält. B.: Er benötigt ein Becken mit 10 cm tiefem Weichboden (Sand, Kies, Korallenschutt, Muschelbruch), in den er sich eingraben kann.
Licht: Sonnen-, Mittel- und Schwachlichtzone; beschattet, da tagsüber eingegraben.
ZU/Verm.: Wie andere Arten.
FU: O; er hat wenig Auswahlmöglichkeiten und ist auf jene Kleinlebewesen und organischen Partikel angewiesen, die er im Sandlückensystem findet. Seine Mundfüßchen erfassen alles Genießbare (Sandkörner mit Aufwuchs, Kieselalgen, Foraminiferen, Krebschen, Würmer, kleine Schnecken, Muscheln u.v.a.) und führen sie dem Mund zu.
Bes.: Lebt knapp unter der Oberfläche in den Sandboden eingegraben; manchmal schaut die Körperoberseite mit einzeln stehenden langen Stacheln heraus. Diese Stacheln stehen auf den Petalodien und mit Giftdrüsen in Verbindung. Sie dienen der passiven Feindabwehr und verursachen schmerzhafte Verwundungen, wenn man auf sie tritt.

T: 18 - 25° C, **Ø**: 12 cm, **BL**: ab 80 cm, **WB**: m, **WR**: u, **BS**: 3, **SG**: 3

Pseudocolochirus violaceus

Klasse: HOLOTHURIOIDEA

Über die Klasse HOLOTHURIOIDEA

Seegurken besitzen, wie der Name sagt, einen walzen- bis gurkenförmigen, manchmal sogar wurmförmigen Körper, der vom üblichen Stachelhäuter-Bauplan insofern abweicht, als er den Mund nicht unten in der Mitte, sondern am Vorderende und den After nicht oben, sondern am Hinterende besitzt. Am besten stellt man sich einen sehr hoch gebauten Seeigel vor, der nach einer Seite hin umgekippt ist. Um den Mund stehen meist einziehbare Tentakel, die einfach oder verzweigt sein können. Der Körper ist nicht in einen starren Kalkpanzer eingeschlossen, sondern von einer dicken, lederartigen Haut umhüllt, in welche kleine Kalkplättchen und -nadeln als Reminiszenz an ihre Stachelhäuterzugehörigkeit eingebettet sind. Diese Plättchen sind bei jeder Art verschieden und werden zur Artbestimmung herangezogen. Nur wenige, auffällige Arten von Seegurken kann man durch bloße Betrachtung oder nach Fotos zuordnen. Von den meisten muß man ein Stück Haut abtrennen, das organische Material darin auflösen und die übriggebliebenen Kalkstückchen unter dem Mikroskop vergleichen, um eine genaue Artbestimmung vornehmen zu können. Diese Methode geht wie bei vielen anderen Niederen Tieren auf die Museumsforschung zurück. Da von den Seegurken nach der Präparation nur schlaffe, blasse "Därme" übrigbleiben, mußte nach dauerhaften Unterscheidungsmerkmalen gesucht werden und diese fand man in den Kalkspikeln. Es ist zu hoffen, daß moderne Bestimmungswerke immer mehr Arten nach äußeren Merkmalen (wie Größe, Form, Farben und Muster, Oberflächenstrukturen usw.) beschreiben und so auch eine Zuordnung im Meer oder im Aquarium an lebenden Tieren ermöglichen. Es wäre nämlich fatal, einer Seegurke ein Stück Haut herauszuschneiden; sie und meist auch die Mitbewohner würden dies wahrscheinlich nicht überleben.

Am Körper der Seegurken kann man die verschiedensten Strukturen erkennen: oft zahlreiche spitze Stacheln, Warzen, Furchen, verzweigte Fortsätze usw. Meist erkennt man auch 5 doppelte Längsreihen von schlauchartigen Gebilden mit Saugnäpfen an ihren Enden. Es sind dies die Saugfüßchen, die auch die anderen Stachelhäuter besitzen. Meist (aber nicht bei allen Arten) wendet die Seegurke immer die gleiche Seite dem Boden zu. Diese ist

dann zu einer Laufsohle verbreitert und trägt 3 Doppelreihen von Saugfüßchen, so daß für den Rücken nur noch 2 davon bleiben. Eher seßhafte Arten haben keine bevorzugte Unterseite und sind regelmäßig gebaut.
Die Mundtentakel sind je nach Art der Nahrungsbeschaffung verschieden gebaut. Einfache Bodensauger oder Weichbodenfresser besitzen einfache oder etwas gelappte, breite, schildförmige Tentakel. Planktonfänger hingegen haben baumförmige, dicht verzweigte Tentakel, die sie von einem sicheren Versteck aus (in Fels, Korallenriff, Sand, Schlamm und meist nur nachts) in die Strömung strecken.
Die Atmung erfolgt nur bei wenigen dünnwandigen Arten direkt durch die Haut; die dickwandigen besitzen dagegen Wasserlungen, die durch den After mit Frischwasser versorgt werden. Manche Arten pumpen rasch, mehrmals in der Minute, Wasser zu und ab, andere füllen ihren Körper langsam mit vielen Pumpbewegungen an bis er prall voll ist und entleeren ihn dann in einem Zug.

Viele Seegurken sind in der Lage, ganze Pakete klebriger Fäden (Cuviersche Schläuche) durch die Afteröffnung auszuschleudern. Diese bleiben an allem haften und sind meist auch ein wenig giftig, was Angreifer verheddert und davon abhält, weiterzumachen. Werden die Tiere trotzdem weiter bedrängt, so stoßen sie nacheinander fast alle Innenorgane aus, die den Hunger des Angreifers vorerst stillen und die Tiere selbst vor der gänzlichen Vernichtung schützen. Die Organe regenerieren im Meer relativ schnell; im Aquarium meist nicht.
In den Wasserlungen vieler Seegurken leben Eingeweidefische (*Carapus*), die sich in der Jugend zumindest teilweise von ihrem Wirt ernähren, diesen später aber nur als Wohnung nützen und durch die Afteröffnung, besonders beim Atemholen der Seegurke, aus- und einschwimmen. Sie können sich aber auch, die Schwanzspitze voran, durch die geschlossene Öffnung zwängen. Am Körper mancher Seewalzen leben Kleinkrebse (Periclimenes) als Kommensalen und kleine Gehäuseschnecken als Parasiten.
Seegurken sind meist getrenntgeschlechtlich; einige Wurmseegurken sind dagegen Zwitter. Die Geschlechtsorgane münden in nur eine (im Gegensatz zu 5 oder 10 bei anderen Stachelhäutern)

Öffnung vorne am Kopf. Zur Laichzeit (fast jede Art hat eine ein- bis zweimonatige Laichperiode im Jahr) richten sich viele Arten mit der vorderen Körperhälfte senkrecht auf und verteilen durch Pendelbewegungen die Keimzellen im Wasser. Meist stoßen zuerst die Männchen ihre Samenzellen aus, und wahrscheinlich durch Botenstoffe angeregt, geben hierauf erst die Weibchen ihre Eier ins Wasser ab. Zwitter geben nie gleichzeitig Eier und Spermien ab, sondern fungieren im Abstand von einigen Tagen als Männchen oder Weibchen, um eine Selbstbefruchtung zu vermeiden. Die Befruchtung erfolgt meist im freien Wasser. Die Effektivität wird durch das Ablaichen ganzer Populationen zur gleichen Zeit erhöht. Im Mittelmeer kann man z.B. im Spätsommer dieses Phänomen in den Nachmittags- und Abendstunden beobachten.
Die befruchteten Eier sinken entweder zu Boden oder steigen zur Oberfläche auf. Aus ihnen entwickeln sich innerhalb weniger Tage Larven, die meist zwei frei schwimmende Stadien durchlaufen, ehe sie zum Bodenleben übergehen. Es kommen auch Arten der Brutpflege vor, von einer Entwicklung in den Eierstöcken oder in der Leibeshöhle bis zu einem Festkleben der Eier und Larven für kurze Zeit an den Tentakeln oder am Körper (geschützt unter der Laufsohle oder in einer Rinne am Rücken usw.).
Seegurken bewohnen alle Meeresgebiete von der Hochsee bis zu Felsen, Korallenriffen, Sand- und Schlammböden, von der Oberfläche bis in große Tiefen. Besonders die Tiefseearten haben oft abenteuerlich anmutende Formen.

Für die Haltung im Aquarium eignen sich nur relativ wenige kleine Arten. Viele auffällige tropische Formen erreichen 1 - 2 m Länge und sind nichts für das Heimaquarium. Einige kleine, oft wunderschön gefärbte Arten werden jedoch regelmäßig importiert und halten sich gut; auch einige Mittelmeerarten sind gut geeignet. Planktonfänger kann man mit entsprechenden Kleinstlebewesen (*Mysis, Cyclops*, Wasserflöhen, frisch geschlüpften *Artemia*, diversen Einzellern, wie sie für die Fischaufzucht verwendet werden usw.) ernähren. Man gibt diese lebend oder tot in den Pumpenstrom oder, noch besser, träufelt sie mit einem Röhrchen oder einer Pipette direkt auf die Tentakel. Auf dieselbe Art kann man auch "Planktonersatz" aus zerriebenem Fisch-, Muschel- oder Krebsfleisch oder aufbereitetem Flockenfutter verabreichen. Vorsicht: Manche Arten sind empfindlich und ziehen ihre Tentakel bei Störungen sofort ein und bekommen so nichts zu fressen.
Kleine Bodenabsauger können sich bei entsprechender Aquariengröße von dem ernähren, was ein gut eingefahrenes Aquarium an bodenlebenden Kleinstlebewesen beinhaltet, außerdem verzehren sie Nahrungsabfälle anderer Mitbewohner und sind so wertvolle Restevertilger. Ebenso gut eignen sich kleine Sandfresser, die den gesamten Bodengrund durchackern und von organischen Bestandteilen befreien, die ohne sie eine große Belastung für den Wasserhaushalt darstellen würden. Große Bodenabsauger und Sandschaufler finden zumindest in Heimaquarien nicht genügend Platz.
Man sollte Seegurken nur mit diversen Niederen Tieren und Fischen, die sie in Ruhe lassen, gemeinsam halten (also am besten in einem Korallenaquarium). Werden sie belästigt, so stoßen die Arten mit Cuvierschen Schläuchen diese sehr leicht aus, vergiften das Wasser und gefährden den gesamten Bestand. Es gibt sogar Seegurken, die ständig Giftstoffe ins Wasser abgeben, also völlig ungeeignet für Aquarien sind. Man sollte sich daher auf Arten ohne Cuviersche Schläuche beschränken, um so zumindest eine Gefahrenquelle auszuschalten. Aufdringliche Fische können aber auch diese Tiere dazu bringen, ihre Eingeweide auszustoßen, die ebenso giftig sind und ähnlich fatale Folgen nach sich ziehen können.

Wer weichhäutige Arten hält, muß entweder auf Saugpumpen verzichten oder deren Ansaugrohre mit großen, von Gaze überzogenen Schutzkörben versehen, um ein Hineinziehen der Tiere, die sich besonders gerne in deren Nähe aufhalten, auf alle Fälle zu verhindern. Gerät eine Seegurke in die Saugpumpe, wird sie zerfetzt, ihre Giftstoffe werden freigesetzt und töten den Fischbestand innerhalb weniger Minuten.
Eine weitere Gefahrenquelle stellt die Haltung von mehreren Exemplaren der gleichen Art im Aquarium dar. Dann kann es nämlich passieren, daß die Tiere ablaichen und die Geschlechtsprodukte sind durchweg sehr giftig, so daß der gesamte Fischbestand eines Aquariums innerhalb kurzer Zeit getötet werden kann. Dies ist ein weiterer Grund, Seegurken eher nur mit Wirbellosen zu vergesellschaften, denen das Gift nichts anzuhaben scheint.
Über die Haltung von Seegurken im Aquarium gibt es nur wenige Erfahrungen; dies sollte ein Anreiz für experimentierfreudige Aquarianer sein, es einmal mit ihnen zu versuchen.

Klasse: HOLOTHURIOIDEA		Seegurken
Ordnung: DENDROCHIROTA		Buschtentakel-Seegurken
Familie: Cucumariidae		
Gattungen:	*Aslia*	
	Colochirus	
	Cucumaria	
	Pseudocolochirus	
	Thyone	
Familie: Phyllophoridae		Blatt Seegurken
Gattung:	*Neothyonidium*	
Ordnung: ASPIDOCHIROTA		Schildtentakel-Seewalzen
Familie: Holothuriidae		
Gattungen:	*Actinopyga*	
	Bohadschia	
	Holothuria	
	Labidodemas	
Familie: Stichopodidae		Vierkant-Seewalzen
Gattungen:	*Isostichopus*	
	Stichopus	
	Thelenota	
Ordnung: APODA		Fußlose Seegurken
Familie:	Synaptidae	Wurmseegurken
Gattungen:	*Euapta*	
	Oestergrenia	
	Opheodesoma	
	Polyplectana	
	Synapta	
	Synaptula	

Ordnung: Dendrochirota
Fam.: Cucumariidae

Aslia lefevrei, Atlantik

Aslia lefevrei (BARROIS, 1882)
Lefevres Seegurke

Vork.: Ostatlantik, von Irland und Großbritannien bis Frankreich, soll bis ins westliche Mittelmeer vorkommen. In 10 - 50 m Tiefe.
GU: Keine.
Soz. Verh./Vgs.: Lebt einzeln oder an Plätzen mit entsprechender Strömung oft zahlreich in Felsspalten versteckt, von wo sie ihre Tentakel nahrungsfangend hervorstreckt.
Hält. B.: Benötigt entsprechende Felsverstecke, an denen der Pumpenstrom vorbeistreicht und so den Nahrungsfang ermöglicht.
Licht: Sonnenlichtzone.
ZU/Verm.: Wie andere Arten.
FU: O; große, stark gefiederte Tentakel fangen ein, was das Wasser an Nährstoffen herbeischafft. Im Aquarium können Kleinkrebse, Insektenlarven, entsprechend aufbereitetes Trockenfutter usw. angeboten (in den Pumpenstrom gegeben) werden.
Bes.: Neben den buschigen Tentakeln, welche die Nahrung fangen, besitzt diese Seegurke noch zwei weitere, kurze Tentakel, die die Nahrung von den großen abstreifen.

T: 12 - 18° C, **L**: 15 cm, **BL**: ab 50 cm, **WB**: m - s, **WR**: u - o, **BS**: 2 - 3, **SG**: 3

Colochirus robustus ÖSTERGREN, 1898
Gelbe Seegurke

Vork.: Östlicher Indischer Ozean und Westpazifik; von Sri Lanka bis zu den Philippinen und nach Japan. In 4 - 25 m Tiefe.
GU: Keine.
Soz. Verh./Vgs.: Lebt an Korallenriffen; ist einzeln oder in mehreren Exemplaren zu halten.
Hält. B.: Die Gelbe Seegrurke ist auch für Heimaquarien geeignet, wo man ihr felsigen Untergrund mit Versteckmöglichkeiten bieten muß.
Licht: Sonnenlichtzone.
ZU/Verm.: Bei Haltung von mehreren Exemplaren in einem Becken kann es zu gemeinsamem Ablaichen kommen.
FU: O; die federartig ausgezogenen Mundtentakel fangen Plankton und anderes im Wasser treibendes Futter. Man kann flüssiges Wirbellosenfutter, Kleinkrebse oder selbst hergestellten Planktonersatz, wie geriebenes Muschel- oder Krebsfleisch, anbieten.
Bes.: Diese Art ist unverkennbar durch den fast vierkantigen Körper, die federartigen Tentakel und die meist gelbe Färbung; es gibt aber einige ähnliche kleine Arten, die ebenfalls fürs Aquarium geeignet sind.

T: 23 - 28° C, **L:** 10 cm, **BL:** ab 50 cm, **WB:** m, **WR:** u, **BS:** 2 - 3, **SG:** 3

Cucumaria planci (BRANDT, 1835)
Kletter-Seegurke

Vork.: Mittelmeer, Ostatlantik von der Nordsee bis Westafrika. In 5 - 250 m Tiefe.
GU: Keine.
Soz. Verh./Vgs.: Sie lebt einzeln auf verschlammten Weichböden oder tiefen Felsgründen, im Coralligene, auf Ophiothrix- und Ascidiengründen sowie auf veralgten Felsen.
Hält. B.: Die Kletterseegurke ist in einem Aquarium mit feinem Sandboden oder auf dicht veralgten Steinen relativ gut zu halten.
Licht: Sonnen- bis Schwachlichtzone.
ZU/Verm.: Nicht bekannt.
FU: O; sie streckt ihren Vorderkörper mit den stark verzweigten Tentakeln (die auch als Kiemen der Atmung dienen) in die Strömung und filtriert das Wasser nach Plankton und organischem Geschwebe. Hat sich genügend Nahrung gesammelt, wird der entsprechende Tentakel in den Mund gesteckt und "abgeleckt". So wird in einem bestimmten Rhythmus ein Tentakel nach dem anderen entleert. Daneben kann auch Nahrung vom Boden aufgetupft werden. Die Kletter - Seegurke nimmt im Aquarium alle Arten von "Planktonersatz" an.
Bes.: Sie klebt sich mit Hilfe von Saugwarzen am Untergrund fest, damit sie genügend Halt findet, um den Vorderkörper mit der Tentakelkrone in die Strömung strecken zu können.

T: 15 - 20° C, **L:** 15 cm, **BL:** ab 40 cm, **WB:** m, **WR:** u - o, **BS:** 2, **SG:** 2 - 3

Pseudocolochirus tricolor = Farbvariante von *P. violaceus* (SLUITER, 1901)
Dreifarben-Seegurke

Vork.: Östlicher Indischer Ozean, Westpazifik, vom Golf von Bengalen bis zu den Philippinen, und Japan (N). In 3 - 30 m Tiefe.
GU: Keine.
Soz. Verh./Vgs.: Lebt einzeln hauptsächlich auf festen Böden, die auch einen dichten Belag an Algen oder Weichkorallen aufweisen können.
Hält. B.: wie *P. violaceus*; ziemlich empfindlich, was die Wasserqualität betrifft.
Licht: Sonnenlichtzone.
ZU/Verm.: Wie andere Arten.
FU: O; fängt alles ein, was im Wasser schwebt; nimmt neben Kleinkrebsen und Insektenlarven auch aufbereitetes Trockenfutter, u.a. "Planktonersatz",' an.
Bes.: Die Dreifarben-Seegurke ist kräftig dunkelblau gefärbt mit leuchtend gelben Längsstreifen. Sie ist eine Farbvariante von *P. violaceus*. Auch der in letzter Zeit häufig verwendete Name *P. axiologus* sowie der ältere Name *Cucumaria tricolor* bezeichnen diese bzw. die nächste Art.

T: 22 - 28° C, L: 20 cm, BL: ab 50 cm, WB: s, WR: u - o, BS: 2, SG: 3

Pseudocolochirus violaceus (THEEL, 1886)
Bunte oder Violette Seegurke

Vork.: Östlicher Indischer Ozean, Westpazifik, vom Golf von Bengalen bis zu den Philippinen, nach Japan (N). In 3 - 30 m Tiefe.
GU: Keine.
Soz. Verh./Vgs.: Sie lebt einzeln auf Felsen, aber auch in Seegräsern und Algenbeständen (*Caulerpa*). Sie ist mit fast allen seßhaften Wirbellosen, auch nesselnden, sowie mit kleineren Fischen, die sie in Ruhe lassen, zu vergesellschaften; nicht aber mit räuberischen Seesternen und Seeigeln (*Protoreaster, Asthenosoma*), die sie verzehren.
Hält. B.: Sie ist sehr empfindlich und stellt hohe Ansprüche an die Wasserqualität (bes. Salz-, Sauerstoff-, Nitratgehalt, pH-Wert). Wirft leicht die Tentakelkrone ab. Daher Vorsicht beim Wasserwechsel! Sie sitzt versteckt und breitet die Tentakel als Planktonfalle ins freie Wasser aus.
Licht: Sonnenlichtzone; klettert gerne ganz nach oben, direkt unter die Lampe.
ZU/Verm.: Wie andere Arten, pflanzt sich auch im Heimaquarium fort.
FU: O; was die Tentakel berührt: Salinenkrebse, Wasserflöhe, Flockenfutter, aber auch Mikroalgen, Plankton, Abfallprodukte, zerriebenes Muschelfleisch, das mit der Strömung zugetrieben wird. Eine direkte Fütterung auf die Tentakel stört sie. Sie ist relativ leicht zu ernähren.

Pseudocolochirus violaceus

Pseudocolochirus violaceus

Bes.: Sie ist gut erkennbar an der bläulichen Körperfärbung, die oft rot angehaucht ist. 5 breite Reihen roter bis gelbroter Saugfüßchen ziehen den Körper entlang und dienen der Fortbewegung, besonders beim Klettern. Sie besitzt keine bevorzugte Unterseite. Die Mundtentakel sind rot mit weißen Spitzen. Diese wunderschön gefärbte Art wird zwar regelmäßig im Handel angeboten, ist aber sehr teuer.

T: 22 - 26° C, **L**: 20 cm, **BL**: ab 50 cm, **WB**: s, **WR**: u - o, **BS**: 1, **SG**: 3

Thyone fusus (MÜLLER, 1776)
Sand - Seegurke

Vork.: Mittelmeer, Ostatlantik, von Norwegen bis Madeira. In 5 - 150 m Tiefe.
GU: Keine.
Soz. Verh./Vgs.: Lebt einzeln, oft häufig in sandigen, schlammigen oder Detritus-Böden; kann einzeln auf feinsandigen Böden gehalten werden.
Hält. B.: Benötigt tiefen Sandgrund, in welchen sie ihren Körper vollständig zurückziehen kann; nur die Tentakel werden zum Nahrungsfang hervorgestreckt.
Licht: Sonnen- bis Schwachlichtzone.
ZU/Verm.: Wie andere Arten; Laichzeit ist in der Adria von März bis April.
FU: O; die großen, stark gefiederten Tentakel fangen Detritus, organische Partikel und Kleinplankton ein, die vom Wasser herbeischafft werden.
Bes.: Als besonderes Kennzeichen stehen die Füßchen nicht in Linien den Körper entlang, sondern dicht über diesen verstreut. Die Färbung schwankt zwischen weißlich-rosa bis gelblich. Der "Kragen" ist bräunlich und hell gefleckt; die 10 Tentakel sind stark verzweigt und werden zum Geschwebefang von einem sicheren Versteck aus in die Strömung gestreckt. Das hier gezeigte Tier wurde ausgegraben, um die Körperform zu zeigen; die Tentakel sind nicht ganz eingezogen; gestreckt ähneln sie jenen von *Neothyonidium.*

T: 15 - 20° C, **L**: 20 cm, **BL**: ab 50 cm, **WB**: m, **WR**: u, **BS**: 2 - 3, **SG**: 3

Neothyonidium magnum, Australien

Neothyonidium magnum (LUDWIG, 1882)
Große Filter - Seegurke

Vork.: Nur von wenigen Gebieten bekannt: Indonesien, Philippinen, Neukaledonien. In 3 - 30 m Tiefe.
GU: Keine.
Soz. Verh./Vgs.: Lebt einzeln auf Sandgebieten mit Strömungen; das Vorderende ist meist auch tagsüber sichtbar. Sie ist gut mit Niederen Tieren aller Art gemeinsam zu halten.
Hält. B.: Sie benötigt einen tiefen Sandgrund, um sich eingraben zu können und etwas Strömung, die das Futter herbeibringt.
Licht: Sonnenlichtzone.
ZU/Verm.: Wie andere Arten.
FU: O; meist nur nachtaktiv; streckt ihren Vorderkörper mit einer trichterartigen Verbreiterung sowie 10 lange, buschige Fangarme in die Strömung, um möglichst viel Plantkon einzufangen. Kleinkrebse und Insektenlarven sowie "Planktonersatz", in den Pumpenstrom gegeben, können gereicht werden.
Bes.: Kennzeichen sind ein cremefarbener Körper mit schwarzen Punkten. Der ausstreckbare Vorderkörper ist durchscheinend weiß mit 5 Doppelreihen von schwarzen oder schokoladebraunen Papillen, die helle Spitzen aufweisen. Die Tentakel selbst sind weiß oder gelblich mit schwarzen Flecken und basalen Ringen. Die Tiere haben eigentlich 20 Tentakel: 10 große buschige Tentakel sind sichtbar; sie dienen dem Beutefang; hinzu kommen 10 weitere, innere kleine Tentakel.

T: 24 - 28° C, **L**: 30 cm, **BL**: ab 60 cm, **WB**: m - s, **WR**: u, **BS**: 2 - 3, **SG**: 3

Neothyonidium sp., Malaysia

Neothyonidium sp.
Filter-Seegurke

Vork.: Diese Aufnahme einer nicht näher bestimmbaren Art stammt aus Malaysia (Insel Manukan). In 20 m Tiefe.
GU: Keine.
Soz. Verh./Vgs.: Lebt auf Sand- und Schuttgründen.
Hält. B.: Diese Seegurke benötigt einen tiefen Sandgrund, in den sie sich vollkommen zurückziehen kann.
Licht: Sonnenlichtzone.
ZU/Verm.: Nicht bekannt.
FU: O; streckt nachts die Tentakel aus, um Plankton zu fangen; müßte mit selbstgezogenen Planktontieren und Planktonersatz ernährt werden können.
Bes.: Diese Art besitzt 10 lange, fein verzweigte Tentakel, welche an die Arme von Gorgonenhäuptern erinnern und die eine hervorragende Planktonfalle bilden.

T: 24 - 28° C, **L**: 40 cm, **BL**: ab 80 cm, **WB**: m, **WR**: u, **BS**: 3, **SG**: 3

Actinopyga crassa, Thailand

Actinopyga crassa (PANNING, 1944)
Rauhe Seewalze

Vork.: Indowestpazifik, vom Roten Meer, Ostafrika und Madagaskar über Südarabien und Ostindien nach Neuguinea und Neukaledonien. In 15 - 45 m Tiefe.
GU: Keine.
Soz. Verh./Vgs.: Lebt einzeln auf Weichböden in der Nähe von Fels, besonders an äußeren Riffabfällen und in Kanälen mit klarem Wasser.
Hält. B.: Nicht für Heimaquarien geeignet; benötigt Sandgrund mit Felsaufbauten.
Licht: Sonnen- bis Mittellichtzone.
ZU/Verm.: Wie andere Arten.
FU: O; sucht den Boden nach Kleinpartikeln ab. Nur ein sehr großes, alt eingefahrenes Becken liefert genügend Nährstoffe.
Bes.: Diese Art erkennt man am ehesten an den unregelmäßigen weißen Flecken, die hauptsächlich an den Flanken liegen, und an 5 weißen Analzähnen. Die Tiere sind bläulich oder bräunlich - grau mit helleren, dicht stehenden Papillen, die unregelmäßig, aber dicht angeordnet sind. Diese Art besitzt Cuviersche Schläuche, die gekörnt aussehen.

T: 22 - 26° C, **L:** 55 cm, **BL:** ab 100 cm, **WB:** s, **WR:** u, **BS:** 3, **SG:** 3

Actinopyga lecanora (JAEGER, 1833)
Weißend - Seewalze

Vork.: Indowestpazifik, von Ostafrika, den Malediven bis Neukaledonien und zu den Südpazifischen Inseln. In 0 - 20 m Tiefe.
GU: Keine.
Soz. Verh./Vgs.: Lebt einzeln auf Hartböden von Korallenriffen; ist selten auf dazwischenliegenden Grobsanden zu finden.
Hält. B.: Benötigt größere, nicht zu steile felsige Areale und Verstecke, in die sie sich tagsüber zurückziehen kann; kaum für Heimaquarien geeignet.
Licht: Sonnenlichtzone, aber tagsüber beschattet.
ZU/Verm.: Nicht bekannt.
FU: O; nachtaktiv, sucht den Boden nach Kleinpartikeln ab.
Bes.: Das weiße Hinterende ist ein gutes Erkennungsmerkmal dieser Art.

T: 22 - 28° C, **L:** 40 cm, **BL:** ab 80 cm, **WB:** m, **WR:** u, **BS:** 3, **SG:** 3

Actinopyga mauritiana, Thailand

Actinopyga mauritiana (QUOY & GAIMARD, 1833)
Mauritius - Seewalze

Vork.: Gesamter Indopazifik, vom Roten Meer bis Hawaii, zu den Südpazifischen Inseln und nach Japan (N). In 0 - 2 m Tiefe.
GU: Keine.
Soz. Verh./Vgs.: Lebt einzeln auf Hartböden, besonders an meerwärts gelegenen bewegten Teilen der Riffterrassen und Riffhänge, sowie in Riffkanälen; ist an exponierten Stellen kleiner als an geschützten, aber zahlreicher. Sollte nur einzeln mit Niederen Tieren oder (und) friedfertigen Fischen gemeinsam gehalten werden.
Hält. B.: Bevorzugt gut strukturierte Kalkfelsen, die auch ebene Flächen aufweisen sollten und Strömung.
Licht: Sonnenlichtzone. ZU/Verm.: Wie andere Arten.
FU: O; weidet den Bodenbelag, insbesondere aber Diatomeen, die in stark bewegten Gebieten am besten wachsen, ab.
Bes.: Typisch für diese Art ist der von den helleren Seiten abgehobene braune Rücken. Die Tiere sind glatt anzugreifen, halten sich ziemlich kräftig am Boden fest und sind oben niemals mit Sand bedeckt. Es gibt Tiere mit oder ohne weiße Punkte oder Flecken. Diese Art besitzt keine Cuvierschen Schläuche. Große Exemplare werden häufig von Borstenwürmern (*Gastrolipidia clavigera*, SCHMARDA, 1861) und manchmal von der Schnecke *Melanella mülleri* (STURANY, 1904) besiedelt. Diese Art findet man unter dem Namen "Redfish" oder "Surf-Redfish" auf Trepang - Märkten.

T: 24 - 28° C, L: 30 cm, BL: ab 60 cm, WB: s, WR: u, BS: 2 - 3, SG: 3

Bohadschia argus, Malaysia

Bohadschia argus JÄGER, 1833
Augenfleck-Seewalze

Vork.: Westlicher Indischer Ozean, von Madagaskar, den Seychellen, Sri Lanka, und dem Golf von Bengalen bekannt (nicht von Inseln wie den Malediven); im Pazifischen Ozean von den Ostindischen Inseln bis zu den Südpazifischen Inseln und nach Japan (N). In 2- 40 m Tiefe.
GU: Keine.
Soz. Verh./Vgs.: Sie lebt frei auf Riffterrassen und bedeckt sich mit Algenstückchen und Steinen; sie ist sehr selten fast ganz in den Sand eingegraben.
Hält. B.: Sie benötigt ein Riffaquarium mit Fels und großräumigen Sandflächen, die man im Heimaquarium meist nicht anbieten kann.
Licht: Sonnenlichtzone.
ZU/Verm.: Wie andere Arten.
FU: O; sucht den Grund nach organischen Stoffen und Kleinstlebewesen ab.
Bes.: Diese Art besitzt große Cuviersche Schläuche und ist gut erkennbar an den zahlreichen Augenflecken, die aus einem hellen äußeren Ring und einem dunklen Zentrum bestehen. Die Grundfärbung ist hell- bis dunkelbraun mit blaßgrauen oder purpurnen Schattierungen. Da die Augenflecken auch nach dem Tod erhalten bleiben, kommen die getrockneten Häute unter den Namen "Leopard-fish", "Spotted fish" oder "Tiger-fish" auf den Trepang- Markt.

T: 22 - 28° C, **L**: 60 cm, **BL**: ab 120 cm, **WB**: m, **WR**: u, **BS**: 2, **SG**: 3

Pearsonthuria graeffei, Thailand

Pearsonthuria graeffei (SEMPER, 1868)
Strichel-Seewalze

Vork.: Indopazifik; vom Roten Meer bis zu den Gesellschaftsinseln. In 5 - 30 m Tiefe.
GU: Keine.
Soz. Verh./Vgs.: Sie lebt einzeln auf Korallengründen mit krustenförmigen Kalkalgen an Küsten- und Außenriffen. Sie ist tag- und nachtaktiv, bewegt sich frei, ist aber gut getarnt durch ihre Färbung.
Hält. B.: Nur für sehr große Aquarien mit Fels- und Blockgrund geeignet.
Licht: Sonnenlichtzone.
ZU/Verm.: Wie andere Arten.
FU: O; Bodentupfer, der organisches Material vom harten Grund abhebt.
Bes.: Wichtigstes Kennzeichen dieser Art sind die dunklen, hell eingefaßten Tentakel. Die typische Färbung ist hellgrau mit unregelmäßigen, größeren braunen Flecken und kleinen schwarzen Punkten; die Spitzen der Papillen sind weiß. Die Bauchseite trägt drei deutliche Reihen von Saugfüßchen, die durch dunkle Bänder voneinander getrennt sind.
Das Tier stößt die sehr zahlreichen und feinen Cuvier'schen Schläuche nur bei brutaler Mißhandlung aus.

T: 24 - 28° C, **L:** 50 cm, **BL:** ab 100 cm, **WB:** m, **WR:** u - o, **BS:** 2 - 3, **SG:** 3

Ordnung: Aspidochirota
Fam.: Holothuriidae

Bohadschia marmorata, Malediven

Bohadschia marmorata (JÄGER, 1833)
Marmor-Seewalze

Vork.: Indopazifik, vom Roten Meer bis zu den Südpazifischen Inseln, nach Japan (N). In 4 - 20 m Tiefe.
GU: Keine.
Soz. Verh./Vgs.: Lebt einzeln meist auf grobem Sand, grasigen Böden oder manchmal, besonders tagsüber, unter Korallenfelsen versteckt; ist nachtaktiv.
Hält. B.: Benötigt eine großflächige Bodenschicht aus grobem Sand, Korallen- oder Muschelbruch, die auch von Algen bestanden sein kann. Jungtiere graben sich tagsüber gerne ein, größere bedecken sich mit einer dünnen Sand- oder Sedimentschicht.
Licht: Sonnenlichtzone.
ZU/Verm.: Wie andere Arten.
FU: O; ernährt sich von organischen Stoffen und Mikrolebewesen am und im Boden.
Bes.: Der Körper dieser Seewalze ist marmoriert. Offensichtlich machen sie im Verlaufe ihrer Entwicklung einen Farbwechsel durch, denn junge Seewalzen sind braun bis olivgrün. Tagsüber sind sie im Sediment versteckt. Cuviersche Schläuche sind vorhanden. Diese Art wird unter dem Namen "Amberfish" auf dem Trepang-Markt verkauft.

T: 24 - 28° C, **L**: 40 cm, **BL**: ab 100 cm, **WB**: m, **WR**: u, **BS**: 2 - 3, **SG**: 3

Bohadschia tenuissima, Rotes Meer

Bohadschia tenuissima (SEMPER, 1868)
Unscheinbare Seewalze

Vork.: Indopazifik, vom Roten Meer bis zu den Südpazifischen Inseln, nach Japan (N). In 8 - 25 m Tiefe.
GU: Keine.
Soz. Verh./Vgs.: Lebt oft in Gruppen auf Sandböden und versteckt sich gerne in Algenbeständen *(Caulerpa, Halimeda)*.
Hält. B.: Benötigt eine großflächige Bodenschicht aus Sand, Korallen- oder Muschelbruch, die auch von Algen bestanden sein kann.
Licht: Sonnenlichtzone.
ZU/Verm.: Wie andere Arten.
FU: O; ernährt sich von organischen Stoffen und Mikrolebewesen am und im Sand.
Bes.: Diese Art ist zylindrisch gebaut, etwas abgeflacht; der Mund ist vorn unten, der Anus hinten, etwas nach oben gerückt. Die Saugfüßchen sind ohne Ordnung in Reihen über die gesamte Sohle verstreut. Cuviersche Schläuche sind vorhanden und werden bei Reizung rasch ausgeschleudert.

T: 24 - 28° C, **L**: 30 cm, **BL**: ab 100 cm, **WB**: m, **WR**: u, **BS**: 2 - 3, **SG**: 3

Bohadschia vitiensis, Malaysia

Bohadschia vitiensis (SEMPER, 1867)
Braune Seewalze

Vork.: Östlicher Indischer Ozean, Pazifik, von Sri Lanka bis zu den Südpazifischen Inseln, nach Hawaii und Japan (N). In 1 - 15 m Tiefe.
GU: Keine.
Soz. Verh./Vgs.: Lebt einzeln auf Sandböden, bedeckt sich meist mit Sand oder Seegrasresten oder vergräbt sich im Boden, ist also kein attraktiver Aquarienbewohner.
Hält. B.: Benötigt eine Bodenschicht aus Sand, die zumindest 10 cm tief sein soll; für Heimaquarien kaum geeignet.
Licht: Sonnenlichtzone.
ZU/Verm.: Wie andere Arten.
FU: O; tag- und nachtaktiver Sedimentfresser.
Bes.: Diese Art ist schwer zu beobachten, da sie meist im Sand eingegraben oder von Sand bedeckt ist. Sie stößt die Cuvierschen Schläuche sehr leicht schon bei der geringsten Reizung aus.

T: 24 - 28° C, **L**: 40 cm, **BL**: ab 100 cm, **WB**: m, **WR**: u, **BS**: 2 - 3, **SG**: 3

Bohadschia sp., Malaysia

Bohadschia sp.
Netz - Seewalze

Vork.: Malayischer Archipel; in 5 - 30 m Tiefe.
GU: Keine.
Soz. Verh./Vgs.: Nicht bekannt.
Hält. B.: Bevorzugt einen Mischgrund aus Sand und Korallenfels bzw. Korallenschutt.
Licht: Sonnenlichtzone.
ZU/Verm.: Wie andere Arten.
FU: O; tupft Sedimente vom Boden ab.
Bes.: Typisch für die Netz-Seewalze sind netzartige weiße Flecken, die sich über den gesamten Rücken hinziehen. Diese Art ist fast unbekannt und sie dürfte auch noch nicht beschrieben sein.

T: 24 - 28° C, **L**: 40 cm, **BL**: ab 100 cm, **WB**: m, **WR**: u, **BS**: 3, **SG**: 3

Holothuria sp.
Schwarzrücken - Seewalze

Vork.: Indischer Ozean, von den Malediven bekannt. In 0 - 25 m Tiefe.
GU: Keine.
Soz. Verh./Vgs.: Lebt einzeln auf Hartböden von Riffen mit lebenden und abgestorbenen Korallen.
Hält. B.: Benötigt größere felsige Aufbauten und Verstecke, in die sie sich tagsüber zurückziehen kann; kaum für Heimaquarien geeignet.
Licht: Sonnenlichtzone, aber tagsüber beschattet. **ZU/Verm.**: Nicht bekannt.
FU: O; nachtaktiv, sucht den Boden nach Kleinpartikeln ab.
Bes.: Kennzeichen dieser Art ist ein dunkler Rücken. Die seitlichen Teile sind weiß bis cremefarben. Es ist möglich, daß es sich um eine Farbvariante von *Bohadschia marmorata* oder *Holthuria nobilis* handelt.

T: 22 - 28° C, **L**: 40 cm, **BL**: ab 80 cm, **WB**: m, **WR**: u, **BS**: 3, **SG**: 3

Holothuria atra, Rotes Meer

Holothuria atra JÄGER, 1833
Schwarze Seegurke

Vork.: Indopazifik; vom Roten Meer bis Hawaii, zu den Südpazifischen Inseln (S) und nach Japan (N). In 0,5 - 30 m Tiefe. GU: Keine.
Soz. Verh./Vgs.: Lebt einzeln aber durchaus häufig exponiert auf Sand von Riffterrassen (besonders im küstennahen Bereich); ist normalerweise von einer dünnen Sandschicht bedeckt, meist mit 6 oder mehr Paaren von blanken Flecken den Rücken entlang.
Hält. B.: Nur für sehr große Aquarien geeignet; benötigt lediglich einen Sandboden von zumindest 5 cm Tiefe. Licht: Sonnenlichtzone.
ZU/Verm.: In manchen Meeresgebieten (Neukaledonien) wurde ein saisonaler Wechsel von sexueller Fortpflanzung während der warmen Jahreszeit und asexueller Fortpflanzung durch Teilung in etwa 1 % der Population während der kalten Jahreszeit beobachtet. Die Teilung erfolgt etwas vor der Körpermitte und die fehlende Hälfte regeneriert innerhalb zweier Monate. Auslöser dürften Trockenfallen bei extremer Ebbe sowie Streß durch Wärme und Wassermangel sein.
FU: O; frißt den Sandboden samt Organismen in sich hinein; hat daher sehr hohe Umsatzraten.
Bes.: Die Färbung ist gleichmäßig schwarz oder schwarzbraun, was man häufig nicht sieht, da der Körper von einer feinen Sandschicht bedeckt ist, die einzelne Flecken freiläßt. Die Schwarze Seegurke besitzt keine Cuvierschen Schläuche und wird als “Lollyfish” auf den Trepang-Markt gebracht.

T: 24 - 30° C, L: 60 cm, BL: ab 120 cm, WB: s, WR: u, BS: 2, SG: 3

Holothuria edulis, Malediven

Holothuria edulis LESSON, 1830
Eßbare Seewalze

Vork.: Indopazifik, vom Roten Meer bis Hawaii. In 0 - 45 m Tiefe.
GU: Keine.
Soz. Verh./Vgs.: Sie lebt frei auf Sand, auch unter Felsen und im Seegras; sie ist nicht von Sand bedeckt.
Hält. B.: Nur für sehr große Aquarien geeignet.
Licht: Sonnenlichtzone.
ZU/Verm.: Wie andere Arten.
FU: O; sucht Böden aller Art nach organischen Substanzen ab.
Bes.: Kennzeichen sind der braune oder graue bis grauschwarze Rücken und der rosa Bauch; es gibt auch Exemplare, die einheitlich, vollkommen rosa gefärbt sind. Die Eßbare Seewalze besitzt keine Cuvierschen Schläuche.

T: 24 - 28° C, **L**: 30 cm, **BL**: ab 70 cm, **WB**: m, **WR**: u - o, **BS**: 2, **SG**: 3

Holothuria forskali, Mittelmeer

Holothuria forskali (DELLE CHIAJE, 1823)
Forsskal's Seewalze

Vork.: Mittelmeer, Ostatlantik, von Schottland bis Portugal. In 1 - 100 m Tiefe.
GU: Keine.
Soz. Verh./Vgs.: Lebt einzeln, aber oft zahlreich auf verschiedensten Gründen, wie Seegraswiesen (besonders Zostera), schlammigem Sand, sekundären Hartböden u.a.; kann einzeln oder in mehreren Exemplaren gehalten werden.
Hält. B.: Am ehesten entspricht ein Felsaquarium mit sandigem Vordergrund den Ansprüchen dieser Seewalze.
Licht: Sonnen- bis Mittellichtzone.
ZU/Verm.: Laichzeit im Mittelmeer ist im Sommer, Juli - August.
FU: O; tupft organische Substanzen und Kleinlebewesen vom Boden auf.
Bes.: Die dicke, weiche, klebrige Haut geht leicht ab, ihre Färbung ist schwarz und grün fluoreszierend. Den Rücken zieren 7 Reihen konischer Papillen, deren Endfäden weiß mit schwarzer Spitze sind. Die Endscheiben der Füßchen sind weiß. Diese Art besitzt Cuviersche Schläuche und stößt sie sehr leicht aus.

T: 15 - 20° C, **L:** 25 cm, **BL:** ab 70 cm, **WB:** m, **WR:** u, **BS:** 1 - 2, **SG:** 3

Holothuria fuscorubra, Malediven

Holothuria fuscorubra beginnt ihre Cuvierschen Schläuche auszustoßen.

Holothuria fuscorubra, Cuviersche Schläuche

Holothuria sanctori

Ordnung: Aspidochirota
Fam.: Holothuriidae

Holothuria fuscopunctata, Thailand

Holothuria fuscopunctata JAEGER, 1833
Braungepunktete Seewalze

Vork.: Indopazifik, von den Malediven über Ostindien nach Neuguinea, Nordaustralien, Marianen, Neukaledonien bis Palau. In 5 - 20 m Tiefe.
GU: Keine.
Soz. Verh./Vgs.: Sie lebt frei auf Korallensand und Pflanzenbeständen und ist nicht von Sand bedeckt.
Hält. B.: Nur für sehr große Aquarien mit riesigen Sandflächen geeignet.
Licht: Sonnenlichtzone.
ZU/Verm.: Wie andere Arten.
FU: O; weidet den feinen Belag organischer Substanzen vom Grund ab.
Bes.: Diese Art erkennt man besonders an der gelblich- weißlichen Grundfärbung mit zahlreichen kleinen braunen Punkten, die die kleinen Fußchen kennzeichnen und zahlreichen Querfalten am Rücken, die wie dunkle Striche aussehen. Der Körper ist ziemlich abgeflacht. Diese Art besitzt keine Cuvierschen Schläuche.

T: 24 - 28° C, **L**: 60 cm, **BL**: ab 120 cm, **WB**: m, **WR**: u, **BS**: 3, **SG**: 3

Holothuria impatiens (FORSSKÅL, 1775)
Schlanke Seewalze

Vork.: Mittelmeer, Atlantik und Indopazifik. In 3 - 40 m Tiefe.
GU: Keine.
Soz. Verh./Vgs.: Lebt versteckt unter Felsen, Korallen und Algen auf flachen, wenig exponierten Stellen von Riffabfällen und Lagunen, in flachen Buchten auch auf Sand- und Schlammgrund.
Hält. B.: Stellt keine besonderen Ansprüche an die Aquarieneinrichtung, bevorzugt aber flache Fels- oder Sandgründe.
Licht: Sonnenlichtzone, aber beschattet.
ZU/Verm.: Wie andere Arten.
FU: O; verzehrt alle Arten organischer Stoffe und Kleinstlebewesen.
Bes.: Die Färbung ist je nach Meeresgebiet verschieden. Die Grundfärbung ist gelbbraun, grau bis rosa mit dunklen Flecken, die 12 oder mehr Querbänder den Rücken entlang bilden können. Es gibt daher Autoren, die diese Art in zumindest 5 Unterarten oder Variationen, je nach Färbung, aufteilen. Die Tiere besitzen große und lange Cuviersche Schläuche.

T: 20 - 24° C, **L:** 35 cm, **BL:** ab 60 cm, **WB:** m, **WR:** u, **BS:** 2 - 3, **SG:** 3

Actinopyga lecanora, Malediven

Pseudocolochirus violaceus

Lebensgemeinschaft in einer schattigen Unterhöhlung, Palau

Holothuria mexicana, Karibik

Holothuria mexicana (LUDWIG, 1875)
Eseldung - Seewalze

Vork.: Tropischer Westatlantik: besonders in der östlichen Karibik von Kuba bis Curaçao und Barbados, selten auf den Bahamas. In 3 - 30 m Tiefe.
GU: Keine.
Soz. Verh./Vgs.: Sie lebt einzeln und frei auf sandigen Flächen rund um Riffe sowie in Seegraswiesen.
Hält. B.: Sie ist zu groß für Heimaquarien und benötigt ausgedehnte, eventuell bewachsene Sandflächen.
Licht: Sonnenlichtzone.
ZU/Verm.: Wie andere Arten.
FU: O; nimmt mit ihren Tentakeln organische Partikel und genießbare Kleinstlebewesen vom Boden auf.
Bes.: Diese Seegurke ähnelt Eselmist, wovon sich der deutsche (und englische) Name ableitet. Ihre Haut ist dick, fest und manchmal mit tiefen Querfalten versehen. Die Grundfärbung ist schwarz mit hellgrauen Flecken und Punkten, die größere zusammenhängende Flächen bilden können. Die Unterseite hat helle Farbtöne von nahezu weiß bis zu tief rosa.

T: 22 - 26° C, **L**: 50 cm, **BL**: ab 120 cm, **WB**: m, **WR**: u, **BS**: 2, **SG**: 3

Holothuria nobilis, Rotes Meer

Holothuria nobilis (SELENKA, 1867)
Weißfuß-Seewalze

Vork.: Gesamter Indo- Pazifik, vom Roten Meer bis Hawaii, zu den Südpazifischen Inseln und nach Japan (N). In 0 - 40 m Tiefe. **GU**: Keine.
Soz. Verh./Vgs.: Lebt einzeln (nur selten sieht man mehrere Exemplare nahe beisammen) auf diversen flachen Böden, wie Riffterrassen mit Fels- oder Sandgrund, auf Algenbeständen u.a.
Hält. B.: Diese Art ist zu groß für Heimaquarien, wäre aber anspruchslos und verhältnismäßig gut haltbar.
Licht: Sonnenlichtzone. **ZU/Verm.**: Wie andere Arten.
FU: O; verzehrt alles, was die Bodenoberfläche an losem Material zu bieten hat.
Bes.: Diese Art kann sehr unterschiedlich gefärbt sein. Die Grundfärbung ist dunkel, darauf können zahlreiche größere oder kleinere helle (oft weiße) Flecken liegen. Diese Form mit den hellen großen "Warzen" (3-4 auf jeder Seite) den unteren Körperrand entlang ist typisch für das Rote Meer und den Indischen Ozean. Jungtiere können einfarbig weißlich sein. Die Weißfuß-Seewalze ist stets von einem hauchdünnen Überzug aus Sand bedeckt. Sie besitzt zwar zahlreiche sehr feine Cuviersche Schläuche, wirft sie jedoch nur in äußerster Bedrängnis und nach längerer brutaler Behandlung aus. Diese Art wird sehr häufig für die Trepang-Gewinnung gefischt, kommt unter den Namen "Teatfish" oder "Mammyfish" auf den Markt und erzielt in weiten Teilen der Welt Höchstpreise.

T: 24 - 28° C, **L**: 50 cm, **BL**: ab 100 cm, **WB**: m, **WR**: u, **BS**: 2 - 3, **SG**: 3

Holothuria sp., Malediven

Holothuria sp., Malediven

Holothuria nobilis, Malediven

Holothuria polii, Mittelmeer

Holothuria polii (DELLE CHIAJE, 1823)
Weißspitzen-Seewalze

Vork.: Mittelmeer, Ostatlantik vom Golf von Gascogne bis zu den Kanarischen Inseln. In 1 - 35 (250) m Tiefe.
GU: Keine.
Soz. Verh./Vgs.: Lebt oft gemeinsam mit *Holothuria tubulosa* auf Sandgründen, Seegraswiesen und in Algenbeständen (Caulerpa); kann also auch in mehreren Exemplaren und gemeinsam mit anderen Seegurken gehalten werden.
Hält. B.: Stellt keine großen Ansprüche an die Aquariengestaltung; bevorzugt flache Gründe mit Beständen an Algen oder Seegras.
Licht: Sonnenlichtzone.
ZU/Verm.: Ist von November bis Januar reif und hat daher in dieser Zeit ihre Hauptlaichperiode.
FU: O; verzehrt alles, was an Kleinstlebewesen und organischen Stoffen am Boden zu finden ist.
Bes.: Kennzeichen sind die braunschwarze, samtige Haut mit weißen Enden der Körperanhänge (Papillen und Pedicellarien). Wirft Eingeweide aus, wenn sie gestört wird; besitzt keine Cuvierschen Schläuche.

T: 16 - 22° C, **L**: 20 cm, **BL**: ab 50 cm, **WB**: m, **WR**: u, **BS**: 2, **SG**: 3

Holothuria thomasi, Karibik

Holothuria thomasi (PEARSON, 1914)
Tigerschwanz - Seewalze

Vork.: Tropischer Westatlantik: Florida, Bahamas, Karibik. In 6 - 35 m Tiefe.
GU: Keine.
Soz. Verh./Vgs.: Sie lebt einzeln in Löchern, Spalten und unter Felsen versteckt hauptsächlich am Grund von Riffen, hält sich dort mit dem Hinterkörper fest und streckt nachts den sehr dehnbaren Vorderkörper zur Nahrungssuche hervor.
Hält. B.: Sie ist zu groß für Heimaquarien, benötigt ausgedehnte, tiefe Versteckmöglichkeiten und einen felsigen oder sandigen flachen Grund auf dem sie ihren Vorderkörper ausstrecken kann.
Licht: Sonnenlichtzone, aber beschattet. **ZU/Verm.**: Wie andere Arten.
FU: O; streckt nachts ihren Vorderkörper weit aus ihrem Versteck und streift wie ein Staubsauger organische Reste, Algen und Bakterien vom Boden in das unterständige Maul ab.
Bes.: Dies ist eine der wenigen Seegurken, die praktisch seßhaft sind, sich in einem Versteck festklemmen und nur ihren sehr dehnbaren Vorderkörper nachts zur Nahrungssuche hervorstrecken. Sie zieht sich bei Störungen rasch zurück und kann nur sehr schwer ohne Verletzungen geborgen werden. Die Färbung ist variabel und kann grau, bräunlich oder kastanienbraun mit weißen Flecken sein. Rücken und Flanken tragen zahlreiche kräftige Papillen, die mit Dornen bewehrt sind.

T: 22 - 26° C, **L**: 200 cm, **BL**: ab 300 cm, **WB**: m, **WR**: u, **BS**: 3, **SG**: 3 - 4

Ordnung: Aspidochirota
Fam.: Holothuriidae

Holothuria tubulosa (GMELIN, 1788)
Röhren-Seewalze

Vork.: Mittelmeer, Ostatlantik von Gibraltar bis zum Golf von Gascogne. In 0 - 100 m Tiefe.
GU: Keine.
Soz. Verh./Vgs.: Lebt einzeln, aber oft in großer Zahl auf verschiedensten Böden wie algenbewachsenem Fels, in Posidoniawiesen, auf Sand u.a. Gründen; ist in großen Becken in mehreren Exemplaren und gemeinsam mit vielen Niederen Tieren und Fischen zu halten.
Hält. B.: Sie stellt keine besonderen Ansprüche an die Beckengestaltung und ist auf verschiedensten, nicht zu steilen Geländeformen zu halten.
Licht: Sonnenlichtzone.
ZU/Verm.: Ist zwar ganzjährig reif, Hauptlaichzeit ist aber größtenteils von Juni bis September. Zum Ablaichen wandern die Tiere in ziemlich seichtes Wasser und laichen in riesigen Ansammlungen etwa gleichzeitig ab.
FU: O; unterscheidet nicht zwischen Nahrung und anorganischen Stoffen, frißt einfach den gesamten Bodengrund in sich hinein.
Bes.: Die Röhren-Seewalze ist wohl die häufigste Art des Mittelmeeres und liegt oft massenhaft auf Weichböden. Sie ist braunrot, braunviolett oder manchmal hell mit dunklen Flecken gesprenkelt und dunklen Papillen, die in einen Faden auslaufen. Diese Art besitzt keine Cuvierschen Schläuche, wirft aber leicht ihre Eingeweide aus. Sie wird häufig vom Eingeweidefisch *Carapus acus* besiedelt.

T: 15 - 20° C, **L**: 30 cm, **BL**: ab 70 cm, **WB**: m, **WR**: u, **BS**: 1 - 2, **SG**: 3

Holothuria tubulosa, Mittelmeer

Holothuria tubulosa, Mittelmeer

Holocynthia spinosa (LUDWIG, 1875)
Runzelige Seescheide

Vork.: Östlicher Indischer Ozean, ca. von den Malediven ostwärts bis tief in den Pazifischen Ozean, zu den Südpazifischen Inseln. In 5 - 30 m Tiefe.
GU: Keine.
Soz. Verh./Vgs.: Sie lebt einzeln, gehäuft an Korallenriffen, besonders unter Felsen an seewärts gelegenen Riffkanten, auch an mit Sedimenten bedeckten Stellen des Riffs zwischen Korallenfelsen und Blockgründen; kann einzeln gehalten werden.
Hält. B.: Diese relativ kleine Art benötigt ein Becken mit Sandgrund oder Korallenschutt und Felsblöcken, die Versteckmöglichkeiten unter sich bieten, sowie gute Strömungsverhältnisse.
Licht: Sonnenlichtzone.
ZU/Verm.: Nicht bekannt.
FU: O; filtriert Geschwebe aus dem Wasser; es ist nicht bekannt, ob sie auch Stoffe vom Boden aufnimmt.
Bes.: Diese, an den büschelförmigen Tentakeln erkennbare Art, wird auch manchmal unter dem Namen *Holothuria rugosa* geführt.

T: 24 - 28° C, **L:** 15 cm, **BL:** ab 60 cm, **WB:** s, **WR:** u, **BS:** 2 - 3, **SG:** 3

Isostichopus bandionotus, Karibik (Text nächste Seite)

Isostichopus bandionotus, Karibik

Ordnung: Aspidochirota
Fam.: Stichopodidae

Isostichopus bandionotus, Karibik

Isostichopus bandionotus (SELENKA, 1867)
Drei-Reihen-Seewalze

Vork.: Tropischer Westatlantik; Florida, Bahamas, Karibik. In 3 - 20 m Tiefe.
GU: Keine.
Soz. Verh./Vgs.: Lebt einzeln auf Seegraswiesen, seichten Lagen von Korallenbruch und Sandgebieten, die Riffe umschließen.
Hält. B.: Diese Seewalze ist nicht wählerisch und auf diversen Arten von Böden mit Sand, Korallen- und Muschelbruch und flachem Fels zu halten.
Licht: Sonnenlichtzone.
ZU/Verm.: Wie andere Arten.
FU: O; tupft organische Substanzen vom Boden auf, ernährt sich als Restevertilger größtenteils selbst.
Bes.: Die Unterseite trägt drei Reihen von Saugfüßchen, die mittlere davon ist breiter und durch einen Saum zweigeteilt. Die Färbung ist sehr variabel, meist kontrastieren knopfartige Füßchen am Rücken mit einer in Brauntönen gehaltenen Grundfärbung. Es gibt also Tiere mit dunklen oder hellen "Knöpfen". Manchmal sind Grundfarbe und Füßchen gleich, was einfarbige Tiere ergibt. Diese Art besitzt keine Cuvierschen Schläuche.

T: 22 - 28° C, **L**: 50 cm, **BL**: ab 100 cm, **WB**: m, **WR**: u, **BS**: 2, **SG**: 3.

Stichopus chloronotus, Thailand

Stichopus chloronotus BRANDT, 1835
Zahnrand - Seewalze

Vork.: Indowestpazifk, von Ostafrika und den Maskarenen bis Hawaii, zu den Südpazifischen Inseln und nach Japan (N). In 1 - 15 m Tiefe.
GU: Keine.
Soz. Verh./Vgs.: Lebt einzeln; kleine Exemplare besiedeln bevorzugt die Riffterrasse und Korallenschutt in 0 - 2 m Tiefe; größere bevorzugen Stellen mit starker Wasserbewegung in exponierten felsigen oder sandigen äußeren Bereichen von Lagunen, Innen- und Außenriffen.
Hält. B.: Benötigt ein Riffaquarium mit Fels- und Sandpartien.
Licht: Sonnenlichtzone. **ZU/Verm.:** Wie andere Arten.
FU: O; schaufelt den Bodenbelag meist von Hartböden und dünnlagigen Weichböden ab, verdaut alle organischen Materialien darin und scheidet den Rest wieder aus. Sie ist ein nützlicher Abfallverzehrer besonders für jene Aquarien, in denen eine Anreicherung von organischen Stoffen im Boden zu befürchten ist.
Bes.: Kennzeichen dieser auffälligen Art sind der quadratische Querschnitt und die Reihen großer, konischer Papillen die seitlichen Rückenränder entlang. Die schwarzen Tiere (mit grünlichem Einschlag) besitzen rote bis orangefarbene Papillenenden. Diese Art besitzt keine Cuvierschen Schläuche. Als Feind tritt besonders die Tonnenschnecke *Tonna perdix* in Erscheinung. Die Zahnrand - Seewalze kommt unter dem Namen "Greenfish" auf den Trepang - Markt.

T: 22 - 28° C, **L:** 30 cm, **BL:** ab 60 cm, **WB:** s, **WR:** u, **BS:** 2 - 3, **SG:** 3

Ordnung: Aspidochirota
Fam.: Stichopodidae

Stichopus hermanni, Malaysia

Stichopus hermanni (SEMPER, 1868)
Hermann's Seewalze

Vork.: Malayischer Archipel. In 5 - 30 m Tiefe. **GU**: Keine.
Soz. Verh./Vgs.: Diese Seewalze ist selten und lebt durchwegs einzeln am Fuße von Korallenriffen, auf Schuttgrund mit Blöcken und kleinen Sandflächen dazwischen.
Hält. B.: Benötigt ein sehr großes Riffaquarium mit Fels- und Sandpartien; nicht für Heimaquarien geeignet.
Licht: Sonnenlichtzone. **ZU/Verm.**: Wie andere Arten.
FU: O; saugt den Bodenbelag ab.
Bes.: Kennzeichen dieser auffälligen Art sind der quadratische Querschnitt, die graublaue Färbung und kleine dunkle Punkte, welche die feinen Papillen kennzeichnen.

T: 24 - 28° C, **L**: 70 cm, **BL**: ab 150 cm, **WB**: m, **WR**: u, **BS**: 2 - 3, **SG**: 3

Stichopus horrens, Thailand

Stichopus horrens SELENKA, 1867
Schreckliche Seewalze

Vork.: Indopazifik; von den Malediven über Indonesien, die Philippinen bis nach Hawaii. In 0 - 10 m Tiefe.
GU: Keine.
Soz. Verh./Vgs.: Lebt einzeln, tagsüber versteckt unter Felsen oder toten Korallenköpfen, nachts frei auf flachen Böden.
Hält. B.: Sie benötigt ein Riffaquarium mit Unterschlupfmöglichkeiten und flachem "Auslauf" mit wenig Wasserbewegung.
Licht: Sonnenlichtzone.
ZU/Verm.: Wie andere Arten; die Laichzeit ist je nach Vorkommen verschieden; in Neukaledonien z.B. im April.
FU: O; saugt feine Partikel aller Art vom Boden ab.
Bes.: Große, konische Warzen stehen in 10 Reihen den Rücken entlang und formen außerdem je einen Ring um Mund und After. Die Farbe ist weißlich, gelblich mit bräunlichen Zonen und schwarzen Punkten. Manche Tiere besitzen unregelmäßige Warzen und sind einfarbig dunkel oder dunkelgrün schattiert. Die Tiere haben keine Cuvierschen Schläuche.

T: 24 - 28° C, **L**: 40 cm, **BL**: ab 80 cm, **WB**: w - m, **WR**: u, **BS**: 2 - 3, **SG**: 3

Ordnung: Aspidochirota
Fam.: Stichopodidae

Stichopus monotuberculatus. Rotes Meer

Stichopus monotuberculatus BRANDT, 1835
Zipfel - Seewalze

Vork.: Nur von wenigen Plätzen im Indischen Ozean bekannt: Rotes Meer, Madagaskar, Maskarenen, Sri Lanka. In 3 - 25 m Tiefe.
GU: Keine.
Soz. Verh./Vgs.: Lebt einzeln auf Weichböden und Korallenschutt.
Hält. B.: Sie benötigt eine große Fläche von Sand-, Muschel- oder Korallenbruchgrund; nicht für Heimaquarien geeignet.
Licht: Sonnenlichtzone.
ZU/Verm.: Wie andere Arten.
FU: O; frißt große Mengen an Bodensedimenten in sich hinein; muß sich im Aquarium von dem ernähren, was der Grund an Abfallstoffen, Nahrungsresten und eingebrachten Nahrungsteilchen anbietet.
Bes.: Die Zipfel - Seewalze erscheint in sehr unterschiedlichen Formen: Die orangefarbigen bis ziegelroten "Zipfel" (= Papillen) sollen nämlich eingezogen werden können und sehen dann nur wie kleine Noppen aus. Im ausgefahrenem Zustand geben sie der gesamten Seewalze eine äußerst stachelige Erscheinung (manche Forscher sind der Ansicht, es handle sich um verschiedene Arten). Die Zipfel-Seewalze besitzt keine Cuvierschen Schläuche.

T: 24 - 28° C, **L:** 40 cm, **BL:** ab 100 cm, **WB:** m, **WR:** u, **BS:** 3, **SG:**3

(A)stichopus multifidus, Karibik

(A)stichopus multifidus (SLUITER, 1910)
Pelz - Seewalze

Vork.: Tropischer Westatlantik; Florida, Bahamas, Karibik. In 10 - 35 m Tiefe.
GU: Keine.
Soz. Verh./Vgs.: Lebt auf Sandböden in der Nähe von Riffen, ist einzeln mit Niederen Tieren oder Fischen zu vergesellschaften
Hält. B.: Benötigt nur einen flachen Sandboden von entsprechender Größe und Tiefe.
Licht: Sonnenlichtzone.
ZU/Verm.: Wie andere Arten.
FU: O; frißt den Sand mit allen organischen Materialien und Kleinstlebewesen, verdaut diese, während der Sand einfach durchgeht. Zylindrische Massen von gesäubertem Sediment bleiben liegen, während das Tier fressend weiterzieht.
Bes.: Diese sehr weiche Seewalze ist meist weißlich gefärbt mit vielen kleinen, etwa 1,5 cm langen, dunklen, spitzen, in Papillen umgewandelten Saugfüßchen. Da diese Papillen an Zahl und Länge während des Wachstums etwa gleich bleiben, sehen große Tiere ganz anders, viel weniger stachelig aus als die "pelzigen" jungen. Manchmal sind die Tiere auch braun gefärbt, mit weißen Punkten und Flecken. Diese Art besitzt keine Cuvierschen Schläuche.

T: 20 - 27° C, **L**: 45 cm, **BL**: ab 100 cm, **WB**: m, **WR**: u, **BS**: 2 - 3, **SG**: 3

Ordnung: ASPIDOCHIROTA
Fam.: Stichopodidae

Stichopus regalis, Mittelmeer

Stichopus regalis (CUVIER, 1817)
Königs - Seewalze

Vork.: Mittelmeer, Ostatlantik, von Irland bis zu den Kanarischen Inseln; möglicherweise auch in der Karibik. In 5 - 800 m Tiefe.
GU: Keine.
Soz. Verh./Vgs.: Lebt einzeln auf tiefen Schlammgründen.
Hält. B.: Sie benötigt einen weichen Sandgrund ohne jegliche Aufbauten.
Licht: Mittellichtzone.
ZU/Verm.: Wie andere Arten.
FU: O; der unterständige Mund sucht den Schlamm nach organischen Materialien ab.
Bes.: Diese Seewalze weicht etwas vom vierkantigen Bauplan der Stichopodidae ab: Sie ist flach und stark verbreitert. Dies ermöglicht ihr, auch sehr weiche Schlammböden zu besiedeln, wo die breite Auflagefläche ein Einsinken verhindert. Diese Art besitzt keine Cuvierschen Schläuche.

T: 15 - 20° C, **L**: 30 cm, **BL**: ab 60 cm, **WB**: m, **WR**: u, **BS**: 2 - 3, **SG**: 3

Stichopus variegatus SEMPER, 1868
Scheckige Seewalze

Vork.: Indopazifik: vom Roten Meer bis zu den Philippinen. In 1 - 30 m Tiefe.
GU: Keine.
Soz. Verh./Vgs.: Lebt einzeln im Flachwasser von Lagunen auf Sand und Korallenbruch sowie auf festem Korallengestein.
Hält. B.: Nur für sehr große Aquarien geeignet; benötigt einen flachen Grund aus Sand, Korallen- und Muschelbruch.
Licht: Sonnenlichtzone. **ZU/Verm.**: Wie andere Arten.
FU: O; ernährt sich von organischen Partikeln im Schutt- und Sandlückensystem.
Bes.: Diese Art ist zwar sehr variabel in der Färbung, die Form mit den dunklen Noppen am Rücken macht sie aber fast unverwechselbar mit anderen Arten. Diese Art besitzt keine Cuvierschen Schläuche.

T: 24 - 28° C, **L**: 50 cm, **BL**: ab 100 cm, **WB**: m, **WR**: u, **BS**: 2, **SG**: 3

Stichopus vastus (SLUITER, 1887)
Sternlinien - Seewalze

Vork.: Malayischer Archipel.In 5 - 30 m Tiefe. **GU**: Keine.
Soz. Verh./Vgs.: Diese Art wird nur selten beobachtet und lebt einzeln auf Schuttgrund am Fuße von Riffen oder zwischen lebenden Korallenstöcken
Hält. B.: Benötigt ausgedehnte Schuttgründe; ist wegen ihrer Größe nicht für Heimaquarien geeignet.
Licht: Sonnenlichtzone. **ZU/Verm.**: Wie andere Arten.
FU: O; frißt Detritus und organische Partikel aller Art.
Bes.: Die Sternlinien - Seewalze ist gut erkennbar an der gelb-grünen Grundfärbung mit grünlich-braunen Punkten und sternförmig von vertieften Zentren ausgehenden dunklen (grauen, grünlichen oder bräunlichen), in Falten verlaufenden, Linien. Diese Art besitzt keine Cuvierschen Schläuche.

T:24 - 28 ° C, **L**: 70 cm, **BL**: ab 150 cm, **WB**: m, **WR**: u, **BS**: 3, **SG**: 3

Thelenota ananas, Malediven

Thelenota ananas, Thailand

Thelenota ananas (JÄGER, 1833)
Ananas - Seewalze

Vork.: Indopazifik: vom Roten Meer bis zu den Südpazifischen Inseln, nach Japan (N). In 2 - 30 m Tiefe.
GU: Keine.
Soz. Verh./Vgs.: Lebt einzeln auf Korallenfels, -bruch und Sand von Riffterrassen und -abhängen.
Hält. B.: Benötigt ausgedehnte ebene Fels- oder Sandflächen; nur für sehr große Aquarien geeignet.
Licht: Sonnenlichtzone.
ZU/Verm.: Wie andere Arten.
FU: O; frißt organische Stoffe samt anorganischen Sedimenten vom Grund.
Bes.: Kennzeichen sind die rötlich-braune Färbung und die großen ein- bis dreigespitzten Rückenpapillen. Die Bauchseite ist rot-orange. Manchmal benutzen Eidechsenfische diese Seewalze als Versteck und Ausgangspunkt für ihre räuberischen Angriffe auf andere Fische und Krebstiere. Diese Art besitzt keine Cuvierschen Schläuche. Sie kommt unter dem Namen "Prickly Redfish" auf den Trepang-Markt und erzielt auf den Malediven die höchsten Preise.

T: 24 - 28° C, **L**: 70 cm, **BL**: ab 150 cm, **WB**: m-s, **WR**: u, **BS**: 2 - 3, **SG**: 3

Thelenota anax, Malaysia

Thelenota anax H.L.CLARK, 1921
Riesen-Seewalze

Vork.: Indopazifik: von Madagaskar bis Guam und Neukaledonien. In 12 - 30 m Tiefe.
GU: Keine.
Soz. Verh./Vgs.: Lebt einzeln auf großen Sandflächen und Muschel- oder Korallenbruch.
Hält. B.: Ist auch für große Heimaquarien nicht geeignet; benötigt eine riesige Sandfläche.
Licht: Sonnenlichtzone.
ZU/Verm.: Wie andere Arten.
FU: O; frißt den Sandboden samt Kleinstlebewesen und organischen Stoffen in sich hinein; wurstartige Anhäufungen von Sand zeugen von dieser Tätigkeit.
Bes.: Dies ist, was die Körperfülle betrifft, die größte Seewalze. Sie ist massig, fast vierkantig und mit je einer Furche in Rückenmitte und etwas oberhalb der Seitenmitte ausgestattet. Die Färbung großer Exemplare ist ziemlich einheitlich creme mit braunen Punkten. Diese Art besitzt keine Cuvierschen Schläuche. Trotz ihrer Größe wird sie nur selten für den Trepang- Markt gefischt.

T: 24 - 28° C, **L**: 100 cm, **BL**: ab 200 cm, **WB**: m - s, **WR**: u, **BS**: 2 - 3, **SG**: 3

Thelenota rubralineata, Indonesien

Thelenota rubralineata MASSIN & LANE, 1992
Rotstrichel - Seewalze

Vork.: Indonesischer Raum, Philippinen. In 10 - 25 m Tiefe.
GU: Keine.
Soz. Verh./Vgs.: Diese bisher nur sehr selten, aber immer wieder von Tauchern gefundene Art wurde erst 1992 beschrieben. Sie bewohnt Korallenriffe, die auch von kleinen Sandflächen unterbrochen sein können.
Hält. B.: Nicht bekannt; zu groß für Heimaquarien.
Licht: Sonnenlichtzone.
ZU/Verm.: Nicht bekannt.
FU: O; Depositfresser, der sich von Detritus und Kleinstlebewesen, die am Grund leben, ernährt.
Bes.: Die Rotstrichel-Seewalze ist unverwechselbar durch ihre Musterung und die unregelmäßig angeordneten langen, spitz zulaufenden und quergestreiften Papillen. Diese Art besitzt keine Cuvierschen Schläuche.

T: 24 - 28° C, **L**: 60 cm, **BL**: ab 150 cm, **WB**: m, **WR**: u, **BS**: 3, **SG**: 3

Euapta godeffroyi (SEMPER, 1868)
Godeffroy's Wurmseegurke

Vork.: Indopazifik; vom Roten Meer bis Hawaii und zu den Südpazifischen Inseln. In 1 - 15 m Tiefe.
GU: Keine.
Soz. Verh./Vgs.: Lebt einzeln auf Riffterrassen und Sandflächen von Lagunen.
Hält. B.: Nur für sehr große Aquarien geeignet; benötigt große flache Böden aus Sand, Korallen- oder Muschelbruch.
Licht: Sonnenlichtzone.
ZU/Verm.: Wie andere Arten.
FU: O; tupft Detritus und organische Materialien vom Boden und Aufwuchs ab.
Bes.: Diese große Art ist leicht mit *Synapta maculata* zu verwechseln. Besondere Kennzeichen sind die creme-weiße Grundfärbung mit dunklen Ringen von 1 - 3 cm Abstand, unterbrochen von 5 doppelten Bändern, die gelblich gefärbt sind und den Körper entlanglaufen.

T: 24 - 28° C, **L**: 150 cm, **BL**: ab 200 cm, **WB**: m, **WR**: u, **BS**: 2 - 3, **SG**: 3

Oestergrenia adriatica (HEDING, 1931)
Zerbrechliche Wurmseegurke z.T. *Labidoplax digitata* (OESTERGREN, 1898)

Vork.: Mittelmeer, Ostatlantik, von England bis Gibraltar. In 5 - 700 m Tiefe.
GU: Keine.
Soz. Verh./Vgs.: Sie lebt einzeln in weichen Sand- und Schlammböden eingegraben.
Hält. B.: Wegen ihrer versteckten Lebensweise und leichten Verletzbarkeit ist sie kaum für die Haltung im Heimaquarium zu empfehlen.
Licht: Sonnen- bis Schwachlichtzone.
ZU/Verm.: Nicht bekannt. Laichzeit ist z.B. in der Adria von Februar bis April.
FU: O; verzehrt feine Sedimente und damit organischen Detritus, im Sandlückensystem verborgene Kleintiere, Bakterien, Algen usw.
Bes.: *Oestergrenia adriatica* unterscheidet sich von der sehr ähnlichen Art *Leptosynapta inhaerens* durch 11 - 12 Tentakel mit nur je 4 dünnen Abzweigungen (im Gegensatz zu *L. inhaerens* mit 10 - 13 Tentakeln und je 4 - 8 Paaren von Seitenzweigen). Der Körper kann tiefe Einschnürungen aufweisen und bei grober Behandlung oder ungünstigen Lebensbedingungen im Aquarium rückwärtige Teile abtrennen. Das Regenerationsvermögen ist so groß, daß rückwärtige Körperteile von vorderen (im Extremfall nur vom Kopf allein) rückgebildet werden können. Besondere Kennzeichen dieser Art sind außerdem rötliche bis braunviolette Punkte und kleine Flecken auf fleischfarbenem Grund und riesige ankerförmige Sklerite.

T: 15 - 20° C, **L**: 30 cm, **BL**: ab 60 cm, **WB**: m, **WR**: u, **BS**: 2 - 3, **SG**: 3

Opheodesoma spectabilis FISHER, 1907
Rotring-Wurmseegurke

Vork.: Wahrscheinlich im gesamten Indopazifik; nur von wenigen, weit voneinander entfernten Fundorten bekannt (Ostafrika, Guam, Neukaledonien, Hawaii). In 5 -15 m Tiefe.
GU: Keine.
Soz. Verh./Vgs.: Lebt einzeln, nachtaktiv auf seichten Sandböden; versteckt sich tagsüber unter abgestorbenen Korallenstöcken.
Hält. B.: Diese dünnwandige Wurmseegurke ist nur unter besonderen Vorkehrungen zu halten (siehe allgemeinen Teil), benötigt Tagesverstecke und eine ausreichend große Sandfläche. Sie ist für das Heimaquarium zu groß.
Licht: Sonnenlichtzone, aber tagsüber beschattet.
ZU/Verm.: Nicht bekannt.
FU: O; tupft mit den langen, gefiederten Tentakeln organische Partikel und Kleinstlebewesen vom Sandboden ab.
Bes.: Der Körper dieser Wurmseegurke ist von rundlichen Fortsätzen übersät, die in 5 Längsreihen stehen. Die 10 - 15 langen Tentakel sind mit 25 - 35 seitlichen Lappen versehen, die durch eine feine Haut (Membran) verbunden sind. An der Basis der Tentakel liegen primitive Lichtsinnesorgane, also einfache Augen. Die Färbung ist gelblich mit oft undeutlichen rötlichen oder bräunlichen Ringen.

T: 24 - 28° C, L: 80 cm, BL: ab 150 cm, WB: m, WR: u, BS: 3, SG: 3

Opheodesoma sp., Malediven

Opheodesoma sp.
Alabaster - Wurmseegurke

Vork.: Indopazifik; nur von wenigen Fundorten bekannt (Malediven). In 5 - 20 m Tiefe.
GU: Keine.
Soz. Verh./Vgs.: Lebt einzeln, nachtaktiv auf felsigen Böden abgestorbener Riffteile; versteckt sich tagsüber unter abgestorbenen Korallenstöcken, in Löchern und Spalten.
Hält. B.: Diese dünnwandige Wurmseegurke ist nur unter besonderen Vorkehrungen zu halten (siehe allgemeinen Teil), benötigt Tagesverstecke und flache Steine (eventuell lebende Steine), die genügend Nährstoffe enthalten. Sie kann wegen ihrer geringen Größe in Heimaquarien gepflegt werden.
Licht: Sonnenlichtzone, aber tagsüber beschattet.
ZU/Verm.: Nicht bekannt.
FU: O; tupft mit den langen, gefiederten Tentakeln organische Partikel, auch Speisereste und Abfallprodukte der Mitbewohner, sowie Kleinstlebewesen vom Untergrund ab.
Bes.: Die Alabaster - Wurmseegurke ist gekennzeichnet durch rundliche Körperfortsätze, die in 5 Längsreihen stehen, zum Unterschied von den ähnlichen Synaptula-Arten, die keine dieser Höcker aufweisen.

T: 24 - 28° C, L: 20 cm, BL: ab 70 cm, WB: m, WR: u, BS: 3, SG: 3

Polyplectana kefersteini (SELENKA, 1867)
Braune Wurmseegurke

Vork.: Indopazifik, vom Roten Meer bis Hawaii; östliches Mittelmeer? (Die im östlichen Mittelmeer, besonders an der türkischen Südküste vorkommende Art sieht dieser äußerst ähnlich, es wurden aber noch keine Untersuchungen gemacht, ob es wirklich dieselbe Art ist. Sie müßte durch den Suez-Kanal aus dem Roten Meer eingewandert sein). In 1 - 30 m Tiefe.
GU: Keine.
Soz. Verh./Vgs.: Lebt auf sandigen, felsigen und schotterigen Böden mit und ohne Algenbewuchs.
Hält. B.: Nur für sehr große Aquarien geeignet; braucht häufig einen Unterschlupf, den sie nur nachts verläßt, um bevorzugt auf flachen Gründen der Nahrungssuche nachzugehen. Die Mittelmeerform ist tag- und nachtaktiv.
Licht: Sonnenlichtzone.
ZU/Verm.: Wie andere Arten.
FU: O; tupft mit den gefiederten Tentakeln den Grund und Pflanzenbestände nach organischen Stoffen ab.
Bes.: Die Braune Wurmseegurke ist an der einheitlichen Färbung und den 15 - 27 stark gefiederten Tentakeln, die 40-45 Paare von nicht miteinander verbundenen Fiedern besitzen, erkennbar. Die Tiere sind rot- oder schokoladenbraun mit 5 schwärzlichen Längsbändern. Die Unterseite ist heller. Die auf den Malediven vorkommende Art besitzt weiße Tentakel; es könnte eine eigene Art oder Unterart sein.

T: 20 - 28° C, **L**: 120 cm, **BL**: ab 150 cm, **WB**: m, **WR**: u - o, **BS**: 2 - 3, **SG**: 3

Polyplectana kefersteini, Malediven

Synapta maculata, Rotes Meer

Synapta maculata (CHAMISSO & EYSENHARDT, 1821)
Gefleckte Wurmseegruke

Vork.: Indopazifik; vom Roten Meer bis zu den Südpazifischen Inseln, nach Japan (N). In 2 - 25 m Tiefe.
GU: Keine.
Soz. Verh./Vgs.: Lebt einzeln, manchmal in großer Zahl auf Weichböden oder Muschelbruch und in Algenbeständen; sucht manchmal Unterschlupf unter Felsen oder Korallenblöcken und streckt nur sein Vorderteil zur Nahrungssuche hervor.
Hält. B.: Nur für sehr große Aquarien geeignet; benötigt ausgedehnte flache Böden, um genügend Nahrung zu bekommen.
Licht: Sonnenlichtzone.
ZU/Verm.: Wie andere Arten.
FU: O; sammelt organische Bestandteile und Beläge von Einzellern von Boden und Pflanzen ab.
Bes.: Die Tiere bleiben, wenn man sie berührt, an den Fingern "kleben"; dies ist nicht auf einen besonderen Klebstoff zurückzuführen, sondern auf ankerartige Kalkspikel, die wie Kletten haften bleiben. Die Tiere sind sehr dehnbar und erreichen 2,5 m Länge in ausgestrecktem Zustand. Die Art ähnelt stark *Euapta godeffroyi*, unterscheidet sich aber durch 5 einfache Längsbänder, die hellbraun oder gelblich sind. Die Grundfärbung ist creme bis weißlich mit schmalen dunklen Querbinden.

T: 24 - 28° C, **L**: - 250 cm, **BL**: ab 300 cm, **WB**: m, **WR**: u, **BS**: 2 - 3, **SG**: 3

Ordnung: Apoda
Fam.: Synaptidae

Synaptula sp., Thailand

Synaptula sp.
Zwerg - Seegurken

Vork.: Indopazifik; ihr Hauptverbreitungsgebiet ist die Ostindische Inselwelt. In 1 - 50 m Tiefe.
GU: Keine.
Soz. Verh./Vgs.: Zwerg - Seegurken leben meist nur auf einem bestimmten Schwamm, dort aber in großer Anzahl.
Hält. B.: Man benötigt den bevorzugten Schwamm, um Zwerg - Seegurken halten zu können; da aber dieser kaum ernährt werden kann, ist auch die Pflege von *Synaptula*-Arten kaum oder gar nicht möglich.
Licht: Sonnenlichtzone.
ZU/Verm.: Nicht bekannt.
FU: O; fressen feinste Partikel von der Schwammoberfläche ab; manche auch Ausscheidungsstoffe des Schwammes.
Bes.: Die Zwerg-Seegurken können meist nicht einmal bestimmt werden, wenn man ein Exemplar davon besitzt; sie unterscheiden sich fast gar nicht, auch nicht in den kleinen Kalkspikeln in der Haut. Man muß praktisch auch den Schwamm haben, auf dem sie gefunden wurde; wenn man diesen bestimmt hat, kann man auch herausfinden, um welche Seegurke es sich handelt. Unter Wasser, im Aquarium oder nach Fotos sind die Tiere daher nicht zu bestimmen. Wir zeigen daher nur einige Formen, um ihr Aussehen vorzustellen.

T: 24 - 28 ° C, **L**: 2 - 7 cm, **BL**: ab 30 cm, **WB**: m, **WR**: u - o, **BS**: 3, **SG**: 4

Synaptula sp., Malediven

Manteltiere sind, zumindest in ihrer Entwicklungsphase freischwimmende Chordatiere, das heißt, sie besitzen eine Art Rückgrat, eine Rückenseite, die sie als nahe Verwandte der Wirbeltiere ausweist. Beim Anblick der meist tonnenförmigen, primitiv anmutenden Tiere würde man nie auf den Gedanken kommen, sie als Wirbeltiervorläufer einzustufen; und doch ist es so. Ihre im Wasser frei schwimmenden Larven sehen wie kleine Kaulquappen aus; ihr hinterer Körperabschnitt enthält eine *Chorda dorsalis* mit darüberliegendem Nervenrohr (wie bei den Wirbeltieren), dessen Rückenmark sich bis in den Vorderkörper erstreckt und dort eine Gehirnblase, teilweise mit Augenfleck und Schweresinnesorgan (Statocyste) bildet. Während die Appendicularien zeitlebens ihren Ruderschwanz behalten, wandelt sich der Körper der Seescheiden in eine sack- oder tonnenförmige Gestalt um und das die Wirbeltierverwandtschaft anzeigende Hinterteil wird rückgebildet. Die Salpen, die nicht einmal während ihrer Larvenzeit einen Schwanz aufweisen (ausgenommen die Tonnensalpen), bleiben auch in dieser primitiv wirkenden Form Bewohner des freien Wassers. Die Seescheiden hingegen heften sich schon nach wenigen Stunden ihres Larvendaseins mit ihrem Vorderende am Boden fest. Ihr Schwanz wird rückgebildet, Chorda, Gehirn und Sinnesorgane verschwinden; aus dem larvalen Nervengewebe entsteht ein neues Ganglion. Die Mundöffnung verlagert sich auf die gegenüberliegende Seite, Ausströmöffnung und innere Organe verschieben sich. Anschließend an den Mund bildet sich ein riesiger, faßförmiger Kiemendarm mit gitterartigen Löchern, welcher den meist von Flimmerhärchen erzeugten Wasserstrom nach Nahrung ausfiltert und zugleich der Atmung dient. Das verbrauchte Wasser sammelt sich in 2 Hohlräumen, die den Kiemendarm seitlich umgeben und gelangt zu einem einheitlichen Hohlraum, der Kloake, in die auch die Ausscheidungs- und Geschlechtsorgane münden, und gelangt schließlich durch die meist seitlich gelegene Ausströmöffnung ins freie Wasser. Ein- und Ausströmöffnung sind meist durch äußere haarartige Strukturen oder tief in den Öffnungen sitzende, quer in den Hohlraum ragende Tentakel, die das Eindringen größerer Lebewesen verhindern, geschützt.
Die gefilterte Nahrung wird von beiden Seiten zu einer am Rücken liegenden Rinne geflimmert, eingeschleimt und in Form eines wurstförmigen Stranges in den Darm weiterbefördert.

Clavelina caerulea, Philippinen

Die Blutgefäße liegen hauptsächlich im Innern des Kiemenkorbes in bestimmten Mustern angeordnet und dienen als wertvolles Hilfsmittel bei der Bestimmung der einzelnen Arten. Äußerst interessant ist, daß der Blutstrom wechselt: Das Herz treibt das Blut zuerst eine Zeitlang (z.B: für einige Stunden) in die eine Richtung, hält dann an und pumpt es hierauf in die Gegenrichtung. So wechseln Arterien und Venen einander ständig ab.
Die Körperumhüllung der Manteltiere ist eine Besonderheit im Tierreich: Sie besteht größtenteils aus sogenanntem Tunicin, das man als tierische Zellulose bezeichnen kann. Je nach Art ist dieser Mantel dünn, dick, ledrig, knorpelig, gallertig oder anders ausgebildet. Eingelagerte Farbstoffe machen viele zu attraktiven Meeresbewohnern. Der Mantel schützt die Tiere und wirkt zugleich aufgrund seiner Elastizität als Gegenspieler zur Rückziehmuskulatur, indem er für die Wiederausdehnung nach einer durch Störung verursachten Zusammenziehung sorgt.
Die Fortpflanzung geschieht auf geschlechtliche und ungeschlechtliche Weise und dies hat auch Auswirkungen auf die Erscheinungsformen der Tiere. Seescheiden sind Zwitter, männliche und weibliche Keimdrüsen liegen nahe beisammen und münden in die Kloake. Meist werden die Eier ins freie Wasser entlassen und dort von Samen anderer Tiere befruchtet: Selbstbefruchtung wird durch unterschiedliche Reifetermine und eventuell Selbststerilität verhindert.
Die Eiabgabe wird durch den Samen beigemengte Botenstoffe angeregt. Es gibt auch Arten, bei denen die mit dem Nahrungsstrom eindringenden Samen die Eier im Muttertier befruchten, sich die Larven im eigenen oder gemeinsamen Kloakenraum entwikkeln und die Jungtiere (geschwänzte, kaulquappenartige Larven) lebend geboren werden. Große Seescheiden leben einzeln und pflanzen sich meist nur geschlechtlich fort.
Daneben gibt es arttypische ungeschlechtliche Vermehrungsarten, die auch zur Ausbildung von Kolonien führen. Manche Arten bilden schlauchförmige Ausläufer ihrer Basis (Stolonen), die miteinander lose zusammenhängende Verbände bilden können und soziale Seescheiden genannt werden. Dicht geschlossene oft miteinander verwachsene Kolonien werden Synascidien genannt. Manchmal zeigt sich ein regelrechter Wechsel zwischen geschlechtlicher und

ungeschlechtlicher Vermehrung, wobei nur die Tochtertiere geschlechtsreif werden.
Einen ähnlichen Geschlechtswechsel gibt es auch bei den Salpen.
Die Lebensdauer der einzeln lebenden Seescheiden beträgt meist nur ein Jahr; Koloniebildner können mehrere Jahre alt werden. Sie kommen in allen Meeren von der Oberfläche bis in große Tiefen vor (bis über 5000 m nachgewiesen). Es gibt weltweit ca. 2000 Arten. Seescheiden bilden weitaus die formenreichste Gruppe der Manteltiere. Eine genaue Bestimmung der Seescheiden, abgesehen von einigen großen, durchscheinenden, solitär lebenden Arten, ist meist nur durch eine Sezierung der Tiere möglich. Die Namensangaben in diesem Beitrag, insbesondere der kleinen, kolonialen Formen, sind daher trotz größter Bemühungen der Bearbeiter nur mit Vorbehalt als richtig zu betrachten.
Die Appendicularien umfassen nur wenige Arten. Die ebenso wie sie zeitlebens frei schwimmenden Salpen halten sich vor allem in Oberflächennähe auf. Sie umfassen drei Ordnungen: Feuerwalzen (Pyrosomatida) mit ca. 10 Arten, Tonnensalpen (Doliolida) mit ca. 11 Arten und die eigentlichen Salpen (Salpida) mit knapp 20 Arten. Letztere sind am ehesten im Mittelmeer und in tropischen Meeren zu beobachten. Man erkennt sie an 4 - 9 quer verlaufenden und durch den wasserhellen Körper scheinende Muskelbändern, die am Bauch offen sind. Mund und Ausströmöffnung liegen einander gegenüber, aber etwas zur Rückenseite hin verschoben.
Der Kiemenkorb besitzt nur zwei lange, schräg gestellte Kiemenspalten. Der Wasserstrom wird meist durch pumpende Körperbewegungen, die das Tier auch vorwärtstreiben, bewirkt.
Die Salpen machen einen typischen Geschlechtswechsel durch: Aus befruchteten Eiern hervorgegangene Tiere, Ammen genannt, erzeugen durch Knospung zahlreiche Geschlechtstiere, die meist in 2 spiegelgleichen Reihen liegen und mit der Amme in Verbindung bleiben und die sogenannten Salpenketten bilden. Diese Tiere erzeugen Eier und Samen und sorgen so auf geschlechtliche Weise für Nachwuchs. Meist wird nur ein Ei gebildet, das im Körperinneren befruchtet wird und sich, vom Muttertier versorgt, dort soweit entwickelt, bis eine junge Salpe entstanden ist, die praktisch lebend geboren und ins freie Wasser entlassen wird. Diesen Geschlechtswechsel hat übrigens der berühmte Dichter Adalbert

von Chamisso anläßlich einer Weltumsegelung als erster nachgewiesen; vorher glaubte man, Ammen und Ketten seien verschiedene Arten von Tieren.
Für die Haltung im Aquarium sind nur jene Arten von Manteltieren geeignet, die sich auf festem Grund anheften, also die Seescheiden. Frei schwimmende Arten, wie die Appendicularien und die Salpen, sind nicht geeignet. Die Tierbeschreibungen in diesem Buch beschränken sich daher hauptsächlich auf die Seescheiden. Viele von ihnen sind gut haltbar, wenn man davon absieht, daß manche Arten nur ca. 1 Jahr alt werden. Manche sind temperaturempfindlich, andere überhaupt nicht, einige brauchen sehr sauberes Wasser, andere sind nahezu unempfindlich gegenüber Wasserverunreinigungen und kommen sogar in Häfen vor.
Es gibt also keine allgemeinen Richtlinien über ihre Bedürfnisse und Ansprüche an die Wasserqualität, aber alle fressen Plankton: meist mikroskopisch kleines Plankton, das sie einstrudeln. Sie halten sich daher besonders gut in ungefiltertem, planktonreichem Wasser alteingefahrener Becken. An Futter biete man ihnen Larven (Nauplien) von Salinenkrebsen, "Muschelmilch", Algenkulturen, Absud aus Hefe und feinstem Trockenfutter, zerriebene Mehl- oder Regenwürmer und anderen Planktonersatz an.
Seescheiden sind meist empfindlich und reagieren auf Reizungen mit Zusammenziehen. Man sollte sie daher nicht mit robusten Fischen und solchen, die an allem herumzupfen, zusammen halten. Es eignen sich daher nur wenige Fische, wie Korallenbarsche, Kardinalbarsche, Zwergbarsche u.a. zur Vergesellschaftung. Auch Seesterne, Seeigel, Krabben, Einsiedlerkrebse, Raubschnecken u.a. Niedere Tiere sind nicht zur Vergesellschaftung geeignet; wohl aber diverse Korallen (Stein-, Weich-, Hornkorallen), Krustenanemonen, Seefedern, Schwämme, Röhrenwürmer, Muscheln, kleine algenfressende Schnecken u.v.a.
Von der Haltung großer, kurzlebiger Arten im Aquarium sollte man Abstand nehmen; kleine, mehrjährige soziale Arten eignen sich besser. Unter guten Bedingungen pflanzen sich manchmal auch große Tiere immer wieder fort, so daß man den Wechsel zwischen sexueller und vegetativer Vermehrung gut beobachten kann.

Klasse: ASCIDIACEA		Seescheiden
Ordnung: APLOUSOBRANCHIA		Mehrteilige Seescheiden
Familie: Didemnidae		
Gattungen:	*Didemnum*	
	Trididemnum	
Familie: Polycitoridae		
Gattungen:	*Clavelina*	
	Diazona	
	Eudistoma	
	Nephtheis	
	Polycitor	
	Pycnoclavella	
Familie: Polyclinidae		
Gattung:	*Aplidium*	
Ordnung: PHLEBOBRANCHIA		Glattkiemen-Seescheiden
Familie: Ascidiidae		
Gattungen:	*Ascidia*	
	Ascidiella	
	Phallusia	
Familie: Cionidae		
Gattung:	*Ciona*	
Familie: Perophoridae		
Gattung:	*Perophora*	
Ordnung: STOLIDOBRANCHIA		Faltkiemen-Seescheiden
Familie: Pyuridae		
Gattungen:	*Halocynthia*	
	Herdmania	
	Microcosmus	
	Pyura	
Familie: Styelidae		
Gattungen:	*Botrylloides*	
	Botryllus	
	Eusynstyela	
	Polycarpa	
	Stolonica	
	Styela	

Systematik

Klasse: THALIACEA	
Ordnung: PYROSOMIDA	Feuerwalzen
Familie: Pyrosomidae	
Gattung: *Pyrosoma*	
Ordnung: SALPIDA	Eigentliche Salpen
Familie: Salpidae	
Gattungen: *Pegea*	
Salpa	

Koloniale Seescheide auf einem Schwamm, Karibik

Didemnum molle, Thailand

Ordnung: Aplousobranchia

Über die Ordnung Aplousobranchia

Diese Ordnung besteht nur aus kolonialen Seescheiden, deren Körper in 2 oder sogar 3 Teile geteilt ist:

1. Thorax (Brustteil mit Kiemenkorb),
2. Abdomen (Hinterteil mit Darmschleife, Herz und Fortpflanzungsorganen).

Bei dreiteiligen Arten sind Herz und Fortpflanzungsorgane in den schwanzartigen Körperanhang (Postabdomen) gerutscht und der 2. Teil enthält nur den Magen-Darmtrakt. Die meisten Arten sind "lebendgebärend", das heißt, sie entwickeln sich innerhalb des Mantels des Muttertieres oder im gemeinsamen Kloakenraum kolonialer Formen, bis geschwänzte Schwimmlarven geboren werden.

Clavelina dellavallei

Didemnum molle HERDMAN, 1886

Grüne Riff-Seescheide

Vork.: Tropischer Indowestpazifik; in 1 - 20 m Tiefe.
GU: Keine.
Soz. Verh./Vgs.: Lebt meist in dichten Gruppen von Kolonien, die jeweils eine typische Tonnenform aufweisen.
Hält. B.: Mit einem Stück Unterlage eingebracht, entfalten sich die sehr weichhäutigen Tiere im Aquarium bald wieder zur vollen Größe. Sie können sich teilen und zunächst durch Mantelfortsätze verbundene Tochterkolonien abschnüren, die sich dann einen selbständigen "Sitzplatz" suchen.
Licht: Sonnenlichtzone.
ZU/Verm.: Diese eigenartige Seescheide zeigt drei verschiedene Arten der Fortpflanzung: Aus Larven entstehen zunächst tonnenförmige Kolonien, die wiederum Tochterkolonien hervorbringen können. Diese werden geschlechtsreif und bilden Eier und Spermien aus, aus welchen nach innerer Befruchtung und Entwicklung im gemeinsamen Kloakenraum Larven hervorgehen, die neue Standplätze erobern.
FU: Plankton: Infusorien, frisch geschlüpfte *Artemia* (Nauplien), Flagellaten, Planktonersatz wie zerriebene Mehl- und Regenwürmer, Trockenfutter, "Muschelmilch".
Bes.: Diese Seescheide ist wohl die häufigste im indopazifischen Raum, die jeden verfügbaren neuen Siedlungsraum erobert und schon beim Schnorcheln im Seichtwasser zu sehen ist. Sie beinhaltet in ihrem Gewebe blaugrüne Algen als Symbionten und baut winzige, sternförmige Kalkspikel zur Verfestigung in den Mantel ein.

T: 24 - 28° C, L: 4 cm, BL: ab 30 cm, WB: m - s, WR: u - o, BS: 2, SG: 3.

Didemnum moseleyi HERDMAN, 1886
Moseley's Seescheide

Vork.: Tropischer Indowestpazifik; in 10 - 25 m Tiefe.
GU: Keine.
Soz. Verh./Vgs.: Bildet flächige Kolonien, die Fels, Korallengestein oder Schutt überwuchern.
Hält. B.: Soll das Tier zumindest ein Jahr lang in einem europäischen Aquarium überdauern, so ist es möglichst ganz mit Unterlage zu bergen und zu transportieren. Ob sich dieser Aufwand rechtfertigt, bleibt dahingestellt.
Licht: Sonnenlichtzone.
ZU/Verm.: Diese Seescheide bildet auf vegetative Weise große, schwammähnliche Kolonien. Diese bringen Ei- und Samenzellen hervor, aus welchen nach innerer Befruchtung und Entwicklung im gemeinsamen Kloakenraum kurzlebige freischwimmende Larven entstehen, welche für eine weitere Verbreitung sorgen.
FU: Plankton: Infusorien, frisch geschlüpfte *Artemia* (Nauplien), Flagellaten, Planktonersatz wie zerriebene Mehl- und Regenwürmer, Trockenfutter, "Muschelmilch" u.v.a.
Bes.: Diese Seescheide erkennt man hauptsächlich daran, daß sie bei näherem Hinsehen aus einem dichten Netz feiner Poren besteht, welche die Einzeltiere markieren, und an großen, erhabenen Kratern von gemeinsamen Ausfuhröffnungen. Die Färbung kann äußerst unterschiedlich sein, aber immer heben sich die Krateröffnungen farblich ab. So gibt es gelbe, orangefarbene oder rote bis purpurne Kolonien mit weißen Rändern, aber auch orangefarbene Tiere mit dunklen Rändern.

T: 24 - 28° C, **L**: 25 cm, **BL**: ab 50 cm, **WB**: m - s, **WR**: u - o, **BS**: 2, **SG**: 3.

Trididemnum solidum (VAN NAME, 1902)
Matten - Seescheide

Vork.: Karibisches Meer, Bahamas, Florida, Bonaire, Bequia; in 10 - 65 m Tiefe.
GU: Keine.
Hält. B.: Nicht bekannt.
FU: K; Plankton.
Bes.: Tausende kleine Einzeltiere leben eingebettet in einem derben und lederartigen Mantel. Die feinen Einströmöffnungen bedecken die gesamte Kolonieoberfläche. Matten - Seescheiden sind aggressive Siedler, die Korallen, Schwämme, Muscheln und viele andere festsitzende Tiere überwachsen und abtöten. Wie krustige Matten überziehen sie dann ihre Siedlungsunterlage und breiten sich an manchen Riffen über viele Quadratmeter aus. Die Farbe der Kolonien ist variabel. Sie kann grau, blau - grün oder grün - weiß sein.

T: 24 - 29° C, Ø: 65 cm, WB: m, WR: u - o, BS: 4, SG: 4

Ordnung: Aplousobranchia
Fam.: Polycitoridae

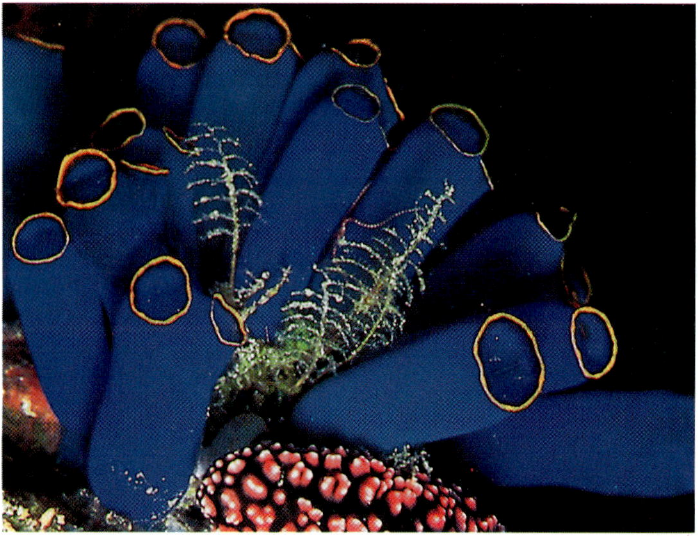

Clavelina caerulea OKA, 1934
Blaue Seescheide

Vork.: Tropischer Westpazifik; in 5 - 40 m Tiefe. **GU**: Keine.
Soz. Verh./Vgs.: Bildet Gruppen oder größere Kolonien an der Basis miteinander verbundener Einzeltiere auf Hartböden und Aufwuchs; kommt auf beschatteten Felsen schon in seichtem Wasser vor, an tiefer gelegenen auch frei.
Hält. B.: Die Blaue Seescheide ist mit ihrer Unterlage zu bergen und so im Aquarium zu fixieren, daß sie keine direkte Bestrahlung erfährt und trotzdem in mittel beströmtem Wasser liegt. Nur wenn sich die Tiere im Aquarium fortpflanzen, hat es einen Sinn, diese kurzlebige Seescheide zu halten.
Licht: Sonnenlichtzone, aber beschattet.
ZU/Verm.: Die Blaue Seescheide bildet auf vegetative Weise durch basale Ausläufer (Stolonen) meist kleinere Gruppen, manchmal auch dichte Kolonien von miteinander verbundenen Einzeltieren, die sich sexuell fortpflanzen und fertige Larven zur Welt bringen.
FU: Plankton: Infusorien, frisch geschlüpfte *Artemia* (Nauplien), Flagellaten, Planktonersatz wie zerriebene Mehl- und Regenwürmer, Trockenfutter, "Muschelmilch".
Bes.: Diese Seescheide erkennt man an der leuchtend blauen Färbung und den goldgelb eingefaßten Ein- und Ausströmöffnungen. Sie wird zwar in der populären Literatur unter dem wissenschaftlichen Namen *Clavelina caerulea* geführt, aber es ist nicht einmal sicher, ob es sich überhaupt um eine *Clavelina*-Art handelt. Um die genaue Idendität festzustellen, müßten einige Tiere seziert werden.

T: 24 - 28° C, **L**: 4 cm, **BL**: ab 40 cm, **WB**: m, **WR**: u - o, **BS**: 2, **SG**: 3

Clavelina cyclus HERDMAN, 1886
Blasse Keulen - Seescheide

Vork.: Tropischer Indowestpazifik; in 5 - 40 m Tiefe. **GU**: Keine.
Soz. Verh./Vgs.: Bildet Kolonien an der Basis miteinander verbundener Einzeltiere auf Hartböden und Aufwuchs; kommt an beschatteten Stellen schon in seichtem Wasser vor, an tiefer gelegenen auch an offenen Stellen.
Hält. B.: Die Bergung kleiner Gruppen samt Aufwuchs ist relativ einfach, Transport und Haltung etwas schwieriger, da die Tiere, falls es nicht gelingt, sie zu züchten, nach spätestens einem Jahr wieder abgestorben sind.
Licht: Sonnenlichtzone, aber beschattet.
ZU/Verm.: Die blasse Keulen - Seescheide bildet auf vegetative Weise durch basale Ausläufer (Stolonen) meist kleinere Gruppen, manchmal auch dichte Kolonien von miteinander verbundenen Einzeltieren. Diese bringen Ei- und Samenzellen hervor, aus welchen nach innerer Befruchtung und Entwicklung neue Muttertiere entstehen, die ihrerseits wieder Kolonien aufbauen.
FU: Plankton: Infusorien, frisch geschlüpfte *Artemia* (Nauplien), Flagellaten, Planktonersatz wie zerriebene Mehl- und Regenwürmer, Trockenfutter, "Muschelmilch" u.v.a.
Bes.: Diese Seescheide erkennt man an der blaßgelblichen bis beigen Färbung, der großen, nach außen kragenartig umgebogenen Einström- und der fast in rechtem Winkel dazu angeordneten runden Ausströmöffnung. Die Blasse Keulen - Seescheide wird zwar unter dem Namen *Clavelina cyclus* geführt, aber es ist nicht einmal sicher, ob es sich überhaupt um eine *Clavelina*- oder *Rhopalaea* - Art handelt.

T: 24 - 28° C, **L**: 2 cm, **BL**: ab 40 cm, **WB**: m, **WR**: u - o, **BS**: 2, **SG**: 3

Ordnung: Aplousobranchia
Fam.: Polycitoridae

Clavelina dellavallei ZIZPOLO, 1925
Büschel - Seescheide

Vork.: Mittelmeer; in 20 - 80 m Tiefe. **GU**: Keine.
Soz. Verh./Vgs.: Kann einzeln eingebracht werden, vermehrt sich meist selbst durch Ausläufer (Stolonen) zu Gruppen oder sogar dichten Klumpen.
Hält. B.: Ist ziemlich unempfindlich gegenüber Veränderungen der Wasserqualität; wird manchmal mit lebenden Steinen oder Muscheln eingeschleppt.
Licht: Mittellichtzone.
ZU/Verm.: Im Aquarium kann es, wie in freier Natur üblich, zu ungeschlechtlicher Vermehrung durch Ausläufer kommen. Diese Generation bringt Eier und Spermien hervor und es kommt zu einer inneren Befruchtung der Eier im Mutterleib. Wegen des durchsichtigen Körpers kann die Entwicklung der Larven bis zu deren Entlassung ins Wasser gut beobachtet werden. Diese heften sich nach einer kurzen freischwimmenden Phase an feste Unterlagen und entwickeln sich zu neuen Seescheiden. Häufig schwärmen die Larven im Frühsommer aus und plötzlich sieht man überall an der Dekoration im Aquarium winzige Seescheiden. Sogar massenhaftes Auftreten im Aquarium wurde beobachtet.
FU: Plankton: Infusorien, frisch geschlüpfte *Artemia* (Nauplien), Flagellaten, Planktonersatz wie zerriebene Mehl- und Regenwürmer, Trockenfutter, "Muschelmilch" u.v.a.
Bes.: Es gibt eine Reihe äußerst ähnlicher Arten, die vom Laien meist nur als *Clavelina lepadiformis* bezeichnet werden. Diese Art besitzt keine weißen Striche um Ein- und Ausströmöffnung und den Körper entlang.

T: 15 - 20° C, **L**: 5 cm, **BL**: ab 30 cm, **WB**: m, **WR**: u - o, **BS**: 2, **SG**: 2 - 3

Clavelina lepadiformis (MÜLLER, 1776)
Glaskeulen - Seescheide

Vork.: Ostatlantik, von der Nordsee bis zum Mittelmeer; in 1 - 80 m Tiefe.
GU: Keine.
Soz. Verh./Vgs.: Ist häufig an Hafenanlagen, Bojen und Felsen zu finden; kann einzeln eingebracht werden, vermehrt sich meist selbst durch Ausläufer (Stolonen).
Hält. B.: Ist ziemlich unempfindlich gegenüber Veränderungen der Wasserqualität; wird manchmal mit lebenden Steinen oder Muscheln eingeschleppt.
Licht: Sonnen- bis Mittellichtzone.
ZU/Verm.: Diese Art durchläuft wie viele andere koloniale Formen einen Generationswechsel von vegetativer Vermehrung durch Ausläufer zu einer geschlechtlichen Fortpflanzung durch Eier und Spermien. Da die Eier nicht ins freie Wasser abgegeben werden, sondern bis zum Schlüpfen der fertigen Larven im Mutterleib bleiben, kann man die Entwicklung innerhalb des durchsichtigen Tieres gut verfolgen. Häufig schwärmen die Larven im Frühsommer aus und plötzlich sieht man überall an der Dekoration im Aquarium winzige Seescheiden.
FU: Plankton: Infusorien, frisch geschlüpfte *Artemia* (Nauplien), Flagellaten, Planktonersatz wie zerriebene Mehl- und Regenwürmer, Absud von feinstem Trockenfutter und Hefe (in größeren zeitlichen Abständen), "Muschelmilch" u.v.a.
Bes.: Es gibt eine Reihe ähnlicher Arten; diese erkennt man daran, daß sie nur mit dem "Fußende" mit den Nachbartieren verbunden ist und oben einen schmalen weißen Ring und einen breiten weißen Strich den "Rücken" entlang besitzt.

T: 15 - 20° C, **L:** 3 cm, **BL:** ab 30 cm, **WB:** m, **WR:** u - o, **BS:** 2, **SG:** 2 - 3

Ordnung: Aplousobranchia
Fam.: Polycitoridae

Clavelina nana LAHILLE, 1890
Kleine Büschel - Seescheide

Vork.: Mittelmeer; in 10 - 40 m Tiefe.
GU: Keine.
Soz. Verh./Vgs.: Bildet besonders an beschatteten Felswänden und in Höhlen durch Ausläufer große Kolonien von zusammenhängenden Einzeltieren.
Hält. B.: Unbekannt; dürften ähnlich den anderen Clavelina-Arten sein.
Licht: Mittellichtzone.
ZU/Verm.: Diese Art durchläuft - wie viele andere koloniale Formen - einen Generationswechsel von vegetativer Vermehrung durch Ausläufer zu einer geschlechtlichen Fortpflanzung durch Eier und Spermien, wobei nach innerer Entwicklung fertige Larven freigesetzt werden.
FU: Plankton: Infusorien, frisch geschlüpfte *Artemia* (Nauplien), Flagellaten, Planktonersatz, wie zerriebene Mehl- und Regenwürmer, Trockenfutter, "Muschelmilch" u.v.a.
Bes.: Diese winzige Seescheide dürfte *Clavelina nana* sein; es kann sich aber auch um die Jungform einer anderen Art handeln. Nach dem Foto ist eine genaue Zuordnung leider nicht möglich.

T: 15 - 20° C, **L**: 1 cm, **BL**: ab 30 cm, **WB**: m, **WR**: u, **BS**: 2, **SG**: 3

Clavelina sp.
Blaurand - Keulenseescheide

Vork.: Indopazifik; (Foto von Malaysia). In 10 bis 30 m Tiefe.
GU: Keine.
Soz. Verh./Vgs.: Lebt einzeln oder in kleinen Gruppen nur mit dem Hinterende festgewachsen auf diversen Hartböden von Korallenriffen.
Hält. B.: Nicht bekannt.
Licht: Sonnenlichtzone.
ZU/Verm.: Nicht bekannt.
FU: O; seiht Plankton aller Art aus dem Wasser.
Bes.: Man erkennt diese Keulenseescheide besonders am blauen Rand der Einströmöffnung. Die Zugehörigkeit ist nicht gesichert, es könnte auch eine *Rhopalaea*-Art sein.

T: 22 - 28° C, L: 5 cm, BL: ab 30 cm, WB: m - s, WR: u - o, BS: 3, SG: 3

Diazona violacea, Mittelmeer

Diazona violacea (SAVIGNY, 1816)
Fußball - Seescheide

Vork.: Ostatlantik, von der Nordsee bis zum Mittelmeer; in 20 - 50 m Tiefe.
GU: Keine.
Soz. Verh./Vgs.: Die Fußball - Seescheide bildet rundliche Kolonien, die aus Glaskeulen - Seescheiden ähnlichen Einzeltieren bestehen. Sie ist auch in Gruppen auf Felswänden in mittlerer Tiefe zu finden.
Hält. B.: Sie ist besonders in gekühlten Aquarien sehr gut haltbar (bis zu 4 Jahre) und am besten mit ihrer Unterlage einzubringen.
Licht: Mittellichtzone.
ZU/Verm.: Diese koloniale Art durchläuft einen Generationswechsel von vegetativer Vermehrung durch Ausläufer und geschlechtlicher Fortpflanzung durch Eier und Spermien, wobei nach innerer Entwicklung fertige Larven freigesetzt werden.
FU: Plankton: Infusorien, frisch geschlüpfte *Artemia* (Nauplien), Flagellaten, Planktonersatz wie zerriebene Mehl- und Regenwürmer, Absud von feinstem Trockenfutter und Hefe (in größeren zeitlichen Abständen), "Muschelmilch" u.v.a.
Bes.: Die Fußball - Seescheide sieht einigen *Clavelina* - Arten äußerst ähnlich und wird auch ständig mit diesen verwechselt. *Clavelina lepadiformis* besitzt wie diese einen weißen Ring knapp unterhalb der Einströmöffnung und einen weißen Strich die "Rückenmitte" entlang, doch die Einzeltiere dieser Art sind nicht nur an ihrer Basis, sondern über den größten Teil ihrer Länge miteinander verwachsen, was zu ihrem kompakten Erscheinungsbild führt.

T: 15 - 18° C, **L:** 10 cm, **BL:** ab 50 cm, **WB:** s, **WR:** u - o, **BS:** 2, **SG:** 3

Eudistoma obscuratus (VAN NAME, 1902)
Schwarze Kappen-Seescheide

Vork.: Karibisches Meer, Bahamas, Florida, Bonaire, Bequia; in 5 - 35 m Tiefe.
GU: Keine.
Hält. B.: Nicht bekannt.
FU: K; Plankton.
Bes.: Viele kleine Einzeltiere sind in einem dunkelgrauen bis schwarzen Mantel eingebettet. Man erkennt sie an den beiden dicht beieinander stehenden Siphonen, die gelegentlich hell umrandet sind. Schwarze Seescheidenkolonien siedeln auf Steinen, toten Korallen und anderen festen Unterlagen an gut durchströmten Riffabschnitten.

T: 24 - 29° C, L: 15 cm, WB: m, WR: u - o, BS: 4, SG: 4

Eudistoma sp.
Australische Kappen - Seescheide

Vork.: Pazifik; Ostaustralien; in 10 - 40 m Tiefe.
GU: Keine.
Soz. Verh./Vgs.: Die Australische Kappen - Seescheide besiedelt als einzeln stehende Kolonie harte Böden, wie abgestorbene Korallen, Felsen, Muschelschalen usw.
Hält. B.: Sie ist, mit ihrer Unterlage eingebracht, relativ gut haltbar.
Licht: Sonnen- bis Mittellichtzone.
ZU/Verm.: Diese koloniale Art durchläuft einen Generationswechsel von vegetativer Vermehrung durch Aufbau pilzartiger hoher, dichter Kolonien und geschlechtlicher Fortpflanzung durch Eier und Spermien mit Entwicklung der Larven im Muttertier.
FU: Plankton: Infusorien, frisch geschlüpfte *Artemia* (Nauplien), Flagellaten, Planktonersatz wie zerriebene Mehl- und Regenwürmer, Absud von feinstem Trockenfutter und Hefe (in größeren zeitlichen Abständen), "Muschelmilch" u.v.a.
Bes.: Die Kappen-Seescheide erkennt man an der pilzartigen Erscheinung mit einem kurzen Stiel und der sehr hochgezogenen Kappe, auf deren Oberfläche die Einzeltiere unregelmäßig aber dicht stehen.

T: 20 - 26° C, **L**: 6 cm, **BL**: ab 50 cm, **WB**: m, **WR**: u, **BS**: 2, **SG**: 3

Eudistoma sp., Karibik

Ordnung: Aplousobranchia
Fam.: Polycitoridae

Eudistoma sp.
Karibische Kappen - Seescheide

Vork.: Tropischer Westatlantik, Karibik; in 15 - 40 m Tiefe.
GU: Keine.
Soz. Verh./Vgs.: Die Karibische Kappen-Seescheide besiedelt wie die australische Art als einzeln stehende Kolonie harte Böden, wie abgestorbene Korallen, Felsen, Muschelschalen usw.
Hält. B.: Sie ist, mit ihrer Unterlage eingebracht, relativ gut haltbar.
Licht: Sonnen- bis Mittellichtzone.
ZU/Verm.: Diese koloniale Art durchläuft einen Generationswechsel von vegetativer Vermehrung durch Aufbau pilzartiger hoher, dichter Kolonien und geschlechtlicher Fortpflanzung durch Eier und Spermien mit Entwicklung der Larven im Muttertier.
FU: Plankton: Infusorien, frisch geschlüpfte Artemia (Nauplien), Flagellaten, Planktonersatz wie zerriebene Mehl- und Regenwürmer, Absud von feinstem Trockenfutter und Hefe (in größeren zeitlichen Abständen), "Muschelmilch" u.v.a.
Bes.: Diese Kappen - Seescheide erkennt man an der pilzartigen Erscheinung mit einem kurzen Stiel, der jungen Kolonien noch fehlt, und der sehr hochgezogenen Kappe, auf deren Oberfläche die Einzeltiere dicht stehen.

T: 15 - 18° C, **L**: 7 cm, **BL**: ab 50 cm, **WB**: m, **WR**: u, **BS**: 2, **SG**: 3

Nephtheis fascicularis (?) (DRASCHE, 1884)
Köpfchen-Seescheide

Vork.: Indopazifik (Foto von den Malediven). In 5 bis 30 m Tiefe. **GU:** Keine.
Soz. Verh./Vgs.: Lebt in großen Kolonien, die mehr als einen Quadratmeter bedecken können, an Korallenriffen.
Hält. B.: Nicht bekannt. **Licht:** Sonnenlichtzone.
ZU/Verm.: Nicht bekannt.
FU: O; seiht Plankton aller Art aus dem Wasser.
Bes.: Man erkennt diese Art an den kugelförmigen gestielten Kolonien, deren Einzeltiere getrennte runde Ein- und Ausströmöffnungen besitzen.

T: 22 - 28° C, **L:** 100 cm, **BL:** ab 60 cm, **WB:** m - s, **WR:** u - o, **BS:** 3, **SG:** 3

Polycitor crystallinus (RENIER, 1788)
Pilz - Seescheide

Vork.: Mittelmeer (Atlantik?); in 10 - 40 m Tiefe. **GU:** Keine.
Soz. Verh./Vgs.: Die Pilz - Seescheide bildet Kolonien dicht miteinander verwachsener Einzeltiere, die sich auf festen Unterlagen, wie Steinen, Muscheln, Felsen u.a. festheften. Sie kommt einzeln oder gruppenweise vor und kann ebenso gehalten werden.
Hält. B.: Um keinen Schaden zu erleiden, sollte die Pilz - Seescheide mit ihrem Anheftungspunkt transportiert und ins Aquarium eingebracht werden. Sie verträgt auch Zonen mit starker Sedimentation.
Licht: Mittellichtzone.
ZU/Verm.: Auch sie macht einen Generationswechsel von ungeschlechtlicher Vermehrung durch Ausbildung von pilzförmigen Kolonien und geschlechtlicher Fortpflanzung mit Entlassung fertiger Larven durch.
FU: Plankton: Infusorien, frisch geschlüpfte *Artemia* (Nauplien), Flagellaten, Planktonersatz wie zerriebene Mehl- und Regenwürmer, Trockenfutter, "Muschelmilch" u.v.a.
Bes.: Diese Art wird auch in neuen Werken (z.B. Riedl) unter dem Namen *Distoma adriaticum* geführt, obwohl es den Gattungsnamen *Distoma* seit etwa 100 Jahren nicht mehr gibt. Sie wird jetzt der Art *Polycitor crystallinus* zugerechnet, die es auch im gesamten Atlantik gibt (bis in die Karibik), dort aber etwas anders (ohne den typischen Pilzstiel) aussieht. Die Frage bleibt also offen, ob es sich wirklich um dieselbe Art handelt, oder ob der Adria - Art ein anderer Name gebührt.

T: 15 - 22° C, **L:** 10 cm, **BL:** ab 50 cm, **WB:** m - s, **WR:** u, **BS:** 2, **SG:** 3

Pycnoclavella diminuta, Australien

Pycnoclavella diminuta (KOTT, 1957)
Blaugefleckte Seescheide

Vork.: Tropischer Indopazifik; in 2 - 15 m Tiefe.
GU: Keine.
Soz. Verh./Vgs.: Sie bildet an schattigen Stellen des oberen Riffbereiches stets dichte Kolonien, die aus zahlreichen Einzeltieren bestehen.
Hält. B.: Sie benötigt beschatteten Fels zu Anheftung und gute Strömungsverhältnisse.
Licht: Mittellichtzone.
ZU/Verm.: Koloniebildende Art, die einen Generationswechsel von ungeschlechtlicher Vermehrung durch Ausläufer im untersten Körperbereich und sexueller Fortpflanzung durch Eier und Spermien mit Entwicklung der Larven im Muttertier durchläuft. Wenn es gelingt, einige koloniale Tiere im Aquarium zu halten, so kann man früher oder später mit dem Auftreten von Larven und deren Festsetzung an beschatteten Felswänden rechnen.
FU: Plankton: Infusorien, frisch geschlüpfte *Artemia* (Nauplien), Flagellaten, Planktonersatz wie zerriebene Mehl- und Regenwürmer, Trockenfutter, "Muschelmilch" u.v.a.
Bes.: Die Blaugefleckte Seescheide ist an ihrer rundlichen Form und eher farblosen, glasklaren Körperhülle, auf der sich große blaue Flecken befinden, zu erkennen.

T: 22 - 28° C, **L:** 1 cm, **BL:** ab 40 cm, **WB:** m - s, **WR:** u - o, **BS:** 2, **SG:** 3.

Ordnung: APLOUSOBRANCHIA
Fam.: Polyclinidae

Aplidium conicum (OLIVI, 1792)
Kegel-Seecheide

Vork.: Mittelmeer; in 5 - 50 m Tiefe.
GU: Keine.
Soz. Verh./Vgs.: Bildet in mäanderförmigen Systemen angeordnete kegelförmige Kolonien aus zahlreichen, etwa 2 cm großen Einzeltieren.
Hält. B.: Gut erhaltene Kolonien sind schwer zu bekommen; beschädigte überleben nicht lange. Als Gründe sind Sand- oder Schellböden geeignet.
Licht: Sonnen- bis Mittellichtzone.
ZU/Verm.: Es wechseln vegetative und geschlechtliche Generationen einander ab. Aus einer Larve entsteht ein Muttertier, das durch Knospung solche Kolonien hervorbringt. Diese Tiere erzeugen Eier und Spermien, aus welchen bei Befruchtung Larven hervorgehen, die sich an geeigneten Punkten festsetzen und neue Kolonien aufbauen.
FU: Plankton: Infusorien, frisch geschlüpfte *Artemia* (Nauplien), Flagellaten, Planktonersatz wie zerriebene Mehl- und Regenwürmer, Trockenfutter, "Muschelmilch" u.v.a.
Bes.: Große, kegelförmige Kolonien sind nur selten zu sehen; am ehesten findet man sie in der nördlichen Adria, wo sie auf Sand oder Schellgrund vorkommen.

T:15 - 18° C, **L:** 20 cm, **BL:** ab 80 cm, **WB:** m, **WR:** u, **BS:** 2 - 3, **SG:** 3

Aplidium crateriferum, Rotes Meer

Aplidium crateriferum SAVIGNY, 1816
Krater - Seescheide

Vork.: Tropischer Indopazifik; vom Roten Meer bis zu den Ostpazifischen Inseln, in 2 - 25 m Tiefe. **GU**: Keine.

Soz. Verh./Vgs.: Die Krater-Seescheide bildet große, schwammähnliche Kolonien, welche hauptsächlich Korallenfelsen in lichtarmen Überhängen und Höhlen überziehen.

Hält. B.: Man benötigt eine intakte Kolonie oder zumindest ein Stück, das eine komplette Gruppe von Einzeltieren und eine zentrale Ausströmöffnung umfaßt, um ein Weiterwachsen im Aquarium zu erzielen.

Licht: Mittellichtzone.

ZU/Verm.: Sie bildet durch vegetative Vermehrung große Kolonien von Einzeltieren, die sich geschlechtlich fortpflanzen. Gelingt es, eine Kolonie aufzuziehen, so sorgt sie selbst für die weitere Vermehrung.

FU: Plankton: Infusorien, frisch geschlüpfte *Artemia* (Nauplien), Flagellaten, Planktonersatz wie zerriebene Mehl- und Regenwürmer, Trockenfutter, "Muschelmilch" u.v.a.

Bes.: Die Einzeltiere der Krater - Seescheide liegen in vertieften unregelmäßigen Reihen um eine schornsteinartige gemeinsame Ausströmöffnung. Sie sind von der nächsten Gruppe durch breite, erhöhte Wälle getrennt. Die Farben können äußerst unterschiedlich sein, doch stets sind die Vertiefungen mit den Einströmöffnungen farblich deutlich von der Umgebung abgehoben.

T: 20 - 26° C, **L**: 20 cm, **BL**: ab 50 cm, **WB**: m - s, **WR**: u, **BS**: 2, **SG**: 3

Aplidium elegans (GIARD, 1872)
Elegante Seescheide

Vork.: Mittelmeer; in 5 - 40 m Tiefe.
GU: Keine.
Soz. Verh./Vgs.: Bildet große, rundliche Kolonien zahlreicher Einzeltiere. Unter günstigen Lebensbedingungen wachsen mehrere Kolonien nebeneinander.
Hält. B.: Nicht bekannt.
Licht: Sonnen- bis Mittellichtzone.
ZU/Verm.: Vegetative und Geschlechtsgenerationen wechseln einander in jährlichem Rhythmus ab.
FU: Plankton: Infusorien, frisch geschlüpfte *Artemia* (Nauplien), Flagellaten, Planktonersatz wie zerriebene Mehl- und Regenwürmer, Trockenfutter, "Muschelmilch" u.v.a.
Bes.: Diese schöne Seescheide findet man nur sehr selten. Sie ist durch runde, häufig in Doppelreihen stehende Poren gekennzeichnet, welche die Einzeltiere andeuten und große rundliche oder längliche gemeinsame Ausfuhröffnungen.

T: 15 - 20° C, **L**: 20 cm, **BL**: ab 70 cm, **WB**: m, **WR**: u, **BS**: 2, **SG**: 3

Aplidium sp.
Orange Synascidie

Vork.: Mittelmeer; in 20 - 50 m Tiefe.
GU: Keine.
Soz. Verh./Vgs.: Bildet einzeln oder in Gruppen stehende Kolonien auf algenbewachsenen Felsen.
Hält. B.: Diese Art ist relativ leicht mit einem Stück Unterlage zu bergen und ins Aquarium einzubringen. Über ihre Haltung ist wenig bekannt.
Licht: Sonnenlichtzone.
ZU/Verm.: Sie macht einen Generationswechsel von vegetativer Vermehrung (Bildung der Kolonien) und sexueller Fortpflanzung durch.
FU: Plankton: Infusorien, frisch geschlüpfte *Artemia* (Nauplien), Flagellaten, Planktonersatz wie zerriebene Mehl- und Regenwürmer, Trockenfutter, "Muschelmilch" u.v.a.
Bes.: Diese Seescheide erkennt man an ihrer orangefarbenen, etwas durchscheinenden Färbung, den in Linien angeordneten Einzeltieren und großen Ausströmöffnungen an den Enden der einzelnen Kolonieteile.

T: 16 - 20° C, **L:** 5 cm, **BL:** ab 40 cm, **WB:** m, **WR:** u, **BS:** 2, **SG:** 3

Ordnung: PHLEBOBRANCHIA
Fam.: Ascidiidae

Über die Ordnung PHLEBOBRANCHIA

Dies ist eine große Gruppe von einzelnen (solitären) oder kolonialen Seescheiden, erkennbar an einem Kiemensack, der flach, ohne größere Falten ausgebildet ist und in seinem Inneren zahlreiche Blutgefäße besitzt, die in Längsrichtung verlaufen. Der Körper ist ein- oder zweiteilig.

Ascidia mentula (MÜLLER, 1776)
Stumpen - Seescheide

Vork.: Ostatlantik, Nord-, westl. Ostsee bis zum Mittelmeer; in 1 - 200 m Tiefe.
GU: Keine.
Soz. Verh./Vgs.: Lebt einzeln auf und unter Steinen, z.T. mit einer Seite oder der Körperunterseite an Felsen u.a. festen Gegenständen festgewachsen.
Hält. B.: Tiere aus seichten Zonen sind wenig temperaturempfindlich und relativ gut zu halten; Tiere tieferer Regionen gehören in Kaltwasseraquarien.
Licht: Mittellichtzone.
ZU/Verm.: Keine vegetative Vermehrung.
FU: Plankton: Infusorien, frisch geschlüpfte *Artemia* (Nauplien), Flagellaten.
Bes.: Sie ist erkennbar an den weit auseinanderliegenden Öffnungen, wobei die Ausströmöffnung etwa in Körpermitte liegt. Die Färbung ist sehr unterschiedlich und reicht von rein weiß bis zu gelb, orangefarben und rot.

T: 15 - 20° C, **L**: 15 cm, **BL**: ab 40 cm, **WB**: m, **WR**: u, **BS**: 2, **SG**: 3

Ascidia sydneiensis (OKA, 1935)
Sydney-Seescheide

Vork.: Circumtropical (Foto von den Malediven); aus dem Pazifik und der Karibik bekannt. In 5 bis 30 m Tiefe. **GU:** Keine.
Soz. Verh./Vgs.: Lebt einzeln auf Hartböden von Korallenriffen.
Hält. B.: Benötigt felsige Verstecke, die ihrer Körperform entsprechen.
Licht: Sonnenlichtzone, Körper beschattet. **ZU/Verm.:** Nicht bekannt.
FU: O; seiht Plankton aller Art aus dem Wasser.
Bes.: Besonderes Kennzeichen ist die lange, weißlich (auch gelblich bis grünlich-grau) gefärbte schlauchförmige Einströmöffnung.

T: 22 - 26° C, **L:** 20 cm, **BL:** ab 60 cm, **WB:** m, **WR:** u - o, **BS:** 3, **SG:** 3

Ordnung: Phlebobranchia
Fam.: Ascidiidae

Ascidia sp., Mittelmeer

Ascidia sp.
Blasse Schlauch-Seescheide

Vork.: Ostatlantik, von der Nordsee bis ins Mittelmeer; in 2 - 30 m Tiefe.
GU: Keine.
Soz. Verh./Vgs.: Diese Schlauch-Seescheide siedelt einzeln oder in kleinen Gruppen auf festem Untergrund, wie Felsen, Steinen, Muschelschalen, abgestorbenen Kalkalgen usw. und ist einzeln oder in Gruppen zu halten.
Hält. B.: Diese eher zarte Seescheide verträgt keine starken Strömungen und benötigt, am besten mit ihrem Untergrund eingebracht, eine gute Verankerung am Boden oder in der Dekoration.
Licht: Sonnenlichtzone.
ZU/Verm.: Die Blasse Schlauch-Seescheide vermehrt sich nur auf sexuelle Weise, nicht durch Teilung oder Ausläufer.
FU: Plankton: Infusorien, frisch geschlüpfte Artemia (Nauplien), Flagellaten, Planktonersatz wie zerriebene Mehl- und Regenwürmer, Trockenfutter, "Muschelmilch" u.v.a.
Bes.: Diese Seescheide erkennt man an dem langgezogenen Körper, der weit rückwärts liegenden Ausströmöffnung und dem dunkel gerahmten, gelappten Rand der am oderen Ende gelegenen Einströmöffnung.

T: 15 - 20° C, **L**: 8 cm, **BL**: ab 50 cm, **WB**: m, **WR**: u - o, **BS**: 2, **SG**: 3

Ascidia virginea, Norwegen

Ascidia virginea (MÜLLER, 1776)
Weiße oder Jungfern - Seescheide

Vork.: Ostatlantik, von der Nordsee bis zum Mittelmeer ; in 30 - 300 m Tiefe.
GU: Keine.
Soz. Verh./Vgs.: Die Jungfern - Seescheide lebt einzeln auf tiefen Böden, stets auf einer harten Unterlage (Steinen, Felsen, Muschelschalen) festgewachsen.
Hält. B.: Sie benötigt als Tiefenbewohner ein gekühltes, wenig beleuchtetes Becken; ist also kaum für Gemeinschaftsbecken geeignet.
Licht: Mittellichtzone.
ZU/Verm.: Pflanzt sich nicht vegetativ, sondern nur auf geschlechtliche Weise fort.
FU: Plankton: Infusorien, frisch geschlüpfte *Artemia* (Nauplien), Flagellaten, Planktonersatz wie zerriebene Mehl- und Regenwürmer, Trockenfutter, "Muschelmilch" u.v.a.
Bes.: Der glatte, milchig weiße Mantel ist etwas transparent mit rötlichen Gefäßen und Siphonen. Die Ausströmöffnung ist nur etwa ein Viertel bis ein Drittel der Körperlänge von der endständigen Einströmöffnung entfernt. Ein kleiner Krebs (*Notodelphys hatlassae*) lebt in dieser Seescheide.

T: 14 - 16° C, **L:** 10 cm, **BL:** ab 50 cm, **WB:** m, **WR:** u - o, **BS:** 2 - 3, **SG:** 3

Ascidiella aspersa (?) (MÜLLER, 1776)
Spritz - Seescheide

Vork.: Ostatlantik, Nordsee, westl. Ostsee bis ins Mittelmeer; in 1 - 50 m Tiefe.
GU: Keine.
Soz. Verh./Vgs.: Lebt einzeln auf Weichböden oder an Steinen, Algen, Pfählen usw.
Hält. B.: Je nach Herkunft sind ihre Ansprüche verschieden; Tiere aus seichten Regionen des Mittelmeeres vertragen Zimmertemperaturen, solche aus tiefen Zonen oder nördlichen Gebieten wie Nord- und Ostsee verlangen nach gekühlten Becken.
Licht: Sonnen- bis Mittellichtzone.
ZU/Verm.: Solitäre Seescheide nur mit geschlechtlicher Fortpflanzung.
FU: Plankton: Infusorien, frisch geschlüpfte *Artemia* (Nauplien), Flagellaten, Planktonersatz wie zerriebene Mehl- und Regenwürmer, Trockenfutter, "Muschelmilch" u.v.a.
Bes.: Die Spritz - Seescheide kann sich ruckartig zusammenziehen, so daß ein Wasserstrahl entsteht, wenn man sie z.B. aus dem Wasser hebt. Sie ist gekennzeichnet durch eine hoch liegende Einfuhröffnung mit erhabenen Rippen und eine etwa ein Drittel der Körperlänge zurückliegende Ausfuhröffnung. Die Färbung variiert zwischen braun, grau, schwarz und rot. Bewohner von Weichböden entwickeln zur Verankerung einen "Stiel", auf festen Böden wachsen sie stumpf fest.

T: 15 - 20 (25)° C, **L:** 13 cm, **BL:** ab 30 cm, **WB:** m, **WR:** u, **BS:** 2, **SG:** 3

Phallusia fumigata GRUBE, 1864
Rauch - Warzen - Seescheide

Vork.: Mittelmeer; in 10 - 50 m Tiefe.
GU: Keine.
Soz. Verh./Vgs.: Lebt einzeln, in den meisten Gegenden selten, in der Adria und um Neapel relativ häufig, auf tieferen Felsgründen, insbesondere sekundären Hartböden.
Hält. B.: Sie ist ziemlich empfindlich und nur dem erfahrenen Aquarianer vorbehalten.
Licht: Mittellichtzone.
ZU/Verm.: Solitäre Seescheide ohne Generationswechsel.
FU: Plankton: Infusorien, frisch geschlüpfte *Artemia* (Nauplien), Flagellaten, Planktonersatz wie zerriebene Mehl- und Regenwürmer, Trockenfutter, "Muschelmilch" u.v.a.
Bes.: Die Rauch-Warzen-Seescheide sieht der Weißen Warzen-Seescheide in der Form sehr ähnlich, ist aber etwas kleiner, dunkel gefärbt und nicht mit dem Fuß, sondern mit der linken Körperseite festgewachsen. Sie steht also nie frei, sondern immer "angelehnt".

T: 15 - 20° C, **L**: 10 cm, **BL**: ab 40 cm, **WB**: m, **WR**: u, **BS**: 2, **SG**: 3

Ordnung: Phlebobranchia
Fam.: Ascidiidae

Phallusia mammillata, Mittelmeer

Phallusia mammillata CUVIER, 1815
Weiße Warzen - Seescheide

Vork.: Ostatlantik vom Ärmelkanal südwärts bis ins Mittelmeer; in 1 - 180 m Tiefe.
GU: Keine.
Soz. Verh./Vgs.: lebt einzeln oder in Gruppen auf Sand und Schlammböden sowie Ascidiengründen.
Hält. B.: Diese Warzen - Seescheide ist ziemlich unempfindlich gegenüber Temperaturveränderungen und daher auch mit tropischen Tieren zu halten; kann im Aquarium einige Jahre alt werden.
Licht: Mittellichtzone.
ZU/Verm.: Macht als solitäre Seescheide keinen Generationswechsel durch.
FU: Plankton: Infusorien, frisch geschlüpfte *Artemia* (Nauplien), Flagellaten, Planktonersatz wie zerriebene Mehl- und Regenwürmer, Trockenfutter, "Muschelmilch", Absud von Hefe (gelegentlich) u.v.a.
Bes.: Das Kennzeichen dieser Art ist die helle, mit rundlichen Höckern versehene Haut, die man vor dem Veralgen durch geringe Lichtintensität schützen muß. Dies mag auch ihr Vorkommen meist erst ab 10 - 20 m Tiefe in klaren Gewässern und in wenigen Metern in verschmutzten erklären.

T:15 - 25° C, **L**: 20 cm, **BL**: ab 50 cm, **WB**: m, **WR**: u, **BS**: 2, **SG**: 2 - 3

Phallusia mammillata, Mittelmeer

Phallusia nigra SAVIGNY, 1816
Schwarze Seescheide

Vork.: Tropischer Westatlantik, Karibik; in 1 - 10 m Tiefe.
GU: Keine.
Soz. Verh./Vgs.: Lebt einzeln im Flachwasser auf Steinen, zwischen Korallen usw. Sie ist schwer mit ihrer Unterlage abzulösen und ins Aquarium zu bringen.
Hält. B.: Der Aufwand der schwierigen Bergung und des Transportes stehen kaum dafür, diese (wie fast alle) kurzlebige Seescheide in europäische Aquarien zu bringen.
Licht: Sonnenlichtzone.
ZU/Verm.: Solitäre Seescheide ohne vegetative Vermehrung.
FU: Plankton: Infusorien, frisch geschlüpfte *Artemia* (Nauplien), Flagellaten, Planktonersatz wie zerriebene Mehl- und Regenwürmer, Trockenfutter, "Muschelmilch" u.v.a.
Bes.: Der Körper dieser Seescheide ist mit einer relativ kleinen Basis am Boden befestigt und sichelförmig gebogen. Sie wird wegen ihrer dunklen Färbung meist übersehen, obwohl sie von keinem Aufwuchs überzogen wird.

T: 22 - 26° C, **L**: 8 cm, **BL**: ab 50 cm, **WB**: m - s, **WR**: u, **BS**: 2, **SG**: 3

Phallusia obesa (HERDMAN, 1880)
Gesprenkelte Seescheide

Vork.: Tropischer Indopazifik; in 5 - 20 m Tiefe.
GU: Keine.
Soz. Verh./Vgs.: Lebt einzeln, auf Felsen und anderen harten Unterlagen.
Hält. B.: Benötigt eine feste Unterlage und keine zu starken Strömungen.
Licht: Mittellichtzone.
ZU/Verm.: Macht als solitäre Seescheide keinen Generationswechsel durch.
FU: Plankton: Infusorien, frisch geschlüpfte *Artemia* (Nauplien), Flagellaten, Planktonersatz wie zerriebene Mehl- und Regenwürmer, Trockenfutter, "Muschelmilch" u.v.a.
Bes.: Besondere Kennzeichen der Gesprenkelten Seescheide sind neben dem gesprenkelten Körper die beiden Siphonen, von denen der eine senkrecht nach oben zeigt, der andere fast in derselben Höhe liegend in rechtem Winkel zur Seite hin ausgezogen ist.

T: 15 - 17° C, **L**: 10 cm, **BL**: ab 50 cm, **WB**: m, **WR**: u, **BS**: 2, **SG**: 3

Ordnung: PHLEBOBRANCHIA
Fam.: Cionidae

Ciona intestinalis, Mittelmeer

Ciona intestinalis LINNAEUS, 1767
Schlauch-Seescheide

Vork.: Ostatlantik: von Nord- und Ostsee bis zum Mittelmeer, Nordpazifik, von Alaska bis Kalifornien und nach Japan; meist in kühleren Gewässern, aber auch in tropischen. In 0 - 500 m Tiefe. **GU**: Keine.
Soz. Verh./Vgs.: Lebt einzeln oder in losen Gruppen auf Hart- und Weichböden.
Hält. B.: Benötigt eine feste Unterlage, um sich anheften zu können. Die Tiere müssen daher mit ihrer Unterlage eingebracht werden, sind ziemlich ausdauernd. Je nach Herkunft können Schlauch -Seescheiden mit tropischen Tieren oder mit solchen temperierter oder kühler Meere gepflegt werden. Es ist alo wichtig zu wissen, woher sie stammen.
Licht: Sonnen- bis Schwachlichtzone.
ZU/Verm.: Es erfolgt keine ungeschlechtliche Vermehrung und es gibt keinen Generationswechsel, sondern nur eine Fortpflanzung durch Eier und Spermien.
FU: Plankton: Infusorien, frisch geschlüpfte *Artemia* (Nauplien), Flagellaten, Planktonersatz wie zerriebene Mehl- und Regenwürmer, Trockenfutter, "Muschelmilch" u.v.a.
Bes.: Die Tiere sind gut an ihrer schlauchartigen Form mit durchscheinendem Mantel und rot durchscheinenden Eingeweiden zu erkennen. Wegen ihrer Dauerhaftigkeit, ihrer Transparenz und einfachen Sezierbarkeit ist die Schlauch-Seescheide eine der bestuntersuchten Seescheiden geworden. Ein großes Tier filtriert z.B. in einem Tag 150 - 180 l Wasser.

T: 10 - 20 (28)° C, **L**: 12 cm, **BL**: ab 40 cm, **WB**: m, **WR**: u, **BS**: 1 - 2, **SG**: 2 - 3

Perophora modificata, Australien

Perophora modificata (?) KOTT, 1985
Gelbe Blasen-Seescheide

Vork.: Indowestpazifik, vom Indischen Ozean bis zum Großen Barriereriff; in 15 bis 30 m Tiefe.
GU: Keine.
Soz. Verh./Vgs.: Bildet durch Ausläufer (Stolonen), mit denen sie sich auch am Boden befestigt, Kolonien nur etwa 1 cm großer Einzeltiere.
Hält. B.: Bevorzugt schattige Felswände und Überhänge mit kräftiger Wasserbewegung.
Licht: Mittellichtzone.
ZU/Verm.: Koloniale Form, die einen Generationswechsel mit vegetativer Vermehrung durch Ausläufer und sexueller Fortpflanzung durchmacht.
FU: Plankton: Infusorien, frisch geschlüpfte *Artemia* (Nauplien), Flagellaten, Planktonersatz wie zerriebene Mehl- und Regenwürmer, Trockenfutter, "Muschelmilch" u.v.a.
Bes.: Wie viele kleine koloniale Seescheiden ist auch diese Art nur durch Sektion genau zu bestimmen. Man kann also nur mit großer Wahrscheinlichkeit angeben, daß es sich um *Perophora* handelt. Es könnte auch die ähnliche *Ecteinascidia nexa* sein.

T: 22 - 28° C, **L**: 1 cm, **BL**: ab 30 cm, **WB**: s, **WR**: u - o, **BS**: 2, **SG**: 3

Über die Ordnung STOLIDOBRANCHIA

Dies sind hochspezialisierte einzelne oder koloniale Seescheiden. Der Körper ist nie in Thorax und Abdomen geteilt, sondern nur einteilig, wobei Verdauungs- und Fortpflanzungsorgane nebeneinander (nicht hintereinander) liegen. Der Kiemensack hat einige tiefe Längsfalten und im Querschnitt ovale Längsgefäße.

Halocynthia papillosa (LINNAEUS, 1767)
Rote Seescheide

Vork.: Mittelmeer; in 1 - 50 m Tiefe.
GU: Keine.
Soz. Verh./Vgs.: Lebt einzeln oder in losen Gruppen in seichten Regionen nur an beschatteten Felsen oder in Höhlen; in tieferen Zonen auf Hartböden aller Art.
Hält. B.: Seichtwassertiere können an tropische Temperaturen gewöhnt werden, da sie auch im südlichen Mittelmeer bis zu 28° aushalten müssen; Tiere von tieferen Standorten vertragen solche Wärmegrade nicht. Lebensdauer: etwa ein Jahr im Aquarium.
Licht: Mittellichtzone.
ZU/Verm.: Diese solitäre Seescheide macht keinen Generationswechsel durch.
FU: Plankton: Infusorien, frisch geschlüpfte *Artemia* (Nauplien), Flagellaten, Planktonersatz wie zerriebene Mehl- und Regenwürmer, Trockenfutter, gelegentlich Absud von Hefe, "Muschelmilch" u.v.a.
Bes.: Die Rote Seescheide ist an der auffälligen Form und Farbe sofort zu erkennen. Ihre Ein- und Ausfuhröffnungen sind mit zahlreichen "Haaren" besetzt, die ein Eindringen größerer Planktontiere verhindern. Diese Art wird von den Südländern gegessen, allerdings ohne den roten Mantel.

T: 15 - 20 (25)° C, **L**: 12 cm, **BL**: ab 50 cm, **WB**: m, **WR**: u, **BS**: 1 - 2, **SG**: 2 - 3

Halocynthia papillosa, Mittelmeer

Ordnung: Stolidobranchia
Fam.: Pyuridae

Herdmania momus HARTMEYER, 1919
Herdmania

Vork.: Tropischer Indopazifik, Rotes Meer; in 10 - 30 m Tiefe.
GU: Keine.
Soz. Verh./Vgs.: Lebt einzeln auf einer harten Unterlage befestigt in größerer Wassertiefe oder an beschatteten Stellen auch seichter.
Hält. B.: Sie ist wegen ihrer Befestigung auf Fels nur schwer in gutem Zustand erhältlich. Sie benötigt strömungsreiches, möglichst wenig verschmutztes Wasser.
Licht: Sonnen- bis Mittellichtzone.
ZU/Verm.: Pflanzt sich nur auf sexuelle Weise fort, es gibt also keine vegetative Vermehrung und keine Koloniebildung.
FU: Plankton: Infusorien, frisch geschlüpfte *Artemia* (Nauplien), Flagellaten, Planktonersatz wie zerriebene Mehl- und Regenwürmer, Trockenfutter, "Muschelmilch" u.v.a.
Bes.: Die Siphonen dieser Art liegen etwa in rechtem Winkel zueinander, wobei die zentrale Einströmöffnung in der Mitte eingebuchtet ist, was sie wie ein Doppelrohr einscheinen läßt.

T: 24 - 28° C, **L**: 8 cm, **BL**: ab 40 cm, **WB**: s, **WR**: u - o, **BS**: 2, **SG**: 3

Microcosmus sulcatus, Mittelmeer

Microcosmus sabatieri = *Microcosmus sulcatus* (COQUEBERT, 1797)
Mikrokosmos, Eßbare Seescheide

Vork.: Mittelmeer; in 3 - 100 m Tiefe.
GU: Keine.
Soz. Verh./Vgs.: Lebt einzeln oder in losen Gruppen im Seichtwasser in Höhlen und an lichtgeschützen Überhängen, in tieferen Regionen auf Sandgrund, Kies, Muschelbruch, Steinen und verfestigt ihren Anheftungspunkt durch "Wurzelausläufer". Bildet mit einigen anderen Arten die Ascidiengründe.
Hält. B.: Diese Art ist leider ziemlich temperaturempfindlich und schwierig zu transportieren; der Anfänger sollte die Finger von ihr lassen.
Licht: Mittellichtzone.
ZU/Verm.: Solitäre Seescheide ohne vegetative Vermehrung; Laichzeit: Nov.-Dez.
FU: Plankton: Infusorien, frisch geschlüpfte *Artemia* (Nauplien), Flagellaten, Planktonersatz wie zerriebene Mehl- und Regenwürmer, Trockenfutter, "Muschelmilch" u.v.a.
Bes.: Der Name Mikrokosmos = Kleine Welt sagt schon, daß das Tier nicht alleine lebt, sondern auf ihm zahlreiche andere Arten, wie Hohl-, Moostiere, Schwämme, Muscheln und auch Algen siedeln, was sie bis zur Unkenntlichkeit tarnt. Lediglich an den Ein- und Ausströmöffnungen kann man die Tiere erkennen. Die Einheimischen erbeuten diese Seescheide mit Schleppnetzen und essen das gesamte Innere lebend (zu Weißbrot und Rotwein). Der manchmal intensive Jodgeruch ist meist nicht nach dem Geschmack der Mitteleuropäer.

T: 15 - 20° C, **L**: 20 cm, **BL**: ab 50 cm, **WB**: m, **WR**: u, **BS**: 2, **SG**: 3

Ordnung: Stolidobranchia
Fam.: Pyuridae

Microcosmus sp. (?)
Bewachsene Seescheide

Vork.: Indopazifik mit Rotem Meer; (Foto von den Malediven). In 2 - 30 m Tiefe.
GU: Keine.
Soz. Verh./Vgs.: Der Mantel dieser meist einzeln stehenden großen Seescheide ist von verschiedenen seßhaften Tieren und auch Algen bewachsen.
Hält. B.: Nicht bekannt. **Licht:** Sonnenlichtzone.
ZU/Verm.: Nicht bekannt. **FU:** O; seiht Plankton aller Art aus dem Wasser.
Bes.: Man erkennt diese Art an den weit auseinanderliegenden großen Ein- und Ausströmöffnungen, die innen dicht stehende weißliche Punkte aufweisen. Nach dem Foto ist keine sichere Artzuweisung möglich.

T: 22 - 28° C, **L:** 15 cm, **BL:** ab 50 cm, **WB:** m - s, **WR:** u - o, **BS:** 3, **SG:** 3

Pyura stolonifera, Malediven

Pyura stolonifera (HELLER, 1878)
Flaschen - Seescheide

Vork.: Tropischer Indopazifik; in 0 - 5 m Tiefe.
GU: Keine.
Soz. Verh./Vgs.: Lebt selten einzeln, meist in kolonialen Verbänden auf Steinen, Felsen und erodiertem Korallengestein, oft in der Gezeitenzone.
Hält. B.: Wäre für ein Gezeitenbecken geeignet, hält sich aber im seichten Wasser eines Aquariums gut. Ist ziemlich unempfindlich gegenüber Temperaturschwankungen, Änderungen des Salzgehaltes und hält sogar kurzfristiges Trockenfallen aus. Sie ist also ein robustes, aber leider unansehnliches Tier für das Korallenriffaquarium.
Licht: Sonnenlichtzone.
ZU/Verm.: Dichte Kolonien entstehen durch vegetative Vermehrung aus meist nur einem angesiedelten Tier; neue Gebiete werden durch sexuell erzeugte Larven besiedelt.
FU: Plankton: Infusorien, frisch geschlüpfte *Artemia* (Nauplien), Flagellaten, Planktonersatz wie zerriebene Mehl- und Regenwürmer, Trockenfutter, "Muschelmilch" u.v.a.
Bes.: Die Knollenform und die derbe, ledrige Haut sind die wichtigsten Kennzeichen dieser Seichtwasserart. Außerdem sind die Siphonen mit Stacheln besetzt und der Mantel von Algen besiedelt, was eine gefleckte Oberfläche ergibt. Früher wurde die Flaschen-Seescheide in manchen Gebieten gesammelt und ihr Mantel zum Transport und zur Aufbewahrung von Flüssigkeiten (wie eine Flasche) verwendet.

T: 22 - 28° C, **L:** 15 cm, **BL:** ab 50 cm, **WB:** m - s, **WR:** u - o, **BS:** 2, **SG:** 1 - 2

Ordnung: Stolidobranchia
Fam.: Styelidae

Botrylloides sp.

Vork.: Tropischer Westpazifik; in 15 - 40 m Tiefe.
GU: Keine.
Soz. Verh./Vgs.: Diese Art bildet Kolonien in Form niederer Überzüge auf felsigen Gründen.
Hält. B.: Nicht bekannt; dürfte leicht mit einem Stück Untergrund einzubringen und zu halten sein.
Licht: Sonnen- bis Mittellichtzone.
ZU/Verm.: Koloniale Form, die einen Generationswechsel mit vegetativer Vermehrung durch Ausläufer und sexueller Fortpflanzung durchmacht.
FU: Plankton: Infusorien, frisch geschlüpfte *Artemia* (Nauplien), Flagellaten, Planktonersatz wie zerriebene Mehl- und Regenwürmer, Trockenfutter, "Muschelmilch" u.v.a.
Bes.: Diese Art erkennt man an den meist in Zweierreihen angeordneten Einzeltieren und den durchsichtigen runden "Schornsteinen".

T: 18 - 22° C, **L**: 5 cm, **BL**: ab 50 cm, **WB**: m, **WR**: u, **BS**: 2, **SG**: 3

Botryllus schlosseri, Atlantik

Botryllus schlosseri (PALLAS, 1766)
Stern - Seescheide

Vork.: Ostatlantik, von der Nordsee bis ins Mittelmeer ; in 1 - 100 m Tiefe.
GU: Keine.
Soz. Verh./Vgs.: Die Stern - Seescheide bildet Kolonien und formt, in eine gallertartige Schicht eingelagert, kreisförmig bis oval angeordnete Tierstöcke auf Fels, Seegraswurzeln und flächigen Algen.
Hält. B.: Die Tiere werden häufig mit lebenden Steinen, Muscheln u.a. zufällig eingeschleppt und entwickeln sich in großen Schauaquarien meist rechtg gut; in kleinen Heimaquarien sind sie hingegen nur schwer zu halten.
Licht: Sonnen-bis Mittellichtzone.
ZU/Verm.: Die Stern - Seescheide macht einen Generationswechsel von ungeschlechtlicher Vermehrung zur Ausbildung von Kolonien und geschlechtlicher Vermehrung durch Abgabe der Geschlechtsprodukte ins Wasser durch. Die Tiere sind das ganze Jahr über reif.
FU: Plankton: Infusorien, frisch geschlüpfte *Artemia* (Nauplien), Flagellaten, Planktonersatz wie zerriebene Mehl- und Regenwürmer, Trockenfutter, "Muschelmilch".
Bes.: Die Einzeltiere können in der Größe schwanken (norm. 0,2 cm) und auch die Färbung ist äußerst unterschiedlich. Die Art ist aber an der typischen Gruppierung der Einzeltiere stets gut zu erkennen. Exemplare aus seichten Regionen sind unempfindlicher als solche aus tiefen Regionen. Die vegetative Vermehrung durch Knospung kann bei dieser Art besonders gut beobachtet werden, da die Tiere in einer Ebene, jeweils rund um eine gemeinsame Ausfuhröffnung liegen.
T: 15 - 20° C, **L**: 8 cm, **BL**: ab 40 cm, **WB**: m, **WR**: u - o, **BS**: 2, **SG**: 3

Ordnung: Stolidobranchia
Fam.: Styelidae

Botryllus sp.

Vork.: Tropischer Indopazifik; Rotes Meer und Malediven; in 5 - 30 m Tiefe.
GU: Keine.
Soz. Verh./Vgs.: *Botryllus*-Arten bilden flache Überzüge auf abgestorbenen Korallen, Felsen und anderen harten Gegenständen.
Hält B.: Nicht bekannt; wenn man die Tiere unversehrt mit einem Stück Untergrund einbringen kann, so dürfte einer erfolgreichen Pflege nichts im Wege stehen.
Licht: Sonnen-bis Mittellichtzone.
ZU/Verm.: Diese Seescheiden machen einen Generationswechsel von ungeschlechtlicher Vermehrung zur Ausbildung von Kolonien und geschlechtlicher Vermehrung durch Abgabe der Geschlechtsprodukte ins Wasser durch.
FU: Plankton: Infusorien, frisch geschlüpfte *Artemia* (Nauplien), Flagellaten, Planktonersatz wie zerriebene Mehl- und Regenwürmer, Trockenfutter, "Muschelmilch" u.v.a.
Bes.: Während zahlreiche *Botryllus*-Arten durch einzelne Reihen von Tieren, die sich um je ein gemeinsames Zentrum mit Ausfuhröffnung gruppieren, gekennzeichnet sind, gibt es einige, die eher Schwämmen ähneln und sehr große, kraterförmige Ausströmöffnungen besitzen.

T: 20° C, **L:** -10 cm, **BL:** ab 50 cm, **WB:** m, **WR:** u, **BS:** 2, **SG:** 3

Eusynstyela sp.
Rote Kolonie - Seescheide

Vork.: Tropischer Indopazifik, Rotes Meer; in 10 - 35 m Tiefe.
GU: Keine.
Soz. Verh./Vgs.: Diese Seescheide bildet großflächige, aber nur jeweils eine Körperhöhe starke koloniale Überzüge auf harten Böden aller Art.
Hält. B.: Nicht bekannt, dürfte aber, wenn man eine größere Gruppe unversehrt einbringt, relativ gut haltbar sein.
Licht: Sonnen-bis Mittellichtzone.
ZU/Verm.: Diese Seescheide macht einen Generationswechsel von ungeschlechtlicher Vermehrung zur Ausbildung von Kolonien und geschlechtlicher Vermehrung durch Abgabe der Geschlechtsprodukte ins Wasser durch.
FU: Plankton: Infusorien, frisch geschlüpfte *Artemia* (Nauplien), Flagellaten, Planktonersatz wie zerriebene Mehl- und Regenwürmer, Trockenfutter, "Muschelmilch" u.v.a.
Bes.: Diese Art ist an der roten Färbung und an den weit auseinanderliegenden Ein- und Ausströmöffnungen der Einzeltiere erkennbar. Außerdem sind die Tiere langgestreckt gebaut und mit den Nachbarexemplaren ringsum verwachsen.

T:22 - 28° C, **L**: 20 cm (Kolonie), **BL**: ab 50 cm, **WB**: m, **WR**: u, **BS**: 2, **SG**: 3

Ordnung: Stolidobranchia
Fam.: Styelidae

Polycarpa aurata, Einströmöffnung

Polycarpa aurata (QUOY & GAIMARD, 1834)
Gold - Seescheide

Vork.: Tropischer Indopazifik; in 3 - 40 m Tiefe.
GU: Keine.
Soz. Verh./Vgs.: Lebt einzeln oder in kleinen Gruppen an gut beströmten Felswänden von Riffen.
Hält. B.: Ist als ausgewachsenes Tier nur schwer zu übersiedeln, es sei denn, es kann mit einem Stück Unterlage geliefert werden. Benötigt einen guten Standplatz (auch waagerecht) im Pumpenstrom.
Licht: Sonnen-bis Mittellichtzone.
ZU/Verm.: Solitäre Seescheide ohne Generationswechsel nur mit sexueller Fortpflanzung.
FU: Plankton: Infusorien, frisch geschlüpfte *Artemia* (Nauplien), Flagellaten, Planktonersatz wie zerriebene Mehl- und Regenwürmer, Trockenfutter, "Muschelmilch" u.v.a.
Bes.: Die weit verbreitete Gold-Seescheide ist gut erkennbar am hellen Körper, der von netzartigen lila Linien überzogen ist, und an den goldgelben Ein- und Ausström-Öffnungen. Die Ausströmöffnung liegt seitlich etwa in Körpermitte. Der Mantel selbst ist lederartig und von tiefen Furchen durchzogen; er kann mit dem Fußende oder seitlich festgewachsen sein.

T: 22 - 28° C, **L**: 15 cm, **BL**: ab 50 cm, **WB**: s, **WR**: u - o, **BS**: 2, **SG**: 3

Polycarpa aurata, Australien

Ordnung: Stolidobranchia
Fam.: Styelidae

Polycarpa clavata, Australien

Polycarpa clavata HARTMEYER, 1919
Gelbe Keulenseescheide

Vork.: Tropischer Indopazifik; in 30 - 100 m Tiefe.
GU: Keine.
Soz. Verh./Vgs.: Lebt einzeln, mit einem flexiblen Stiel auf einer harten Unterlage befestigt in größerer Wassertiefe.
Hält. B.: Ist wegen ihres Tiefenvorkommens und der Befestigung auf Fels nur schwer in gutem Zustand erhältlich und empfindlich in der Haltung. Sie benötigt kühles, strömungsreiches, möglichst wenig verschmutztes Wasser.
Licht: Mittellichtzone.
ZU/Verm.: Pflanzt sich nur auf sexuelle Weise fort; es gibt alo keine vegetative Vermehrung und keine Koloniebildung.
FU: Plankton: Infusorien, frisch geschlüpfte *Artemia* (Nauplien), Flagellaten, Planktonersatz wie zerriebene Mehl- und Regenwürmer, Trockenfutter, "Muschelmilch" u.v.a.
Bes.: Diese eigenartige Seescheide besitzt einen langen Stiel, der es ihr ermöglicht, besser beströmte Zonen zu erreichen, als es ihr Festsetzen direkt am Boden bietet. Da sie von der vorüberziehenden Strömung mitgebogen wird, befindet sich die Einströmöffnung dort, wo der Stiel ansetzt und die Ausströmöffnung liegt am äußeren Ende des Tieres; man kann alo sagen, diese Seescheide steht regelrecht auf dem Kopf. Der ledrige Körper trägt unregelmäßige Furchen, die eine warzige Oberfläche erzeugen. Es kommen gelbe, orangefarbene oder rote Tiere vor.

T: 20 - 24° C, **L:** 25 cm, **BL:** ab 60 cm, **WB:** s, **WR:** u, **BS:** 2, **SG:** 3

Polycarpa spongiabilis TRAUNSTEDT, 1883
Riesen-Seescheide

Vork.: Karibisches Meer, Bahamas, Florida, Bequia; in 10 - 45 m Tiefe.
GU: Alle Tiere sind Hermaphrodithen.
Hält. B.: Nicht bekannt.
FU: K; Plankton.
Bes.: Riesen-Seescheiden leben einzeln. Ihr Körper ist massig und besitzt große Ein- und Ausströmöffnungen. An der Einströmöffnung befindet sich, gut auch unter Wasser sichtbar, ein Ring unverzweigter Tentakel. Der Mantel der Tiere ist lederartig und oft sehr stark von Algen bewachsen. Riesen-Seescheiden leben an lichtarmen Stellen auf Steinen und an Wracks und, halb eingegraben, in Seegraswiesen.

T: 24 - 29° C, **L:** 6 cm, **BS:** 4, **SG:** 4

Ordnung: Stolidobranchia
Fam.: Styelidae

Stolonica socialis, Atlantik

Stolonica socialis HARTMEYER, 1903
Soziale Seescheide

Vork.: Ostatlantik, Nord- und Ostsee bis Portugal; in 5 - 40 m Tiefe.
GU: Keine.
Soz. Verh./Vgs.: Lebt in dichten, an der Basis miteinander verbundenen Kolonien auf Felsgründen verschiedener Art.
Hält. B.: Nicht bekannt; wenn es gelingt, eine größere zusammenhängende Gruppe heil ins Aquarium zu bringen, dürfte die Haltung nicht schwierig sein.
Licht: Sonnen-bis Mittellichtzone.
ZU/Verm.: Diese Seescheide macht einen Generationswechsel von ungeschlechtlicher Vermehrung zur Ausbildung von Kolonien und geschlechtlicher Vermehrung durch Abgabe der Geschlechtsprodukte ins Wasser durch.
FU: Plankton: Infusorien, frisch geschlüpfte *Artemia* (Nauplien), Flagellaten, Planktonersatz wie zerriebene Mehl- und Regenwürmer, Trockenfutter, "Muschelmilch" u.v.a.
Bes.: Diese Art ist erkennbar an der gelben, orangen oder roten Färbung und den rundlichen, nur an der Basis miteinander verbundenen Einzeltieren.

T: 12 - 18° C, **L**: 10 cm, **BL**: ab 50 cm, **WB**: m - s, **WR**: u, **BS**: 2, **SG**: 3

Styela canopus, Mittelmeer

Styela canopus (SAVIGNY, 1816)
Einsiedler - Seescheide

Vork.: Mittelmeer; in 4 - 50 m Tiefe.
GU: Keine.
Soz. Verh./Vgs.: Lebt einzeln oder in losen Gruppen auf festen Gegenständen.
Hält. B.: Nicht bekannt.
Licht: Sonnen- bis Mittellichtzone.
ZU/Verm.: Solitäre Art ohne Generationswechsel.
FU: Plankton: Infusorien, frisch geschlüpfte *Artemia* (Nauplien), Flagellaten, Planktonersatz wie zerriebene Mehl- und Regenwürmer, Trockenfutter, "Muschelmilch" u.v.a.
Bes.: Diese Art ist erkennbar an den nahe beisammen, in etwa gleicher Höhe liegenden Ein- und Ausströmöffnungen, die noch dazu ein Streifenmuster aufweisen. Die Körperfärbung selbst ist meist nicht sichtbar, da die Tiere von Algen und festsitzenden Tieren überwuchert werden. Hier trägt ein Einsiedlerkrebs mehrere Exemplare auf seinem überwucherten Schneckengehäuse.

T: 15 - 20° C, **L**: 4 cm, **BL**: ab 30 cm, **WB**: m, **WR**: u, **BS**: 2, **SG**: 3

Klasse: Thaliacea
Ordnung: Pyrosomida

Feuerwalzen sind Kolonien, die aus zahlreichen seescheidenähnlichen, in Walzenform angeordneten Einzeltieren bestehen. Die Mundöffnungen der Tiere liegen außen, die Ausfuhröffnungen im Inneren der hohlen Kolonie, die nur an einem Ende eine Öffnung aufweist. Die Wandstärke der Walze entspricht der Länge der Einzeltiere.

Pyrosoma atlanticum (METCALF & HOPKINS, 1919)
Atlantische Feuerwalze

Vork.: Atlantik; Mittelmeer, in 0 - 50 m Tiefe. **GU**: Keine.
Soz. Verh./Vgs.: Diese Feuerwalze lebt zwar einzeln, manchmal aber in großer Zahl besonders über tiefen Meeresbecken.
Hält. B.: Jungtiere können einige Zeit vor Ort im Aquarium beobachtet werden, sie sind als Bewohner des Freiwassers keine Aquarientiere. Ihr Transport gelingt schlecht, die Haltung auf längere Zeit nicht.
Licht: Sonnenlichtzone.
ZU/Verm.: Alle Einzeltiere einer Feuerwalze sind Geschlechtstiere, und zwar Zwitter; sie bilden jeweils ein Ei, das im Körperinneren befruchtet wird. Aus ihm gehen 4 kreuzförmig miteinander verbundene Tochtertiere hervor, die in den zentralen Walzenraum entlassen werden und daraufhin in das Freiwasser gelangen. Aus den 4 Primärpolypen entsteht durch ungeschlechtliche Vermehrung die walzenförmige Kolonie. Die Fortpflanzungszeit im Mittelmeer fällt in die Wintermonate (Dez. - Febr.).
FU: Feuerwalzen fressen kleine Planktonformen (Diatomeen, Protozoen, kleine Krebstiere und deren Larven).
Bes.: Die Konsistenz der Feuerwalze ist gallertartig-knorpelig; die Oberfläche von Jungkolonien warzig, die alter stachelig; junge sind durchsichtig, alte gelblich opak. Die Fortbewegung entsteht durch den "Rückstoß" des in das Walzeninnere abgegebenen Atemwassers, das durch eine Öffnung am "Hinterende" der Walze austritt. Feuerwalzen können bei Reizung mit Hilfe von Bakterien gelblich oder blaugrün aufleuchten; daher der Name.
T: 15 - 24° C, **L**: 20 cm, **BL**: ab 100 cm, **WB**: m, **WR**: o, **BS**: 3, **SG**: 3-4

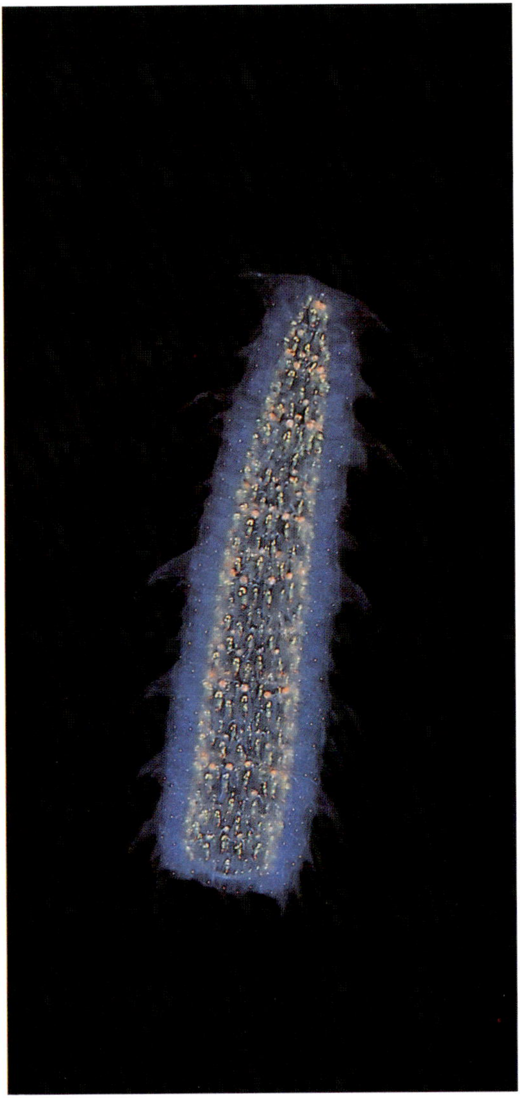

Pyrosoma atlanticum

Ordnung: Salpida
Fam.: Salpidae

Salpa fusiformis (CUVIER, 1815)
Kleine Salpe

Vork.: Atlantik, Mittelmeer; in 2 - 30 m Tiefe.
GU: Keine.
Soz. Verh./Vgs.: Lebt einzeln oder in Ketten im freien Wasser.
Hält. B.: Nicht bekannt. Benötigt ein sehr großes Becken ohne Aufbauten, um frei schwimmen zu können. Nicht für Heimaquarien geeignet.
Licht: Sonnenlichtzone.
ZU/Verm.: Diese Art macht einen Generationswechsel durch: Aus einem Muttertier, der sogenannten Amme, geht durch Knospung eine Doppelreihe spiegelgleicher Geschlechtstiere hervor, die einige Zeit mit ihr verbunden bleiben, bis sich die neue Salpenkette abtrennt und, geschlechtsreif geworden, je ein Ei und Spermien erzeugt. Das Ei wird von Spermien fremder Tiere befruchtet, die Larve wächst im Mutterleib heran und wird als Jungsalpe ins freie Wasser entlassen, wo sie zu einer Amme heranwächst. Geschlechtstier und Amme sehen einander ähnlich, die Geschlechtstiere sind aber meist etwas kleiner und haben lange, spitze Fortsätze. Ammen findet man hauptsächlich im Sommer, Geschlechtstiere im Winter (Maximum im April).
FU: O; filtert Plankton aus dem Wasser, während sie vorwärtsschwimmt. Kann mit Plankton: Infusorien, frisch geschlüpften *Artemia*-Nauplien, Flagellaten, Planktonersatz wie zerriebenen Mehl- und Regenwürmer, Trockenfutter, "Muschelmilch" u.v.a. ernährt werden.
Bes.: Diese Art bleibt viel kleiner als die Riesensalpe (Einzeltiere ca. 5 cm). Ammen sind erkennbar an vorn 3 und hinten 2 Muskelbändern, die sich an einem Punkt vereinigen. Die Geschlechtstiere besitzen lang ausgezogene Spitzen an beiden Enden, aber sehr ähnlich der *S. maxima* vereinigte 4 Muskelbänder. Sie ist normalerweise Hochseebewohner, wird aber bei Strömungen und starken Winden manchmal in Küstennähe getrieben.

T: 19 - 25° C, **L**: 5 cm, **BL**: ab 200 cm, **WB**: m, **WR**: u - o, **BS**: 2 - 3, **SG**: 3

Salpa fusiformis, Mittelmeer

Ordnung: Salpida
Fam.: Salpidae

Pegea bicaudata (QUOY & GAIMARD, 1824)
Riesensalpe

Vork.: Atlantik, Mittelmeer; in 1 - 50 m Tiefe.
GU: Keine.
Soz. Verh./Vgs.: Lebt einzeln oder in Kettenform im freien Wasser.
Hält. B.: Nicht bekannt. Nicht für die Aquarienhaltung geeignet.
Licht: Sonnenlichtzone.
ZU/Verm.: Diese Art macht einen Generationswechsel durch: Aus einem Muttertier, der sogenannten Amme, geht durch Knospung eine Doppelreihe spiegelgleicher Geschlechtstiere hervor, die einige Zeit mit ihr verbunden bleiben, bis sich die neue Salpenkette abtrennt und, geschlechtsreif geworden, je ein Ei und Spermien erzeugt. Das Ei wird von Spermien fremder Tiere befruchtet, die Larve wächst im Mutterleib heran und wird als Jungsalpe ins freie Wasser entlassen, wo sie zu einer Amme heranwächst. Geschlechtstier und Amme sehen einander ähnlich, die Geschlechtstiere sind aber meist etwas kleiner. Ketten findet man hauptsächlich im Frühsommer (Mai - Juli).
FU: O; mit Pumpbewegungen, die auch der Fortbewegung dienen, strömt Plankton in den Kiemenkorb, wird dort herausgefiltert und in den Verdauungstrakt befördert. Die Art ist mit Plankton und Planktonersatz zu ernähren.
Bes.: Die Riesensalpe bildet Ketten von vielen Metern Länge (es wurden schon mehr als 40 m gemessen). Ammen erreichen 15 cm Länge, Geschlechtstiere 10 cm. Diese Art erkennt man meist schon an der Größe und an der Anordnung der Muskelbänder, die man durchschimmern sieht. Ammen haben nur parallel verlaufende Bänder, die auf der Bauchseite nicht geschlossen sind; bei Geschlechtstieren treffen sich 4 davon an einem Punkt; außerdem besitzen die Geschlechtstiere vorn und hinten je einen spitz zulaufenden Fortsatz. Beide Formen besitzen einen rot gefärbten kugelförmigen Nucleus am hinteren Teil des Körpers.

T: 19 - 25° C, **L**: 15 cm (Ketten -40 m), **BL**: ab 300 cm, **WB**: m, **WR**: o, **BS**: 2, **SG**: 3 -4

Pegea bicaudata

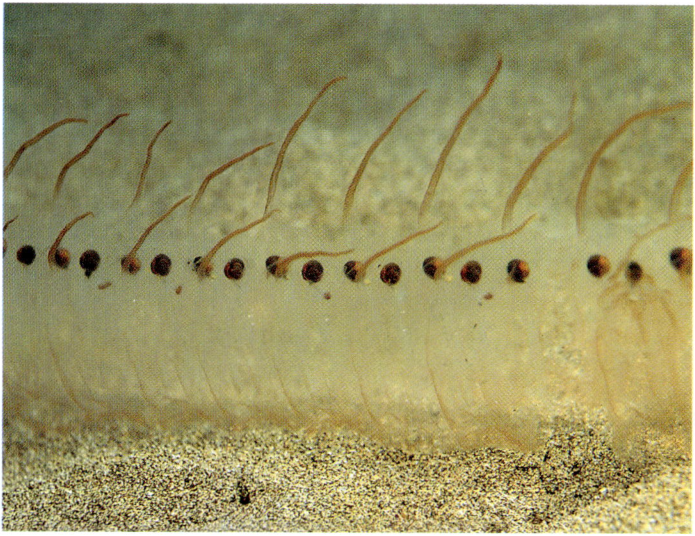

Pegea bicaudata

Pegea socia (BOSC, 1802)
Soziale Salpe

Vork.: Tropischer Westatlantik; in 1 - 40 m Tiefe.
GU: Keine.
Soz. Verh./Vgs.: Lebt einzeln oder mit Jungtierkolonie im freien Wasser.
Hält. B.: Nicht bekannt. Benötigt ein sehr großes Becken ohne Aufbauten, um frei schwimmen zu können. Nicht für Heimaquarien geeignet.
Licht: Sonnenlichtzone.
ZU/Verm.: Diese Art macht einen eigenartigen Generationswechsel durch: Aus einer Larve entsteht ein Muttertier, die sogenannte Amme, welche durch Knospung eine Reihe spiralig aufgerollter Jungtiere hervorbringt, die einige Zeit mit ihr verbunden bleiben, bis sich die neue Salpenkette abtrennt und, geschlechtsreif geworden, Eier und Spermien erzeugt, aus denen wiederum Larven entstehen, aus denen neue Ammen hervorgehen.
FU: O; filtert Plankton aus dem Wasser, während sie mit Pumpbewegungen dahinschwimmt; nimmt im Aquarium Plankton: Infusorien, frisch geschlüpfte *Artemia* (Nauplien), Flagellaten, Planktonersatz wie zerriebene Mehl- und Regenwürmer, Trockenfutter, "Muschelmilch" u.v.a.
Bes.: Die Amme dieser Art ist erkennbar an der spiralig aufgerollten Tochterkolonie an ihrer Unterseite. Sie ist normalerweise Hochseebewohner, wird aber bei Strömungen und starken Winden manchmal in Küstennähe getrieben.

T: 19 - 25° C, **L:** 10 cm, **BL:** ab 200 cm, **WB:** m, **WR:** m - o, **BS:** 2, **SG:** 3

Abdomen: Hinterleib.

abiotische Faktoren: physikalische und chemische Faktoren der unbelebten Umwelt, die auf Organismen einwirken. Zu den abiotischen Faktoren zählen: Temperatur, Licht, Salzgehalt, Dichte, Strömungen, Gezeiten, Druck, Sauerstoffgehalt etc.

aboral: von der Mundöffnung abgewandt.

Abyssal: Region der Tiefsee, die von 1000 - 7000 m Wassertiefe reicht. Es ist eine lichtlose Zone mit weitgehend konstanten Bedingungen von Temperatur und anderen abiotischen Faktoren. Viele Tiere sind an die extremen Lebensbedingungen im Abyssal angepaßt.

Actinula: freischwimmende, bewimperte Larve vieler Nesseltiere. Aus ihr kann sich, je nach Art, entweder ein Polyp oder eine Meduse (Qualle) entwickeln.

adult: erwachsen. Bezeichnung für einen Organismus ab dem Beginn der Geschlechtsreife.

ahermatypisch: nicht riffbildend; die Polypen der Korallen leben ohne Zooxanthellen in ihrem Gewebe.

Ambulacralgefäßsystem: Wassergefäßsystem bei den Stachelhäutern. Es besteht aus einem um dem Mund gelegenen Ringkanal und fünf Radiärkanälen.

Ambulacralfüßchen: Bewegungsorgane der Stachelhäuter.

amöboide Bewegung: kriechend-fließende Fortbewegung mit Hilfe von Pseudopodien bei den Wechseltierchen (Amöbozoa).

amorph: formlos, gestaltlos, unregelmäßig geformt.

amphibisch: sowohl im Wasser als auch auf dem Land lebend.

Amphipode: Flohkrebs mit seitlich zusammengedrücktem Körper, dem ein Carapax fehlt. Flohkrebse besiedeln alle marinen Lebensräume; einige sind ins Süßwasser eingedrungen.

anaerob: unter Ausschluß von Sauerstoff ablaufende Vorgänge.

Anomalie: Abweichung von der normalen Form.

Anus: After, Darmausgang.

Apex: Gehäusespitze bei Schnecken.

apical: vorne, Spitze eines Körpers.

aquatisch: im Wasser lebend.

Archaeocyten: totipotente Zellen bei den Schwämmen. Aus ihnen können sich alle anderen Schwammzellen entwickeln.

Glossar

Areal: Fläche, Wohngebiet von Pflanzen- und Tiergruppen.

Atoll: Korallenriffe, die eine Lagune umwachsen.

Auricularia: freischwimmende Larve der Stachelhäuter.

Autotomie: Selbstverstümmelung.

basal: anatomische Lagebezeichnung für Strukturen, die sich nahe der Grundfläche eines zu untersuchenden Objektes befinden.

Bathyal: Bezeichnung für eine lichtarme Zone des Meeres, die zwischen 200 und 4000 m Wassertiefe liegt.

Benthal: der gesamte Bodenbereich aller Fließgewässer, Seen und Meere.

Benthos: Lebensgemeinschaften von Pflanzen und Tieren im Benthal.

bentisch: Tiere und Pflanzen, die auf dem Boden von Gewässern leben.

bilateral-symmetrisch: zweiseitig-gleichförmig.

Biomasse: Gesamtheit der in einem Lebensraum vorkommenden Lebewesen in Gramm bezogen auf Frisch- oder Trockengewicht pro Kubikmeter Volumen oder Quadratmeter Oberfläche.

biotisch: belebt.

biotische Faktoren: Faktoren der lebenden Umwelt. Dazu zählen: Nahrung, Konkurrenz, Parasiten, Krankheitserreger, gelöste organische Substanzen, Trübstoffe, Biolumineszenz, Bioakustik etc.

Biotop: Lebensraum einer Lebensgemeinschaft aus Pflanzen und Tieren mit seinen typischen Umweltbedingungen.

Bipinnaria: Larve der Seesterne.

Brackwasser: Wasser mit niedrigem Salzgehalt. Tritt besonders im Mündungsbereich von Flüssen auf.

Byssus: Sekret der Byssusdrüsen im Fuß vieler Muscheln. Das Sekret erhärtet sehr schnell im Meereswasser und dient der Verankerung.

Carnivoren: fleischfressende Tiere und Pflanzen.

caudal: schwanzwärts, zum hinteren Körperende gelegen.

Chaetae: Borsten der Borstenwürmer (Oligo- und Polychaeta).

Chemorezeptoren: Sinneszellen, die der Wahrnehmung von gelösten und gasförmigen chemischen Substanzen in der Umwelt dienen.

Chiastoneurie: = Streptoneurie, eine Nervenüberkreuzung bei vielen Schnecken, die bedingt wird durch die Torsion des Eingeweidesackes.

Chorda: elastischer Rückenstab, aus dem die Wirbelsäule hervorgegangen ist.

Cirren: längliche, tentakelartige Körperanhänge vieler Tiere, die Tast-, Haft- oder Bewegungsfunktion besitzen.

Cniden: Nesselkapseln der Nesseltiere (Cnidaria).

Cnidocil: cilienähnlicher Fortsatz der Nesselkapseln bei den Nesseltieren (Cnidaria). Bei Berührung ist er für die Auslösung der Nesselkapselexplosion verantwortlich.

Coeloplana: Ein einfach gebautes Meerestier, das zum Stamm der Rippenquallen (Ctenophora) gehört. Es unterscheidet sich von den frei im Meer lebenden Rippenquallen durch seine Seßhaftigkeit, indem es als ein Kommensale auf Weichkorallen lebt und entsprechend seiner Lebensweise im hohen Maße modifiziert ist. Es wurde zuerst im Roten Meer, später auch bei Japan gefunden.

Coenosark: auch Coenenchym genannt. Teil eines Polypenstockes, der die einzelnen Polypen miteinander verbindet.

Copepoda: Ruderfußkrebse, Unterklasse der Krebstiere.

Coralligene: Bezeichnung für marine Hartböden, die ihre Entstehung der Absonderung von Kalk durch verschiedene marine Organismen verdanken. Die Kalkproduzenten sind hauptsächlich Rotalgen aus der Familie der Corallinaceae. Der Lebensraum umfaßt Tiefenbereiche von 15 - 120 m.

Ctenidien: Kiemen der Weichtiere (Mollusca).

Cuviersche Schläuche: drüsige Darmanhänge am Enddarm verschiedener Seegurkenarten, die bei Störungen ausgestoßen werden. In Verbindung mit Seewasser bilden sie ein klebriges Gewirr, worin sich Fische und Angreifer verfangen sollen. Sie werden als modifizierte Kiemen gedeutet.

Cystid: hintere Körperregion bei Moostierchen.

Detritus: organische Abfallstoffe von pflanzlichen und tierischen Geweben.

Doliolaria: Larvenstadium der Seewalzen (Holothuroidea).

Dominanz: Begriff der Überlegenheit eines Tieres einem anderen gegenüber. Bedeutet aber auch hoher prozentualer Anteil einer Pflanze oder Tierart an der Gesamtindividuenzahl einer Organismengemeinschaft.

dorsal: zur Rückenseite gehörig.

Echinopluteus: Larve der Seeigel.

Ektoparasiten: Außenschmarotzer, die an der Oberfläche anderer Organismen leben und hier parasitisch Nahrung aufnehmen.

Embryo: ein sich aus einer Eizelle entwickelnder Organismus, solange er sich noch in der Eihülle oder im mütterlichen Körper befindet.

Embryonalentwicklung: die Entwicklung eines Lebewesens von der befruchteten Eizelle bis zur Geburt.

Endobiose: eine Form des Zusammenlebens von Organismen, wobei der eine Organismus innerhalb des anderen lebt.

Ephyra: Larve der Scyphomedusen.

Epibiose: eine Form des Zusammenlebens von Organismen, wobei der eine Partner auf der Oberfläche des anderen lebt.

euhaline Zone: Zone des Meerwassers mit 30 - 40 ‰ Salzgehalt.

Evertebrata: Wirbellose Tiere, die kein Rückgrat besitzen.

Evolution: Entwicklung der Organismen im Verlauf der Erdgeschichte.

Exoskelett: Außenskelett.

Extremitäten: Gliedmaßen oder Körperanhänge, die der Fortbewegung dienen.

Exumbrella: Schirmoberseite der Hydro- und Scyphomedusen.

Fäkalien: Exkremente, Kot. Die für die Ernährung nicht benötigten oder unverdaulichen Nahrungsbestandteile, die abgegeben werden.

Fauna: Tierwelt. Die Gesamtheit der in einem bestimmten Gebiet vorkommende Tierwelt.

Flora: Pflanzenwelt. Der Gesamtbestand aller Pflanzen eines Gebietes.

Gameten: Geschlechtszellen, Keimzellen, sexuelle Fortpflanzungszellen beiderlei Geschlechts.

gastral: den Magen-Darm-Trakt betreffend.

Gemmulae: Dauerstadien bei den Schwämmen des Süßwassers.

Genitalorgane: Geschlechtsorgane.

Genus: Gattung.

Getrenntgeschlechtlich: Arten mit männlichen und weiblichen Individuen.

Gezeitenzone: Küstenzone, in der Ebbe und Flut wirksam sind.

Glutinanten: Haftkapseln mit Klebsekret bei den Nesseltieren.

Gonaden: männliche und weibliche Keimdrüsen.

Gorgonin: Bausubstanz des Achsenskeletts vieler Hornkorallen. Es ist ein mit dem Kollagen verwandtes Protein.

Habitus: äußere Erscheinungsform, Gestalt oder Erscheinungsbild von Lebewesen.

Häutung: hormonell gesteuertes und periodisches Abstreifen und Neubildung der Körperbedeckung (Krebse, Insekten).

Hectocotylus: Speziell umgewandelter Arm als Begattungsarm zur Übertragung der Spermatophoren bei männlichen Tintenschnecken.

Herbivoren: Pflanzenfresser.

Hermaphrodit: Zwitter.

hermatypisch: riffbildend. Die Polypen der Korallen besitzen Zooxanthellen in ihrem Gewebe.

Holothurin: extrem starkes Gift der Seewalzen aus der Gattung *Holothuria.*

homogen: gleichartig, innerlich gleichförmig, überall die gleichen physikalischen Eigenschaften besitzend.

Hydranth: becherförmig erweitertes Oberteil eines Hydropolypen, das den Mund und die Tentakel trägt.

Hydrocaulus: Stiel des Hydropolypen.

Hydrotheca, auch **Hydrotheken:** Peridermhülle der Hydropolypen.

Infauna: Gesamtheit der Tiere, die in Bodensedimenten leben.

Inkrustierung: Einlagerung von organischen und anorganischen Stoffen.

irreversibel: Vorgänge, die nicht mehr vollkommen rückgängig gemacht werden können.

juvenil: jugendlich, noch nicht geschlechtsreif.

Kelp: Bezeichnung für große Algen der Gattungen *Laminaria, Macrocystis und Nereocystis.*

Kiemen: Atmungsorgane wasserbewohnender Tiere.

Kleptocniden: Nesselkapseln, die mit der Nahrung aufgenommen und im Körper des Räubers gespeichert werden. Dieser benutzt sie überwiegend zur Feindabwehr.

Kolonie: Ansammlung oder Verband von vielen Einzelindividuen der gleichen Art, die sich vergesellschaften.

Kommensalismus: Form des Zusammenlebens artverschiedener Tiere, bei der die eine Art (Kommensale = Mitesser) von der Nahrung der anderen Art (Wirt) profitiert, ohne den Partner zu schädigen.

Knospung: eine Form der asexuellen Fortpflanzung.

Kosmopoliten: Pflanzen- und Tierarten, die über die ganze Welt verbreitet sind.

lateral: seitwärts gelegen.

Laterne des Aristoteles: Kauapparat der Seeigel.

Ligament: hornige Bänder bei Muscheln, die beide Schalenklappen miteinander verbinden und zusammenhalten.

Litoral: Uferzone, erfaßt die lichtdurchfluteten Bereiche des Benthals. Es wird in verschiedene Zonen unterteilt.

Lokomotion: Fortbewegung.

Lunarperiodizität: periodische Abhängigkeit der Entwicklungs- und Sexualvorgänge verschiedener Organismen vom Stand des Mondes (Mondphase).

Madreporenplatte: Siebplatte; siebartig durchbrochene Kalkplatte bei den Stachelhäutern. Durch sie hindurch erfolgt die Kommunikation zwischen Umgebungswasser und Ambulacralgefäßsystem.

median: in der Mitte des Körpers befindlich.

Medusen: Quallen, die die geschlechtliche Generation der Nesseltiere darstellen.

Mesenterien: Scheidewände, die den Gastralraum von Polypen in Kammern teilen. 8 Kammern bei den *Octocorallia* und 6 Kammern bzw. ein Vielfaches davon bei den *Hexacorallia*.

Metamorphose: Gestaltsumwandlung.

Migration: Wanderung von Individuen einer Population.

Mikrophagen: Kleintierfresser.

Mobilität: Beweglichkeit.

Mortalität: Sterblichkeit.

Mud: mit sich zersetzenden organischen Substanzen angereicherter Weichgrund des Meeres.

Nematocysten: eine andere Bezeichnung für Cniden. Es sind Nesselkapseln der Nesseltiere (Cnidaria).

Notopodium: dorsaler Abschnitt der Extremität der Ringelwürmer.

Nuchalorgane: Chemorezeptoren für den Geschmackssinn zur Überprüfung der Nahrung bei den Ringelwürmern.

Ocellen: Punktaugen = Lichtsinnesorgane bei verschiedenen Tiergruppen, die schon sehr früh bei den Hohltieren auftreten.

ökologische Nische: Bezeichnung für die Wechselbeziehung einer Tierart und der für diese relevanten Umweltfaktoren unter Berücksichtigung aller biotischer und abiotischer Parameter.

Ökosystem: Beziehungsgefüge der Lebewesen untereinander in einem Lebensraum definierter Größenordnung (z.B. See, Wald, Wiese).

Omnivoren: Allesfresser. Sie besitzen ein unspezialisiertes Nahrungsspektrum.

Oocyte: Eizelle.

Oogenese: Eientwicklung. Entwicklung der weiblichen Keimzellen bei Tieren und Menschen.

Operculum: hornartiges, deckel- bis plattenförmiges Gebilde zum Verschließen von Schneckenschalen.

oral: den Mund betreffend, durch den Mund.

Osculum: Ausströmöffnung bei Schwämmen.

Ostracum: Schale der Weichtiere. Sie besteht aus organischen Lamellen von Conchin und Natriumkarbonat in verschiedenen Kristallisationsformen. Meist jedoch aus Aragonit und Calcit.

Ovar: Keimdrüse, Eierstock, Gonade.

ovipar: Abgabe von Eizellen vor der Befruchtung.

Ovoviviparie: lebendgebärend.

Paarung: Begattung, Vereinigung.

Pankreas: Bauchspeicheldrüse.

Papillen: Erhebungen bzw. Ausstülpungen der Haut.

Papulae: weichhäutige, bläschenartige Ausstülpungen der Haut bei den Seesternen, die der Atmung dienen.

Parapodien: Füßchen. Entweder als lappenartige Fortsätze des Fußes bei Hinterkiemern ausgebildet, wo sie zum Schwimmen benutzt werden, oder als lateral gelegene Extremitäten bei den Ringelwürmern, die aus Notopodium und Neuropodium bestehen.

Parasiten: Schmarotzer.

Parasitismus: Schmarotzertum, das aus der Wechselwirkung zwischen zwei Tierarten als Parasit-Wirt-System besteht.

Parthenogenese: eingeschlechtliche, unbefruchtete Fortpflanzung (Jungfernzeugung).

Paxillen: Strukturen auf der Oberseite verschiedener Seesterne. Von der Skelettplatte erheben sich säulenartige Fortsätze, auf denen je ein Kranz kleiner, beweglicher Stacheln steht.

Pedicellarien: kleine Greiforgane bei Stachelhäutern (Echinodermata)

Pelagial: Zone des freien Wassers. Alle Tiere, die darin leben, sind *pelagisch*.

Pelagos: Tiere des freien Wassers.

Pelagothuria: Gattung im Pelagial schwebender Seewalzen.

Penetranten: Durchschlagskapseln bei den Nesseltieren.

Pentactula: spätes Larvenstadium der Seewalzen.

Pentamerie: Fünfstrahligkeit, bezeichnet die fünfstrahlige Radiärsymmetrie bei den Stachelhäutern.

Periderm: Hülle aus Chitin.

Periostrakum: Schalenhaut der Weichtiere.

Peristomialmembran: weichhäutige Membran, die das Mundfeld bei den Seeigeln umgibt. Sie enthält kalkige Einlagerungen.

Perlmutt: Schalenschicht bei den Weichtieren; besteht aus polygonalem, kristallisiertem Aragonit, wobei die Kalkkristalle parallel zur Schalenoberfläche angeordnet sind.

Petalodien: blattartige Kiemen und Strukturen auf der Schalenoberseite bei den irregulären Seeigeln.

Pharynx: Schlund, Rachen, ein zwischen dem Mund und dem Darm gelegener Abschnitt.

Phytoplankton: pflanzlicher Bestandteil des Planktons.

Pinacocyten: flache, polygonale, kontraktile Zellen, die die Grenzepithelien bei den Schwämmen bilden.

Pinacoderm: besteht aus zwei Zellagen von Pinacocyten. Es gilt als echtes Epithel der Schwämme.

Pinnulae: Federchen. Sie können als bewimperte Filamente an den Tentakeln von Ringelwürmern auftreten. Sie bilden auch die feinen Seitenäste der Arme bei den Haarsternen und Seelilien.

Plankton: Begriff für die Gesamtheit der im Meer treibenden oder schwebenden, meist kleinen bis kleinsten Algen und Tiere.

Planula: Larve der Hohltiere.

Pleuston: Lebensgemeinschaft an der Wasseroberfläche treibender Organismen.

Pluteus: Larve der Stachelhäuter.

Polypen: eine der beiden Habitusformen bei den Hohltieren.

Polypid: Vorderkörper der Moostierchen.

Population: Gesamtheit der Individuen einer Tierart in einem bestimmten Raum, die über mehrere Generationen genetisch verbunden ist.

Populationsdichte: Besiedlungsdichte, Individuendichte, Anzahl der Individuen in einem bestimmten Raum.

Proboscis: Rüssel.

Proteine: Eiweiße, Eiweißstoffe, Eiweißkörper.

Protonephridien: Exkretionsorgane, auch "Niere" bei den Polychaeta und anderen Tiergruppen.

Radula: Reibzunge, Raspelzunge bei den Weichtieren.

Regeneration: Die Fähigkeit, verlorengegangene Organe oder Gliedmaßen zu ersetzen.

Reproduktion: Fortpflanzung.

Respiration: Atmung.

Respirationsorgane: Atmungsorgane.

rezent: jetzt, in der Gegenwart lebend.

Riff: unterseeische Erhebung von Felsen oder biogenen Gesteinen bis nahe zur Wasseroberfläche, die ein bestimmtes Ökosystem darstellen.

Schlick: überwiegend brackiges Sediment auf flachen Meeresküsten im Watt, in Mangroven und im Mündungsbereich von Flüssen.

Schulp: Die in das Körperinnere verlagerte, langgestreckte und flache Kalkschale verschiedener Kopffüßler.

Scleroblasten: Bildungszellen der Sklerite.

Sclerosepten: Kalksepten und Teile des Kalkskeletts bei den Steinkorallen (Madreporaria).

Sediment: Anhäufung von Lockermaterial, das aus der mechanischen oder chemischen Zerstörung von Festgesteinen oder über Organismen entstanden ist.

Segment: Glied, Abschnitt.

Segmentierung: Gliederung in hintereinander liegende Abschnitte, die durch Wiederholung bestimmter Organe gekennzeichnet sind.

Sekret: von Drüsen abgegebene Stoffe, die für den Organismus von funktioneller Bedeutung sind.

Sekretion: aktive und selektive Ausschleusung bestimmter Sekrete, Exkrete oder Inkrete.

Selektion: Auswahl, Auslese.

Septen: Scheidewände.

sessil: festsitzend.

Sipho: Atemrohr bei Muscheln und Schnecken.

Siphonozoide: Schlauchpolypen ohne Fangarme und Verdauungsorgane bei den Octocorallia. Sie bewirken das An- und Abschwellen des Tierstockes.

Sklerite: Skelettelemente bei den Schwämmen und Octocorallia.

solitär: einzeln lebend.

Spermatophore: Samenpaket, Spermienpaket, eine mit Samenzellen gefüllte Kapsel.

Spicula: Sammelbegriff für kleine, ein- oder mehrstrahlige, spitze Sklerite, die aus Kalk bestehen.

Spindel: Die Achse von der Spitze bis zum Nabel bei Schneckengehäusen.

Spongin: Gerüstsubstanz der Hornschwämme, die dem Kollagen sehr ähnelt und ein Skleroprotein darstellt.

Statocyste: Gleichgewichtsorgan.

Steinkanal: Teil des Ambulacralgefäßsystems bei den Stachelhäutern. Er verbindet den Ringkanal mit der Madreporenplatte.

Stolonen: Ausläufer, die der asexuellen Fortpflanzung dienen und an denen neue Tiere ausknospen.

Strobilation: vegetative Vermehrung bei den Scyphozoa durch ringförmiges Abtrennen von Ehyralarven, die zur Meduse heranwachsen.

Stützlamelle: muskulöse Schicht zwischen Außen- und Innenhaut der Nesseltiere und Rippenquallen.

Sublitoral: der ständig unter Wasser liegende Teil des Litorals.

submarin: unter dem Meeresspiegel liegend.

Substrat: Material, auf oder in dem Tiere leben und sich entwickeln.

Subumbrella: Schirmunterseite der Scypho- und Hydromedusen.

Symbiose: Eine Form der Vergesellschaftung zwischen Organismen, wobei beide Partner aus der Verbindung einen Vorteil ziehen.

Tentakel: Fangarme.

terrestrisch: dem Land zugehörig.

Territorium: Revier.

Totipotenz: Die Fähigkeit, alles zu können. *Archaeocyten* als totipotente Zellen bei den Schwämmen. Aus ihnen können alle Zelltypen entstehen.

toxisch: giftig, auf Giftwirkung beruhend.

Trochophora: Larve der Ringelwürmer.

Tunicin: celluloseähnliche Substanz im Mantel (Tunica) der Manteltiere (Tunicata).

vagil: beweglich, umherschweifend, eine Form der aktiven Bewegung.

Veliger: Schwimmlarve der Weichtiere.

ventral: in der Bauchregion gelegen.

vivipar: lebendgebärend.

Volventen: Wickelkapseln bei den Nesseltieren.

Watt: küstennaher Bereich in der Nordsee, im Einflußbereich zwischen Hoch- und Niedrigwasser gelegen.

Zooid: Einzeltier einer Kolonie bei den Hydrozoen, Anthozoen, Bryozoen oder Kamptozoen. Sie sind spezialisiert und differenziert.

Zooplankton: der tierische Anteil des Planktons.

Zooxanthellen: einzellige Algen verschiedener systematischer Zugehörigkeit, die in Schwämmen, in Hohltieren und in Weichtieren endosymbiontisch leben.

Zwergmännchen: männliche Organismen, die wesentlich kleiner sind als die Weibchen, siehe *Bonellia viridis.*

Zwitter: Hermaphroditen. Sie besitzen die Fähigkeit, gleichzeitig männliche und weibliche befruchtungsfähige Geschlechtsprodukte auszubilden.

Zyklus: Kreislauf, ein periodisch ablaufendes Geschehen.

Index Band 2 und Band 3

Kursiv = Lateinische Namen der Gattungen und Arten

Normal = Deutsche Namen, Familien und Unterordnungen

KAPITÄLCHEN = Stamm, Klasse, Unterklasse, Ordnungen

Index Band 2 und Band 3

Index Band 2 und Band 3

Index Band 2 und Band 3

Index Band 2 und Band 3

Index Band 2 und Band 3

Index Band 2 und Band 3

Index Band 2 und Band 3

Index Band 2 und Band 3

Index Band 2 und Band 3

Index Band 2 und Band 3

Literaturverzeichnis

Abbott, D.P. (1987): Observing marine invertebrates. Stanford University Press, Stanford, California, USA.

Adijodi, K.G. & Adiyodi, R.G. (1988): Reproductive biology of invertebrates. John Wiley & Sons, Chichester, N.Y., USA.

Amsler, K. (1984): Zauberwelt der Meere. Stürtz Verlag, Würzburg, Germany.

Baensch, H.A. & Debelius, H. (1992): Meereswasser-Atlas. Mergus Verlag, Melle, Germany.

Baensch, H.A. (1992): Neue Meereswasserpraxis. Tetra Verlag, Melle, Germany.

Bauchet, P., Danrigal, F. & Huyghens, S. (1978): Living seashells. Molluscs of the English Channel and Atlantic coasts. Blandford Press, Dorset, U.K.

Baumeister, W. (1990): Meeresaquaristik. Verlag Eugen Ulmer, Stuttgart, Germany.

Bellmann, H., Hausmann, K., Janke, K. & Schneider, H. (1991): Einzeller und Wirbellose. Die farbigen Naturführer. Bertelsmann Club, Gütersloh, Germany.

Bemert, G. & Ormond, R. (1981): Red sea coral reefs. Kegan Paul International, London-Boston.

Bennet, I. (1971): The Great Barrier Reef. Landsdowne Press, Sydney, Australia.

Bennet, I. (1966): The fringe of the sea. Rigby Ltd., Adelaide, Australia.

Brusca, G.J. & Brusca, R.C. (1978): A naturalist 's seashore guide: Common marine life of the northern California coast and adjacent shores. Mad River Press, Eureca, California, USA.

Brusca, R.C. & J.G. Brusca (1970): Invertebrates. Sinauer, Sunderland.

Carefood, T. (1977): Pacific seashores. A Guide to intertidal biology. University of Washington Press, Seattle, USA.

Clark, M. & Rowe, F.W. (1971): Monograph of shallow water Indopacific echinoderms. British Museum of Natural History, London, UK.

Clark, A.M. (1977): Starfishes and related echinoderms. TFH Publications Inc., Neptune City, New Jersey, USA.

Coleman, N. (1981): What shell is that ? Landsdowne Press, Sydney, Australia.

Colin, P.L. (1978): Caribbean reef invertebrates and plants. TFH Publications Inc., Neptun City, New Jersey, USA.

Czihak, G. & Dierl, W. (1961): *Pinna nobilis* L. Großes Zoologisches Praktikum 16a. Fischer Verlag, Stuttgart, Germany.

Dakin, W.J., Bennet, I. & Pope, E. (1963): Australian seashores. Angus & Robertson, Sydney, Australia.

Dance, P.(1977): Das große Buch der Meeresmuscheln. Ulmer, Stuttgart, Germany.

Devaney, D.M. (1977): Reef and shore fauna of Hawaii. Bernice P. Bishop Press, Honolulu, Hawaii, USA.

Ditlev, H. (1980): A field guide to the reef-building corals of the Indo-Pacific. Scandinavian Science Press, Klampenborg, Denmark.

Doubilet, D. (1989): Light in the sea. Swan Hill Press, Oxford, N.Y., Frankfurt.

Edwards, A.J. & Head, St.M. (1987): Red Sea. Pergamon Press. Oxford, N.Y., Frankfurt.

Endean, R. (1982): Australia's Great Barrier Reef. University of Queensland Press, St. Lucia, London, UK.

Fechter, R. & Falkner, G. (1990): Weichtiere. Europäische Meeres- und Binnenmollusken. Steinbachs Naturführer. Mosaik Verlag, München.

Fielding, A. & Robinson, E. (1987): An underwater guide to Hawaii. University of Hawaii Press, Honululu, USA.

Fioroni, P. & Meister, G. (1974) *Loligo vulgaris* Lam. Gemeiner Kalmar. Großes Zoologisches Praktikum 16c/2. Fischer Verlag, Stuttgart, Germany.

Fischer, A. (1975): Juwelen des siebenten Kontinents. Molden Verlag, München, Germany.

Fricke, H.W. (1972): Korallenmeer. Belser Verlag, Stuttgart, Germany.

Friedrich, H. ((1965): Meeresbiologie. Borntraeger, Berlin, Germany.

Garnet, J.R. (1968): Venomous Australian animals dangerous to man. CLS Publications, Parkville.

George, D. & George, J. (1979): Marine life. An Illustrated Encyclopedia of Invertebrates in the Sea. Harrap, London, UK.

Gessner, F. (1957): Meer und Strand. VEB Deutscher Verlag der Wissenschaften, Berlin, Germany.

Gillett, K. (1976): The Australian Great Barrier Reef in Colour. A.W. Reed, Sydney, Australia.

Glynn, P.W. & Wellington, G.M. (1983): Corals and coral reefs of the Galapagos island. University of California Press, Berkeley, USA.

Göthel, H. (1992): Farbatlas Mittelmeerfauna. Niedere Tiere und Fische. Ulmer Verlag, Stuttgart.

Götting, K.- J. (1974): Malakozoologie. Grundriß der Weichtierkunde. Fischer Verlag, Stuttgart, Germany.

Gosliner, T. (1987): Nudibranchs of southern Africa. Brill, Leiden, Niederlande.

Gosner, K.L. (1979): A field guide to the Atlantic seashore. Houghton Mifflin C., Boston, USA.

Gotshall, D.W. & Laurent, L. L. (1979): Pacific Coast Subtidal Marine Invertebrates. Sea Challengers, Monterey, California, USA.

Grzimek, B. (1971): Enzyklopädie des Tierreiches. Band 1 und 3. Weichtiere und Stachelhäuter, Kindler Verlag, Zürich, Schweiz.

Guille, A.P., Laboutte & Menou, J.L. (1986): Guide des étoiles de mer, oursins et autres échinoderms du lagon de Nouvelle-Calédonie. Édition de L'Orston, Collection Faune Tropical 25, Frankreich.

Habe, T. (1971): Shells of Japan. Hoikusha Publishing Co., Osaka, Japan.

Harmelin, J. K., Vacelet, J. & Petron, Ch. (1987): Méditerranée vivante. Glénat Grenoble, Schweiz.

Harris, V.A. (1990): Sessile animals of the seashore. Chapman and Hall, N.Y., USA.

Haywood, M. & Wells, S. (1989) : The manual of marine invertebrates. Salamander Books Limited, London, New York.

Heezen, B. C. & Hollister, C.D. (1971): The face of the deep. Oxford University Press, N.Y., USA.

Hobson, E. & Chave, E.H. (1972): Hawaiian reef animals. University of Hawaii Press, Honululu, Hawaii, USA.

Human, P. (1992): Reef creature identification. Florida, Caribbean, Bahamas. New World Publications, Jacksonville, Florida, USA.

Jaeckel, S.H. (1957): Kopffüßer Tintenfische. Neue Brehm Bücherei. Zimsen Verlag, Wittenberg, Germany.

Literaturverzeichnis

Jamgoux, M. & Lawrence, J.M. (1989): Echinoderm studies. Balkema Publishers, Rotterdam, Niederlande.

Janke, K. & Kremer, B.P. (1988): Düne, Strand und Wattenmeer. Kosmos Naturführer. Frankh Verlag, Stuttgart, Germany.

Jones, O.A. & Endean, R. (1976): Biology and geology of coral reefs. Vol.1-3. Academic Press, N.Y., London, San Francisco.

Johnson, M.E. & Snook, H.J. (1927): Seashore animals of the Pacific. Dover Publications, N.Y., USA.

Kaestner, A.: Lehrbuch der speziellen Zoologie. VEB Gustav Fischer Verlag, Jena, Germany.

Kandel, E.R.(1979): Behavioral biology of *Aplysia*. A contribution to the comparative study of opisthobranch molluscs. Freeman Co., U.S.A.

Kaplan, E.H. (1982): A filed guide to coral reefs. Houghton Mifflin Company, Boston, USA.

Kerstitch, A. (1989): Sea of Cortez marine invertebrates. Sea Challenger, Monterey, California, USA.

Kipper, H.E. (1986): Das optimale Meerwasseraquarium. Aqua Documenta Verlag, Bielefeld, Germany.

Kotzloff, E.N. (1987): Marine invertebrates of the Pacific northwest. University of Washington Press, Seattle, USA.

Kühlmann, D. (1984): Das lebende Riff. Landbuch Verlag, Hannover, Germany.

Kühlmann, D., Kilias, R. & Rauschert, M. (1993): Wirbellose Tiere Europas. Neumann Verlag, Radebeul, Germany.

Kükenthal, W. & Matthes, E. (1960): Leitfaden für das zoologische Praktikum. Gustav Fischer Verlag, Stuttgart, Germany.

Lalli, C.M. & Gilmer, R.W. (1989): Pelagic snails. The biology of holoplanctonic gastropod mollusks. Stanford University Press, Stanford.

Lange, J. & Kaiser, R. (1991): Niedere Tiere tropischer und kalter Meere. Ulmer Verlag, Stuttgart, Germany.

Lawrence, J. (1987): A functional biology of echinoderms. Croom Helm, London, UK.

Levine, J.S. & Rotman, J.L. (1985): Faszinierende Unterwasserwelten. Birkhäuder Verlag, Basel, Schweiz.

Lindner G. (1975): Muscheln und Schnecken der Weltmeere. BLV, München, Germany.

Loughurst, A.R. (1981): Analysis of marine ecosystems. Academic Press, London, UK.

Mackie, G.O. (1976): Coelenterate ecology and behavior. Plenum Press, N.Y., USA.

Margalef, R. (1985): Western Mediterranean. Pergamon Press, Oxford, UK.

Matthes, D. (1978): Tiersymbiosen und ähnliche Formen der Vergesellschaftung. Fischer Verlag, Stuttgart, Germany.

Mayland, H.J. (1979): Niedere Tiere im Aquarium. Wirbellose im Meeresaquarium. Philler Verlag, Minden, Germany.

Möhres, F.P. (1964): Welt unter Wasser. Tiere des Mittelmeeres. Belser Verlag, Stuttgart, Germany.

Moosleitner, H. & Patzner, R.A. (in Druck): Mittelmeer. Niedere Tiere. Naglschmid Verlag, Stuttgart, Germany.

Morris, P.A. (1966): A field guide to Pacific coast shells. Mifflin Co., Boston, USA.

Morris, R.H., Abbott, D.P. & Haderlie, E.C. (1980): Intertidal invertebrates of California. Stanford University Press, Stanford, California, USA.

Muscatine, L. & Lenhoff, H.M. (1974): Coelenterate biology: Reviers and new perspectives. Academic Press, N.Y., USA.

Nesis, K.N. (1987): Cephalopods of the world. Squids, cuttlefishes, octopuses, and allies. T.F.H. Publications Inc., Neptune City, New Jersey, USA.

Nichols, D. (1967): Echinoderms. Hutchinson University Library, London, UK.

Nordsieck, F. (1968): Die europäischen Meeres-Gehäuseschnecken (Prosobranchia). Vom Eismeer bis Kapverden und Mittelmeer. Fischer Verlag, Stuttgart, Germany.

Nordsieck, F. (1969): Die europäischen Meeresmuscheln (Bivalvia). Vom Eismeer bis Kapverden, Mittelmeer und Schwarzes Meer. Fischer Verlag, Stuttgart, Germany.

North, W.J. (1976): Underwater California. Berkely, University of California Press, California, USA.

Olivier P.G. (1992): Bivalved seashells of the Red Sea. Hemmen Verlag, Wiesbaden, Germany.

Patzner, R. & Debelius, H. (1984): Partnerschaft im Meer. Pfriem Verlag, Wuppertal, Germany.

Pearse,V., Pears, M. & Buchsbaum, M. (1987): Living invertebrates. Blackwell Sciences Publication, Palo Alto, California, USA.

Poppe, G.T. & Goto, Y. (1991): European seashells. Vol 1. Hemmen Verlag, Wiesbaden, Germany.

Probst, K. & Lange J. (1975): Das große Buch der Meeresaquaristik. Ulmer Verlag, Stuttgart, Germany.

Randall, R.H. & Meyers, R.F. (1983): The corals. Guide to the costal resources of Guam. University Press of Guam.

Ray, C. & Ciampi, E. (1956): The underwater guide to marine life. A. S. Barnes, San Diego, California, USA.

Remane, A., Storch, V. & Welsch, U. (1985): Kurzes Lehrbuch der Zoologie. Fischer Verlag, Stuttgart, Germany.

Ricketts, E.F. & Calvin, J. (1968): Between Pacific Tides. Fourth Edition. Revised by J.W. Hedgepeth. Stanford University Press, Stanford, California, USA.

Riedl, R. (1983): Fauna und Flora der Adria. Paul Parey, Hamburg, Germany.

Roper, C.F.E., Sweeney, M.J. & Nauen, C.E. ((1984): Cephalopods of the world. An annotated and illustrated catalogue of species of interest to fisheries. FAO. Fish. Synop. Vol. 125.

Rose, K.J. (1980): Classification of the animal kingdom. David Mckay Company Inc., N.Y., USA.

Ruppert, E.E. & Fox, R. S. (1988): Seashore Animals Of The Southeast. A guide to common shallow-water invertebrates of the southeastern Atlantic coast. University of South Carolina Press, South Carolina, USA.

Salvini-Plawen, L.v. (1971): Schild- und Furchenfüßer. Neue Brehm Bücherei. Zimsen Verlag, Wittenberg, Germany.

Saunders, W.B. & Landman, N.H. (Hrsg.)(1987): *Nautilus*. The biology and paleo-biology of a living fossil. Plenum Press, New York, USA.

Schmekel, L. & Portmann, A. (1982): Opisthobranchia des Mittelmeeres. Nudibranchia und Saccoglossa. Springer Verlag, Heidelberg, Germany.

Schmid, P. & Paschke, D. (1987): Rotes Meer. Niedere Tiere. Naglschmid Verlag, Stuttgart, Germany.

Schuhmacher, H. (1976): Korallenriffe. BLV Verlag, München, Germany.

Literaturverzeichnis

Sefton, N. & Webster, St. K. (1986): Caribbean reef invertebrates. Sea Challenger, Monterey, California, USA.

Sharabati, D. (1984): Red Sea Shells. Routledge & Kegan Paul, Boston, USA.

Shepherd, S.A. & Thomas, I.M. (1982): Marine invertebrates of southern Australia. Woolman, Government Printer, Adelaide, Australia.

Sheppard, Ch.R.C. (1983): A natural history of the coral reef. Blandford Press.

Shirai S. (1970): The story of pearls. Japan Publications, Tokio.

Smith, R.I. & Carlton, J. (1975): Lights Manual: Intertidal invertebrates of the central California coast. University of California Press, Berkeley, USA.

Spies, G. (1989): Praxis Meerwasseraquarium. Landbuch-Verlag, Hannover, Germany.

Stephenson, T.A. & Stephenson, A. (1972): Life between tidemarks and rocky shore. W.H. Freeman, San Francisco, USA.

Sterrer, W. (1986): Marine fauna und flora of Bermuda. John Wiley & Sons, N.Y., Chichester, Brisbane, Toronto.

Sweeney, M, Roper, C.F.E., Mangold, K.M., Clarke, M.R. & Boletzky, S.v. (1992): "Larval" and juvenile cephalopods. A manual for their identification. Smithsonian Contributions to Zoology 513. Smithsonian Institution Press, Washington, USA.

Thompson, T.E. (1976): Biology of opisthobranch molluscs. Ray Society, London, UK.

Thompson, T.E. (1976): Nudibranchs. T.F.H. Publications Inc., Neptune City, New Jersey, USA.

Thompson, T.E. (1988): Molluscs: Benthic opisthobranchs. Linnean Society, London, UK.

Valentin, C. (1986): Faszinierende Unterwasserwelt des Mittelmeeres. Einblicke in die Meeresbiologie küstennaher Lebensräume. Pacini Editore, Paul Parey, Hamburg, Germany.

Veron, J.E.N.: Corals of Australia and the Indo-Pacific. Angus & Robertson Publishers, London, UK.

Vine, P. (1986): Red sea invertebrates. IMMEL Publishing, London, UK.

Von Prahl, H., Brando, A. & Erhardt, H. (1988): Arrecifes del Caribe Colombiano.Villegas Editores, Bogotá, Kolumbien.

Von Prahl, H. & Erhardt, H. (1985): Colombia - Corales y arrecifes coralinos. FEN-Colombia, Bogotá, Kolumbien.

Voss, G.L. (1976): Seashore life of Florida and the Caribbean. Seamann Publishing, Miami, Florida, USA.

Walls, J.G. (1982): Encyclopedia of marine invertebrates. T.F.H. Publications Inc., Neptune City, New Jersey, USA.

Wilkens, P. (1987): Niedere Tiere im tropischen Seewasseraquarium. Engelbert Pfriem Verlag, Wuppertal-Elberfeld, Germany.

Wilkens, P. & Birkholz, J. (1986): Niedere Tiere. Röhren-, Leder- und Hornkorallen. Pfriem Verlag, Wuppertal-Elberfeld, Germany.

Wood, E. (1989): Coral Reefs. Salamander Book, London, UK.

Zann, L.P. (1980): Living together in the sea. T.F.H. Publications Inc., Neptun City, New Jersey, USA.

Zea, S. (1987): Esponjas del Caribe Colombiano. Catálogo Científico, Bogotá, Kolumbien.

Zeiller, W.: (1974): Tropical marine invertebrates of southern Florida and the Bahama islands. John Wiley & Sons, N.Y., London, Toronto.

Zlatarski, V. N. & Estalella, N.M. (1982): Les scléractinaires de Cuba. Édition de l'Academie bulgare des Sciences, Sofia, Bulgarien.

Fotoverzeichnis

Charles Anderson: 1010, 1194.
Hans A. Baensch: 751 (2), 805, 835, 836, 850 (2), 1055, 1171, 1225.
Clay Bryce: 795, 803, 839 o., 852, 897 u., 945, 1069, 1224, 1243, 1252.
Helmut Debelius: 1170 u.
Harry Erhardt: 743, 748, 749, 753, 755 (2), 757 (2), 758, 759, 760, 761, 762, 763, 765 o., 767 o., 769 o., 770, 771 (2), 772, 773 (2), 777, 778, 779, 780, 781, 782, 783 o., 784 (2), 785 (2), 786 (2), 789, 796, 800, 809, 817, 819, 828, 837, 838, 841 (2), 845, 846, 848, 849, 851, 853, 855, 856, 857, 858, 860, 861, 862, 863, 865, 866, 868, 870 o. + u. r., 875 (2), 876, 882, 883, 884 (4), 885 (4), 887, 888, 889, 890, 891 (4), 892, 893, 894, 895, 898, 899 r., 900, 901, 902 u., 903, 904, 905, 906, 907, 908, 909, 911 (2), 912, 913 (2), 915 (2), 916, 917 (4), 918 (2), 919 (2), 921, 922, 923, 924, 925, 926 (2), 937 u., 939 (2), 947, 948, 950 951, 952 (2), 953 (2), 954 (2), 955 (2), 956 o., 958, 962, 969, 970, 972, 973, 976, 978, 982, 992, 993 (2), 1004, 1005, 1007, 1017, 1018, 1019, 1020, 1025, 1029 o., 1035, 1053 o., 1059, 1068, 1072, 1073, 1075, 1077, 1081 o., 1085 (2), 1087 u., 1091, 1095 (2), 1096, 1099 (2), 1103, 1104, 1105 o., 1113 u. r., 1117 o., 1118 (2), 1119 (2), 1123 (2), 1128, 1131 (2), 1136, 1144, 1151, 1152, 1153, 1154, 1155, 1156, 1157, 1158, 1159, 1160, 1161, 1162, 1163, 1164, 1165, 1168, 1170 o., 1172, 1173, 1174 (2), 1175, 1176, 1177, 1179 (2), 1181 (2), 1182, 1183, 1184, 1185, 1186, 1187, 1189, 1190, 1191, 1192, 1193, 1198, 1200, 1202, 1203, 1210, 1211, 1214, 1215, 1221, 1223, 1227, 1229, 1231, 1233, 1235, 1236, 1241, 1242, 1245, 1247, 1249, 1250, 1251, 1253, 1257, 1258, 1259, 1260.
Otto Gremblewski-Strate: 807, 897 o., 977, 1003, 1030 (2), 1031, 1032, 1033, 1038, 1039 (2), 1040, 1041, 1042, 1044, 1045, 1046, 1047, 1053 u. l., 1074, 1093, 1113 u. l., 1199, 1201, 1205, 1216, 1226.
Joachim Großkopf: 902 o., 974, 975, 985, 1029 u., 1037, 1053 u. r., 1113 o.
Johann Hinterkircher: 840, 843, 844, 864, 872, 899 l., 941, 942, 963, 965, 966, 967 (2), 971, 979, 997, 1001, 1002, 1009, 1048, 1054, 1066, 1071, 1083, 1092, 1101, 1105 u. r., 1121, 1125, 1127, 1132, 1135, 1147, 1169, 1180, 1195, 1217, 1220, 1232, 1239, 1248, 1254, 1255.
Gerhard Krämer: 1267 (2).
Mr. Marthy: 802, 812.
Medlitsch, Franz: 1230.
Horst Moosleitner: 842, 847, 854, 859, 867, 886, 927, 929, 937 o., 940, 943, 946, 956 u., 964, 980 (2), 981, 983, 984, 999, 1015, 1027, 1034, 1043, 1049, 1050, 1051, 1079, 1080, 1081 u. (2), 1088, 1089, 1101 (2), 1105 u. l., 1107, 1111 (2), 1114, 1115, 1117 u., 1122, 1129, 1166 (2), 1167 o., 1212, 1218, 1234, 1238, 1244, 1261, 1265, 1268.
Arend van den Nieuwenhuizen: 811, 1097, 1148.
Aaron Norman: 774, 776, 794, 960, 968, 986, 987, 990 (2), 991 (2), 1000, 1006, 1008, 1067, 1087 o., 1120, 1137, 1149, 1197.

Fotoverzeichnis

Robert A. Patzner: 746, 747, 750, 752, 765 u., 767 u., 769 u., 783 u., 793 (2), 797, 799 (2), 818, 821 (2), 839 u., 869, 996, 1043, 1056, 1057, 1109 o., 1133, 1145, 1146, 1150, 1167 u., 1196, 1219, 1256.
Thomas Paulus: 801, 806 o.
Arnd Rödiger: 871.
Herr Sauer: 1065, 1109 u.
Manfred Sieger: 787 (2), 944, 1011, 1014, 1228, 1237.
Horst Uecker: 870 u. l., 1012, 1070, 1240.
Boris Unger: 1188, 1222, 1263.
Norbert Wu: 804, 806 u., 808, 813, 814, 815, 816, 827, 928 (2), 988 (2), 989 (2), 995 (2), 1013, 1213.
Herr Zieglmayer: 959. 961.

Die Autoren

Dr. Harry Erhardt ist Mitarbeiter am Institut für Zoologie und Vergleichende Anatomie an der Universität in Kassel.
Geboren 1938 in Riga (Lettland) und aufgewachsen im Osten Deutschlands, erlernte er den Beruf des Bergmanns und studierte nach dem Abitur an der Universität in Gießen Biologie mit Schwerpunkt Zoologie. Ausgestattet mit einem Promotionsstipendium des Deutschen Akademischen Austauschdienstes (DAAD) ging Dr. Erhardt 1969 für mehrere Jahre nach Südamerika, um entlang der karibischen Küste Kolumbiens über die Fruchtbarkeit verschiedener Nutzfische zu arbeiten. Dr. Erhardt taucht und fotografiert seit über 30 Jahren in fast allen tropischen und subtropischen Meeren. Viele hundert Tauchstunden verbrachte er an karibischen Riffen und berufliche und private Tauchreisen führten ihn in den Pazifik, den Indischen Ozean und an das Große Barriereriff nach Australien. Sein "Hausmeer" ist und bleibt das Mittelmeer, wo 1963 alles angefangen hatte. Sein besonderes Interesse gilt den Wirbellosen Tieren im Meer, über die er schreibt und über die er in Vorträgen berichtet. Seit 1963 hat Dr. Erhardt sein fotografisches System nicht gewechselt. Als Liebhaber des Mittelformates und der ROLLEI-Technik fotografiert er auch heute noch mit einer ROLLEIFLEX 3,5 F in einem ROLLEIMARIN-Gehäuse in Verbindung mit den Rolleinaren I und II. Die Ergebnisse seiner fotografischen Ausbeute sind in diesem Band manifestiert.

Die Autoren

Dr. Horst Moosleitner, geb. am 30.7.1936, ist Direktor einer Grundschule bei Hallein (Österreich) und freier Mitarbeiter der Universität Salzburg.
Er kam zur Biologie über den Umweg des Tauchens, einem Hobby, dem er bereits als Junge von 14 Jahren verfallen war. Schon 1959 begann er, von Anfang an sehr erfolgreich unter Wasser zu fotografieren und reiste zunächst nach Dalmatien, Griechenland und Kreta und schon 1961 mit dem PKW an das Rote Meer. Mit der Unterwasser-Fotografie begann auch die Laufbahn als Autor in einschlägigen Zeitschriften. Um sein Wissen auf eine solide Basis zu stellen, studierte er neben seinem Beruf an der Universität Salzburg Biologie und schloß 1977 mit einer Dissertation über das Gehirn des Pfauenschleimfisches ab. Seither veröffentlichte er neben einigen wissenschaftlichen Arbeiten etwa 200 Aufsätze in Aquarien- und Tauchzeitschriften und arbeitete an zahlreichen Büchern mit. Seine bevorzugten Arbeitsgebiete sind Fische, Seeanemonen und Seesterne, das Verhalten der Meerestiere, die verschiedenartigsten Formen des Zusammenlebens ("Symbiosen"), sowie die Herstellung von Bestimmungshilfen anhand äußerer Merkmale für Taucher und Aquarianer, welche die in der wissenschaftlichen Systematik übliche Aufpräparation der Tiere unnötig machen.

Hans Baensch / Helmut Debelius

MEERWASSER ATLAS

Band 1

Die gemeinsame Pflege von Wirbellosen und Fischen
1216 Seiten, Kunstleder (festgebunden), Schutzumschlag.
Format 12,5 x 19 cm
über 1100 Farbfotos, zahlreiche Zeichnungen
ISBN 3-88244-020-1
DM 79,-

Aquarieneinrichtung und Pflege, Technik, Chemie ca. 200 Seiten, Meeresalgen 110 Seiten, Krebstiere, Anemonen ca. 350 Seiten, Fische ca. 500 Seiten, Index, Literaturverzeichnis ca. 40 Seiten. Bild und Text für jede Tierart nebeneinander. Eine unermeßliche Fülle an Informationen für Meeresaquarianer und Taucher.

Das Kernstück Ihrer Aquarienbibliothek

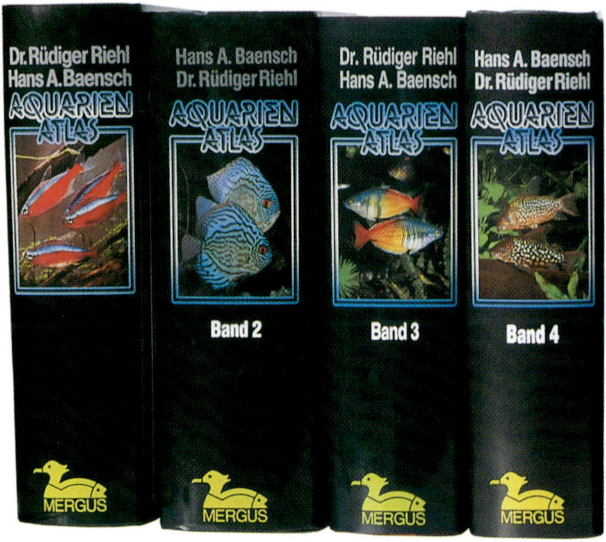

Über 3500 Süßwasserfische der Erde in 5 Bänden.
Bild und Text nebeneinander.
Informationen bei jeder neuen Auflage auf dem neuesten Stand.
Aquarien Atlas, täglich
von Fachleuten empfohlen,
von Fachleuten benutzt,
für Aquarianer ...
vom Anfänger bis zum "Alten Hasen".

Gartenteich Atlas:

Info Seite 1328.

Meerwasser Atlas:

Band 1: Einrichtung und Pflege eines Meerwasseraquariums. Wirbellose Tiere: Anemonen und Krebstiere.
Fische: Die Fischfamilien, die ins Wirbellosen-Becken passen.
Band 2: Wirbellose Tiere: Schwämme, Korallen, Quallen, Würmer, Schnecken, besonders die farbenprächtigen Nacktschnecken.
Band 3: Wirbellose Tiere: Muscheln, Tintenschnecken, Seesterne, Seeigel, Meeresborstenwürmer, Seewalzen und Manteltiere.

Fossilien Atlas:

Eine Fundgrube für paläanthologisch Interessierte. Die Entstehung unserer Fischfauna seit 400 Millionen Jahren. Mit über 1.000 farbigen Abbildungen.

Originalgetreue Kunstproduktionen

Falter- und Kaiserfische
60 x 60 cm
je 2 Stück DM 48,-- + Porto

MERGUS VERLAG GmbH
Postfach 86
49302 Melle

4 Motive Meersfische
32 x 49,5 cm
aus: BLOCH, 1790
1 Satz DM 24,-- + Porto

Dr. Gerald R. ALLEN

RIFFBARSCHE DER WELT

272 Seiten, Kunstleder, 550 Farbfotos, Format 21,5 x 27,5 cm

ISBN 3-8244-007-4

DM 79,-

Alle 330 Arten der Welt in Farbe. Die blauen Demoisellen, Schwalbenschwänzchen, Anemonenfische und viele andere Lieblinge der Meeresaquarianer und Taucher.

Zucht von Anemonenfischen; 16 Neubeschreibungen, eine Liste aller Synonyma und der gültigen Namen. Allein die 20-seitige Tabelle ist eine Fundgrube.